高等学校法学系列教材

华东政法大学
课程和教材建设委员会

主　任　叶　青
副主任　曹文泽　顾功耘　唐　波　林燕萍　王月明
委　员　王　戎　孙万怀　孙黎明　金可可　吴　弘
　　　　　刘宁元　杨正鸣　屈文生　张明军　范玉吉
　　　　　何　敏　易益典　何益忠　金其荣　洪冬英
　　　　　丁绍宽　贺小勇　常永平　高　汉
秘书长　王月明（兼）
秘　书　张　毅

Jingjifa Anli Yanxi Jiaocheng

经济法案例研习教程

任 超 / 主编

图书在版编目(CIP)数据

经济法案例研习教程/任超主编. —北京:北京大学出版社,2020.9
高等学校法学系列教材
ISBN 978-7-301-31555-2

Ⅰ. ①经… Ⅱ. ①任… Ⅲ. ①经济法—案例—中国—高等学校—教材
Ⅳ. ①D922.290.5

中国版本图书馆 CIP 数据核字(2020)第 149729 号

书　　　名	经济法案例研习教程 JINGJIFA ANLI YANXI JIAOCHENG
著作责任者	任　超　主编
责任编辑	朱　彦
标准书号	ISBN 978-7-301-31555-2
出版发行	北京大学出版社
地　　　址	北京市海淀区成府路 205 号　100871
网　　　址	http://www.pup.cn　新浪微博:@北京大学出版社
电子信箱	sdyy_2005@126.com
电　　　话	邮购部 010-62752015　发行部 010-62750672　编辑部 021-62071998
印　刷　者	河北涿县鑫华书刊印刷厂
经　销　者	新华书店 730 毫米×980 毫米　16 开本　29.5 印张　497 千字 2020 年 9 月第 1 版　2020 年 9 月第 1 次印刷
定　　　价	78.00 元

未经许可,不得以任何方式复制或抄袭本书之部分或全部内容。
版权所有,侵权必究
举报电话:010-62752024　电子信箱:fd@pup.pku.edu.cn
图书如有印装质量问题,请与出版部联系,电话:010-62756370

目 录

第一章 经济法基础理论 …………………………………………… 1

  第一节 经济法调整对象 ………………………………………… 1

  案例一 张旭琴诉江苏省物价局物价管理案 …………………… 1

  第二节 经济法律关系主体 ……………………………………… 12

  案例二 上海市物价局处罚上海黄金饰品行业协会案 ………… 12

  案例三 北京市东易律师事务所诉中国证券监督管理委员会行政

         处罚案 ……………………………………………………… 20

第二章 反垄断法 …………………………………………………… 32

  第一节 滥用市场支配地位行为 ………………………………… 32

  案例四 北京奇虎科技有限公司诉腾讯科技（深圳）有限公司等

         滥用市场支配地位纠纷案 ………………………………… 32

  案例五 吴小秦诉陕西广电网络传媒（集团）股份有限公司捆绑

         交易纠纷案 ………………………………………………… 52

  第二节 垄断协议 ………………………………………………… 69

  案例六 海南省物价局与海南裕泰科技饲料有限公司纵向垄断协议

         纠纷案 ……………………………………………………… 69

  第三节 经营者集中 ……………………………………………… 81

  案例七 马士基等公司设立网络中心经营者集中反垄断审查案 ……… 81

  第四节 行政垄断的法律规制 …………………………………… 93

案例八　深圳市斯维尔科技有限公司诉广东省教育厅行政垄断案 …… 93

第三章　反不正当竞争法 …………………………………………… 105

第一节　不正当竞争行为之混淆行为 ……………………………… 105

　　案例九　查良镛诉杨治、北京联合出版有限责任公司等著作权权属、
　　　　　　侵权纠纷、不正当竞争纠纷案 ……………………………… 105

　　案例十　成都同德福合川桃片食品有限公司诉重庆市合川区同德福
　　　　　　桃片有限公司、余晓华侵害商标权及不正当竞争纠纷案…… 117

第二节　不正当竞争行为之虚假宣传行为 ………………………… 129

　　案例十一　穆德远、陈燕民诉北京创磁空间影视文化传媒公司、
　　　　　　　福建恒业影业有限公司、北京搜狐互联网信息服务
　　　　　　　有限公司虚假宣传案 ……………………………………… 129

　　案例十二　南京途牛科技有限公司与同程网络科技股份有限公司
　　　　　　　商业贿赂不正当竞争纠纷案 ……………………………… 140

第三节　商业贿赂的法律规制 ……………………………………… 147

　　案例十三　深圳市创投奇创科技有限公司与深圳市海派特光伏科技
　　　　　　　有限公司商业贿赂不正当竞争纠纷案 …………………… 147

第四节　互联网不正当竞争行为 …………………………………… 155

　　案例十四　上海汉涛信息咨询有限公司诉北京百度网讯科技有限公司
　　　　　　　不正当竞争纠纷案 ………………………………………… 155

　　案例十五　北京爱奇艺科技有限公司与北京搜狗信息服务有限公司、
　　　　　　　上海恩度网络科技有限公司不正当竞争纠纷案 ………… 169

第四章　消费者权益保护法 ………………………………………… 185

第一节　经营者安全保障义务 ……………………………………… 185

　　案例十六　涂淼儿等诉陕西中青国际旅行社有限公司、陕西黄河壶口
　　　　　　　文化旅游发展有限责任公司违反安全保障义务案 ……… 185

第二节　消费者知情权 ……………………………………………… 196

　　案例十七　肖黎明诉中国南方航空股份有限公司机票超售侵犯
　　　　　　　消费者知情权案 …………………………………………… 196

第三节　惩罚性赔偿制度 …………………………………………… 204

　　案例十八　邓美华诉上海永达鑫悦汽车销售服务有限公司买卖
　　　　　　　合同纠纷案 ……………………………………………… 204

　　案例十九　杨代宝诉贵州新贵兴汽车销售服务有限责任公司买卖
　　　　　　　合同纠纷案 ……………………………………………… 212

　　案例二十　王辛诉小米科技有限责任公司网络购物合同纠纷案 …… 223

　　第四节　消费公益诉讼 ……………………………………………… 229

　　案例二十一　中国消费者协会诉山东福田雷沃国际重工股份
　　　　　　　　有限公司案 …………………………………………… 229

　　案例二十二　广东省消费者委员会"毒猪肉"公益诉讼案 ………… 238

第五章　产品质量法 ……………………………………………………… 247

　　第一节　产品责任的承担者 ………………………………………… 247

　　案例二十三　袁华法、陈锦峰等与陕西恒田化工有限公司产品
　　　　　　　　生产者责任纠纷案 …………………………………… 247

　　案例二十四　高松与昆明百货大楼（集团）超市有限公司、昆明
　　　　　　　　百货大楼（集团）超市有限公司百大店、云南高度
　　　　　　　　生物科技有限公司产品责任纠纷案 ………………… 257

　　第二节　产品责任的范围 …………………………………………… 266

　　案例二十五　罗自灼与佛山市强劲丰田汽车销售服务有限公司、
　　　　　　　　天津一汽丰田汽车有限公司产品责任纠纷案 ……… 266

第六章　金融调控与监管法律制度 …………………………………… 274

　　第一节　银行业监管法律制度 ……………………………………… 274

　　案例二十六　陕西海正实业发展有限责任公司与兴业银行股份有限
　　　　　　　　公司、兴业银行股份有限公司西安分行、中国银行业
　　　　　　　　监督管理委员会陕西监管局名誉权纠纷案 ………… 274

　　第二节　证券业监管法律制度 ……………………………………… 286

　　案例二十七　杨剑波诉中国证券监督管理委员会行政处罚及市场
　　　　　　　　禁入决定案 …………………………………………… 286

第三节　保险业监管法律制度 …………………………………… 299

　　案例二十八　黄榜秀与黄榜英、黄甲传诉中国保险监督管理委员会
　　　　　　　　广东监管局、中国保险监督管理委员会案 …………… 299

第七章　财政法律制度 …………………………………………………… 311

　　第一节　政府采购法的适用范围 ………………………………… 311

　　案例二十九　北京现代沃尔经贸有限责任公司诉财政部行政
　　　　　　　　不作为案 …………………………………………… 311

　　第二节　政府采购的法律救济 …………………………………… 319

　　案例三十　上海辉慈医疗器械有限公司诉崇明县财政局行政
　　　　　　　决定案 ………………………………………………… 319

第八章　税收法律制度 …………………………………………………… 328

　　第一节　实质课税原则 …………………………………………… 328

　　案例三十一　陈建伟诉福建省莆田市地方税务局稽查局税务
　　　　　　　　纠纷案 ……………………………………………… 328

　　第二节　税收征收管理制度 ……………………………………… 342

　　案例三十二　刘玉秀诉国家税务总局北京市税务局等税务
　　　　　　　　处理决定纠纷案 …………………………………… 342

　　案例三十三　国家税务总局济南市槐荫区税务局与山东省建材
　　　　　　　　物资总公司破产债权确认纠纷案 ………………… 352

　　案例三十四　广州德发房产建设有限公司与广州市地方税务局
　　　　　　　　第一稽查局税务处理决定纠纷案 ………………… 359

　　第三节　避税与反避税制度 ……………………………………… 376

　　案例三十五　儿童投资主基金与杭州市西湖区国家税务局税务
　　　　　　　　征收纠纷案 ………………………………………… 376

　　案例三十六　法兰西水泥（中国）有限公司与陕西省蒲城县国家
　　　　　　　　税务局税务征收纠纷案 …………………………… 393

第九章　外商投资法律制度 ……………………………………… 403
第一节　外商投资的管制制度 ………………………………… 403
案例三十七　黄明崧与深圳市富业达实业发展有限公司、朱怀照股东
资格确认纠纷案 ………………………………………… 403
第二节　外商投资企业组织形式 ……………………………… 415
案例三十八　青岛银都投资控股有限公司、鼎辉湖畔有限公司与上海
青晨置业有限公司、上海金源盛世控股有限公司公司
解散决议撤销纠纷案 …………………………………… 415

第十章　房地产管理法律制度 …………………………………… 426
第一节　政府房地产管理的职责 ……………………………… 426
案例三十九　福建省长乐市坤元房地产开发有限公司诉福州市
长乐区人民政府不履行法定职责案 …………………… 426
案例四十　泰安明智置业有限公司与山东省人民政府行政
诉讼案 …………………………………………………… 436
第二节　房地产开发法律制度 ………………………………… 450
案例四十一　巨龙房地产开发有限公司与萍乡市人民防空办公室、
萍乡市人民政府行政诉讼案 …………………………… 450

后记 ………………………………………………………………… 462

经济法基础理论

第一节 经济法调整对象

案例 一 张旭琴诉江苏省物价局物价管理案

【摘 要】 经济法调整的经济法律关系,是指国家在调整市场经济过程中与市场主体之间产生的社会关系。当然,国家不是对所有的市场行为都进行干预。只有在市场这只"无形之手"的固有弊端导致市场失灵的情况下,国家才会站出来,用"有形之手"去管理和调节。本案是一起典型的"民告官"案件,一审原告认为物价部门应当对不合理的市场价格进行调整。研习本案,有助于我们了解经济法调整的到底是什么样的社会关系,以及国家作为管理者应当在何时行使经济管理权,使我们对经济法的理解更加深刻。

【关键词】 定价 不正当的价格行为 调整对象

一、基本案情

张旭琴系南京仁恒江湾城三期业主。2015年5月,她所在小区开发商南京仁恒置业有限公司(以下简称"仁恒公司")通知销售地下车位,车位价格为25万—41万元。这一价格明显高于开发商此前出售的一期、二期楼盘的车位价格。开发商要求业主必须在进场五分钟内完成车位选择,并且在当天签订认购协议时必须付清全部车位款,逾期将视为放弃。

张旭琴认为开发商在销售房屋时并没有如实告知车位价格,在业主付清房款后,利用其天然垄断地位高价出售车位,涉嫌非法牟取暴利。于是,张旭琴于2015年6月8日向江苏省物价局邮寄《举报信》及其附件,要求物价局对开发商的销售行为进行查处。《举报信》载明的举报事项为：仁恒公司涉嫌严重违反《中华人民共和国价格法》（以下简称《价格法》）第 14 条第 6、7、8 项关于经营者不得有的不正当价格行为的规定。举报请求为：（1）请求查询、复制仁恒公司关于南京仁恒江湾城三期车位建设与销售的账簿、单据、凭证、文件及其他资料，核对与价格违法行为有关的银行资料；（2）请求责令仁恒公司暂停南京仁恒江湾城三期地下车位的销售行为；（3）请求责令仁恒公司改正，没收违法所得，并处违法所得五倍以下的罚款。

2015 年 6 月 9 日，江苏省物价局收到前述举报材料，并开始审查。6 月 16 日，江苏省物价局经审查作出书面答复，后邮寄送达张旭琴。该答复认为，开发商的车库、车位销售价格实行市场调节价。根据《价格法》第 3 条、第 11 条的规定，经营者（企业）自主制定属于市场调节的价格，消费者自愿选择是否购买。

张旭琴收到书面答复后，认为江苏省物价局针对其举报未履行相应的法定职责，于是向江苏省南京市中级人民法院提起行政诉讼。江苏省南京市中级人民法院驳回张旭琴的诉讼请求。张旭琴不服，向江苏省高级人民法院提起上诉。江苏省高级人民法院驳回张旭琴的诉讼请求，维持原判。

二、法院的观点

（一）仁恒公司销售车位定价属于何种定价类型

1. 一审法院的观点

《价格法》第 6 条规定："商品价格和服务价格，除依照本法第十八条规定适用政府指导价或者政府定价外，实行市场调节价，由经营者依照本法自主制定。"第 19 条规定："政府指导价、政府定价的定价权限和具体适用范围，以中央的和地方的定价目录为依据。中央定价目录由国务院价格主管部门制定、修订，报国务院批准后公布。地方定价目录由省、自治区、直辖市人民政府价格主管部门按照中央定价目录规定的定价权限和具体适用范围制定，经本级人民政府审核同意，报国务院价格主管部门审定后公布。省、自治区、直辖市人民政府以下各级地方人民政府不得制定定价目录。"南京仁恒江湾城三期车位销售价格未列入中央和地方的定价目录，根据以上规定，属于市场调节价，由企业经营者自主制定。

2. 二审法院的观点

根据《价格法》第 6 条和第 19 条的规定，以及对照江苏省物价局提供的苏价规（2015）2号《江苏省物价局关于印发〈江苏省定价目录〉的通知》中所附的《江苏省定价目录》，小区车位销售价格未列入中央和地方的定价目录。根据以上规定，南京仁恒江湾城三期车位销售价格属于市场调节价，由企业经营者自主制定，江苏省物价局非依法不得任意干预。

（二）仁恒公司销售车位定价的正当性

1. 一审法院的观点

《价格法》第14条规定："经营者不得有下列不正当价格行为：（一）相互串通，操纵市场价格，损害其他经营者或者消费者的合法权益；（二）在依法降价处理鲜活商品、季节性商品、积压商品等商品外，为了排挤竞争对手或者独占市场，以低于成本的价格倾销，扰乱正常的生产经营秩序，损害国家利益或者其他经营者的合法权益；（三）捏造、散布涨价信息，哄抬价格，推动商品价格过高上涨的；（四）利用虚假的或者使人误解的价格手段，诱骗消费者或者其他经营者与其进行交易；（五）提供相同商品或者服务，对具有同等交易条件的其他经营者实行价格歧视；（六）采取抬高等级或者压低等级等手段收购、销售商品或者提供服务，变相提高或者压低价格；（七）违反法律、法规的规定牟取暴利；（八）法律、行政法规禁止的其他不正当价格行为。"《制止牟取暴利的暂行规定》（1995年国家计划委员会发布，2011年经国务院修改）第2条规定："本规定适用于对国民经济和社会发展有重大影响的和与居民生活有密切关系的商品和服务（以下简称商品和服务）。前款规定的商品和服务的项目，由国务院价格主管部门按照国务院的有关规定公布、调整；其中实行国家定价的，按照国家定价和国务院有关价格管理的规定执行。省、自治区、直辖市人民政府可以根据本地方的实际情况，在国务院价格主管部门公布的商品和服务的项目的基础上，决定适当增加与本地方居民生活有密切关系的商品和服务的项目，予以公布，并报国务院价格主管部门备案。"根据上述规定，江苏省物价局经审查张旭琴提交的举报材料后认为，仁恒公司作为经营者，在销售南京仁恒江湾城三期车位活动中，提供的商品及服务属市场调节价，且不属于国务院及江苏省人民政府目前公布的对国民经济和社会发展有重大影响的和与居民生活有密切关系的商品和服务，亦无《价格法》第14条所列明的其他不正当价格行为，故作出书面答复，向张旭琴进行说明，并不违反上述法律、法规的规定。

2. 二审法院的观点

《价格法》第 14 条列举了八种经营者不得有的不正当价格行为，上诉人张旭琴向被上诉人江苏省物价局举报，认为仁恒公司涉嫌违反其中第 6、7、8 项的规定，即采取抬高等级或者压低等级等手段收购、销售商品或者提供服务，变相提高或者压低价格；违反法律、法规的规定牟取暴利；法律、行政法规禁止的其他不正当价格行为。结合本案案情，仁恒公司在确定南京仁恒江湾城三期车位销售价格中并不存在采取抬高等级或者压低等级等手段收购、销售商品或者提供服务，变相提高或者压低价格的情形。对照《制止牟取暴利的暂行规定》第 2 条的规定，仁恒公司作为经营者，在销售南京仁恒江湾城三期车位活动中，提供的商品及服务属市场调节价，不属于国务院及江苏省人民政府目前公布的对国民经济和社会发展有重大影响的和与居民生活有密切关系的商品和服务，亦无《价格法》第 14 条所列明的其他不正当价格行为。所以，仁恒公司销售车位的定价行为并不属于《价格法》所列明的不正当价格行为。

（三）江苏省物价局的审查行为的合法性

1. 一审法院的观点

《价格违法行为举报规定》（国家发展和改革委员会 2014 年修订）第 8 条规定："价格主管部门应当自收到举报之日起 7 个工作日内告知举报人是否受理或者转办。"江苏省物价局于 2015 年 6 月 9 日收到张旭琴邮寄的举报材料，于 2015 年 6 月 16 日作出书面答复。虽然江苏省物价局在书面答复中告知张旭琴其举报所涉商品及服务为市场调节价，但是对该举报是否受理未予明确，存在一定瑕疵。该情形未对张旭琴的权利义务产生影响，江苏省物价局在今后的工作中应予以改进。

另外，张旭琴主张江苏省物价局未履行测定并适时公布南京市乐山路 207 号仁恒江湾城三期所属区域范围内地下停车位的市场平均价格、平均差价率、平均利润率及合理幅度以及对仁恒公司正在进行销售的仁恒江湾城三期的地下停车位进行成本调查的法定职责。一审法院认为，结合张旭琴向江苏省物价局提交的《举报信》中所载明的举报事项及举报请求，张旭琴举报系认为仁恒公司存在《价格法》第 14 规定的不正当价格行为，请求江苏省物价局予以调查处理，责令仁恒公司停止相关销售活动并对其作出行政处罚。张旭琴的举报事项与该两项诉讼请求不同，她主张江苏省物价局未履行上述法定职责，不属于本案的审理范围。

2. 二审法院的观点

正是因为仁恒公司在销售南京仁恒江湾城三期车位活动中，提供的商品及服务属于市场调节价，也不属于《价格法》所列明的不正当价格行为，故被上诉人江苏省物价局作出书面答复，向上诉人张旭琴进行说明，并不违反上述法律、法规的规定。

对照《价格违法行为举报规定》第8条的规定，江苏省物价局于2015年6月9日收到上诉人张旭琴邮寄的举报材料，于2015年6月16日作出书面答复并送达上诉人张旭琴，其作出程序亦无不当。

因此，综上所述，江苏省物价局所作行政行为并无不当之处。

三、教学内容（法律评析）

（一）争议焦点分析

1. 小区车位的价格属于《价格法》中规定的何种价格类型

（1）张旭琴的观点

张旭琴并未表明小区车位的价格是哪一种定价价格，她认为无论是哪一种定价，物价部门都有查处义务。

（2）江苏省物价局的观点

江苏省物价局只对实行政府指导价和政府定价开展成本监审，车位销售价格不属于政府指导价和政府定价。早在2009年，江苏省就已经出台相关文件，暂停对普通商品住房销售的价格进行审批，给企业充分的自主定价权利。

2. 仁恒公司的定价是否属于不正当价格行为

（1）张旭琴的观点

开发商在销售房屋时并没有如实告知车位价格，在业主付清房款后，利用其天然垄断地位高价出售车位，涉嫌非法牟取暴利。法院应当要求江苏省物价局确认仁恒公司进行的车位销售行为属于违法行为。

（2）江苏省物价局的观点

车位销售价格不属于《制止牟取暴利的暂行规定》第2条所规定的重要商品和服务价格。江苏省物价局也没有直接证据可以证明仁恒公司涉嫌实施《价格法》规定的不正当价格行为。

3. 江苏省物价局是否应该调整和管理小区车位的价格

（1）张旭琴的观点

一审法院将是否为政府定价或政府指导价与物价部门查处义务的范围相互混同。根据《江苏省价格管理监督条例》和《江苏省制止不正当价格行为和制止牟取暴利规定》的规定，商品平均价格、平均价差率和平均利润率由物价部门进行测定。

（2）江苏省物价局的观点

江苏省物价局虽具有查处价格违法行为的行政职权，但并不等同于负有对本案诉争事项予以查处的法定职责。根据《价格法》的规定，政府不能随便干预市场，只在特殊时期由国务院、省政府决定才能对重要商品的市场调节价进行价格干预。车位销售价格不属于政府指导价和政府定价，所以不应当开展成本监审。江苏省物价局在未经过国务院和省政府的批准下，无权对市场调节价进行直接干预。车位销售价格不属于《制止牟取暴利的暂行规定》第2条所规定的重要商品和服务价格。根据原告在举报时寄送的相应证据材料，没有直接证据可以证明仁恒公司涉嫌实施《价格法》规定的不正当价格行为。

（二）法律分析

1. 小区车位定价的性质

（1）小区车位价格属于市场调节价

《价格法》第3条规定，国家实行并逐步完善宏观经济调控下主要由市场形成价格的机制。价格的制定应当符合价值规律，大多数商品和服务价格实行市场调节价，极少数商品和服务价格实行政府指导价或者政府定价。其中，市场调节价是指由经营者自主制定，通过市场竞争形成的价格。政府指导价是指依照《价格法》规定，由政府价格主管部门或者其他有关部门，按照定价权限和范围规定基准价及其浮动幅度，指导经营者制定的价格。政府定价是指依照《价格法》规定，由政府价格主管部门或者其他有关部门，按照定价权限和范围制定的价格。根据《价格法》第18条的规定，与国民经济发展和人民生活关系重大的极少数商品价格、资源稀缺的少数商品价格、自然垄断经营的商品价格、重要的公用事业价格、重要的公益性服务价格，政府在必要时可以实行政府指导价或者政府定价。

按现行价格管理办法，政府指导价大体可以分为以下几种类型：

其一，由国家规定基准价和上下浮动幅度，允许替代性强、市场供求变化快的商品等。

其二，最高限价，由国家规定商品买卖的最高价格，允许企业向下浮动，通常用于以下几个方面：限制市场零售商品价格上涨，如对猪肉、鸡蛋、大路菜规定最高限价；对进口商品实行最高限价，防止其价格过高，刺激国内商品价格暴涨；对边远地区食盐、火柴、煤油等工业品实行最高限价，由此产生的政策性亏损由财政补贴。

其三，最低保护价，由国家规定商品买卖的最低价格，允许企业或购销双方向上浮动，通常用于防止发生由于一时供大于求造成的价格暴跌，从而打击生产。制定最低保护价是保护农业生产的重要手段。

其四，按差价率管理的价格，由国家规定经营差率（进销差率、批零差率），允许企业在进价的基础上按规定的差率制定和调整具体价格，通常用于商品流通环节某些商品的价格管理。

其五，按利润率管理的价格，由国家规定企业生产、经营某产品的最高利润率水平，允许企业在规定的利润水平以内自主制定和调整具体价格。

关于政府定价，2015年9月23日召开的国务院常务会议确定："在近年来陆续放开部分电信、药品、交通运输等价格的基础上，通过修订中央定价目录，将实行政府指导价、政府定价的商品和服务，从13个种（类）精简为天然气、电力、水利工程供水、重要邮政业务等7个种（类），具体定价项目从约100项减至20项。"根据《江苏省物价局关于印发〈江苏省定价目录〉的通知》（苏价规〔2017〕10号）的规定，电力、燃气、供排水、供热、交通运输、环境卫生服务、医疗服务、教育、养老服务、殡葬服务、文化旅游、保障性住房及物业服务以及重要专业服务由政府定价。

综上所述，本案中，小区的车位价格既不属于政府指导价，也不属于政府定价，而属于市场调节价。

（2）小区车位的定价不属于不正当价格行为

不正当价格行为有广义和狭义两种理解：广义上的不正当价格行为包括垄断、不正当竞争和不正当价格行为；而狭义上的不正当价格行为则不包括竞争，只是指企业或经营者在经济活动中一切违反价格政策的行为。[①] 本案中，不正当价格行为是指狭义上的不正当价格行为，即不包括竞争法中的不正当价

---

① 参见赵全新：《对不正当价格行为的认识及治理路径选择》，载《价格理论与实践》2010年第6期。

格行为。因此，我们仅根据《价格法》即可判断仁恒公司是否存在不正当价格行为。《价格法》第 14 条规定的经营者的不正当价格行为包括：① 相互串通，操纵市场价格，损害其他经营者或者消费者的合法权益；② 在依法降价处理鲜活商品、季节性商品、积压商品等商品外，为了排挤竞争对手或者独占市场，以低于成本的价格倾销，扰乱正常的生产经营秩序，损害国家利益或者其他经营者的合法权益；③ 捏造、散布涨价信息，哄抬价格，推动商品价格过高上涨的；④ 利用虚假的或者使人误解的价格手段，诱骗消费者或者其他经营者与其进行交易；⑤ 提供相同商品或者服务，对具有同等交易条件的其他经营者实行价格歧视；⑥ 采取抬高等级或者压低等级等手段收购、销售商品或者提供服务，变相提高或者压低价格；⑦ 违反法律、法规的规定牟取暴利；⑧ 法律、行政法规禁止的其他不正当价格行为。本案中，仁恒公司对小区车位的定价行为不属于上述任何一种不正当价格行为。

2. 在经济法律关系中，政府管理市场行为的边界和界限

本案中，最根本的一个问题是：在经济法律关系中，政府部门在什么情况下能够管理市场行为？

首先，我们要知道经济法是在市场经济时代发展起来的法律规范。市场经济的特征可以总结为：（1）企业是自主经营、自负盈亏的商品生产者和经营者；（2）一切经济活动都以市场为中介，生产要素的配置通过市场实现；（3）市场平等竞争，所有的市场参与者在市场进入和买卖行为上都不具有特权，成本与效率原则是决定企业优胜劣汰的基本准绳；（4）政府不直接干预企业的生产经营活动，而运用金融、财政等经济手段和通过制定经济政策对宏观经济运行实施间接调控；（5）经济活动法治化，企业的微观经济行为和政府的宏观调控都受有关的法律法规制约，依法办事。

其次，我们要回答经济法调整的是怎样的社会关系。作为一个独立的法律部门，经济法的调整范围具有自身的特色。经济法必须保证的是国家对经济的管理。一方面，市场的负外部性和信息不对称会导致市场失灵。由于市场主体的分散、独立，信息的获取缺乏对称性，受局部和独立利益的驱使，市场机制表现出明显的自发性、盲目性、唯利性和滞后性。市场调节是一种事后调节，面对资源稀缺引发的种种矛盾和利益冲突，往往一筹莫展、束手无策。市场机制的局限性无法克服和预防市场失灵的出现。所以，经济法欲解决市场失灵问题，就需要政府干预。另一方面，政府对经济的干预同样有着不可避免的缺

陷，主要表现在两个方面：一是政府对经济干预过度，即政府干预的范围和力度超过了弥补市场失灵和维持市场机制正常运作的合理需要，结果反而阻碍了市场机制功能的正常发挥，如国有经济比重过大、社会福利水平过高、不合理的规章制度带来市场的扭曲等。二是政府对经济干预不足，即政府干预的范围和力度不能满足弥补市场失灵和维持市场机制正常运作的合理需要，结果也导致市场机制功能无法发挥，如缺乏保护公平竞争的法律法规、对基础设施和高科技产业投资不足、忽视对环境的保护等。因此，经济法需要解决的问题有两个，即市场失灵和政府失灵。如何有效地将市场调节与政府调节结合起来，尽量避免市场失灵和政府失灵，是经济法所要考虑的。具体来说，经济法应当调整以下五种关系：

第一，宏观调控关系。当"市场之手"的缺陷在一定条件下使经济陷入资源配置无序化与严重浪费的时候，需要超然于市场之上的力量对社会经济进行宏观上的引导。因此，在经济自然发展和演变对社会起负面作用的时候，需要"国家之手"全面干预与促进。这就是国家的宏观调控，如预算、税收法律等。

第二，市场秩序规制关系。在市场发展之初，交易个体之间的实力相差无几，对于信息的索取和运用也处于相同水平。此时，价值规律能发挥其调节市场的作用，不仅能从微观上调节各生产经营者的行为，而且能从宏观上调节资源配置，维护经济稳定。但是，随着市场的不断发展，由于各种因素导致市场主体之间的差距越来越大，产生了垄断和不正当竞争。无论是垄断还是不正当竞争，其结果都使得市场经济的微观调节机制受到破坏，从而导致"无形之手"失灵。国家在针对垄断和不正当竞争进行规制时所产生的法律关系就叫作"市场秩序规制关系"，如反垄断、反不正当竞争法律等。

第三，国有经济参与关系。国有经济参与是国家基于宏观经济调控的目的，动用财政力量进行社会投资比例再分配的一系列活动。国有经济参与关系是国家通过直接参与市场经营活动，实现宏观经济调控目的的法律关系，如国有资产管理法律等。

第四，涉外经济管制关系。这是当前经济全球化与国家经济安全这对矛盾范畴相互作用的必然结果，如外商投资法律等。

第五，市场监管关系。宏观调控关系主要定位于国家运用价格杠杆、财政杠杆、利率杠杆以及结构调整杠杆等，对国民经济实施整体性、间接性的影响和导向。宏观调控措施需要作用于市场，而市场是滞后的。为保证国家经济意图的正确贯彻和顺利实施，需要国家对市场予以持续关注，并不断作出调整，确保市场对宏观调控要素作出适当而积极的反应，这一过程就是市场监管。区别于市场规制的调整是被动的、个别的和滞后的，市场监管是积极的、灵敏的、主被动结合的、事前预防与事后处理相统一的，手段是综合而又有弹性的，规则是灵活的。

所以，经济法的调整对象应当以宏观调控关系为统帅，以微观的市场秩序规制关系、国有经济参与关系以及涉外经济管制关系为主体，以市场监管关系为保障，从而形成经济法的有机统一体。综上所述，当市场这只"无形之手"失灵的时候，政府才能够伸出"有形之手"进行管理和调节。

本案中，就住宅小区地下停车位而言，既不在《价格法》第18条规定的五种政府指导价或者定价范围内，也不存在于中央和地方的定价目录中，自然也就不属于应由政府干预定价的商品。总体来说，对于一般商品，能够通过市场机制的调节实现有效配置的，政府的公权力就不应介入。需要政府对价格进行管制的往往是关乎国计民生的、资源天然稀缺的以及部分有关公用或公益事业的商品和服务，一般只占市场总量的极少数。因为通过政府干预，就可以保持这些商品和服务价格的稳定，有效避免因价格的非正常波动而扰乱市场的正常秩序，以保障国民生活。小区车位的定价关乎的则是小区业主的利益，并不具有广泛代表性。所以，本案中，小区车位的交易价格应尊重开发商的自主定价权，而不能要求政府对所有的价格活动承担监督检查职责。政府对相关市场的信息并不是完全掌握的，如果贸然干预，只会导致政府决策的偏向和不公平。

3. 经济法是社会整体利益本位法

在经济法领域，学界主流观点认为，经济法是社会整体利益本位法，与民法的个人本位、行政法的国家本位相对。经济法既不以国家利益为本位，也不以个人或者个体利益为本位。对经济法社会整体利益本位较为全面的认识是：经济法的基本理念是经济社会化条件下的实质公平正义；其核心内容是社会整体经济利益的实现，表现为经济法是公私交融、社会本位法，是平衡协调、综合解决法。随着公共关系的发展，社会公共利益作为一种独立的利益形式日益突出，成为人们共同关注的问题。随着市民社会与政治国家的相互渗透，某些私人利益受到普遍的公共利益的限制而形成社会利益，私法与公法的相互交错出现了。作为第三法域的中间领域，兼具私法和公法因素的经济法以社会为本位,立足于整体利益,旨在促进社会经济稳定协调发展。经济法以维护社会整体利益为根本使命,体现了对人们共同生活的社会整体利益的终极关怀。在经济法的视角下,公权力的行使只有有利于社会整体利益,才是必要的、可行的;私权利的行使只有不违背社会公共利益,才是自由的。[1]

本案中,小区车位的定价不属于社会整体利益,仅限于小区业主的利益,因此经济法不对其进行调整,利用传统的民法就可以进行调整。同时,关系社会整体利益的物品即公共物品,在权利的归属和享有上不具有排他性和竞争性。小区车位却是具有排他性和竞争性的,一人享有,他人便不能享有,需要通过价格竞争机制获得。所以,政府部门不应当对此进行干预和管理。

四、案例研习安排

(一)教学对象及目标

本案例供法学专业本科生、硕士研究生及法律硕士研究生教学使用,其他专业本科生、硕士研究生也可参酌使用。

本案例需要解决的问题主要有:

(1)确定小区车位的价格属于《价格法》规定的哪一种定价行为?

(2)仁恒公司的定价行为是否属于不正当价格行为?

(3)江苏省物价局是否应该调整和管理小区车位的价格?

(二)建议课堂计划

本案例可以作为专门的教学案例进行讲授,建议安排1课时(40—45分钟)。

如下课堂设计,仅供参考:

1. 课前计划

安排学生阅读案例及相关参考资料,熟悉整个案例流程,对案例中提出的问题进行思考。

2. 课中计划

介绍教学目的,明确讨论主题。

分组讨论问题及解决对策,告知发言要求。

小组代表发言,提出争议焦点,并对争议焦点涉及的相关法律法规进行

---

[1] 参见许光耀、王巍:《经济法是社会本位之法》,载《宁夏大学学报(人文社会科学版)》2003年第5期。

评述。

教师进行引导性分析，并作归纳总结。

3. 课后计划

请学生课后进一步讨论经济法调整的法律关系，以及政府部门什么时候该管、什么时候不该管。

五、思考题

1. 经济法在市场与政府之间扮演什么角色？
2. 经济法与民法的调整对象有何区别？
3. 经济法与行政法的调整对象有何区别？
4. 造成经济法调整对象独特的原因是什么？
5. 经济法的形成有何历史原因？

第二节　经济法律关系主体

案例二　上海市物价局处罚上海黄金饰品行业协会案

【摘　要】　本案是行业协会组织内部成员制定内部规则，实施限制竞争行为的典型。行业协会作为中介自律组织，在对市场主体进行管理的同时，也需要接受政府的管理。研习本案，能够让我们对行业协会的性质、职能、义务的认识更加清晰，明白行业协会组织实施的限制竞争行为危害之大，引发我们对如何更好地规制行业协会的思考。

【关键词】　行业协会　中介自律组织　限制竞争　反垄断

一、基本案情

2013年8月，国家发展和改革委员会针对黄金饰品行业开出首张反垄断罚单。按照国家发展和改革委员会的要求，上海市物价局对上海黄金饰品行业协会及老凤祥银楼等部分金店的价格垄断行为，作出了罚款总金额1059.37万元的处罚决定。

2013年3月15日，人民网连续刊发调查稿件，揭露上海市黄金零售行业存在的价格垄断现象。这引起了国家发展和改革委员会与上海市发展和改革委员会的高度关注。

2013年5月至6月，国家发展和改革委员会与上海市发展和改革委员会两次约谈上海黄金饰品行业协会和13家主要金店负责人。

2013年7月19日，老凤祥银楼等上海金店确认遭到国家发展和改革委员会反垄断调查。调查主要针对老凤祥银楼等上海金店通过上海黄金饰品行业协会平台，垄断上海黄金饰品零售价格。上海十余家黄金饰品企业提交《自认报告》，承认企业之间相互串通统一价格，损害消费者权益。

国家发展和改革委员会称，经查实，上海黄金饰品行业协会分别于2007年7月、2009年1月、2009年10月、2010年2月、2011年11月21日，多次组织具有竞争关系的会员单位（包括老凤祥银楼、老庙、亚一、城隍珠宝、天宝龙凤等金店）召开会长办公会议，商议制定《上海黄金饰品行业黄金、铂金饰品价格自律实施细则》，约定了黄金、铂金饰品零售价格的测算方式、测算公式和价格浮动幅度。其中，老凤祥银楼、老庙、亚一、城隍珠宝、天宝龙凤五家金店依据上述细则规定的测算公式，在规定的浮动范围内制定公司黄金、铂金饰品零售牌价，操纵黄金、铂金饰品价格，损害了其他经营者和消费者的合法权益。

国家发展和改革委员会称，《中华人民共和国反垄断法》（以下简称《反垄断法》）第16条规定，行业协会不得组织本行业的经营者从事《反垄断法》禁止的垄断行为。鉴于行业协会在组织各金店达成、实施垄断协议中起到了主导作用，情节较重，社会影响较大，依法对其处以最高50万元罚款。同时，老凤祥银楼、老庙、亚一、城隍珠宝、天宝龙凤五家金店违反了《反垄断法》第13条关于禁止具有竞争关系的经营者达成固定或者变更商品价格的垄断协议的规定。考虑到五家金店在调查前已主动停止了违法行为，在调查过程中能够积极配合，并承诺整改，依法对其处以上一年度相关销售额1%的罚款。

二、上海物价局的观点

依据《反垄断法》，上海市物价局依法对上海黄金饰品行业协会组织本行业经营者达成价格垄断协议的行为进行了调查。经查，上海黄金饰品行业协会于2011年11月21日，于豫园商城凝晖阁会议室，组织具有竞争关系的会员单位召开会长办公会议，商议《上海黄金饰品行业黄金、铂金饰品价格自律实施细则》，该细则规定了黄金、铂金饰品零售价格的测算方式、测算公式和价格浮动幅度等内容。上述事实，有会长办公会会议通知、会议签到表、会议纪要、会议情况记录等证据为证。

上海市物价局认定，上海黄金饰品行业协会的上述行为违反了《反垄断法》第 16 条及《反价格垄断规定》（国家发展和改革委员会 2010 年 12 月颁布）第 9 条第 2 项的规定，属于组织本行业经营者达成价格垄断协议的违法行为，排除、限制了市场竞争，损害了消费者利益和社会公共利益。

依据《反垄断法》第 46 条第 3 款和第 49 条的规定，考虑到上海黄金饰品行业协会在组织相关金店达成实施垄断协议中起到了主导作用，情节较重，社会影响较大，以及违法行为的性质和程度等因素，上海物价局决定对上海黄金饰品行业协会处以罚款 50 万元。

三、教学内容（法律评析）

（一）相关法律知识点

1. 行业协会

有关行业协会的定义有很多。美国《经济学百科全书》将行业协会定义为：一些为达到共同目标而自愿组织起来的同行或商人的团体。美国协会执行官组织对行业协会的定义为：单一行业内的竞争者所组成的非营利组织，其目的是为提高该行业产量、销量和雇佣率而提供各种互助性服务。日本经济界认为，行业协会是指事业者以增进共同利益为目标而自愿组织起来的同行或商人的团体。英国协会管理专家斯坦利·海曼认为，关于行业协会的权威性定义是：由独立的经营单位组成，保护和增进全体成员既定利益的非营利组织。《元照英美法典》将行业协会定义为：相同或相近行业单位组成的行业团体，用以维护共同利益，确定各种产业标准、交换经营策略等；它可以由单一产业的成员组成，也可以由具有共同利益的各种成员组成；它通常代表其成员采取共同行动，如收集行业数据、发布广告、开拓市场，负责与公众及政府的关系等。

在我国，行业协会通常被归在社会团体的范畴之内。1997 年国家经贸委办公厅印发的《关于选择若干城市进行行业协会试点的方案》指出："行业协会是社会中介组织和自律性行业管理组织。在社会主义市场经济条件下，行业协会应是行业管理的重要方面,是联系政府和企业的桥梁、纽带,在行业内发挥服务、自律、协调、监督的作用。同时,又是政府的参谋和助手。"因此,我们可以将行业协会定义为:以同行业市场主体为主,自愿组成,提供行业服务,进行自律管理,谋求共同利益的非营利组织。它由具有同一、相似或相近市场地位的市场主体组织起来,维持和促进内部利益。在经济法基础理论中,通常将行业协会归类为社会中间层主体。社会中间层主体,是指独立或相对独立于政府主体与市场主体,为政府干预市场、市场影响政府和市场主体之间相互联系起中介作用的主体,也被称为非政府公共组织或者机构、准公权力主体。[1]

与中介服务机构不同,行业协会具有自律性、非营利性等特点,属于中介自律组织。一般情况下,我们将行业协会纳入经济法的管理之下。因为以行业协会为代表的中介自律组织是作为有利于调节市场失灵和政府失灵的手段而出现的,这类组织的出现既在一定程度上弥补了政府和市场双方的缺陷,如利用自身的组织优势为社会成员提供优质、高效的公共产品和服务,又使二者的关系保持在一种适度的平衡状态中。现代意义上的中介自律组织无疑已经成为联系政府和市场的纽带。作为市场的管理者,行业协会的职能主要体现为自律管理职能、授权管理行为和团体利益代理行为。自律管理职能是行业协会的内部管理职能。行业协会通过制定内部规章、行业标准,实现对成员的日常管理,辅以内部奖惩机制,可以实现对行业秩序的规范。行业协会对成员的管理权来自成员签署的内部契约,这是一种权利让渡。成员自愿签署内部契约,接受行业协会的管理。授权管理行为来自法律或有权机关的授权,行业协会在履行该职能时属于行政授权组织,实施的是行政管理行为。团体利益代理行为是行业协会为成员谋取利益所实施的行为,如为成员提供信息、政策咨询、技术支持等。同时,行业协会作为市场被管理者,又有着接受政府机关监督管理的义务。

2. 对行业协会的反垄断规制

虽然行业协会能够辅助国家管理市场主体,也能够帮助市场主体获取利益,但是由于行业协会由相同行业的经营者组成,他们以追求利益最大化为目标,因此行业协会在为其成员获取利益的时候往往会实施限制竞争的行为。这

---

[1] 参见杨紫烜:《经济法》,北京大学出版社2006年版,第117页。

样的行为对于竞争秩序的损害程度比一般企业之间限制竞争的合谋行为更为严重。行业协会通常利用自身的组织优势和职能优势，使本行业的经营者"聚拢"起来，联合一致地实施固定价格、划分市场、限制产量、集体抵制等限制竞争行为。这是行业协会所代表的行业利益和竞争秩序背后的社会整体利益之间的冲突。① 反垄断法作为对竞争秩序进行保护的法律，需要对行业协会限制竞争的行为进行有效规制。

从 2008 年 8 月至 2019 年 5 月，我国反垄断执法机构处理的行业协会主导的垄断协议案件多达 19 起，在全部垄断协议案件中占比较高。② 造成这个结果的主要原因是行业协会的竞争意识淡薄，涉案主体大多意识不到垄断的危害，也没有反垄断合规意识，甚至不知道垄断行为的违法性。在这些垄断案件中，固定价格垄断协议、市场分割垄断协议和限制生产数量垄断协议的案件占据多数，这些违法行为严重损害了社会整体利益与消费者利益。由于行业协会是集体性组织，因此其组织和主导的垄断行为通常是整体性行为和集体行动，所造成的损害也会因规模效应而成倍放大。当行业协会组织抵制行为时，对被抵制的企业可能产生类似市场禁入的效果，危害程度远大于单个企业间的抵制行为。③

《反垄断法》有关禁止行业协会实施垄断行为的规定是第 16 条："行业协会不得组织本行业的经营者从事本章禁止的垄断行为。"第 46 条第 3 款是关于行业协会达成垄断协议之法律责任的规定："行业协会违反本法规定，组织本行业的经营者达成垄断协议的，反垄断执法机构可以处五十万元以下的罚款；情节严重的，社会团体登记管理机关可以依法撤销登记。"由此可以看出，虽然《反垄断法》对行业协会实施垄断行为有所规制，但是规则较为粗糙，具体表现为：

第一，责任主体不明确，对象缺乏针对性。无论是对行业协会还是经营者实施垄断行为，《反垄断法》均缺失处罚直接责任人的规定。在形式上，行业协会或经营者是从事垄断行为的主体，但是垄断行为的决策和实施最终是通过自然人实现的。作为真正决策者和实施者的行业协会负责人、企业高管等如果

---

① 参见傅琦：《反垄断法视野下我国行业协会限制竞争行为的规制》，载《中国价格监督与反垄断》2016 年第 1 期。

② 参见方翔：《行业协会从事垄断协议法律责任之检视与重构》，载《中国市场监管研究》2019 年第 8 期。

③ 参见鲁篱：《行业协会限制竞争法律规制研究》，北京大学出版社 2009 年版，第 21 页。

没有被处罚，那么反垄断法的立法目标就难以实现。①

第二，经济处罚力度较小。根据《反垄断法》第 46 条，对行业协会的顶格处罚也只有 50 万元，这对于一些规模较大的全国性行业协会以及有高利润回报的行业领域的行业协会来说是微乎其微的。所以，它们宁可被处罚也要实施垄断行为，毕竟实施垄断行为所获得的利益是巨大的。以本案为例，执法机构最终对上海黄金饰品行业协会处以 50 万元的顶格罚款，而涉案金额总计逾亿元。同时，行业协会在价格垄断行为中起到了最为关键和核心的作用，在反垄断执法机构作出处罚决定之前就长时间从事价格垄断行为，50 万元最高额度的罚款犹如隔靴搔痒。《反垄断法》出台于 2008 年，就当时的经济发展水平而言，或许规定 50 万元的处罚是一个较大的数字。然而，将 50 万元放至现在的经济发展水平之下，该处罚力度是完全不够的。

（二）法律分析

上海黄金饰品行业协会成立于 1996 年 12 月，是以上海为主的用黄金、铂金等贵金属为主要原材料的饰品零售、批发、生产加工行业企事业单位自愿组成的跨部门、跨所有制的非营利性的行业性社会团体法人。协会现有各种所有制会员单位二百多家，老凤祥、豫园黄金珠宝集团（老庙黄金、亚一金店）、城隍珠宝等国内黄金珠宝的龙头企业和上海黄金交易所、上海钻石交易所、上海期货交易所、有贵金属交易的相关银行以及相关的大专院校均为其会员。根据协会内部章程，协会有为成员组织拓展、发布市场信息、开展行业培训以及提供咨询服务等职能，并且能够制定本行业的行规行约。当会员之间、会员与非会员之间或者会员与消费者之间就行业经营活动产生争议事项时，协会会进行协调。协会也可以代表本行业参与行业性集体谈判，提出涉及行业利益的意见和建议。根据法律、行政法规的规定，协会还可以代表行业内相关企业或者其他经济组织向政府有关工作部门提出反倾销调查、反补贴调查或者采取保障措施的申请，协助政府有关工作部门完成相关调查。由此可以看出，上海黄金饰品协会履行着行业协会作为中介自律组织应当履行的职能，并且是一个规模巨大且成熟的行业协会组织，具备组织内部成员实施限制竞争行为的能力。

在我国，行业协会作为一个独立的社会团体法人，其限制竞争的行为大多

---

① 参见孙晋：《我国〈反垄断法〉法律责任制度的缺失及其完善》，载《法律适用》2009 年第 11 期。

是以协会名义单独或者与其成员共同做出的，通过制定、发布协会章程、规则、决定、通知、宣言、标准等形式，或者组织协调成员企业达成协议、决议、纪要、备忘录等形式。本案中，上海黄金饰品行业协会组织具有竞争关系的会员单位召开会长办公会议，商议制定《上海黄金饰品行业黄金、铂金饰品价格自律实施细则》，约定了黄金、铂金饰品零售价格的测算方式、测算公式和价格浮动幅度等内容。该行为就是典型的行业协会组织成员实施限制竞争行为，以单个主体意思表示的形式执行行业内部规章，背后实际上是行业内竞争者的共同意志。

普通的经营者如果实施了限制竞争行为，根据行为主体和责任主体相一致的原则，由其承担相应的责任。虽然行业协会作为一个法人有独立承担责任的能力，但是在某些情况下，单纯地让行业协会承担责任是无法达到《反垄断法》的实施效果的。行业协会只是一个决议机关，具体提出并切实实施限制竞争行为的仍是经营者。在很多时候，让个别经营者承担责任是很有必要的。《反垄断法》第46条对经营者与行业协会达成垄断协议的违法责任进行了规定，规定二者责任的条款乃并列设置，故在立法层面上对于行业协会限制竞争行为的违法责任，主体可以由行业协会与经营者共担提供了支持。本案中，上海黄金饰品行业协会组织内部成员召开会议实施限制竞争行为，而内部成员老凤祥银楼、老庙、亚一、城隍珠宝、天宝龙凤五家金店依据协会内部通过的《上海黄金饰品行业黄金、铂金饰品价格自律实施细则》规定的测算公式，在规定的浮动范围内制定公司黄金、铂金饰品零售牌价，操纵黄金、铂金饰品价格，损害了其他经营者和消费者的合法权益。这些金店违反了《反垄断法》第13条关于禁止具有竞争关系的经营者达成固定或者变更商品价格的垄断协议的规定。反垄断执法机构对上海黄金饰品行业协会处以50万元罚款，并对老凤祥银楼、老庙、亚一等成员处以上一年度相关销售额1%的罚款，是完全合法合理的。

行业协会组织实施限制竞争行为，对竞争秩序以及其他经营者和消费者的损害极为严重。如上所述，行业协会对组织内部的成员具有管理权。也就是说，行业协会具有较强的组织拘束力，它通过的各项决议执行起来都是比较有效率的，限制竞争协议更是如此。有组织、有执行力的限制竞争协议比一般的限制竞争协议执行起来更彻底、更有效率，对竞争秩序的危害更大。除此之外，行业协会一般采用简单多数决的议事方式作出决议，这就使得原本不愿意参与限制竞争行为的成员被迫按照协会的共同意志行事。行业协会对成员具有管理权,其中也包括惩罚权。虽然行业协会没有行政机关的行政处罚权,但是它能够通过类似"竞业禁止"的手段将成员开除出组织,这就迫使意见不同的成员慑于处罚而遵守决议。这不仅对这类不愿同流合污的经营者是一种损害,对那些行业组织之外的经营者更是一种损害,如果不加以制止,可能出现"劣币驱除良币"的现象。消费者是任何限制竞争行为的最终承受者。由于消费者有其天然的弱势地位——信息不对称,对于企业如何制定价格、商品的质量等信息是不了解的,再加上企业为其利益可能故意不告知消费者真实信息,就使得消费者在消费时更加处于信息弱势地位。此时,作为中介自律组织的行业协会应当站在消费者的立场上,对成员企业进行监督管理,要求成员企业公示真实信息,为消费者保驾护航,而非为牟取利益,实施限制竞争行为,帮助成员企业损害消费者利益。当出现这种情形时,作为保护弱者利益的经济法必然不能袖手旁观,应当对行业协会和经营者加以规制。

四、案例研习安排

(一)教学对象及目标

本案例供法学专业本科生、硕士研究生及法律硕士研究生教学使用,其他专业本科生、硕士研究生也可参酌使用。

本案例需要解决的问题主要有:

(1)行业协会是什么性质的?

(2)行业协会有哪些职能?

(3)行业协会有哪些权利和义务?

(二)建议课堂计划

本案例可以作为专门的教学案例进行讲授,建议安排1课时(40—45分钟)。

如下课堂设计,仅供参考:

1. 课前计划

安排学生阅读案例及相关参考资料,熟悉整个案例流程,对案例中提出的问题进行思考。

2. 课中计划

介绍教学目的,明确讨论主题。

分组讨论问题及解决对策，告知发言要求。

小组代表发言，提出争议焦点，并对争议焦点涉及的相关法律法规进行评述。

教师进行引导性分析，并作归纳总结。

3. 课后计划

请学生课后进一步讨论行业协会这类中介自律组织在市场经济中扮演的角色。

五、思考题

1. 与中介服务机构相比，行业协会有什么特别之处？
2. 行业协会如何在管理者和被管理者两个角色之间把握好"度"？
3. 行业协会这类中介自律组织在市场经济中如何辅助政府管理市场主体？
4. 政府如何操作才能在规制行业协会的同时保持其独立性？

案例 三 北京市东易律师事务所诉中国证券监督管理委员会行政处罚案

【摘　要】　本案是近年来中国证监会行政处罚涉诉的经典案例。案涉律师事务所在为企业IPO提供服务过程中未尽证券中介服务机构的勤勉尽责义务，从而遭到中国证监会的处罚。该律师事务所对中国证监会的处罚不服而诉至法院，这体现了中介服务机构的起诉权，是法律的应有之义。研习本案，可以让我们对证券市场"看门人"有更加深刻的印象，继而对中介服务机构在证券市场乃至整个市场经济中所扮演的角色进行思考。

【关键词】　勤勉尽责义务　IPO　证券市场　看门人　中介服务机构

一、基本案情

北京市东易律师事务所（以下简称"东易所"）是为丹东欣泰电气股份有限公司（以下简称"欣泰电气"）首次公开发行股票（IPO）并在创业板上市提供法律服务的机构。东易所在为欣泰电气IPO提供法律服务过程中未勤勉尽责，违反依法制定的业务规则，出具含有虚假记载的文件，从而被中国证券监督管理委员会（以下简称"证监会"）处罚。

（一）证监会认定的东易所的违法事实

1. 东易所出具的《法律意见书》存在虚假记载

欣泰电气在2011年、2012年、2013年财务会计报告中虚构应收账款收回。东易所2014年1月23日出具的《法律意见书》第3条"上市申请人本次上市的实质条件"第6项中记载："根据上市申请人提供的相关文件、北京兴华会计师事务所出具的《审计报告》及本所律师核查，上市申请人在最近三年内无重大违法行为，上市申请人在最近三年财务会计报告中无虚假记载……"这一表述与欣泰电气相关财务数据存在虚假记载的事实不符，《法律意见书》含有虚假记载的内容。

2. 东易所违反律师事务所从事证券法律业务规则的情况

（1）未审慎核查和验证相关资料

东易所工作底稿中留存的对主要客户的承诺函、询证函、访谈记录，大多数直接取自兴业证券股份有限公司（以下简称"兴业证券"）。兴业证券在对主要销售客户进行访谈时，部分客户未对应收账款余额进行确认，其中包括七家欣泰电气虚构应收账款收回的公司。东易所对访谈记录未履行一般注意义务，未审慎履行核查和验证义务。

（2）未编制查验计划，未对《法律意见书》进行讨论、复核

经查阅东易所工作底稿，证监会未发现东易所及其指派的律师为欣泰电气项目编制查验计划，未发现东易所对《法律意见书》进行讨论、复核的记录。

（3）其他违法情形

东易所还存在违反《律师事务所从事证券法律业务管理办法》（以下简称《管理办法》）、《律师事务所证券法律业务执业规则（试行）》（以下简称《执业规则（试行）》）的其他情形。

东易所工作底稿未加盖律师事务所公章，且大部分底稿未标明目录索引。在东易所工作底稿中，大部分访谈笔录没有经办律师签字，还存在访谈笔录中律师和访谈对象均未签字的情形。

（二）东易所的抗辩意见与证监会的意见

东易所提出了自己的抗辩意见，包括：（1）东易所对欣泰电气财务造假事项不负有审核义务和责任；（2）认定东易所未审慎核查和验证相关材料、未编制查验计划、未对《法律意见书》进行讨论复核的事实认定错误、依据不足；（3）东易所履职过程虽有瑕疵，但情节轻微，应不予处罚；（4）本案已过法定

追诉时效;(5)本次业务收入实际金额应为 60 万元。

对此,证监会认为,中介机构应当在各自职责范围内发表独立的专业意见并承担相应法律责任。律师在为企业 IPO 提供服务过程中出具的《法律意见书》是广大投资者获取发行人真实信息的重要渠道,是投资决策的重要参考,更是监管部门发行核准的重要基础。律师应当保持足够的执业谨慎,勤勉尽责地开展工作,保证所出具的文件不存在虚假记载、误导性陈述和重大遗漏。

《公开发行证券公司信息披露的编报规则(第 12 号)——公开发行证券的法律意见书和律师工作报告》(以下简称"《编报规则》第 12 号")第 24 条规定:"律师应在进行充分核查验证的基础上,对本次股票发行上市的下列(包括但不限于)事项明确发表结论性意见。……(三)本次发行上市的实质条件……(十一)发行人的重大债权债务……"第 32 条明确规定,律师应逐条核查发行人是否符合发行上市条件,对发行上市的实质条件发表明确的结论性意见。欣泰电气虚构应收账款收回,律师应对该债权事项进行充分核查验证,并发表结论性意见。《管理办法》第 14 条规定:"律师在出具法律意见时,对与法律相关的业务事项应当履行法律专业人士特别的注意义务,对其他业务事项履行普通人一般的注意义务,其制作、出具的文件不得有虚假记载、误导性陈述或者重大遗漏。"东易所在 2014 年 1 月 23 日出具的《法律意见书》中明确表述:"根据上市申请人提供的相关文件、北京兴华会计师事务所出具的《审计报告》及本所律师核查,上市申请人在最近三年内无重大违法行为,上市申请人在最近三年财务会计报告无虚假记载……"《法律意见书》中的承诺表述具有公示效力,除非当事人能够提出证据证明其已经勤勉尽责,否则应对其法律意见承担责任。经查阅东易所工作底稿,证监会未发现证明其对"本所律师核查"的所述事项开展相关核查工作的记录或说明。

判断律师在 IPO 项目中是否勤勉尽责,可以从两方面考虑:一是是否严格按照《管理办法》《执业规则(试行)》及《编报规则》第 12 号进行执业;二是在发表法律意见时是否履行了必要的核查验证程序,获取足以支撑发表意见的证据材料。东易所在欣泰电气 IPO 项目执业过程中,存在违反《管理办法》《执业规则(试行)》及《编报规则》第 12 号的情形;同时,对于从其他中介机构取得的工作底稿资料未履行必要的核查验证程序,未尽到一般注意义务。因此,东易所未能勤勉尽责,对其出具的《法律意见书》中的相关表述存在虚假记载负有责任。

东易所在工作底稿中直接引用会计师事务所的《审计报告》及保荐机构的相关资料,对明显瑕疵没有履行一般注意义务,其工作底稿中未见履行核查验证程序的记录,足以认定东易所未审慎核查验证相关材料,未勤勉尽责。根据《管理办法》第13条①及《执业规则(试行)》第9条②的规定,律师事务所及其指派的律师在进行核查和验证前,应当编制核查和验证计划(以下简称"查验计划"),该计划应当列明需要查验的具体事项、查验工作程序、查验方法等。根据《管理办法》第23条③及《执业规则(试行)》第37条④的规定,法律意见书应当经所在律师事务所讨论复核。查验计划及其操作程序、对法律意见书的讨论复核记录都应制作成工作底稿留存。东易所的工作底稿中未发现查验计划和对《法律意见书》的讨论复核记录,其申辩提出的中介协调会纪要及律师备忘录不符合查验计划的形式和内容要求,两名签字律师对是否复核《法律意见书》的表述均存在出入。

工作底稿是判断律师是否勤勉尽责的重要证据。东易所工作底稿中存在缺少律师事务所公章、缺少目录索引、部分访谈笔录缺少律师及访谈对象签字等诸多问题,违反了《管理办法》和《执业规则(试行)》的多项规定,是未勤勉尽责,而非履职过程有瑕疵、情节轻微。

证监会于2015年7月14日向东易所发出《调查通知书》,距东易所为欣泰电气出具最后一份《法律意见书》的时间即2014年1月23日,并未超过两年时效。

东易所此项业务收入有合同、发票、转账凭证、签字律师笔录等证据证明,足以认定东易所对欣泰电气项目收费为90万元。

综上,东易所的行为违反了《中华人民共和国证券法》(以下简称《证券

---

① 《管理办法》第13条规定:"律师事务所及其指派的律师从事证券法律业务,应当依法对所依据的文件资料内容的真实性、准确性、完整性进行核查和验证;在进行核查和验证前,应当编制核查和验证计划,明确需要核查和验证的事项,并根据业务的进展情况,对其予以适当调整。"

② 《执业规则(试行)》第9条规定:"律师事务所及其指派的律师应当按照《管理办法》编制查验计划。查验计划应当列明需要查验的具体事项、查验工作程序、查验方法等。查验工作结束后,律师事务所及其指派的律师应当对查验计划的落实情况进行评估和总结;查验计划未完全落实的,应当说明原因或者采取的其他查验措施。"

③ 《管理办法》第23条规定:"律师从事本办法第六条规定的证券法律业务,其所出具的法律意见应当经所在律师事务所讨论复核,并制作相关记录作为工作底稿留存。"

④ 《执业规则(试行)》第37条规定:"律师事务所对法律意见书进行讨论复核时,应当制作相关记录存入工作底稿,参与讨论复核的律师应当签名确认。"

法》)第20条第2款①、第173条②,《管理办法》第12条③、第13条、第14条④、第23条,以及《执业规则(试行)》第9条、第37条、第39条⑤、第40条⑥、第41条⑦的有关规定,构成了《证券法》第223条⑧所述"证券服务机构未勤勉尽责,所制作、出具的文件有虚假记载"以及第226条第3款⑨所述"违反本法规定或者依法制定的业务规则"的情形。郭立军、陈燕姝是对上述行为直接负责的主管人员。

---

① 2019年12月28日第十三届全国人大常委会第十五次会议对《证券法》进行第二次修订。本案涉及的是2014年第三次修正的《证券法》。《证券法》第20条第2款规定:"为证券发行出具有关文件的证券服务机构和人员,必须严格履行法定职责,保证其所出具文件的真实性、准确性和完整性。"

② 《证券法》第173条规定:"证券服务机构为证券的发行、上市、交易等证券业务活动制作、出具审计报告、资产评估报告、财务顾问报告、资信评级报告或者法律意见书等文件,应当勤勉尽责,对所依据的文件资料内容的真实性、准确性、完整性进行核查和验证。其制作、出具的文件有虚假记载、误导性陈述或者重大遗漏,给他人造成损失的,应当与发行人、上市公司承担连带赔偿责任,但是能够证明自己没有过错的除外。"

③ 《管理办法》第12条规定:"律师事务所及其指派的律师从事证券法律业务,应当按照依法制定的业务规则,勤勉尽责,审慎履行核查和验证义务。律师进行核查和验证,可以采用面谈、书面审查、实地调查、查询和函证、计算、复核等方法。"

④ 《管理办法》第14条规定:"律师在出具法律意见时,对与法律相关的业务事项应当履行法律专业人士特别的注意义务,对其他业务事项履行普通人一般的注意义务,其制作、出具的文件不得有虚假记载、误导性陈述或者重大遗漏。"

⑤ 《执业规则(试行)》第39条规定:"律师事务所应当完整保存在出具法律意见书过程中形成的工作记录,以及在工作中获取的所有文件、资料,及时制作工作底稿。工作底稿是判断律师是否勤勉尽责的重要证据。中国证监会及其派出机构可根据监管工作需要调阅、检查工作底稿。"

⑥ 《执业规则(试行)》第40条规定:"工作底稿应当包括以下内容:(一)律师接受委托事项的基本情况,包括委托人名称、事项的名称;(二)与委托人签订的委托协议;(三)查验计划及其操作程序的记录;(四)与查验相关的文件,如设立批准证书、营业执照、合同、章程等文件、变更文件或者上述文件的复印件;(五)与查验相关的重大合同、协议及其他重要文件和会议记录的摘要或者副本;(六)与政府有关部门、司法机关、中介机构、委托人等单位及相关人员相互沟通情况的记录,对委托人提供资料进行调查的访问记录、往来函件、现场查验记录、查阅文件清单等相关的资料及详细说明;(七)委托人及相关人员的书面保证或者声明书的复印件;(八)法律意见书草稿;(九)内部讨论、复核的记录;(十)其他与出具法律意见书相关的重要资料。上述资料应当注明来源,按照本规则的规定签名、盖章,或者对未签名、盖章的情形予以注明。"

⑦ 《执业规则(试行)》第41条规定:"工作底稿内容应当真实、完整,记录清晰,标明目录索引和页码,由律师事务所指派的律师签名,并加盖律师事务所公章。"

⑧ 《证券法》第223条规定:"证券服务机构未勤勉尽责,所制作、出具的文件有虚假记载、误导性陈述或者重大遗漏的,责令改正,没收业务收入,暂停或者撤销证券服务业务许可,并处以业务收入一倍以上五倍以下的罚款。对直接负责的主管人员和其他直接责任人员给予警告,撤销证券从业资格,并处以三万元以上十万元以下的罚款。"

⑨ 《证券法》第226条第3款规定:"证券登记结算机构、证券服务机构违反本法规定或者依法制定的业务规则的,由证券监督管理机构责令改正,没收违法所得,并处以违法所得一倍以上五倍以下的罚款;没有违法所得或者违法所得不足十万元的,处以十万元以上三十万元以下的罚款;情节严重的,责令关闭或者撤销证券服务业务许可。"

根据东易所违法行为的事实、性质、情节与社会危害程度，依据《证券法》第 223 条的规定，证监会责令东易所改正，没收业务收入 90 万元，并处以 180 万元罚款；对直接责任人郭立军、陈燕姝给予警告，并分别处以 10 万元罚款。

对此行政处罚，东易所不服，遂向北京市第一中级人民法院（以下简称"北京一中院"）提起行政诉讼。

二、法院的观点

（一）东易所应当作为"证券服务机构"承担勤勉尽责义务

北京一中院认为，《证券法》第 169 条[①]只是对必须经国务院证券监督管理机构和有关主管部门批准的证券服务机构的列举，其中未规定律师事务所并不意味着律师事务所就不构成证券服务机构，东易所的相关诉讼主张不能成立。

（二）关于律师事务所勤勉尽责的认定标准以及东易所是否尽到勤勉尽责义务

北京一中院认为，对于东易所是否尽到了法律规定的勤勉尽责义务，是否应当为其出具的《法律意见书》中的虚假记载承担相应的法律责任，可以从两个层面予以审查：第一，相关虚假记载涉及的内容是否属于律师事务所在尽职调查（简称"尽调"）过程中应予查验的事项；第二，律师事务所能否提供证据证明其针对相关事项进行了审慎查验。

欣泰电气欺诈发行的主要手段是通过外部借款等方式虚构应收账款收回，因此相关虚假记载涉及的是公司的财务问题。在 IPO 过程中，律师事务所承担的工作是进行法律尽调。所谓法律尽调，是指律师事务所通过对公司进行全面调查，充分了解公司的整体情况及其面临的法律风险，并在此基础上从法律角度确认公司的申请文件和公开发行募集文件是否真实、准确、完整，以及公司是否符合《证券法》等法律法规及中国证监会规定的发行条件的过程。由于法律尽调是从法律风险的角度对公司整体情况进行评估，因此对于与公司经营相关的重要事项，律师事务所均应当予以充分关注并进行审慎查验。公司财务

[①] 《证券法》第 169 条规定："投资咨询机构、财务顾问机构、资信评级机构、资产评估机构、会计师事务所从事证券服务业务，必须经国务院证券监督管理机构和有关主管部门批准。投资咨询机构、财务顾问机构、资信评级机构、资产评估机构、会计师事务所从事证券服务业务的审批管理办法，由国务院证券监督管理机构和有关主管部门制定。"

状况无疑是律师事务所在进行法律尽调过程中必须包含的内容，而且应当作为查验的重点事项。律师事务所应当在合法的范围内，充分利用各种方法对包括公司财务状况在内的公司整体情况展开全面调查，并在综合分析所有材料的基础上，从法律风险评估的角度出具意见。法律尽调与商业尽调、财务尽调的主要区别在于评估的角度不同，各中介机构对自己出具的报告均应当独立承担责任，既非相互监督的关系，也不能以其他中介机构出具的报告作为免除自己尽调责任的依据。

由于勤勉尽责是律师事务所承担的积极作为义务，未勤勉尽责是消极事实状态，因此如果有证据证明律师事务所出具的法律意见书存在《证券法》所规定的虚假记载、误导性陈述或者重大遗漏等情形，则应当由律师事务所举证证明其已经尽到了勤勉尽责义务，否则即应认为律师事务所未勤勉尽责。所以，北京一中院认为，东易所没有尽到勤勉尽责义务。

（三）处罚依据的规范性文件的合法性

东易所主张，被诉处罚决定适用法律错误，《执业规则（试行）》和《编报规则》第12号均违反相关上位法律规定，超出法律规定范围，附加律师事务所查验义务的情形，不能作为处罚依据。东易所同时对《执业规则（试行）》和《编报规则》第12号申请规范性文件合法性审查。

对此，北京一中院认为，证监会作为证券监管的主管机关，司法部作为律师行业的主管机关，有权就律师从事证券法律业务制定相应的具体规定，《执业规则（试行）》和《编报规则》第12号是关于律师事务所在从事证券法律业务以及出具公开发行证券的法律意见书时应当遵循的具体规则的规定，相关规定并无违反上位法之情形，并未对律师事务所课以法外义务，东易所认为上述两规范性文件违法之理由实际上均是在错误理解律师事务所职责定位的前提下提出的。

北京一中院认为，《执业规则（试行）》和《编报规则》第12号无其他违法之情形，可以作为本案的适用依据。同时，北京一中院强调，就本案而言，仅基于《证券法》第20条第2款、第173条以及第223条等规定即足可定案，其他规范性文件只是对律师事务所查验以及报告编写准则的进一步具体规定，对本案结论并不产生实质影响。

三、教学内容（法律评析）

（一）争议焦点分析

1. 被诉行政处罚决定是否存在适用法律错误的情况

东易所主张，首先，《证券法》没有明确规定律师事务所是证券服务机构，不能依据《证券法》第223条有关对证券服务机构进行处罚的罚则对原告进行处罚。其次，《执业规则（试行）》和《编报规则》第12号均违反相关上位法律规定，超出法律规定范围，附加律师事务所查验义务的情形，不能作为处罚依据。东易所同时对《执业规则（试行）》和《编报规则》第12号申请规范性文件合法性审查。

证监会认为，律师事务所依法属于证券服务机构，对其在为证券发行提供法律服务中的违法行为应当依据《证券法》第223条的规定进行处罚。《执业规则（试行）》和《编报规则》第12号是依据《证券法》制定的规范性文件，属于《证券法》第226条第3款所述"依法制定的业务规则"，符合法律规定。

2. 律师事务所是否具有对审计报告进行财务核查的义务

东易所认为，本所依据会计师事务所出具的《审计报告》发表法律意见，符合法律规定和行业惯例，已经尽到了勤勉尽责义务；在欣泰电气业务中，依法履行了核验、讨论、复核义务，虽然工作底稿确实存在未加盖律师事务所印章、访谈笔录上律师未签字等情形，但是仅属工作瑕疵，不应予以处罚。

证监会则认为，第一，即使引用其他中介机构出具的文件，也应当尽到相应注意义务并加以说明。东易所简单直接引用会计师事务所的《审计报告》及保荐机构的相关资料，对被引用文件的明显瑕疵没有履行一般注意义务，构成未勤勉尽责。第二，现有证据足以证明东易所未审慎核查和验证相关资料，未按照《管理办法》及《执业规则（试行）》的要求编制查验计划、对《法律意见书》进行讨论复核，违反了《证券法》第223条的规定。第三，工作底稿是判断律师是否勤勉尽责的重要证据。东易所工作底稿未加盖律师事务所公章、访谈笔录签字严重不规范等，违反了《管理办法》和《执业规则（试行）》的规定。

（二）法律分析

1. 作为经济法主体的中介组织——证券服务机构

"证券市场中为投资者提供信息认证服务，通过信息披露监督和保证证券品质的各类证券市场服务机构,包括审计师、律师、证券分析师、信用评级机构等中介服务机构被统称为'看门人'。……主要承担核查、验证、审核义务,平衡证券市场各主体之间的信息不对称,降低投资者与其他市场主体间的交易费用……"[①] 所以,律师事务所作为中介服务机构属于《证券法》中的"证券服务机构"这一点是毋庸置疑的。

中介服务机构属于中介组织,是经济法律关系的主体,它具有双重性质。对于国家来说,中介服务机构是被管理者,需要接受国家的管理,同时又是国家管理市场的辅助者;而对于其他市场主体而言,它既是自己实现利益的助力者,又是自己的管理者。中介组织有两种形态:中介自律组织和中介服务机构。本案中的东易所属于后者,是指依法登记设立,按照法律法规在市场活动中接受委托,运用专业知识,为委托人提供中介服务的营利性组织。东易所接受欣泰电气委托,运用专业的法律技能,为其提供专业服务并收取费用。中介服务机构除了追求利益最大化之外,还辅助国家实现对市场主体的良好管理,需要通过自己的特殊职能对市场主体实施各种专业监管。

在市场经济条件下,国家往往无法进入市场主体的内部,对其实际经营内容进行监管。但是,现代市场尤其是现代金融市场对市场主体经营内容的完整性和真实性有着越来越高的要求。客观现实呼唤一种微观层面的监管力量以弥补这一漏洞,而这一监管力量必须是独立于国家的、市场化的,只有这样才能在防止对市场主体监管缺位的同时,避免陷入国家控制微观经营主体的泥淖。在市场经济实践中,人们通过建立各种独立的中介服务机构解决这一矛盾。

2. 中介服务机构的职能

中介服务机构在国家实现对市场主体的微观管理中起到了辅助监管的作用,因此中介监管职能是中介服务机构的主要职能之一。中介服务机构监管市场主体的权力来源于其具备的某项专业职能,而该项职能又在法律中得以确认。中介服务机构不具备主动对市场主体进行监管的权力,只有在其接受市场主体的委托,依法履行职能之后,才在事实上实施了对市场主体的中介监管行为。除此之外,中介服务机构有时还接受国家机关和中介自律组织的委托,对特定的市场主体进行专业监管(如对违规企业进行审计监督等),从而履行其中介监管职能。中介监管行为主要包括会计监管行为、审计监管行为、法律监

---

① 侯东德、薄萍萍:《证券服务机构 IPO 监督机制研究》,载《现代法学》2016 年第 6 期。

管行为等。

证券市场中介服务机构在资本市场活动中存在着严重的角色冲突：一方面，它在资本市场活动中的雇佣方是作为其监督对象的上市公司；另一方面，它是为广大投资者的利益而非其雇佣方的利益服务的，即接受上市公司的酬劳，为广大投资者监督委托方信息披露的真实性。这种角色冲突使得证券市场中介服务机构有时很难站在客观立场上，以秉持公允的态度尽职尽责地工作，并且存在中介服务机构与上市公司合谋的可能性。证券市场中介服务机构的角色冲突问题由来已久，一直是影响资本市场发展的一大顽疾。证券市场中介服务机构作为在资本市场这样一个专业化高度集中场域中的"看门人"，其职责是利用自身强大的专业知识和技能，监督上市公司的信息披露，在最大限度内保证资本市场信息的真实性，以保护广大投资者的利益和维持资本市场的稳定。

3. 中介服务机构在证券市场中的勤勉尽责义务的认定

中介服务机构需要履行勤勉尽责义务。《证券法》关于中介服务机构勤勉尽责义务的规定仅有两处：一是勤勉尽责的法律渊源。根据2019年《证券法》第163条的规定，证券服务机构为证券的发行、上市、交易等证券业务活动制作、出具审计报告及其他鉴证报告、资产评估报告、财务顾问报告、资信评级报告或者法律意见书等文件，应当勤勉尽责，对所依据的文件资料内容的真实性、准确性、完整性进行核查和验证。二是未能勤勉尽责的罚则。2019年《证券法》第213条第3款规定："证券服务机构违反本法第一百六十三条的规定，未勤勉尽责，所制作、出具的文件有虚假记载、误导性陈述或者重大遗漏的，责令改正，没收业务收入，并处以业务收入一倍以上十倍以下的罚款，没有业务收入或者业务收入不足五十万元的，处以五十万元以上五百万元以下的罚款；情节严重的，并处暂停或者禁止从事证券服务业务。对直接负责的主管人员和其他直接责任人员给予警告，并处以二十万元以上二百万元以下的罚款。"除此之外，关于中介机构勤勉尽责义务的法律依据包括但不限于《首次公开发行股票并上市管理办法》《上市公司重大资产重组管理办法》以及中介机构所在行业的执业标准等相关规定。通常认为，律师违反《管理办法》和《执业规则（试行）》相关规定的，应被认定为未履行勤勉尽责义务。

根据《管理办法》第12条，律师事务所及其指派的律师从事证券法律业务，应当按照依法制定的业务规则，勤勉尽责，审慎履行核查和验证义务。因此，律师事务所应当遵守的规则有以下几项：首先，披露事项真实、准确、完整。工作底稿、律师披露事项及法律意见是否真实、准确、完整，法律意见书是否有充足的底稿文件予以支撑，是认定律师是否勤勉尽责的重要标准之一。工作底稿如有遗漏，可能直接导致法律意见书披露事项和结论没有充足的底稿文件支撑，影响法律意见书披露事项和结论的准确性。因此，律师应当保证高质量的工作底稿，以满足勤勉尽责的要求。目前，关于工作底稿的检查工作，也是各地证监局的核查重点之一。项目经办律师、律师事务所制作工作底稿时，应当严格遵守所在行业的执业规则的要求（包括但不限于《执业规则（试行）》第40条、第41条以及《管理办法》第18条的规定）、律师事务所内部要求以及监管机构要求。其次，特别注意义务和一般注意义务。判断律师是否履行了勤勉尽责义务，还应考虑其在关联方、合同真实性等与法律相关的重点问题上是否履行了特别注意义务，对其他业务事项是否履行了一般注意义务，工作底稿是否可以证明其对有异议的问题予以关注并处理。特别注意义务并不仅仅局限于律师的专业法律知识，更需要掌握一定的财务知识以及公司所在行业的基本知识，这样才能更好地就非法律事项履行审慎核查义务。最后，审慎核查、独立判断。是否穷尽核查手段及方式，包括但不限于面谈、书面审查、实地调查、查询等，是否独立核查，以及是否对取得的文件进行仔细核查、独立判断，也是判断律师是否勤勉尽责的标准。

4. 证监会作出处罚所依据的规范性文件合法

《执业规则（试行）》是2010年由证监会和司法部联合公告，自2011年1月1日起施行，至今仍然有效的部门规章。它是根据《管理办法》制定的规则，而《管理办法》是证监会和司法部根据《证券法》和《中华人民共和国律师法》制定的部门规章。证监会和司法部作为主管部门，制定相应办法，规定律师在证券市场的相关行为是完全合法合理的。

《编报规则》第12号是根据《证券法》和《中华人民共和国公司法》（以下简称《公司法》）制定的，目的是细化律师在IPO过程中如何出具法律意见书、律师工作报告并制作工作底稿。部门规章是对法律法规的细化。在IPO过程中，律师需要对自己出具的法律意见书、律师工作报告以及工作底稿负责。证监会作为监督机关，可以根据《编报规则》第12号对出具不当法律文件的律师进行处罚。

四、案例研习安排

（一）教学对象及目标

本案例供法学专业本科生、硕士研究生及法律硕士研究生教学使用，其他

专业本科生、硕士研究生也可参酌使用。

本案例需要解决的问题主要有：

（1）律师事务所是不是《证券法》规定的证券服务机构？

（2）如何认定律师事务所的勤勉尽责义务？

（3）证监会作出处罚所依据的规范性文件是否合法？

（二）建议课堂计划

本案例可以作为专门的教学案例进行讲授，建议安排1课时（40—45分钟）。如下课堂设计，仅供参考：

1. 课前计划

安排学生阅读案例及相关参考资料，熟悉整个案例流程，对案例中提出的问题进行思考。

2. 课中计划

介绍教学目的，明确讨论主题。

分组讨论问题及解决对策，告知发言要求。

小组代表发言，提出争议焦点，并对争议焦点涉及的相关法律法规进行评述。

教师进行引导性分析，并作归纳总结。

3. 课后计划

请学生课后进一步讨论律师事务所作为中介服务机构在市场中扮演的角色。

五、思考题

1. 中介服务机构如何辅助政府管理市场？
2. 中介服务机构如何扮演好被管理者的角色？
3. 中介服务机构在管理者与被管理者之间如何平衡好自己的职能？
4. 为何近年来中介服务机构如会计师事务所、律师事务所频频因违反勤勉尽责义务而遭到处罚？
5. 在证券市场注册制下，中介服务机构如何更好地扮演"看门人"的角色？

反垄断法

第一节 滥用市场支配地位行为

案例 四 北京奇虎科技有限公司诉腾讯科技（深圳）有限公司等滥用市场支配地位纠纷案

【摘 要】 本案是最高人民法院审理的首例互联网反不正当竞争案，主要涉及相关市场理论、市场份额的计算、滥用市场支配地位等问题。通过对案例的研习，我们能够更深层次了解反垄断法的具体运用、适用情形、判断标准；同时，深入研究法条以及国外的相关规定，通过对相关市场的认定以及是否具有市场支配地位的判断，保护消费者权益，实现反垄断法保护竞争的基本价值取向，具有明确的指导意义。

【关键词】 相关市场 滥用 市场支配地位 规制

一、基本案情

2010年10月29日，北京奇虎科技有限公司（以下简称"奇虎公司"）、奇智软件（北京）有限公司发布"扣扣保镖"软件。

2010年11月3日，腾讯科技（深圳）有限公司（以下简称"腾讯公司"）发布《致广大QQ用户的一封信》，称将在装有奇虎公司360软件的电脑上停止运行QQ软件，并倡导卸载360软件后登录QQ。2010年11月10日，在工信部等三部委的积极干预下，QQ和360软件已经兼容，并公开向社会道歉。

2010年11月15日，奇虎公司以腾讯公司、深圳市腾讯计算机系统有限公司（以下简称"腾讯计算机公司"）滥用市场支配地位为由向广东省高级人民法院提起诉讼,称两被告在即时通信软件及服务相关市场具有市场支配地位,并将"QQ软件管理"与即时通信软件相捆绑,以升级"QQ软件管理"的名义安装"QQ医生",构成捆绑销售,索赔经济损失1.5亿元。

2013年3月20日,广东省高级人民法院以原告界定相关商品市场错误,其所提供的证据不足以证明被告在相关商品市场上具有垄断地位为由,判决驳回奇虎公司的全部诉讼请求。这是国内首个在即时通信领域对垄断行为作出认定的判决。奇虎公司不服,向最高人民法院提出上诉。

最高人民法院于2013年6月受理了本案,并于当年11月27日进行了公开审理。2014年10月8日,最高人民法院作出判决:驳回上诉,维持原判。

二、法院的观点

(一)一审法院的观点

广东省高级人民法院认为,本案争议焦点主要是:相关市场如何界定;被告在相关市场上是否具有支配地位;被告是否滥用市场支配地位,排除、限制竞争;被告应承担何种民事责任。

1. 关于相关市场如何界定的问题

(1)关于相关商品市场

第一,关于界定相关商品市场应采用的方法。根据《国务院反垄断委员会关于相关市场界定的指南》的规定,一审法院认为,本案对相关商品市场的界定可以采取下列方法:根据需求者对QQ软件及其服务的功能用途需求、质量的认可、价格的接受以及获取的难易程度等因素,从需求者的角度定性分析不同商品之间的替代程度;同时,亦结合考虑供给替代的影响。关于是否可以采用"假定垄断者测试"分析方法的问题,一审法院认为,"免费"成为互联网产业通行的、基本的因而也才是可行的服务模式。本案证据显示,用户对即时通信产品及服务具有很高的价格敏感度。本案可以考虑,如果腾讯公司和腾讯计算机公司持久地(假定为一年)从零价格到小幅度收费后,是否有证据支撑需求者会转向那些具有紧密替代关系的其他商品,从而将这些商品纳入同一相关市场的商品集合。

第二,关于双方无异议认为属于同一相关市场商品集合的三类即时通信软件。一审法院确认这三种类型的即时通信产品及服务属于同一相关市场的商品集合。

第三,关于综合性的即时通信与文字、音频以及视频即时通信之间的可替代性。一审法院认为，考虑到需求替代，消费者能够轻易、立刻、免费地在文字、音频和视频即时通信三种服务间转换；从供给替代出发，大部分服务商都能同时提供这三种功能的服务。同时，本案证据显示，消费者对即时通信产品及服务具有很高的价格敏感度，不愿意为使用即时通信的基础服务支出任何费用。综合性的即时通信与文字、音频以及视频等单一的即时通信之间具有紧密的可替代性，属于同一相关市场的商品集合。

第四，关于 QQ 与社交网站、微博服务之间的可替代性。一方面，从功能用途上看，微博、SNS 社交网站等产品均提供网页形式的即时通信服务和单独的即时通信软件服务，属于同一相关市场的商品集合。腾讯公司和腾讯计算机公司对此无异议，一审法院予以确认。另一方面，当微博、SNS 社交网站提供网页形式的即时通信产品及服务，即将即时通信产品作为其核心产品的一部分时，QQ 与微博、SNS 社交网站服务之间是否具有可替代性的问题，在本案中争议较大。一审法院认为，竞争是一个动态的过程，在一个滥用市场支配地位的反垄断诉讼中对相关市场进行界定时，必须考虑本案相关商品或者服务所在产业的发展现状及未来一段时间的趋势，总体上应当对那些有可能延续一段时间的滥用市场支配地位的行为予以制止，以有效维护市场竞争机制。在认定本案相关市场时，仅仅考虑 2010 年双方纠纷发生时一个较小周期内的情况就分析相关市场状况，并不能起到科学合理的、有效制止滥用市场支配地位的效果。综上，QQ 与社交网站、微博服务属于同一相关市场的商品集合。

第五，关于传统的电话、传真与即时通信服务之间的可替代性。一审法院认为，QQ 与传统的短信、手机通话、固定电话通话之间不存在较为紧密的替代关系，相互之间不构成可替代商品。

第六，关于 QQ 与电子邮箱是否属于同一相关市场的商品集合。一审法院认为，由于功能和用途的差异较大，即使 QQ 开始长期小幅收费，消费者也很难转向选择使用电子邮箱，因此它们不属于同一相关市场的商品集合。

第七，关于应否将本案相关市场确定为互联网应用平台。一审法院认为，首先，互联网应用平台经营模式逐渐普及，导致用户资源、点击量和用户停留时间成为互联网竞争的主要焦点。以免费的服务吸引大量用户，再利用巨大的用户资源经营增值业务和广告以实现盈利，然后以增值业务和广告的盈利支撑免费服务的生存和发展，已经成为互联网行业典型的经营模式。在这种经营模式下，各服务商之间真正竞争的是客户数量、点击量和客户有效使用时间，以维持经营的生存和发展。其次,本案证据显示,平台之间的竞争已不是未来的发展趋势,而是目前互联网企业之间客观存在的竞争状况。互联网行业发展至今,选择不同种类的免费产品或服务吸引用户只是搭建平台的手段不同,而竞争的实质是互联网企业相互之间在各自的应用平台上开展增值服务和广告业务的竞争。这也正是本案双方当事人虽然各自经营即时通信和安全杀毒产品,却会爆发"3Q大战"的真正原因所在。虽然在本案中尚不能确定安全软件平台与即时通信平台之间存在紧密的替代关系,但是在界定本案的相关商品市场时,应充分考虑目前互联网行业的产品竞争状况和市场格局。最后,互联网行业是一个动态市场,行业内成功的产品、服务及商业模式很容易被其他企业模仿,市场进入门槛极低。因此,除以需求替代界定相关市场外,亦应从供给替代的因素出发,将其他企业的潜在产能考虑在相关市场范围内。

综上,一审法院认为原告关于综合性的即时通信产品及服务构成一个独立的相关商品市场的主张不能成立,不予支持。

(2) 相关地域市场的界定

首先,即时通信服务的经营者和用户并不局限于中国大陆地区。由于互联网的开放性和互通性,经营者和用户均无国界。本案证据显示,境外经营者可向中国大陆地区用户提供即时通信服务,腾讯公司和腾讯计算机公司也同时向世界各地的用户提供服务。有一定数量的境外中文用户和外文用户在使用腾讯公司和腾讯计算机公司提供的中文或者外文版本的即时通信服务。

其次,用户的语言偏好和产品使用习惯不能作为划分地域市场的唯一依据。经营者通常都会提供多个语言版本的即时通信软件,以满足有不同语言需求的使用者。中国大陆地区用户经常会选择境外经营者提供的即时通信服务(如MSN、ICQ、雅虎通、Skype等)。

最后,即时通信产品和服务的市场参与者在全球范围内提供和获得即时通信服务时,并无额外运输成本、价格成本或者其他成本。目前,也尚未有法律或技术上的标准限制这些产品和服务在全球范围内的提供和使用。

综上,一审法院认为本案相关地域市场应为全球市场。

2. 关于被告在相关市场上是否具有支配地位的问题

(1) 原告对本案相关商品市场和地域市场的界定过于狭窄

一审法院认为,奇虎公司依据其所主张的相关商品市场和地域市场计算腾讯公司和腾讯计算机公司的市场份额,不能客观、真实地反映该两公司在相关市场中的份额和地位。一审法院对奇虎公司以市场份额推定腾讯公司和腾讯计算机公司在相关市场上具有垄断地位的主张,不予认可。

(2) 市场份额不是认定是否具有市场支配地位的唯一依据

一审法院认为,即使在奇虎公司所主张的最窄的相关市场即中国大陆地区的综合性即时通信产品和服务市场上,亦不能仅凭腾讯公司和腾讯计算机公司在该相关市场上的市场份额超过 50% 就认定其具有市场支配地位。理由如下:其一,腾讯公司和腾讯计算机公司不具有控制商品价格、数量或其他交易条件的能力;其二,腾讯公司和腾讯计算机公司不具备阻碍、影响其他经营者进入相关市场的能力。因此,腾讯公司和腾讯计算机公司在该市场上不具有支配地位。

3. 关于腾讯公司和腾讯计算机公司是否滥用市场支配地位,排除、限制竞争的问题

(1) 关于腾讯公司和腾讯计算机公司实施的"产品不兼容"行为(用户"二选一")的实质

奇虎公司认为,本案中,腾讯公司和腾讯计算机公司强迫用户"二选一",表面上赋予用户选择权。但是,假如腾讯公司和腾讯计算机公司是具有市场支配地位的经营者,用户极有可能放弃 360 软件而选择 QQ。腾讯公司和腾讯计算机公司实施"二选一"的行为,其目的不是要拒绝与用户交易,而在于逼迫用户只能与其进行交易。上述行为实质上仍然属于限制交易的行为。

腾讯公司和腾讯计算机公司抗辩认为,QQ 软件对"360 安全卫士"采取不兼容措施是由于奇虎公司实施侵权行为所致。为了保证 QQ 的正常运作,腾讯公司和腾讯计算机公司不得已采取不兼容技术措施,以阻止和排除奇虎公司产品对自身产品的破坏,是一种正当的自力救济行为。一审法院认为,我国民法上的自力救济不能超过必要的限度。奇虎公司通过"360 隐私保护器"及网络言论对腾讯公司、腾讯计算机公司实施了不正当竞争行为。由于互联网行业的特殊性,通过网络实施的侵权行为具有蔓延速度快、范围广、后果难以挽回等特点,因此腾讯公司和腾讯计算机公司的合法权益在当时的确处于危险状态之中。但是,即便如此,腾讯公司和腾讯计算机公司采取自力救济的直接反击对象也必须是不法侵害人即本案原告奇虎公司本身,而不得涉及网络用户。同时,我国知识产权侵权诉讼的诉前禁令制度赋予当事人权利,在其合法权益可能遭受紧急或无法逆转的侵害时,有权向法院申请采取临时措施,及时、快

捷、有效地制止不法侵害行为发生或继续。在法有明文规定的情况下，腾讯公司和腾讯计算机公司没有依法行使诉讼权利，寻求制止不法侵害行为的途径，转而单方面采取"二选一"的行为，致使"3Q大战"的范围扩大并波及用户，其行为缺乏正当性。另外，腾讯公司和腾讯计算机公司强迫用户"二选一"的行为也超出了必要的限度。本案中，无论奇虎公司是否存在胁迫用户使用"扣扣保镖"的行为，是否劫持了QQ的安全模块并导致QQ失去相关功能，腾讯公司和腾讯计算机公司都无权逼迫用户对QQ账户安全采取行动。腾讯公司和腾讯计算机公司的权利范围在于对此作出相应的风险提示，是否卸除360软件是用户自身固有的权利。腾讯公司和腾讯计算机公司不能代替用户作出选择，强迫用户"二选一"的行为超出了必要的限度。

（2）关于腾讯公司和腾讯计算机公司是否存在反垄断法所禁止的无正当理由搭售的问题

一审法院认为，腾讯公司和腾讯计算机公司的行为不构成反垄断法所禁止的搭售行为。理由如下：第一，腾讯公司和腾讯计算机公司在即时通信服务市场上不具有市场支配地位。第二，腾讯公司和腾讯计算机公司没有限制用户的选择权。腾讯公司和腾讯计算机公司在QQ软件打包安装"QQ软件管理"时，为用户提供了"QQ软件管理"的卸载功能。腾讯公司和腾讯计算机公司向用户提供QQ软件服务并非以用户必须使用"QQ软件管理"为先决条件，对用户没有强制性。另外，腾讯公司和腾讯计算机公司在将"QQ软件管理"与"QQ医生"升级为"QQ电脑管家"时，向用户发出了升级公告，已尽到了明示用户并给予用户使用选择权的义务。第三，腾讯公司和腾讯计算机公司的相关行为具有经济合理性。"QQ软件管理"与QQ软件的打包安装作为产品的功能整合，有利于用户通过使用辅助性工具软件，更好地管理QQ，保障用户QQ软件的账号安全。相反，若腾讯公司和腾讯计算机公司在提供QQ即时通信软件时不提供安全产品，则可能有损于QQ软件产品的性能或使用价值。第四，腾讯公司和腾讯计算机公司的相关行为未产生限制或排除竞争的效果。奇虎公司没有任何证据证明腾讯公司和腾讯计算机公司相关的打包安装行为导致了奇虎公司同类商品的市场占有率显著下降，也无证据证明该行为对同一市场内其他竞争者产生了限制或排除竞争的后果。第五，奇虎公司没有提供证据证明腾讯公司和腾讯计算机公司QQ软件打包安装"QQ软件管理"以及将"QQ软件管理"与"QQ医生"升级为"QQ电脑管家"的行为已经造成或者将会造成对消费者权益的损害。因此，奇虎公司所诉腾讯公司和腾讯计算机公司实施了滥用市场支配地位的搭售行为不能成立。

综上所述，由于奇虎公司对本案相关商品市场界定错误，其所提供的证据不足以证明腾讯公司和腾讯计算机公司在相关商品市场上具有垄断地位，故依照 2012 年修正的《中华人民共和国民事诉讼法》第 64 条第 1 款的规定，一审法院判决：驳回奇虎公司的全部诉讼请求。

（二）二审法院的观点

最高人民法院认为，本案二审过程中的争议焦点集中在五个方面：第一，如何界定本案中的相关市场；第二，被上诉人是否具有市场支配地位；第三，被上诉人是否构成反垄断法所禁止的滥用市场支配地位行为；第四，一审法院审理程序是否违法；第五，本案相关民事责任的承担。以下对前三个方面的争议焦点展开论述。

1. 如何界定本案中的相关市场

该争议焦点可以进一步细化为七个具体问题，逐一分析如下：

（1）关于本案是否适合运用"假定垄断者测试"方法界定相关市场

本案中，被诉垄断行为是腾讯公司和腾讯计算机公司滥用在网络即时通信服务市场上的支配地位，损害了奇虎公司的利益；涉及的商品是 QQ 即时通信软件，被上诉人通过该软件，基于互联网提供免费网络即时通信服务。在被诉垄断行为发生之时，利用免费的基础服务吸引和凝聚大量用户，利用巨大的用户资源经营增值业务和广告以实现盈利，然后以增值业务和广告的盈利支撑免费服务的生存和发展，已经成为互联网服务提供商通行的商业模式。因此，互联网服务提供商在互联网领域的竞争中更加注重质量、服务、创新等方面的竞争，而不是价格竞争。在这一商业模式下，如果互联网服务提供商针对广大用户收取基础服务费用，则可能引起大量用户的流失，进而影响其增值服务和广告服务的收入。在这种情况下，如果采取基于相对价格上涨的"假定垄断者测试"方法，很可能将不具有替代关系的商品纳入相关市场中，导致对相关市场的界定过宽。因此，基于相对价格上涨的"假定垄断者测试"方法并不完全适宜在本案中适用。

（2）关于文字、音频以及视频等非综合性即时通信服务是否应被纳入本案相关商品市场范围

本案中，被诉垄断行为涉及的腾讯 QQ 即时通信服务是一种可以提供文

字、音频以及视频三种通信功能的综合性即时通信服务。在即时通信服务领域，既存在只具有一种功能或者两种功能的即时通信服务，又存在集成了以上三种功能的综合性即时通信服务。

首先，从商品特性的角度看，只具有一种功能或者两种功能的即时通信服务与综合性即时通信服务具有几乎完全相同的特性：基于互联网、可以检测用户在线状态、即时交流、隐秘交流、免费等。

其次，从商品的可获得性角度看，文字、音频、视频三种服务均可以非常容易地从互联网上免费获得。

再次，从商品功能用途的角度看，综合性即时通信服务与非综合性即时通信服务具有至少一种完全相同的功能，而在能否实现音频或视频通信上存在区别。不过，用户对不同功能的使用频度或者偏好实际上可能弱化综合性即时通信服务与非综合性即时通信服务的功能用途差异。

最后，从供给替代的角度看，提供综合性即时通信服务并不存在较大的技术困难，提供非综合性即时通信服务的经营者可以非常容易地转而提供全方位的综合性即时通信服务。

基于上述理由，二审法院认为，单一文字、音频以及视频等非综合性即时通信服务应被纳入本案相关商品市场范围。

（3）关于移动端即时通信服务是否应被纳入本案相关商品市场范围

判断移动端即时通信服务是否应被纳入本案相关商品市场范围，关键在于明确本案被诉垄断行为发生时，智能手机、平板电脑等移动端即时通信服务是否对个人电脑端即时通信服务构成紧密替代，并对个人电脑端即时通信服务的经营者形成有效的竞争约束。对此，二审法院分析如下：第一，在本案被诉垄断行为发生时，移动端即时通信服务与个人电脑端即时通信服务在商品特性、质量、功能用途、获得渠道等方面已经趋向于基本一致；第二，在本案被诉垄断行为发生时，移动端即时通信服务正在蓬勃发展并已经形成较大规模。因此，二审法院认为，移动端即时通信服务应被纳入本案相关商品市场范围。

（4）关于社交网站、微博服务是否应被纳入本案相关商品市场范围

当事人对于一审法院认定的社交网站、微博单独提供的即时通信服务应被纳入本案相关商品市场范围无争议，仅对社交网站、微博本身是否应被纳入本案相关商品市场范围存在争议。对此，二审法院分析指出：第一，社交网站、微博与即时通信在商品特性上存在明显差异；第二，社交网站、微博与即时通

信的主要使用功能不同；第三，社交网站、微博与即时通信的相关性可以辅助说明社交网站、微博不太可能与即时通信形成较为紧密的替代关系。因此，二审法院认为一审法院关于社交网站、微博应被纳入本案相关商品市场范围的认定欠妥，上诉人的相应上诉理由成立，予以支持。

(5) 关于手机短信、电子邮箱是否应被纳入本案相关商品市场范围

二审法院认为一审法院关于手机短信、电子邮箱不应被纳入本案相关商品市场范围的认定正确，予以确认。理由如下：第一，手机短信与即时通信在商品特性、功能用途、价格等方面存在较大差异；第二，电子邮箱与即时通信在商品特性、功能用途等方面存在较大差异。

(6) 关于本案相关商品市场是否应确定为互联网应用平台

互联网竞争在一定程度上呈现出平台竞争的特征。判断本案相关商品市场是否应确定为互联网应用平台，其关键在于确定网络平台之间为争夺用户注意力和广告主的竞争是否完全跨越了由产品或者服务特点所决定的界限，并给经营者施加了足够强大的竞争约束。二审法院注意到如下四个方面的问题：

首先，互联网应用平台之间争夺用户注意力和广告主的竞争以其提供的关键核心产品或者服务为基础。例如，本案中，上诉人提供的关键核心服务是互联网安全服务，被上诉人则主要提供即时通信服务。

其次，互联网应用平台的关键核心产品或者服务在属性、特征、功能、用途等方面存在较大的不同。虽然广告主可能不关心这些产品或者服务的差异，只关心广告的价格和效果，因而可能将不同的互联网应用平台视为彼此可以替代，但是对于免费端的广大用户而言，很难将不同平台提供的功能和用途完全不同的产品或者服务视为可以有效地相互替代。

再次，互联网应用平台的关键核心产品或者服务的特性、功能、用途等差异决定了其所争夺的主要用户群体和广告主可能存在差异，因而在获取经济利益的模式、目标用户群、所提供的后续产品或者服务等方面存在较大区别。

最后，本案中应该关注的是被上诉人是否利用了其在即时通信领域中可能具有的市场支配力量排除、限制互联网安全软件领域的竞争，将其在即时通信领域中可能具有的市场支配力量延伸到安全软件领域，这一竞争过程更多地发生在免费的用户端。如果把搜索引擎、新闻门户、互联网安全等平台均纳入本案相关商品市场范围，则可能夸大其他网络平台对被上诉人的即时通信所形成的潜在竞争约束，弱化被上诉人实际的市场力量。鉴于上述理由，二审法院在

本案相关市场界定阶段不主要考虑互联网平台竞争的特性。

(7) 关于本案相关地域市场的界定

二审法院从中国大陆地区的即时通信服务市场这一目标地域开始,对本案相关地域市场进行考察。因为基于互联网的即时通信服务可以低成本、低代价到达或者覆盖全球,并无额外的、值得关注的运输成本、价格成本或者技术障碍,所以在界定相关地域市场时,二审法院主要考虑多数需求者选择商品的实际区域、法律法规的规定、境外竞争者的现状及其进入的及时性等因素。由于每一个因素均不是决定性的,因此二审法院根据上述因素进行综合评估。

首先,中国大陆地区绝大多数用户选择使用中国大陆地区范围内的经营者提供的即时通信服务。

其次,我国有关互联网的行政法规、规章等对经营即时通信服务规定了明确的要求和条件。即时通信服务属于增值电信业务,经营即时通信服务需要遵守一系列行政法规、规章的规定。我国2014年《电信条例》第7条规定:"国家对电信业务经营按照电信业务分类,实行许可制度。经营电信业务,必须依照本条例的规定取得国务院信息产业主管部门或者省、自治区、直辖市电信管理机构颁发的电信业务经营许可证。未取得电信业务经营许可证,任何组织或者个人不得从事电信业务经营活动。"

再次,位于境外的即时通信服务经营者的实际情况。在本案被诉垄断行为发生前,多数主要国际即时通信服务经营者如MSN、雅虎、Skype、谷歌等,均已经通过合资方式进入中国大陆地区市场。因此,在被诉垄断行为发生时,尚未进入中国大陆地区的主要国际即时通信服务经营者已经很少。如果中国大陆地区的即时通信服务质量小幅下降,已没有多少境外即时通信服务经营者可供境内用户选择。

最后,境外即时通信服务经营者在较短的时间内(如一年)及时进入中国大陆地区并发展到足以制约境内经营者的规模存在较大困难。境外即时通信服务经营者需要通过合资方式建立企业,满足一系列许可条件并取得相应的行政许可,这在相当大程度上延缓了境外经营者的进入时间。

综上,二审法院认为,本案相关地域市场应为中国大陆地区市场。

2. 被上诉人是否具有市场支配地位

二审法院从市场份额,相关市场的竞争状况,被诉经营者控制商品价格、数量或者其他交易条件的能力,该经营者的财力和技术条件,其他经营者对该经营者在交易上的依赖程度,其他经营者进入相关市场的难易程度等方面,对被上诉人是否具有市场支配地位进行了考量和分析。

第一,关于被上诉人在相关市场的市场份额及其影响。由于互联网即时通信领域的竞争更多是争夺用户注意力的竞争,经营者以免费的基础即时通信服务吸引用户,并利用用户资源和注意力,通过增值服务和广告以获取收益,因此用户的有效使用时间、使用频度、活跃用户数等通常是考察市场份额较为恰当的指标。根据上诉人所委托专家的计算结果,被上诉人无论是在个人电脑端还是在移动端,即时通信服务市场的市场份额均超过80%。但是,较高的市场份额并不当然意味着市场支配地位的存在,在动态竞争较为明显的即时通信领域更是如此。因此,仅仅依据市场份额还不能得出结论,尚需考察市场进入难易程度、被上诉人的市场行为、互联网平台竞争所形成的竞争约束等因素。

第二,关于中国大陆地区即时通信领域的竞争状况。首先,在被诉垄断行为发生时,中国大陆地区即时通信领域有腾讯QQ、阿里旺旺、飞信、MSN等数十款即时通信工具,这些产品和服务的稳定性日趋成熟。其次,在被诉垄断行为发生前后,越来越多有不同背景和技术的企业纷纷进入即时通信领域。再次,即时通信领域的竞争呈现出创新竞争、动态竞争的显著特征。经营者为在市场竞争中站稳脚跟,需要在质量、服务、用户体验等方面持续创新,产品创新周期较短。最后,即时通信领域的平台化竞争日趋白热化。例如,被上诉人在腾讯QQ即时通信服务上整合了广告、资讯、交友、微博等服务。可见,即时通信领域的竞争格局正在日渐多元化,创新较为活跃,正处于蓬勃发展时期,市场竞争比较充分。

第三,关于被上诉人控制商品价格、数量或者其他交易条件的能力。由于即时通信服务经营者向广大用户提供的基础即时通信服务均为免费,用户也缺乏付费意愿,任何即时通信服务经营者均不可能具有控制用户端价格的能力,因此需要重点考虑的是被上诉人是否具有控制商品质量、数量或者其他交易条件的能力。首先,关于被上诉人是否具有控制商品质量的能力。由于即时通信领域的竞争具有高度创新、动态竞争的显著特征,且用户对于服务质量、用户体验等极为敏感,因此如果被上诉人降低服务质量,则会有大量用户转而使用其他即时通信服务。此外,互联网平台竞争的特点也制约了被上诉人控制质量的能力。为了获取广告业务和增值业务的盈利,即时通信服务经营者必须在用户端持续吸引大量的用户。为了吸引更多的用户,经营者必须不断提高商品质量,不断开发新的服务。其次,被上诉人也不具有控制商品数量以及其他交易条件的能力。互联网即时通信软件有数十种之多,用户拥有较大的选择余地。因此,被上诉人控制商品价格、质量、数量或者其他交易条件的能力较弱。

第四,关于被上诉人的财力和技术条件。首先,虽然被上诉人具有较为强大的财力和技术条件,但是在中国大陆地区即时通信领域的多个竞争者均有雄厚的财力和技术条件。其次,即时通信领域的创新活跃,对技术和成本的要求则较低,财力和技术条件对市场力量的影响并不显著。因此,被上诉人的财力和技术条件对其市场力量的影响非常有限。

第五,其他经营者对被上诉人在交易上的依赖程度。首先,被上诉人的腾讯QQ软件并非用户使用即时通信服务的必需品。用户可选择的即时通信软件种类较多,且获取即时通信软件和服务的成本很低,不存在妨碍用户选择和转换即时通信服务的显著经济和技术障碍。其次,即时通信领域的客户黏性并未显著增强用户对被上诉人的依赖程度。网络效应和客户黏性等因素并没有显著提高用户对被上诉人提供的即时通信服务的依赖性。

第六,其他经营者进入相关市场的难易程度。首先,对于认定是否具有市场支配地位而言,重要的是市场进入以及扩大市场占有率的容易性。低市场份额并不当然意味着较弱的市场竞争约束力,只要能够迅速进入并有效扩大市场,就足以对在位竞争者形成有效的竞争约束。其次,本案证据表明,在被上诉人占有较高市场份额的时间里,每年都有大量的符合行政许可条件的境内经营者进入即时通信领域,且不少经营者在短时间内就迅速获得足以支撑其发展的市场份额。

第七,关于被上诉人实施不兼容行为,迫使用户进行"二选一"行为本身是否意味着其具有市场支配地位。首先,认定经营者是否具有市场支配地位需要结合具体事实和证据,经营者的主观认知如何与认定其是否具有市场支配地位并无直接关联性。其次,被上诉人实施"二选一"行为所造成的实际影响。被上诉人实施"二选一"行为仅仅持续一天。上诉人关于在"二选一"的时间段内,被上诉人竞争对手的用户数量没有显著上升的主张与事实不符。最后,被上诉人实施"二选一"行为仅仅持续一天即导致其竞争对手MSN当月覆盖人数增长2300多万,多个竞争对手争抢即时通信服务市场。这一事实比较有力地说明被上诉人在即时通信服务市场上并不具备显著的市场支配地位。

综上,本案现有证据并不足以支持被上诉人具有市场支配地位的结论。一审法院认定被上诉人不具有市场支配地位,并无不当,上诉人的相应上诉理由不能成立,二审法院不予支持。

3. 被上诉人是否构成反垄断法所禁止的滥用市场支配地位行为

原则上，如果被诉经营者不具有市场支配地位，则无须对其是否滥用市场支配地位进行分析，可以直接认定其不构成反垄断法所禁止的滥用市场支配地位行为。不过，在相关市场边界较为模糊、被诉经营者是否具有市场支配地位不甚明确时，可以进一步分析被诉垄断行为对竞争的影响效果，以检验关于其是否具有市场支配地位的结论正确与否。此外，即使被诉经营者具有市场支配地位，判断其是否构成滥用市场支配地位行为，也需要综合评估该行为对消费者和竞争造成的消极效果和可能具有的积极效果，进而对该行为的合法性作出判断。为此，二审法院认为有必要对被诉垄断行为对竞争的影响及其合法性进行分析认定。

（1）关于被上诉人实施的"产品不兼容"行为（用户"二选一"）是否构成反垄断法所禁止的限制交易行为

根据《反垄断法》第17条的规定，具有市场支配地位的经营者，没有正当理由，限定交易相对人只能与其进行交易或者只能与其指定的经营者进行交易的，构成滥用市场支配地位。

第一，关于被上诉人实施的"产品不兼容"行为对消费者利益的影响。需要注意的是，被上诉人实施的"产品不兼容"行为是专门针对上诉人的产品和服务的。这一行为表面上是要求用户在使用腾讯QQ和360安全软件之间作出选择，实质上是被上诉人限定了自己的腾讯QQ软件的使用环境。虽然这一限制可能对消费者使用腾讯QQ或者360安全软件造成不便，但是由于在即时通信市场和安全软件市场均有充分的替代选择，腾讯QQ软件并非必需品，这种不便对消费者利益并无重大影响。

第二，关于被上诉人实施"产品不兼容"行为的动机。在被上诉人实施"产品不兼容"行为之前，被上诉人的即时通信软件与上诉人的安全软件长期兼容共存。本案中，没有充分证据证明被上诉人实施"产品不兼容"行为是为了排除潜在的竞争对手进入被上诉人占有领先地位的即时通信服务市场。特别应注意的是，被上诉人实施"产品不兼容"行为的背景是，上诉人及其关联公司专门针对腾讯QQ软件开发、经营"扣扣保镖"软件，实施不正当竞争行为，被上诉人被迫对此作出回应。可见，被上诉人为排除、限制即时通信服务市场的竞争而实施"产品不兼容"行为的动机并不明显。

第三，关于被上诉人实施"产品不兼容"行为对竞争的实际影响。首先，对被上诉人所在的即时通信服务市场的影响。尽管被上诉人实施"产品不兼容"行为仅仅持续一天,却给该市场带来了更活跃的竞争。其次,对上诉人所在的安全软件市场的影响。被上诉人实施的"产品不兼容"行为的确对上诉人的市场份额造成一定程度的消极影响。但是,反垄断法所关注的重心并非个别经营者的利益,而是健康的市场竞争机制是否遭到扭曲或者破坏。根据上诉人所委托专家的计算结果,被上诉人实施的"产品不兼容"行为对安全软件市场的影响是极其微弱的,并未显著排除或者限制安全软件市场的竞争。

综上,虽然被上诉人实施的"产品不兼容"行为对用户造成了不便,但是并未导致排除或者限制竞争的明显效果。这一方面说明被上诉人实施的"产品不兼容"行为不构成反垄断法所禁止的滥用市场支配地位行为,也从另一方面佐证了被上诉人不具有市场支配地位的结论。

(2) 被上诉人是否构成反垄断法所禁止的搭售行为

根据《反垄断法》第17条的规定,具有市场支配地位的经营者,没有正当理由搭售商品,或者在交易时附加其他不合理的交易条件的,构成滥用市场支配地位。

第一,本案没有可靠的证据表明被诉搭售行为使得被上诉人将其在即时通信市场上的领先地位延伸到安全软件市场。

第二,QQ即时通信软件与"QQ软件管理"打包安装具有一定的合理性。

第三,被诉搭售行为的强制性并不明显。首先,被上诉人提供了卸载"QQ软件管理"的功能。用户可以方便地自主选择卸载,对用户没有实质的强制性。其次,在将"QQ软件管理"和"QQ医生"升级为"QQ电脑管家"时,被上诉人通过公告的方式向用户告知了选择权。

第四,关于举证责任的分担问题。在滥用市场支配地位案件中,被诉垄断行为的受害人对被诉经营者具有市场支配地位承担举证责任,被诉经营者对其行为正当性承担举证责任。被诉垄断行为是否具有正当性与其是否具有排除、限制竞争的效果并不完全一致,两者既有联系,又存在区别。对正当性承担举证责任并不等同于对行为不具有排除、限制竞争的效果承担举证责任。

综上,上诉人关于被上诉人实施了滥用市场支配地位行为的上诉理由不能成立,二审法院不予支持。

二审法院认为一审判决认定事实基本属实,适用法律正确,裁判结果适当,故判决:驳回上诉,维持原判。

三、教学内容（法律评析）

（一）争议焦点分析

表 2-1

序号	争议点	二审上诉人		二审被上诉人	
		主张	理由	主张	理由
1	如何界定相关市场	一审法院界定错误	1. 仅提供文字聊天的即时通信服务比同时提供语音聊天的即时通信服务品质要低，仅提供文字和语音聊天的即时通信服务也比同时提供视频、语音和文字聊天的即时通信服务品质要低，用户只会用综合功能的即时通信软件替代单一功能的即时通信软件，而非相反，因此单一文字、音频以及视频等非综合性即时通信服务很可能构成一个单独的、重叠的相关市场，且该市场仅可能是综合性即时通信产品市场之外的市场。 2. 移动端即时通信服务是否属于本案相关商品市场的问题在一审过程中没有涉及，不属于二审审理范围。 3. 互联网应用平台与本案的相关市场界定无关。 4. 本案的相关地域市场是中国大陆地区的即时通信服务市场。	一审法院界定正确	1. 根据 CNNIC《2012 年中国网民社交网站应用研究报告》，移动社交网站用户使用的功能中，聊天功能的使用率很高（77.2%），新浪微博的聊天功能也深受新浪微博用户喜欢，说明微博应被纳入本案相关商品市场范围。 2. 应该在一个更长时间段里考虑社交网站与即时通信的相关性，并根据 2006 年 7 月至 2011 年 12 月期间中国所有即时通信和社交网站的月有效使用时间得出两者相关系数为 0.7574，进而认为社交网站应被纳入本案相关商品市场范围。 3. 即时通信用户使用与手机进行通信功能的占了 32.1%，手机短信与腾讯 QQ 短信之间具有很强的替代性，因而即时通信与手机短信之间存在较紧密的替代关系。 4. 电子邮箱的即时聊天功能与腾讯 QQ 具有很强的替代性，电子邮箱发送邮件和附件的功能与腾讯 QQ 发送离线消息和文件的异步通信功能具有很强的替代性，因而即时通信与电子邮箱之间存在较紧密的替代关系。 5. 互联网竞争实际上是平台的竞争，本案的相关市场范围远远超出了即时通信服务市场。 6. 本案的相关地域市场应为全球市场。

(续表)

序号	争议点	二审上诉人		二审被上诉人	
		主张	理由	主张	理由
2	被上诉人是否具有市场支配地位	是	1. 即时通信服务具有明显的网络效应和客户黏性,用户越多,越能吸引其他用户使用该技术通信服务,且用户经过长期使用并建立社交圈后,形成很高的客户黏性,转换即时通信服务的成本极高。 2. 即时通信服务市场是一个高度集中的市场,新进入的即时通信服务商的市场份额较低,不足以对被上诉人形成有效竞争约束。 3. 被上诉人强迫其用户进行"二选一",是因为其相信绝大多数用户会选择腾讯QQ而放弃360软件;同时,统计数据显示,在被上诉人实施"二选一"行为的时间段内,其用户数量并未显著下降,而其竞争对手的用户数量也没有显著上升。	否	1. 上诉人提供的市场份额数据不能作为认定被上诉人市场份额的事实依据。艾瑞咨询统计的产品范围明显小于本案相关商品范围。艾瑞咨询对于即时通信软件的监测只针对个人电脑端产品,并未包含手机端和平板电脑端产品即移动即时通信软件;SNS、电子邮箱、微博等产品所提供的即时通信服务未被列入即时通信产品和服务的整体市场范围内。 2. 艾瑞咨询用于计算市场份额的指标与反垄断法规定的销售额或销售数量等指标不同。被上诉人在相关市场中不具有控制商品价格、数量或者其他交易条件的能力。根据2009年CNNIC的调查结果,不愿意为使用即时通信服务支付费用用户的比例高达60.6%,而32.7%有付费意愿的用户也只是表示愿意为即时通信的增值业务付费,而非为即时通信的基础服务付费。即时通信产品的替代性高。CNNIC的调查结果显示,半年内用户使用超过两款以上的即时通信软件的比例高达63.4%,另有8.7%的即时通信用户在半年内更换过聊天工具,且更多用户集中在新兴即时通信工具上。一旦一款即时通信软件出现问题,用户马上就可以用另一款即时通信软件替代。被上诉人不可能控制相关市场中即时通信软件的数量,也不敢轻易改变交易条件。

（续表）

序号	争议点	二审上诉人		二审被上诉人	
		主张	理由	主张	理由
3	被上诉人是否构成反垄断法所禁止的滥用市场支配地位行为	是	1. 被上诉人没有正当理由，强制用户停止使用并卸载上诉人的软件，构成反垄断法所禁止的滥用市场支配地位限制交易行为。 2. 被上诉人将"QQ软件管理"与即时通信软件捆绑搭售，并且以升级"QQ软件管理"的名义安装"QQ医生"，不符合交易惯例、消费习惯或者商品的功能，消费者选择权受到了限制，不具有正当理由。	否	1. 被上诉人对上诉人实施的产品不兼容行为是为了保护自身利益不受原告不法侵害，具有合法正当性。 2. 被上诉人QQ软件打包安装"QQ软件管理"的行为不构成搭售。被上诉人将QQ软件与"QQ软件管理"一并安装属于软件整合行为。 3. QQ软件打包安装"QQ软件管理"的行为并不损害原告及其他竞争者平等参与市场竞争的权利，亦未造成上诉人所称的损害结果。
4	一审法院审理程序是否违法	是	1. 一审法院重新界定相关市场后，未组织双方当事人按照重新界定的相关市场计算市场份额，违反法定程序。 2. 被上诉人没有引用欧盟委员会 Skype/Microsoft 案的决定中有关即时通信工具用户核心圈的结论和Facebook用户通常只与四到六人保持双向互动的结论，一审法院在判决中将其作为论据使用，违反证据规则。一审卷宗中有"全球经济咨询"出具的《关于奇虎相关市场界定和滥用市场支配地位指控的经济分析报告》，一审法院大量采纳与该报告相同的观点和事实，但未组织质证，违反证据规则。 3. 一审过程中，当事人并未就相关市场界定中使用"假定垄断者测试"方法进行辩论、质证，一审法院自行决定适用该方法；在判定腾讯QQ与社交网站、微博之间存在替代性时，一审法院认为微博产品的出现会否定上诉人所委托专家对腾讯QQ与社交网站的相关性分析，该观	否	一审程序合法有效，合议庭组成人员依法参加了整个庭审程序。请求法院依法驳回上诉人二审申请，维持一审判决。

(续表)

序号	争议点	二审上诉人		二审被上诉人	
		主张	理由	主张	理由
4	一审法院审理程序是否违法	是	点并未在法庭上提出，亦未经双方辩论；一审法院以腾讯QQ成功进入MSN占较高市场份额的早期即时通信服务市场为例，证明网络效应和用户黏性并非不可逾越的障碍，但是即时通信服务市场的竞争环境已经发生重大改变且MSN在腾讯QQ进入市场之初是否具有支配地位没有证据支持，上述做法直接影响判决结果，违反听证原则。 4. 一审法院认定被上诉人实施的"产品不兼容"（用户"二选一"）行为属于限制交易行为，该行为即使不构成反垄断法下的违法行为，亦应构成反不正当竞争法下的不正当竞争行为。一审法院应履行《民事诉讼证据规定》第35条规定的告知义务而未履行，违反法定程序。	否	一审程序合法有效，合议庭组成人员依法参加了整个庭审程序。请求法院依法驳回上诉人二审申请，维持一审判决。

（二）法律分析

1. 相关市场的界定

根据《反垄断法》第12条的规定，相关市场，是指经营者在一定时期内就特定商品或者服务进行竞争的商品范围和地域范围。根据《国务院反垄断委员会关于相关市场界定的指南》第2条的规定，科学合理地界定相关市场，对识别竞争者和潜在竞争者、判定经营者市场份额和市场集中度、认定经营者的市场地位、分析经营者的行为对市场竞争的影响、判断经营者行为是否违法以及在违法情况下需承担的法律责任等关键问题，具有重要的作用。

（1）相关商品市场

在界定相关商品市场时，首先要考虑商品替代性分析。国际竞争网络（ICN）在对12个主要国家及欧盟关于相关市场界定的规定进行调查后认为，它们在界定相关市场时都会考虑需求替代性和供给替代性。但是，不同于传统市场，互联网领域具有其特殊的性质：双边市场、免费、网络效应以及用户黏性。

因此，在界定互联网领域的相关市场时，要充分考虑互联网的特性。本案中，法院认为，判断即时通信产品是否能够构成一个相关市场，需要综合考虑，假定垄断者通过降低产品质量或者非暂时性小幅度提高产品隐含价格而获得利润，以及小幅持续收费是否会产生大量需求替代。根据这一原则，法院并不认可综合性即时通信产品和服务构成一个独立的相关商品市场。

(2) 相关地域市场

本案一审法院以境外经营者可向中国大陆地区用户提供即时通信服务、被上诉人也向世界各地用户提供服务、有一定数量的境外用户在使用被上诉人提供的即时通信服务等作为重要论据，认定本案相关地域市场应为全球市场。但是，二审法院在审理过程中，推翻了一审法院的认定，认为相关地域市场应该为中国大陆地区。首先，虽然即时通信服务没有国界限制，但是仍受到各国习惯影响。许多国家的本土公司都有相关的即时通信软件，而各国的国民会更倾向于使用本国的产品，这是无可争议的。其次，跨境使用在一些产品上仍然存在着限制。最后，将相关市场定义为全球市场将给上诉人后续的界定市场支配地位增加巨大难度。甚至可以说，在全球范围内，在该领域还不可能有真正意义上的垄断企业存在，因而也会使反垄断诉讼失去意义。

2. 市场支配地位的认定

市场支配地位，是指经营者在相关市场内具有能够控制商品价格、数量或者其他交易条件，或者能够阻碍、影响其他经营者进入相关市场能力的市场地位。本案中，奇虎公司依据艾瑞咨询的报告数据，坚持主张腾讯公司和腾讯计算机公司在该市场中具有市场支配地位。首先，法院以相关商品市场及地域市场界定错误否定了艾瑞咨询的报告数据，认定其对腾讯公司和腾讯计算机公司在相关市场中的份额计算并不客观真实。其次，法院认为市场份额超过50%并不是认定占有市场支配地位的唯一条件，应当根据案件的具体情况综合分析。

互联网作为双边市场，具有正负交叉网络外部性的特质，即市场的支配力量存在一种传递效应。因此，在界定市场支配地位时，需要考虑相关市场的特性。虽然即时通信服务领域的进入门槛比较低，但是存在一定的网络效应即"客户黏性"，表现为一款产品往往具有其固定的客户群并维持较长一段时间。

本案中，法院利用 Facebook 的"核心圈"数据，提出即时通信服务的网络效应之作用大大减弱的事实。因此，服务的免费属性不是否定市场支配地位的合理解释，市场份额的计算要考虑许多其他的因素，市场进入障碍的分析要以网络效应为基础。

3. 滥用市场支配地位的判断

无论我国还是欧盟，反垄断法中有关控制滥用市场支配地位的规定，其立法目的并不是反对一个企业占有市场支配地位本身，而是禁止其滥用市场支配地位的行为。所谓滥用，概括地讲，是指占有市场支配地位的企业使用正常经营方式以外的手段，从而损害了相关市场上的竞争自由。

判断某一行为是否滥用市场支配地位是以前述相关市场的界定以及是否具有市场支配地位为基础的。本案中，法院首先以腾讯公司和腾讯计算机公司在相关市场中不具有市场支配地位否定了腾讯公司和腾讯计算机公司搭售产品的观点。但是，即便法院认定腾讯 QQ 在即时通信市场具有支配地位，也不足以导致腾讯公司和腾讯计算机公司败诉，因为竞争法并不禁止企业通过自由经营发展壮大。其次，法院将腾讯公司和腾讯计算机公司实施"产品不兼容"的行为与奇虎公司推出"360 隐私保护器"的行为结合起来评定，以正确判定其合理性。腾讯公司和腾讯计算机公司的行为明显侵犯了用户的权利，限制了用户的交易。但是，对于奇虎公司而言，它推出"360 隐私保护器"的行为属于不正当竞争行为，使得腾讯公司和腾讯计算机公司的合法权益处于现实危险状态之下。尽管腾讯公司和腾讯计算机公司的行为是对奇虎公司不正当竞争行为的救济措施，但是该措施明显超过了必要的限度，在本质上是不合理的。

四、案例研习安排

（一）教学对象及目标

本案例供法学专业本科生、硕士研究生及法律硕士研究生教学使用，其他专业本科生、硕士研究生也可参酌使用。

本案例需要解决的问题主要有：

（1）如何界定相关市场？

（2）如何认定市场支配地位？

（3）滥用市场支配地位的行为有哪几种？

（4）"二选一"行为是否构成反垄断法所禁止的违法行为？

(二) 建议课堂计划

本案例可以作为专门的教学案例进行讲授,建议安排1课时(40—45分钟)。如下课堂设计,仅供参考:

1. 课前计划

安排学生阅读案例及相关参考资料,熟悉整个案例流程,对案例中提出的问题进行思考。

2. 课中计划

介绍教学目的,明确讨论主题。

分组讨论问题及解决对策,告知发言要求。

小组代表发言,提出争议焦点,并对争议焦点涉及的相关法律法规进行评述。

教师进行引导性分析,并作归纳总结。

3. 课后计划

请学生课后进一步细化了解构成滥用市场支配地位的相关内容,包括对相关市场的界定、市场支配地位的认定、滥用行为的认定以及搭售和"二选一"行为的判定等。

五、思考题

1. 如何界定相关市场?
2. 界定市场支配地位时需要考虑哪些因素?
3. 市场支配地位与市场优势地位有哪些区别?
4. 如何区分滥用市场支配地位的表现形式?
5. 对互联网企业的反垄断规制有何特殊之处?

案例 五 吴小秦诉陕西广电网络传媒(集团)股份有限公司捆绑交易纠纷案

【摘 要】 本案是一起有线电视搭售案例,围绕垄断行为的认定、搭售行为的特点、法律适用等争议焦点进行讨论。通过对案例的研习,我们能够更深层次了解反垄断法的具体运用、适用情形、判断标准;同时,深入研究法条以及相关细则的规定,通过对市场支配地位的认定和垄断行为的判断,对全国范围内类似垄断企业涉嫌利用市场支配地位向消费者搭售商品的消费纠纷案件，具有明确的指导意义。

【关键词】 捆绑交易　垄断　市场支配地位　搭售

一、基本案情

本案由吴小秦向陕西省西安市中级人民法院提起诉讼。吴小秦向法院诉称其是陕西广电网络传媒（集团）股份有限公司（以下简称"广电网络"）的数字电视用户。2012年5月10日，吴小秦在向广电网络缴纳数字电视基本收视维护费时，广电网络工作人员告知其每月最低收费标准已从2012年3月起由25元上调为30元，每次最少缴纳一个季度。吴小秦按照上述收费标准缴纳了2012年5月10日至2012年8月9日的基本收视维护费后，发现发票上载明的收费项目和金额分别为数字电视基本收视维护费75元和数字电视节目费15元。他经询问得知，收费上调的原因是系统进行了升级，系统升级后将给用户增加播放若干节目。吴小秦随即拨打广电网络的客服电话，得到的是同样的答复。

吴小秦经查询《陕西省物价局关于全省数字电视基本收视维护费标准的通知》，了解到陕西省县城以上城市居民用户数字电视基本收视维护费收费标准为每主终端每月25元，有线数字电视用户可根据实际情况自愿选择按月、按季或按年度缴纳基本收视维护费。用户缴纳数字电视基本收视维护费后，可以接受广电网络提供的以下服务：（1）标准清晰度数字电视节目不少于58套；（2）数字音频广播业务（20套）；（3）电子节目指南业务；（4）频道列表自动更新业务；（5）信息服务业务，包括政务信息（省、市、县及各职能部门的政府公告、政务动态、政府采购、政策信息等）、生活信息（天气预报、新闻、交通、旅游、房产、市民公告、医疗保健等）。吴小秦认为，广电网络收取自己数字电视节目费15元，实际上是为自己在提供上述服务范围外增加提供服务内容。对此，自己应具有自主选择权。广电网络属于公用企业或者其他依法具有独占地位的经营单位，在数字电视市场内具有支配地位。广电网络的上述行为违反了我国《反垄断法》第17条第1款第5项关于禁止具有市场支配地位的经营者"从事没有正当理由搭售商品，或者在交易时附加其他不合理的交易条件"的滥用市场支配地位行为之规定，侵害了用户合法权益。故吴小秦诉至法院，请求：（1）确认广电网络2012年5月10日收取吴小秦数字电视节目费 15 元的行为无效；（2）广电网络返还吴小秦 15 元；（3）诉讼费用由被告承担。

广电网络在一审时辩称：首先，广电网络有责任向用户提供更多的电视节目。广电网络是经陕西省政府批准，陕西省境内唯一合法经营有线电视传输业务的经营者。广电网络作为陕西省境内唯一的电视节目集中播控者，为满足广大用户对电视节目的多样化需求，有责任和义务针对市场需求提供日益丰富多彩的除基本收视节目外的电视节目，这完全符合绝大多数群众的利益。因多数有特色的电视节目采取购买方式引进，广电网络为满足用户的多样化消费需求并扩大企业经营规模，向选择收看基本收视节目之外的消费者增加收取相应的费用，符合《反垄断法》鼓励国有企业扩大经营规模、提高市场竞争能力的规定，得到各级政府的积极认可和支持。其次，广电网络没有滥用市场支配地位。广电网络具有陕西省有线电视市场的支配地位，鼓励用户选择更丰富的有线电视套餐，但并未滥用市场支配地位，也未强行规定用户在基本收视业务之外必须消费的服务项目。广电网络现有 450 万用户多数选择高于基本收视维护费的多样化、个性化的有线套餐，愿意在国家核准的基本收视节目之外购买更丰富的电视节目，以满足自身精神文化的需要。但是，广电网络也大量存在只收看基本节目的用户。广大用户有充分的自主选择权。再次，吴小秦没有请求认定垄断行为无效的权利。对垄断行为的认定和处罚属于行政权力，而不是司法权力。吴小秦具有因垄断行为受损而提起民事赔偿的诉讼权利，没有直接请求法院确认垄断行为是否成立的行政诉讼权利。吴小秦的第一项诉讼请求没有法律依据。最后，广电网络合法的经营活动应该受到保护。为保证国家信息安全，党和政府对宣传行业实行严格监管，形成了有线电视业务国有控制地位，实行省级专营，并依法实施监管和调控。同时，党和政府也要求有线电视经营者为满足广大人民群众日益增长的文化需求，在符合经济规律的条件下，增加节目并在基本收视节目之外收取费用；反之，如其不能在基本收视节目之外进行收费，网络正常的维护和升级将会受到干扰，也不能满足不同层次用户的多样性选择，实质上是间接损害了绝大多数群众收看更多电视节目的选择权利。广电网络虽然推出了一系列满足用户进行个性化选择的电视套餐，但是从没有进行强制搭售的行为，而是依法经营，保证了绝大多数群众收看更多电视节目的选择权利。故广电网络请求法院驳回吴小秦要求确认广电网络增加节目并收取费用无效的请求，同时表示愿意积极解决吴小秦的第二项诉讼请求。

一审法院经审理查明，2012年5月10日广电网络向吴小秦出具的收费专用发票载明：客户名称：吴小秦；收费项目：数字电视基本收视维护费75元和数字电视节目费15元，合计90元；收费时段：2012年5月10日至2012年8月9日。之后，吴小秦通过广电网络客户服务中心咨询获悉，广电网络节目升级，增加了不同的收费节目，有不同的套餐，其中最低套餐的基本收视费为每年360元，每月30元，用户每次最少应缴纳3个月费用。

一审法院另查明，2004年12月2日，国家发展和改革委员会、国家广电总局印发了《有线电视基本收视维护费管理暂行办法》（发改价格〔2004〕2787号）。该办法规定，有线电视基本收视维护费实行政府定价，收费标准由价格主管部门制定。该办法还对有线电视基本收视维护费的收费性质、收费标准的制定、制定或调整有线电视基本收视维护费标准应遵循的原则和依据等进行了规定。2005年7月11日，《国家广电总局关于印发推进试点单位有线电视数字化整体转换的若干意见（试行）》发布，其中第3项规定：各试点单位在推进整体转换过程中，要重视付费频道、视频点播、交互电视、高清晰度电视等新业务的推广，供用户自由选择，自愿订购。2006年5月29日，《陕西省物价局关于全省数字电视基本收视维护费标准的通知》（陕价经发〔2006〕84号）发布，其中规定：数字电视基本收视维护费收费标准为，以居民用户收看一台电视机使用一个接收终端为计费单位。全省县城以上城市居民用户每主终端每月25元。有线数字电视用户可根据实际情况自愿选择按月、按季或按年度缴纳基本收视维护费。有线数字电视网络经营者不得强制用户一次性缴纳全年费用。陕西省有线数字电视基本收视服务内容之一是，标准清晰度数字电视节目不少于58套。2009年8月25日发布的《国家发展改革委、国家广电总局关于加强有线电视收费管理等有关问题的通知》（发改价格〔2009〕2201号）指出：有线电视基本收视维护费实行政府定价；有线电视增值业务服务和数字电视付费节目收费，由有线电视运营机构自行确定。

一审法院再查明，广电网络是经陕西省政府批准，陕西省境内唯一合法经营有线电视传输业务的经营者和唯一的电视节目集中播控者。广电网络承认其在有线电视传输业务中在陕西省占有市场支配地位。

二、法院的观点

（一）一审法院的观点

1. 关于广电网络是否实施了反垄断法所禁止的搭售或者附加其他不合理

交易条件的行为

搭售行为，是指经营者在提供商品或者服务的过程中，利用自己取得的市场支配地位，违反购买者的意愿，搭配销售或者提供购买者不需要的另一种商品或者服务的行为。附加不合理交易条件的行为，是指经营者在提供商品或者服务的过程中，违反购买者的意愿，强行附加其他不合理的交易条件，要求购买者接受，购买者因经营者的市场支配地位而不得不接受上述不合理交易条件的行为。

《反垄断法》第17条第1款规定："禁止具有市场支配地位的经营者从事下列滥用市场支配地位的行为……（五）没有正当理由搭售商品，或者在交易时附加其他不合理的交易条件……"这说明，构成反垄断法所禁止的搭售行为需要满足以下条件：经营者在相关市场内具有支配地位；经营者利用在相关市场内的支配地位搭售商品，或者在交易时附加其他不合理的交易条件；经营者搭售商品，或者在交易时附加其他不合理的交易条件缺乏正当理由。本案中，广电网络在提供数字电视服务时，是否符合上述搭售或者附加其他不合理交易条件行为的构成要件，是吴小秦的诉讼理由能否成立的关键。

首先，本案相关市场的界定。相关市场的界定是反垄断诉讼案件的起点，只有界定了相关市场，才能进一步界定是否具有市场支配地位，以及讼争行为是否构成垄断。相关市场，是指经营者在一定时期内就特定商品或者服务进行竞争的商品范围和地域范围。这说明，界定相关市场需要考虑商品和地区两个核心要素。根据本案查明的事实，本案被诉垄断行为所涉及的相关服务是有线电视传输服务，该相关服务市场的地域范围是陕西省境内。

其次，广电网络在相关市场内是否具有支配地位。市场支配地位，是指经营者在相关市场内具有能够控制商品价格、数量或者其他交易条件，或者能够阻碍、影响其他经营者进入相关市场能力的市场地位。根据本案法院查明的事实，吴小秦指控的行为是广电网络利用其在陕西省境内有线电视传输服务市场上的支配地位，在提供数字电视基本收视服务的同时，强制搭售其所增加的服务内容。由于有线电视传输服务市场实行省级专营，广电网络是经陕西省政府批准，陕西省境内唯一合法经营有线电视传输业务的经营者和唯一的电视节目集中播控者，因此广电网络当前在陕西省境内的有线电视传输服务市场上占有百分之百的份额。同时，有线电视传输服务市场实行省级专营，市场进入本身存在很大的障碍。一审法院考虑到有线电视传输服务需要建立大规模的传输网络，投入成本较高，即使不存在专营，市场进入也较为困难。故对广电网络在答辩时称其在陕西省境内的有线电视传输服务市场上占有支配地位，一审法院依法予以认定。

再次，广电网络是否滥用了市场支配地位，即广电网络是否利用其在相关市场内的支配地位进行搭售或者附加其他不合理的交易条件。判定滥用市场支配地位的前提条件是被控侵权人是否具有市场支配地位。因为反垄断法所禁止的无正当理由实施搭售行为或者在交易时附加其他不合理的交易条件，以行为人占有市场支配地位为基础条件。搭售是卖方与买方签订合同时，强迫买方购买从性质上或者交易习惯上均与合同无关的产品或者服务的行为。反垄断法上的附加不合理的交易条件必须满足：交易对方当事人进行交易时被附加条件；所附加的条件要求交易对方当事人在进行交易时必须同时接受；所附加的条件违背了交易对方当事人的真实意愿；附加条件没有合理理由。本案中，广电网络在与吴小秦进行市场交易时，未向吴小秦告知其有对相关电视节目服务的选择权，而直接要求吴小秦缴纳包含数字电视基本收视维护费和数字电视付费节目费在内的全部费用，实际上是将数字电视基本收视服务和数字电视付费节目服务捆绑在一起向吴小秦销售，且以其在陕西省境内有线电视传输服务市场上的支配地位迫使吴小秦接受数字电视付费节目服务，违反了吴小秦的意愿。吴小秦因广电网络的市场支配地位而不得不接受上述不合理条件。因此，广电网络的行为属于反垄断法所禁止的搭售或者附加其他不合理交易条件的行为。广电网络辩称其没有滥用市场支配地位，与事实不符，一审法院不予采纳。广电网络在庭审期间称，搭售是两种产品的捆绑销售，广电网络提供的节目套餐实质上是同一商品的不同数量组合，不属于搭售。法院注意到搭售要求捆绑在一起进行交易的商品或者服务在性质上和交易习惯上相互独立，当两种商品或者服务被认为是相互不独立的商品或者服务时，这种销售不能被视为搭售。本案中，广电网络向吴小秦提供了基本收视节目服务与增值业务付费节目服务两项服务，收看基本收视节目属于基本消费范畴，而收看增值业务付费节目则属于基本消费之外的范畴。二者在形式上虽均为电视节目，但属于两种各自独立的产品，可以分别消费，且每种产品各有自己的不同需求。因此，基本收视节目服务与增值业务付费节目服务在性质上和交易习惯上都是可分产品。广电网络的此项辩称理由，事实依据不足，一审法院不予支持。

最后，广电网络的搭售或者附加其他不合理的交易条件的行为是否具有正当理由。《最高人民法院关于审理因垄断行为引发的民事纠纷案件应用法律若干问题的规定》第 8 条规定："被诉垄断行为属于反垄断法第十七条第一款规定的滥用市场支配地位的，原告应当对被告在相关市场内具有支配地位和其滥用市场支配地位承担举证责任。被告以其行为具有正当性为由进行抗辩的，应当承担举证责任。"本案中，广电网络并未对其搭售或者附加其他不合理的交易条件的正当性提供任何证据，仅仅主张其有责任向用户提供更多的电视节目，有权在基本收视节目之外进行收费，以保障网络的正常维护和升级。广电网络当然可以在基本收视节目之外提供增加节目服务并收取费用，但是增加节目服务的提供不能违反反垄断法。广电网络的上述主张不能构成其进行搭售或者附加其他不合理交易条件的正当理由。因此，应该认为广电网络实施了反垄断法所禁止的搭售或者附加其他不合理交易条件的行为。

2. 关于广电网络收取吴小秦数字电视付费节目费用的行为是否有效

《最高人民法院关于审理因垄断行为引发的民事纠纷案件应用法律若干问题的规定》第 15 条规定："被诉合同内容、行业协会的章程等违反反垄断法或者其他法律、行政法规的强制性规定的，人民法院应当依法认定其无效。"本案中，广电网络利用其在陕西省境内有线电视传输服务市场上的支配地位，在提供数字电视基本收视服务的同时，搭售提供数字电视付费节目服务，违反了《反垄断法》第 17 条第 1 款第 5 项的规定。需要强调的是，《反垄断法》第 17 条第 1 款第 5 项的规定属于强制性规定。根据《中华人民共和国合同法》（以下简称《合同法》）① 第 52 条 "违反法律、行政法规的强制性规定"的合同无效以及第 56 条 "无效的合同或者被撤销的合同自始没有法律约束力。合同部分无效，不影响其他部分效力的，其他部分仍然有效"的规定，吴小秦请求确认其与广电网络的数字电视服务合同中被搭售的数字电视付费节目服务部分无效，法院依法予以支持。

综上，吴小秦是本案的适格原告，广电网络将数字电视基本收视服务和数字电视付费节目服务捆绑在一起向吴小秦销售，以其在陕西省境内有线电视传输服务市场上的支配地位迫使吴小秦接受数字电视付费节目服务，构成搭售或者附加其他不合理的交易条件，违反了《反垄断法》第 17 条第 1 款第 5 项的规定。吴小秦关于确认广电网络收取其数字电视节目费 15 元的行为无效和请

---

① 《中华人民共和国民法典》（以下简称《民法典》）自 2021 年 1 月 1 日起施行。《合同法》同时废止。

求判令返还 15 元的诉讼请求成立，法院依法予以支持。根据《反垄断法》第 17 条、第 50 条，《合同法》第 52 条、第 56 条、第 58 条，《最高人民法院关于审理因垄断行为引发的民事纠纷案件应用法律若干问题的规定》第 1 条、第 2 条、第 3 条、第 4 条、第 8 条和第 15 条，《民事诉讼法》①第 108 条的规定，判决：（1）确认被告广电网络 2012 年 5 月 10 日收取原告吴小秦数字电视节目费 15 元的行为无效；（2）被告广电网络于本判决生效之日起十日内返还原告吴小秦 15 元。

（二）二审法院的观点

本案涉及的是经营者滥用市场支配地位的垄断行为。需要注意的是，单独的市场支配地位并不在法律禁止之列，只有当市场支配地位被滥用时——在本案中，意味着市场支配地位与无正当理由搭售商品结合起来——才是反垄断法所禁止的行为。对以下两点进行考量，才能明确正常的组合销售行为与反垄断法所禁止的搭售行为的区别所在：

首先，关于广电网络是否具有市场支配地位。《反垄断法》第 18 条规定："认定经营者具有市场支配地位，应当依据下列因素：（一）该经营者在相关市场的市场份额，以及相关市场的竞争状况；（二）该经营者控制销售市场或者原材料采购市场的能力；（三）该经营者的财力和技术条件；（四）其他经营者对该经营者在交易上的依赖程度；（五）其他经营者进入相关市场的难易程度；（六）与认定该经营者市场支配地位有关的其他因素。"一审法院对此予以详细查明。同时，广电网络的代理人一审时对此亦予以认可。二审中，广电网络虽对此不予认可，但根据查明的事实，可以认定在有线电视传输市场中，广电网络在市场准入、市场份额、经营地位等各要素上均具有优势，占有支配地位。

其次，关于广电网络的销售行为是否滥用了市场支配地位，即是否构成了没有正当理由的搭售。搭售行为之所以违法，是由于其对市场竞争秩序的妨碍。规制搭售行为的立法目的之一便是维护购买者的选择权。在现实生活中，两种以上商品的组合销售并不少见。这种销售方式可能构成搭售，也可能是正常的组合销售行为。单纯的组合销售行为并不为法律所禁止。如果组合销售可以使消费者获得比单独购买更经济的商品或者服务，消费者不一定会拒绝该销售行为。只有当组合销售违反了消费者的意愿，且令消费者因经营者的市场支

---

① 本案所涉为 2012 年第二次修正的《民事诉讼法》。

配地位而无从另行选择时，才会构成反垄断法所禁止的搭售行为。对二者进行区分，需要根据搭售行为的特点进行分析。

搭售，是指销售者要求交易相对人就两项以上的商品或者服务一并交易的行为。构成搭售的前提应当是：第一，在该销售行为中存在两种以上可以分别销售的独立产品；第二，销售者在销售时采取了不分别销售的方式。《国家发展改革委、国家广电总局关于加强有线电视收费管理等有关问题的通知》指出：有线电视基本收视维护费实行政府定价；有线电视增值业务服务和数字电视付费节目收费，由有线电视运营机构自行确定。该通知明确了基本服务的收费由政府定价，而有线电视运营机构也可以自行确定增值业务服务和付费节目的收费。由此可见，有线电视的基本服务与增值业务服务或付费节目虽然同属电视节目，但是两者可以分别消费，属于可分的商品或者服务。其中，基本服务由政府定价，增值业务服务和付费节目的定价由运营机构自行确定。诚然，由于有线电视服务的产品特性、公用性特点及定价方式，消费者一般是在购买基本服务后才得以享有对增值业务服务的选择购买权。但是，由于基本服务与增值业务服务是分别计价和收费的，事实上也对应着不同的消费需求，因此两者的分别销售并不影响其使用价值。吴小秦之诉亦未对经过政府定价的基本收视维护费的价格与收取方式提出异议。因此，在本案中，两者构成可分的产品或者服务。搭售的不法性表现为，若消费者不同意购买被搭售产品，就无法取得搭售产品，如果加上支配地位的条件，意味着消费者除了接受经营者提供的组合销售外，别无选择，违反了消费者的购买意愿；同时，销售者凭借剥夺购买人自由选择的权利以排除竞争，具有反竞争性。因此，法律才会对搭售行为予以禁止。换言之，对单买商品或者服务的选择权是否存在，是区分搭售行为与正常的组合销售行为的关键要素。该选择权不是不同组合销售方式之间的选择，而是单独销售与组合销售之间的选择。在本案中，广电网络在销售时并未采取不分别销售的方式，不仅提供了组合服务，也提供了基本服务，存在两种以上的选择。尤其是其中的基本收视维护费实行的是政府定价，而事实上同一时间段也存在过单独购买的交易，意味着消费者可以不选择组合销售的商品，选择权本身是存在的。选择权既然存在，就不符合搭售行为的构成要件。搭售行为不能认定，也就无须再延伸判断该销售行为是不是反垄断法需要规制的没有正当理由的搭售行为。因此，二审法院认为，广电网络的销售行为并未构成反垄断法所规制的没有正当理由的搭售，不能判定其存在滥用市场支配地位的行为。

同时,二审法院也注意到,选择权是否存在与选择权如何行使是两个完全不同的法律问题。并非所有对选择权造成影响的行为都能够适用《反垄断法》进行规制。如果广电网络在向吴小秦提供服务时,并未如实告知其尚有基本服务可以选择,导致其对消费项目和价格产生误判,侵犯的是吴小秦的知情权等其他权利,应当适用《中华人民共和国消费者权益保护法》(以下简称《消费者权益保护法》)或《合同法》进行保护,而非适用《反垄断法》进行规制。该问题属另一法律关系,举证责任与适用法律亦与本诉不同,故在本案中不予着重关注。

综上,广电网络对吴小秦的销售行为并不构成反垄断法所禁止的搭售行为,其上诉理由部分成立,对其上诉请求,二审法院予以支持。

(三) 再审法院的观点

1. 关于本案诉争行为是否违反了《反垄断法》第17条第1款第5项之规定的问题

《反垄断法》第17条第1款第5项规定,禁止具有市场支配地位的经营者没有正当理由搭售商品,或者在交易时附加其他不合理的交易条件。本案中,广电网络在一审答辩中明确认可其是经陕西省政府批准,陕西省境内唯一合法经营有线电视传输业务的经营者。作为陕西省内唯一的电视节目集中播控者,广电网络具有陕西省有线电视市场支配地位,鼓励用户选择更丰富的有线电视套餐,但并未滥用市场支配地位,也未强行规定用户在基本收视业务之外必须消费的服务项目。二审中,广电网络虽对此不予认可,但并未举出其不具有市场支配地位的相应证据。在再审法院审查过程中,广电网络对一、二审法院认定其具有市场支配地位的事实并未提出异议。再审法院认为,鉴于广电网络作为陕西省境内唯一合法经营有线电视传输业务的经营者、陕西省境内唯一的电视节目集中播控者,一、二审法院在查明事实的基础上认定其在有线电视传输市场中,在市场准入、市场份额、经营地位等各要素上均具有优势,占有支配地位,并无不当。

关于广电网络在向吴小秦提供服务时是否构成搭售的问题,《反垄断法》第17条第1款第5项规定,禁止具有市场支配地位的经营者没有正当理由搭售商品。本案中,根据原审法院查明的事实,广电网络工作人员在提供服务时告知吴小秦每月最低收费标准已从2012年3月起由25元上调为30元,每次最少缴纳一个季度,并未告知吴小秦可以单独缴纳数字电视基本收视维护费或者数字电视付费节目费。吴小秦通过向广电网络客户服务中心咨询获悉,广电网络节目升级,增加了不同的收费节目,有不同的套餐,其中最低套餐的基本收视费为每年 360 元,每月 30 元,用户每次最少应缴纳 3 个月费用。根据前述事实,并结合广电网络给吴小秦开具的收费专用发票记载的收费项目——数字电视基本收视维护费 75 元和数字电视节目费 15 元的事实,可以认定广电网络实际上是将数字电视基本收视节目和数字电视付费节目捆绑在一起向吴小秦销售,并没有告知吴小秦是否可以单独选购数字电视基本收视服务这一服务项目。此外,广电网络客户服务中心的答复亦可佐证广电网络在提供此服务时,是将数字电视基本收视维护费和数字电视付费节目费一起收取的。虽然广电网络在二审中提交了其向其他用户单独收取数字电视基本收视维护费的相关票据,但是该证据仅能证明广电网络在收取该费用时存在客户服务中心说明的套餐之外的例外情形。在再审诉讼过程中,广电网络并未对客户服务中心说明的套餐之外的例外情形作出合理解释,它向再审法院提交的单独收取相关费用的票据亦发生在本案诉讼之后,不足以证明诉讼时的情形,再审法院对此不予采信。因此,存在客户服务中心说明的套餐之外的例外情形并不足以否认广电网络将数字电视基本收视维护费和数字电视付费节目费一起收取的普遍做法。二审法院认定广电网络不仅提供了组合服务,也提供了基本服务,证据不足,再审法院予以纠正。因此,现有证据不能证明普通消费者可以仅缴纳电视基本收视维护费或者数字电视付费节目费,即不能证明消费者选择权的存在。二审法院在不能证明消费者是否有选择权的情况下,直接认为本案属于未告知消费者有选择权而涉及侵犯消费者知情权,进而在此基础上认定广电网络的销售行为未构成反垄断法所禁止的没有正当理由的搭售,事实和法律依据不足,再审法院予以纠正。

根据再审法院查明的事实,数字电视基本收视维护费和数字电视付费节目费属于两项单独的服务。在原审诉讼及再审诉讼中,广电网络未证明将两项服务一起提供符合提供数字电视服务的交易习惯;同时,如将数字电视基本收视维护费和数字电视付费节目费分别收取,现亦无证据证明会损害该两项服务的性能和使用价值;广电网络更未对前述行为说明其正当理由。在此情形下,广电网络利用其市场支配地位,将数字电视基本收视维护费和数字电视付费节目费一起收取,客观上影响消费者选择其他服务提供者提供相关数字付费节目,同时也不利于其他服务提供者进入此电视服务市场，对市场竞争具有不利的效果。因此，一审法院认定广电网络违反了《反垄断法》第17条第1款第5项之规定，并无不当。吴小秦部分再审申请理由成立，再审法院予以支持。

2. 关于一审法院适用《反垄断法》是否适当的问题

在本案诉讼中，广电网络在答辩中认为本案的发生实质上是一个有关吴小秦基于《消费者权益保护法》所应当享受的权利是否被侵犯的纠纷，而与垄断行为无关，认为一审法院不应当依照《反垄断法》及相关规定，认为其处于市场支配地位，从而确认其收费行为无效。再审法院认为，根据《最高人民法院关于适用〈中华人民共和国民事诉讼法〉的解释》第226条及第228条的规定，法院应当根据当事人的诉讼请求、答辩意见以及证据交换的情况，归纳争议焦点，并就归纳的争议焦点征求当事人的意见。法庭审理应当围绕当事人争议的事实、证据和法律适用等焦点问题进行。根据再审法院查明的事实，吴小秦在其一审诉状中明确主张：被告收取原告数字电视节目费，实际上是为原告在提供上述服务范围外增加提供服务内容，对此原告应当具有自主选择权。被告属于公用企业或者其他依法具有独占地位的经营者，在数字电视市场内具有支配地位。被告的上述行为违反了《反垄断法》第17条第1款第5项关于禁止具有市场支配地位的经营者从事没有正当理由搭售商品，或者在交易时附加其他不合理的交易条件的滥用市场支配地位行为，侵害了原告的合法权益。原告依照《最高人民法院关于审理因垄断行为引发的民事纠纷案件应用法律若干问题的规定》，提起民事诉讼，请求法院依法确认被告的捆绑交易行为无效，判令其返还原告15元。在该诉状中，吴小秦并未主张其消费者权益受到损害，因此一审法院根据吴小秦的诉讼请求适用《反垄断法》进行审理，并无不当。广电网络的此答辩理由不能成立。再审法院不予支持。

3. 关于本案的程序问题

吴小秦申请再审时称二审法院审理本案时，开庭后更换合议庭成员，属于我国《民事诉讼法》第200条第7项规定的"审判组织的组成不合法"的情形。再审法院经审理查明，二审法院合议庭组成人员为同惠会、常宝堂、冯炬法官，参加案件合议的亦为该合议庭。虽然当事人签收的裁判书记载的合议庭法官是同惠会、宋小敏、常宝堂，但是该院已于2014年3月12日发出补正裁定，该裁定载明：本院2013年9月12日对陕西广电网络传媒（集团）股份有限公司与吴小秦捆绑交易纠纷一案作出的（2013）陕民三终字第38号民事判决书中，文字上有笔误，应予补正。现裁定如下：(2013) 陕民三终字第38号民事判决书第20页："代理审判员宋小敏"补正为"代理审判员冯炬"。可见，并不存在开庭后更换合议庭成员之情形，因此吴小秦的再审申请理由不能成立，再审法院不予支持。

三、教学内容（法律评析）

（一）争议焦点分析

表 2-2

序号	争议点	再审申请人		再审被申请人	
		主张	理由	主张	理由
1	二审判决适用法律	错误	1. 广电网络在向吴小秦销售商品时没有告知基本收视节目与增值付费节目属于可以分开购买的两种商品，进而将两种商品放在一起销售给吴小秦，属于反垄断法所规制的搭售行为。二审判决认为：在本案中，广电网络在销售时并未采取不分别销售的方式，不仅提供了组合服务，也提供了基本服务，存在两种以上的选择。尤其是其中的基本收视维护费实行的是政府定价，而事实上同一时间段也存在过单独购买的交易，意味着消费者可以不选择组合销售的商品，选择权本身是存在的。选择权既然存在，就不符合搭售行为的构成要件。这属于适用法律错误。 2. 本案中不存在举证不能或者举证不足的情形。二审判决适用《最高人民法院关于民事诉讼证据的若干规定》不符合该法条的立法本意，属于适用法律错误。	正确	1. 本案从案件事实以及法律适用来看，均与垄断行为没有任何关系。吴小秦在一审时诉称，纠纷的发生是由于广电网络侵犯了其"自主选择权"，从而导致其被迫缴纳15元收视费的事实。根据《消费者权益保护法》第9条，"自主选择权"就是消费者享有自主选择商品或者服务的权利。因此，本案是吴小秦基于《消费者权益保护法》所应当享受的权利是否被侵犯的纠纷，与垄断行为无关。 2. 吴小秦主张广电网络隐瞒事实真相与其市场支配地位相结合，构成了反垄断法规制的搭售行为，不合逻辑。广电网络并未隐瞒真相，对于收费构成，在消费的同时便明确告知了吴小秦。广电网络从未强制吴小秦消费。广电网络的销售行为属于正常销售行为，不构成搭售。此外，为了查明事实真相，广电网络在二审时向法院提交了同时期广电网络按照每月仅收取基本收视费标准收取的缴费票据。该情况并非个例，二审法院已经查清。吴小秦主观猜测这些人员均是我公司的熟人朋友，没有任何事实依据和相关证据佐证。

(续表)

序号	争议点	再审申请人		再审被申请人	
		主张	理由	主张	理由
2	二审程序审判组织组成	不合法	在二审程序中，向吴小秦签发传票的法官是冯炬，开庭审理时合议庭的组成人员是同惠会、冯炬和常宝堂。但是，二审判决书署名的合议庭成员是同惠会、宋小敏和常宝堂。此种"被告知的合议庭组成人员已经开庭后，但在法律文书的署名上出现不同的署名"的情形属于《民事诉讼法》第200条第7项规定的"审判组织的组成不合法"。	合法	二审程序合法有效，合议庭组成人员依法参加了整个庭审程序。

（二）法律分析

1. 原告诉讼资格的法律分析

一审中，广电网络称吴小秦没有认定垄断行为无效的权利，对当事人适格问题提出质疑。当事人适格是起诉的前提，也是后续争议问题讨论的起点。

在传统民事诉讼法理论中，当事人适格是指有资格以自己的名义作为原告或被告起诉或应诉，并受本案判决拘束的一种法律上的权能和地位。在反垄断案件中，经营者实施的侵害是分散的，受害者不是具体的。该理论能否继续适用于反垄断案件？实践中，有不同的理论。本案一审法院给出的结论是原告当事人适格。我们同意一审法院的判断，因为根据《反垄断法》第50条的规定，经营者实施垄断行为，给他人造成损失的，依法承担民事责任。受害人具有原告资格。本案中，吴小秦是广电网络的用户，于2012年5月10日缴纳了三个月的服务费用，应当认定双方达成服务合同，且双方就数字电视付费节目收费内容是否违反《反垄断法》发生争议，属于确认合同条款无效之诉。吴小秦与广电网络是有直接利害关系的，符合《民事诉讼法》和相关司法解释规定的原告资格条件。

有一种错误的观点认为，由于滥用市场支配地位只能由国家市场监督管理总局查处,因此一切与垄断行为相关的纠纷均不在法院的管辖范围之内。但是,《最高人民法院关于审理因垄断行为引发的民事纠纷案件应用法律若干问题的规定》第2条确立了司法诉讼和行政执法两条独立的解决途径,当事人向法院就垄断纠纷提起诉讼,法院有确认被诉行为是否违法和判令赔偿损失的职权。

2. 广电网络是否实施了搭售行为

《反垄断法》第17条第1款第5项明确禁止具有市场支配地位的经营者没有正当理由搭售商品,或者在交易时附加其他不合理的交易条件。这说明,构成反垄断法所禁止的搭售行为需要满足以下条件:经营者在相关市场内具有支配地位;经营者利用在相关市场内的支配地位搭售商品,或者在交易时附加其他不合理的交易条件;经营者搭售商品,或者在交易时附加其他不合理的交易条件缺乏正当理由。

(1) 具有市场支配地位

其一,相关市场。关于界定相关市场,根据《反垄断法》的相关规定,需要考虑两个因素:商品范围和地域范围。结合本案,相关市场应该是陕西省有线电视传输服务市场。

其二,市场支配地位。《反垄断法》第17条第2款规定:"本法所称市场支配地位,是指经营者在相关市场内具有能够控制商品价格、数量或者其他交易条件,或者能够阻碍、影响其他经营者进入相关市场能力的市场地位。"一般而言,主要应当考察的因素除了市场份额外,还有市场进入壁垒,即其他经营者进入相关市场的难易程度。本案中,广电网络占有百分之百的份额,是省级专营;同时,同类型企业由于该类服务投入成本过高,进入市场也很困难。因此,广电网络在市场准入、市场份额、经营地位等各要素上均具有优势,占有支配地位。

(2) 滥用市场支配地位

其一,附加不合理的交易条件。构成要件包括:交易对方当事人进行交易时被附加条件;所附加的条件要求对方当事人在进行交易时必须同时接受;所附加的条件违背了交易对方当事人的真实意愿;附加条件没有合理理由。本案中,吴小秦因广电网络的市场支配地位而不得不接受上述不合理条件,符合此种类型。

其二，搭售。禁止搭售的目的是维护购买者的选择权等。构成搭售的前提应当是：第一，在该销售行为中存在两种以上可以分别销售的独立产品；第二，销售者在销售时采取了不分别销售的方式。本案中，收看基本收视节目属于基本消费范畴，而收看增值业务付费节目则属于基本消费之外的范畴。二者在形式上虽均为电视节目，但属于两种各自独立的产品，可以分别消费，且每种产品各有自己的不同需求。因此，基本收视节目服务与增值业务付费节目服务在性质上和交易习惯上都是可分产品。各国在反垄断执法实践中，逐渐接纳了后芝加哥学派的观点，即在对占有市场支配地位的企业的搭售行为进行审查时，全面使用合理规则，以搭售产生的竞争效果作为判断依据。如果该行为产生反竞争效果，则可推定搭售行为违法，再由经营者就搭售行为具有"正当理由"进行抗辩。本案中，虽然广电网络在二审中提交了其向其他用户单独收取数字电视基本收视维护费的相关票据，但是该证据仅能证明广电网络在收取该费用时存在客户服务中心说明的套餐之外的例外情形。因为广电网络未对例外情形作出合理解释，所以不足以否认广电网络将数字电视基本收视维护费和数字电视付费节目费一起收取的普遍做法。广电网络将数字电视基本收视节目和数字电视付费节目捆绑在一起向吴小秦销售，并没有告知吴小秦是否可以单独选购数字电视基本收视服务这一服务项目，因此可以认定存在搭售行为。

（3）缺乏正当理由

《最高人民法院关于审理因垄断行为引发的民事纠纷案件应用法律若干问题的规定》第8条规定："被诉垄断行为属于反垄断法第十七条第一款规定的滥用市场支配地位的，原告应当对被告在相关市场内具有支配地位和其滥用市场支配地位承担举证责任。被告以其行为具有正当性为由进行抗辩的，应当承担举证责任。"本案中，广电网络并未对其搭售或者附加其他不合理的交易条件的正当性提供任何证据。

通过以上分析可知，广电网络实施的行为属于滥用市场支配地位的行为。

3. 广电网络收取付费节目费用行为的法律效力

本案中，广电网络搭售提供数字电视付费节目服务，违反了《反垄断法》第17条第1款第5项的规定。由于该规定是强制性规定，因此吴小秦可以请求确认其与广电网络的数字电视服务合同中被搭售的数字电视付费节目服务部分无效。

4.《反垄断法》的适用

根据《最高人民法院关于适用〈中华人民共和国民事诉讼法〉的解释》第226条及第228条的规定,法院应当根据当事人的诉讼请求、答辩意见以及证据交换的情况,归纳争议焦点,并就归纳的争议焦点征求当事人的意见。

本案中,吴小秦依照《最高人民法院关于审理因垄断行为引发的民事纠纷案件应用法律若干问题的规定》,提起民事诉讼,请求法院依法确认被告的捆绑交易行为无效,并未主张其消费者权益受到损害,因此应当适用《反垄断法》。

《反垄断法》和《消费者权益保护法》是从不同角度保护消费者不受违法搭售行为的损害。前者是从整体角度,对市场竞争秩序和其他经营者公平竞争权利进行规制;而后者是从个人角度进行保护,当消费者受到垄断行为的损害时,无论该行为是否会受到《反垄断法》的否定评价,均可以通过《消费者权益保护法》寻求救济。二者是部分重合的关系。

四、案例研习安排

(一) 教学对象及目标

本案例供法学专业本科生、硕士研究生及法律硕士研究生教学使用,其他专业本科生、硕士研究生也可参酌使用。

本案例需要解决的问题主要有:

(1) 如何认定搭售行为?

(2)《反垄断法》在法律适用上与《消费者权益保护法》有何联系与区别?

(3) 吴小秦能否请求认定垄断行为无效?

(4) 吴小秦与广电网络之间的合同之法律效力如何?

(二) 建议课堂计划

本案例可以作为专门的教学案例进行讲授,建议安排1课时(40—45分钟)。

如下课堂设计,仅供参考:

1. 课前计划

安排学生阅读案例及相关参考资料,熟悉整个案例流程,对案例中提出的问题进行思考。

2. 课中计划

介绍教学目的,明确讨论主题。

分组讨论问题及解决对策,告知发言要求。

小组代表发言,提出争议焦点,并对争议焦点涉及的相关法律法规进行评述。

教师进行引导性分析,并作归纳总结。

3. 课后计划

请学生课后进一步细化了解构成垄断行为的相关内容,包括相关市场的界定、市场支配地位的认定、垄断行为的认定、搭售行为的认定以及法律适用问题等。

五、思考题

1. 个人与政府在反垄断案件中的地位有什么区别和联系?

2. 搭售行为的有哪些点?它与组合销售有何区别?

3. 本案例有何指导意义?我国相关法律制度还有哪些不足与需要完善之处?

第二节 垄断协议

案例 六 海南省物价局与海南裕泰科技饲料有限公司纵向垄断协议纠纷案

【摘 要】 在我国,对纵向垄断协议尤其是转售价格维持(RPM)行为合法与否的判定,长期以来一直是令法律界感到困惑的一大难题,重要原因在于行政机关与司法机关对RPM是否构成本身违法的判断标准不统一。通过案例研习,我们可以厘清行政机关与司法机关对于纵向垄断协议认定标准的不同理解与适用。

【关键词】 纵向垄断协议 转售价格维持行为 法律适用 排除、限制竞争 限制价格协议

一、基本案情

2016年10月11日,海南省物价局作出琼价监案〔2016〕32号《行政处罚事先告知书》,认定:海南裕泰科技饲料有限公司(以下简称"裕泰公司")与经销商签订的《饲料产品销售合同》第7条"让利标准见合同附件,乙方应为甲方(裕泰公司)保密让利标准,且销售价服从甲方的指导价,否则,甲方有权减少其让利"违反了《反垄断法》的规定,涉嫌达成《反垄断法》第14条第1项"固定向第三人转售商品的价格"的垄断协议的违法行为。因经销商未执行协议规定的价格,所以属于尚未实施所达成的垄断协议的违法行为。海南省物价局对裕泰公司拟作出:(1)责令该公司立即停止违法行为;(2)对该公司处以30万元的罚款处理。

2016年10月17日,裕泰公司向海南省物价局申请听证。2016年10月28日,海南省物价局作出琼价监案〔2016〕60号《行政处罚听证通知书》,决定于2016年11月8日上午9:00听证。2016年10月31日,海南省物价局向裕泰公司送达该通知书。2016年11月8日,海南省物价局组织听证,裕泰公司代理人孙标、吴军到场。

2016年12月7日,海南省物价局向国家发展和改革委员会上报琼物价〔2016〕264号《海南省物价局关于对海南百洋饲料有限公司等鱼饲料生产企业价格垄断案拟作出行政处罚决定的报告》。2016年12月23日,国家发展和改革委员会价格监督检查与反垄断局复函:"《报告》将海南百洋饲料有限公司等七家公司的行为性质认定为达成但未实施纵向垄断协议。但从本案案情看,认定当事人与经销商未实施纵向垄断协议的理由不充分,限定、固定价格是否完全执行只应作为处罚时的参考因素,不应作为案件定性的依据。建议你局根据上述意见对处罚决定书修改完善后,再报我局审查。"

2017年1月13日,海南省物价局向国家发展和改革委员会价格监督检查与反垄断局上报琼价监函〔2017〕27号《关于对海南百洋饲料有限公司等鱼饲料生产企业价格垄断案拟作出行政处罚决定的补充报告》。2017年2月3日,国家发展和改革委员会价格监督检查与反垄断局复函:"经研究,我们无不同意见。"

2017年2月28日,海南省物价局作出琼价监案处〔2017〕5号《行政处罚决定书》，认定：裕泰公司虽与经销商签订的销售合同规定经销商的销售价格服从当事人的指导价，但事实上经销商并未实施所达成的垄断协议。鉴于当事人在调查过程中能积极配合调查，主动整改等情节，对裕泰公司作出：（1）责令当事人立即停止违法行为；（2）处20万元罚款的处理。

此后，裕泰公司不服海南省物价局的行政处罚，向海南省海口市中级人民法院提起诉讼，要求撤销该行政处罚。海口市中级人民法院依照《中华人民共和国行政诉讼法》（以下简称《行政诉讼法》）第70条第1项[①]之规定，判令撤销海南省物价局作出的琼价监处〔2017〕5号《行政处罚决定书》。案件受理费50元，由海南省物价局负担。

2017年下半年，海南省物价局因不服海口市中级人民法院的一审判决，向海南省高级人民法院提起上诉。海南省高级人民法院经过审理，判决撤销海口市中级人民法院一审判决，改判驳回裕泰公司的诉讼请求。一审和二审案件受理费各50元，共计100元，均由裕泰公司负担。

二审判决生效后，裕泰公司不服，向最高人民法院提起再审申请。最高人民法院于2018年12月18日作出裁定，驳回裕泰公司的再审申请。

二、法院的观点

（一）一审法院的观点

根据《反垄断法》第13条[②]的规定，垄断协议是指排除、限制竞争的协议、决定或者其他协同行为。该法第14条规定："禁止经营者与交易相对人达成下列垄断协议：（一）固定向第三人转售商品的价格；（二）限定向第三人转售商品的最低价格；（三）国务院反垄断执法机构认定的其他垄断协议。"

因此，对于《反垄断法》第14条所规定的垄断协议的认定，不能仅以经营者与交易相对人是否达成了固定或者限定转售价格协议为依据，而需要结合

---

① 《行政诉讼法》第70条规定："行政行为有下列情形之一的，人民法院判决撤销或者部分撤销，并可以判决被告重新作出行政行为：（一）主要证据不足的；（二）适用法律、法规错误的；（三）违反法定程序的；（四）超越职权的；（五）滥用职权的；（六）明显不当的。"

② 《反垄断法》第13条规定："禁止具有竞争关系的经营者达成下列垄断协议：（一）固定或者变更商品价格；（二）限制商品的生产数量或者销售数量；（三）分割销售市场或者原材料采购市场；（四）限制购买新技术、新设备或者限制开发新技术、新产品；（五）联合抵制交易；（六）国务院反垄断执法机构认定的其他垄断协议。本法所称垄断协议，是指排除、限制竞争的协议、决定或者其他协同行为。"

该法第 13 条第 2 款所规定的内容，进一步综合考虑相关价格协议是否具有排除、限制竞争效果。本案中，裕泰公司与经销商签订的《饲料产品销售合同》第 7 条有关"销售价服从甲方的指导价，否则，甲方有权减少其让利"的约定，是否属于《反垄断法》第 14 条第 1 项规定的"固定向第三人转售商品的价格"的情形，需要综合考虑裕泰公司的经营规模、裕泰公司与经销商所签订合同项下的鱼饲料在相关市场所占份额、鱼饲料在市场上的竞争水平、该约定对产品供给数量和价格的影响程度、该约定对市场行情的影响等因素。

现有证据表明，裕泰公司的经营规模、市场所占份额等上述因素不具有排除、限制竞争效果，不构成垄断协议。

（二）二审法院的观点

1. 《行政处罚决定书》是否有事实依据

本案中，裕泰公司对海南省物价局在《行政处罚决定书》中查明的事实并无异议。裕泰公司与经销商签订的销售合同规定经销商的销售价格服从裕泰公司的指导价，固定了经销商向第三人转售鱼饲料的价格，并制定了相应的处罚条款。该协议排除、限制经销商销售同一品牌"裕泰"鱼饲料之间的价格竞争，构成了与交易相对人达成"固定向第三人转售商品的价格"的垄断协议。但是，由于事实上经销商并未按裕泰公司的指导价销售，裕泰公司也没有对经销商的销售价格进行监控或对经销商违反合同中限定价格规定行为进行处罚，海南省物价局将该协议认定为尚未实施所达成的垄断协议有事实依据。

2. 限制固定转售价格的垄断协议是否以《反垄断法》第 13 条第 2 款规定的"排除、限制竞争"为构成要件

首先，从《反垄断法》的立法目的来看，不仅包括"制止"垄断行为，还包括"预防"垄断行为、维护消费者利益和社会公共利益等。反垄断执法机构对垄断行为进行规制的原因在于实现《反垄断法》的上述立法目的，即对垄断行为不仅须"制止"，而且须"预防"。

其次，从《反垄断法》关于纵向垄断协议的规定来看，在无法条明确规定的情况下，不能得出反垄断执法机构所认定的纵向垄断协议必须以排除、限制竞争为构成要件这一结论。

最后，从《反垄断法》关于垄断协议的处罚规定来看，反垄断执法机构根据该法第 14 条认定经营者达成纵向垄断协议后，只有当经营者提交证据证明

其达成的协议满足该法第 15 条①规定的除外情形，才不适用该法第 14 条关于纵向垄断协议的认定。《反垄断法》第 15 条的举证责任在达成垄断协议的经营者一方。若经营者未能完成其举证责任，则反垄断执法机构可以根据《反垄断法》第 46 条的规定，对达成并实施垄断协议以及达成但未实施垄断协议的经营者进行处罚。

3. 海南省物价局作出《行政处罚决定书》的程序是否合法

裕泰公司在听证程序及二审庭审中主张海南省物价局没有按照《反垄断法》第 45 条②的规定中止调查，违反了调查程序中的法定义务。二审法院认为，上述第 45 条规定的承诺制度是为减少垄断行为调查成本、维护经营者声誉，由反垄断执法机构与被调查的经营者和解的一种方式，并非反垄断执法机构在调查和执法程序中必须履行的法定义务。裕泰公司对海南省物价局拥有行政处罚的行政职权及其他行政程序均无异议，海南省物价局作出《行政处罚决定书》的程序合法。

（三）最高人民法院的观点

《反垄断法》第 13 条第 2 款对垄断协议应是排除、限制竞争之限定原则也适用于该法第 14 条。《反垄断法》第 13 条第 2 款究竟只限定该法第 13 条规定的横向协议行为，还是对垄断协议整体构成概括性限定，引发大量争论。此前，二审法院从语义逻辑学上认为，《反垄断法》直接将"固定向第三人转售

---

① 《反垄断法》第 15 条规定："经营者能够证明所达成的协议属于下列情形之一的，不适用本法第十三条、第十四条的规定：（一）为改进技术、研究开发新产品的；（二）为提高产品质量、降低成本、增进效率，统一产品规格、标准或者实行专业化分工的；（三）为提高中小经营者经营效率，增强中小经营者竞争力的；（四）为实现节约能源、保护环境、救灾救助等社会公共利益的；（五）因经济不景气，为缓解销售量严重下降或者生产明显过剩的；（六）为保障对外贸易和对外经济合作中的正当利益的；（七）法律和国务院规定的其他情形。属于前款第一项至第五项情形，不适用本法第十三条、第十四条规定的，经营者还应当证明所达成的协议不会严重限制相关市场的竞争，并且能够使消费者分享由此产生的利益。"

② 《反垄断法》第 45 条规定："对反垄断执法机构调查的涉嫌垄断行为，被调查的经营者承诺在反垄断执法机构认可的期限内采取具体措施消除该行为后果的，反垄断执法机构可以决定中止调查。中止调查的决定应当载明被调查的经营者承诺的具体内容。反垄断执法机构决定中止调查的，应当对经营者履行承诺的情况进行监督。经营者履行承诺的，反垄断执法机构可以决定终止调查。有下列情形之一的，反垄断执法机构应当恢复调查：（一）经营者未履行承诺的；（二）作出中止调查决定所依据的事实发生重大变化的；（三）中止调查的决定是基于经营者提供的不完整或者不真实的信息作出的。"

商品的价格"视为垄断协议并明令禁止,该法第 14 条规定的达成固定转售价格之垄断协议并不以该法第 13 条第 2 款规定为构成要件。最高人民法院在裁定中明确此观点错误,认定判断纵向垄断协议的构成仍然以排除、限制竞争为要件。但是,反垄断执法机构一经调查经营者存在转售价格限制或固定价格行为,即可认定为垄断协议,只能由被调查经营者通过提交满足《反垄断法》第 15 条的证据进行抗辩。

三、教学内容(法律评析)

(一)争议焦点分析

表 2-3

序号	争议点	裕泰公司		海南省物价局	
		主张	理由	主张	理由
1	认定垄断协议的事实依据	海南省物价局认定无事实依据	海南省物价局认定裕泰公司的合同条款具有排除、限制竞争的效果,其措辞是"显然具有",也即推定、认为,摒弃了一个前提,即裕泰公司有无能力实现排除、限制竞争的效果。本案客观事实是裕泰公司没有这个能力,负有举证责任的海南省物价局也未提供证据证明其主张。	海南省物价局认定有事实依据	裕泰公司通过与经销商达成的价格限制性条款要求经销商按照其制定的价格销售其商品,事实上限制了经销商自主定价的权利,一旦有效实施,将影响市场机制的正常运转,阻碍市场在资源配置中决定性作用的发挥;案涉合同约定经销商必须按裕泰公司规定的价格销售,经销商销售价格低于或高于规定的价格,依照《饲料产品销售合同》约定,经销商随时面临被减少让利的惩罚,所以协议排除、限制裕泰公司的经销商之间的价格竞争作用是明显存在的,该合同显然属于排除、限制竞争的行为,构成垄断协议。

(续表)

序号	争议点	裕泰公司		海南省物价局	
		主张	理由	主张	理由
2	《反垄断法》第14条的垄断协议是否以"排除、限制竞争"为构成要件	纵向垄断协议需证明"排除、限制竞争"	《反垄断法》第13条在列举了六类横向垄断协议后，规定"本法所称垄断协议，是指排除、限制竞争的协议、决定或者其他协同行为"。很明显，在"本法"范围内定义相关词语，在逻辑上不应仅仅适用于一个条文，而应适用于整部法律。因此，第13条对垄断协议的定义同样适用于第14条对纵向固定协议的规定。《反垄断法》第14条所规定的固定转售价格协议必须具有排除、限制竞争效果才能被认定为垄断协议。海南省物价局的处罚决定适用法律错误。《中华人民共和国最高人民法院公报》2014年第2期刊登的上海市高级人民法院作出的（2012）沪高民三（知）终字第63号民事判决已明确认定，《反垄断法》第13条第2款规定适用于该法第14条，即垄断协议需要具有排除、限制竞争的效果。	协议因目的违法而被法律明文禁止	根据《反垄断法》第14条第1款关于纵向垄断协议的规定，该协议因目的违法而被法律明文禁止，此类协议一经签订即构成垄断协议，不需要再根据是否存在排除、限制竞争效果确定是否构成垄断协议。固定转售价格会排除、限制竞争是全世界主要反垄断法域国家的普遍共识，推定被认为符合第13条第2款关于垄断协议的定义，无须再结合第13条第2款另行分析。《反垄断法》更没有任何条款规定第14条明文禁止的垄断协议还需再结合第13条第2款进行具体验证和证明。
3	"排除、限制竞争"的举证责任	举证责任在海南省物价局	依据《行政诉讼法》第34条"被告对作出的行政行为负有举证责任，应当提供作出该行政行为的证据和所依据的规范性文件"之规定，海南省物价局负有举证证明裕泰公司具有限制市场竞争的法定义务。	举证责任在裕泰公司	依据《反垄断法》第15条第2款的规定，裕泰公司与经销商所达成的《饲料产品销售合同》是否限制竞争的举证责任在裕泰公司，但裕泰公司没有履行相应的举证责任。

(续表)

序号	争议点	裕泰公司		海南省物价局	
		主张	理由	主张	理由
4	是否应尊重行政自由裁量权	法院应独立行使审判权	2004年修正的《中华人民共和国宪法》第123条规定："中华人民共和国人民法院是国家的审判机关。"第126条规定："人民法院依照法律规定独立行使审判权，不受行政机关、社会团体和个人的干涉。"	本案为对反垄断行政执法的司法审查，应尊重反垄断执法机构的行政自由裁量权	《反垄断法》具有原则性，多处明文授权反垄断执法机关进行解释或认定。《反垄断法》的实施具有高度复杂专业性，并且涉及与经济发展、产业政策、竞争政策等协调问题。海南省物价局在本案中行政处罚的法律适用与我国反垄断的多年执法实践一致，与国务院反垄断委员会制定的反垄断指南一致，也与多起已生效的反垄断司法审查案例一致。因此，在反垄断行政执法的司法审查中，法院应尊重反垄断执法机关的首次判断权，实行司法自限，不以自己的判断代替反垄断执法机构的判断，只要反垄断执法机关自由裁量权在法律范围之内，一般司法不予干涉，尊重反垄断执法机构的行政自由裁量权。
5	行政处罚程序是否合法	湖南省物价局应当中止调查	海南省物价局没有按照《反垄断法》第45条的规定中止调查，违反了调查程序中的法定义务。	属于行政机关的自由权限	承诺制度是为减少垄断行为调查成本、维护经营者声誉，由反垄断执法机构与被调查的经营者和解的一种方式，并非反垄断执法机构在调查和执法程序中必须履行的法定义务。

(二) 法律分析

1. 纵向垄断协议的本身违法原则与合理分析原则之争

对于纵向垄断协议是否适用合理分析原则，国内外理论界与实务界存在较多的争论。本身违法原则又可译作"自身违法原则""当然违法原则"，是指对市场上的某些限制竞争行为，不必考虑具体情况和后果，即可直接认定它们严重损害了竞争，构成违法而应予以禁止。

对于被确认为本身违法的垄断行为，在执法实践中，反垄断执法机构只需认定经营者实施了该行为，就可以直接认定经营者行为的违法性，经营者没有对其行为合法性进行辩解的机会。本身违法原则反映了反垄断法对垄断行为的高度警惕和严厉态度。因此，本身违法原则主要适用于对市场竞争产生严重影响，且不会对社会和经济发展产生任何积极价值的垄断行为。

一方面，适用本身违法原则可以减少反垄断执法机构进行调查和取证的程序，提高认定经营者行为违法性的效率，节约行政成本。另一方面，本身违法原则也存在明显的缺陷。该原则在简化执法程序，节约成本的同时，可能损害反垄断执法的公平和正义。适用本身违法原则无疑可以很好地解决提高执法效率的问题，但是该原则过于绝对，不考虑经营者实施涉嫌垄断行为的其他因素，不经过必要的经济分析，就认定垄断协议具有违法性，在一定程度上忽略了经济生活的复杂性和多样性，也不符合法律追求公平、正义的要求。

合理分析原则，是指经营者实施的某些反竞争的行为不被视为必然非法，而需要通过对经营者行为本身及相关因素进行合理分析，以实质上是否具有损害有效竞争的效果与是否增进社会公共利益为判断标准，从整体上对经营者实施行为的反竞争效果和积极效果作出平衡和选择。

具体而言，对某些限制竞争行为案件，反垄断执法机构或法院应具体地、仔细地考察和研究相关企业的行为目的、方式和后果，以判断该限制竞争行为合理与否，如果经调研认为该限制竞争行为属于"不合理"地限制竞争，则该限制竞争行为构成违法而要被禁止；如果经调研认为该限制竞争行为属于"合理"地限制竞争，则该限制竞争行为属于合法的限制竞争行为，应当得到许可。合理分析原则和本身违法原则最重要的区别就在于，本身违法原则关注的是经营者实施行为本身，而合理分析原则更加关注行为所产生的综合效果。[①]

相对来说，适用合理分析原则对经营者行为的违法性进行判断，更为准确和公正。在合理分析原则的框架下，反垄断执法机构在认定经营者行为违法时，必须考虑经营者实施涉嫌垄断行为的诸多经济因素，从而对该行为进行较为准确的认定。同时，合理分析原则本身具有一定的灵活性，能够使反垄断执法更好地适应复杂多变的现实经济情况，避免反垄断执法对经济社会发展产生

---

① 参见种明钊主编：《竞争法》，法律出版社2005年版，第176页。

消极影响。适用合理分析原则可以更加有效地发挥反垄断法这一国家政策工具的作用，促进和维护国家的整体利益。

从反垄断法发展的历史和趋势来看，合理分析原则得到越来越广泛的认可，其适用范围也在不断扩大。随着经济理论的发展，反垄断法更加注重经济分析方法的运用。经营者达成垄断协议的行为可能同时具有多方面的经济效果，需要对经营者达成的垄断协议进行具体分析，才能确定其是否具有违法性。目前，合理分析原则已经成为各国反垄断法普遍采用的原则。然而，合理分析原则对司法和执法人员的要求很高。合理分析原则要求对市场结构、当事人的市场地位、竞争行为的市场影响等进行全面分析，这就要求司法和执法人员具有较高的经济学素养。在一般情况下，这个要求不容易满足。合理分析原则的内容并不规范，没有统一的标准，往往因时而异、因地而异、因人而异，不能体现法律的安全性、稳定性和公平性。同时，合理分析原则赋予法院和反垄断执法机构以过大的自由裁量权，从而容易导致这种权力被滥用。

2. 各国对纵向垄断协议的审查标准

美国对纵向垄断协议的审查经历了由本身违法原则向合理分析原则的转变。在1911年的"Dr. Miles案"中，美国最高法院确立了本身违法原则。在2007年的"Leegin案"中，美国最高法院采用了合理分析原则。

欧盟对纵向垄断协议适用违法推定，但是可以根据《欧盟运行条约》第101条第3款予以豁免。2010年《欧盟限制指南》仍沿用这一原则。

从目前的立法来看，我国《反垄断法》对纵向垄断协议规定的是"禁止＋豁免"原则，与欧盟的做法一脉相承。司法实务界与理论界部分人士认为纵向垄断协议应当适用合理分析原则，提出从市场竞争的充分性、市场地位、行为动机、行为效果四方面进行合理分析。《反垄断法》中规定的"原则禁止"表明行为的普遍违法性，"典型列举"说明被列举行为排除、限制竞争的特征非常明显。只要证明该行为存在，就无须进行排除、限制竞争的合理分析，直接推定违法。此时，举证责任由被调查的经营者承担，经营者只有证明符合《反垄断法》第15条规定的情形之一且满足豁免条件，才能推翻原来的违法推定。

3. 最高人民法院的判定标准——区分反垄断民事诉讼与行政诉讼，尊重行政机关自由裁量权

首先，最高人民法院未认定固定转售价格以及限制最低转售价格行为本身违法，认为其属于较为典型的纵向垄断协议，往往具有限制竞争和促进竞争的

双面效应。因此，最高人民法院对转售价格维持的违法性判定采取的是大概率判断。这意味着最高人民法院本质上仍然认为纵向垄断协议应适用合理分析原则。

其次，最高人民法院纠正了二审法院的做法，明确认为《反垄断法》第13条第2款对垄断协议应是排除、限制竞争之限定原则也适用于该法第14条，认定判断纵向垄断协议的构成仍然以排除、限制竞争为要件。

再次，在行政执法中，反垄断执法机构只需认定经营者从事相关行为，不必证明存在排除、限制竞争的效果，即可认定构成纵向垄断协议。若按前述观点，似乎行政机关不能证实存在纵向协议排除、限制竞争行为，就不能认定纵向价格限制行为构成垄断行为。然而，最高人民法院运用了社会学的方法，通过对法律适用的社会现实状况进行分析，最终得出结论：反垄断执法机构一经调查经营者存在转售价格限制或固定价格行为，即可认定垄断协议存在，只能由被调查的经营者通过提交满足《反垄断法》第15条规定的证据进行抗辩。其依据为：基于当前的市场体制环境和反垄断执法实际，要求反垄断执法机构对纵向垄断协议全部进行全面调查和复杂的经济分析，以确定其对竞争秩序的影响，将极大增加执法成本，降低执法效率，不能满足当前我国反垄断执法工作的需要。因此，反垄断执法机构经过调查证实经营者存在上述两种情况，即可认定构成垄断协议，无须对该协议是否符合"排除、限制竞争"这一构成要件承担举证责任，除非经营者通过提交证据进行抗辩予以推翻。这一阐述保障了既往纵向垄断协议行政执法案件的有效性，使得未来反垄断执法机构仍然能够按照既往方式查处纵向垄断协议案件，对企业的纵向协议合规行为有明确的指引效果。

最后，在反垄断民事诉讼中，法院需要审查垄断协议是否具有排除、限制竞争的效果，并在此基础上判定是否支持原告的诉讼请求。最高人民法院认为，在反垄断民事诉讼中，原告的诉讼请求得到支持的前提，即经营者承担民事责任的前提，是经营者实施反垄断行为给原告造成损失。给原告造成损失是垄断行为排除、限制竞争效果的直接体现。垄断协议不仅要达成，而且要实施并产生损失。此时的垄断协议当然具有排除、限制竞争的效果。因此，在反垄断民事诉讼中，法院审查垄断协议是否具有排除、限制竞争的效果，并在此基础上判定是否支持原告的诉讼请求，并无不当。

最高人民法院的裁定在一定程度上对当前行政执法与司法对于纵向垄断协

议的差异化认知给出了解决之道,但是诸多疑问和争议仍然只能等待全国人大修改《反垄断法》或者相关部门出台解释、规章予以解决。因此,最高人民法院在裁定的最后也建议反垄断执法机构总结执法经验,及时出台有关纵向价格反垄断执法指南,进一步明确执法标准,给予经营者明确预期。相比反垄断执法机构拥有反垄断执法专业人员、法定调查手段,民事诉讼当事人的证明责任不应高于行政执法机构,这样才能体现责任分配的合理性。我们也期待在不久的未来,《反垄断法》的修改能够正视这一现实问题,完善纵向垄断协议立法,破除争议,统一法律适用标准。

四、案例研习安排

(一) 教学对象及目标

本案例供法学专业本科生、硕士研究生及法律硕士研究生教学使用,其他专业本科生、硕士研究生也可参酌使用。

本案例需要解决的问题主要有:

(1) 纵向垄断协议中的转售价格维持行为是否适用本身违法原则?

(2) 行政机关与司法机关关于纵向垄断协议的认定标准有哪些?

(二) 建议课堂计划

本案例可以作为专门的教学案例进行讲授,建议安排1课时(40—45分钟)。

如下课堂设计,仅供参考:

1. 课前计划

安排学生阅读案例及相关参考资料,熟悉整个案例流程,对案例中提出的问题进行思考。

2. 课中计划

介绍教学目的,明确讨论主题。

分组讨论问题及解决对策,告知发言要求。

小组代表发言,提出争议焦点,并对争议焦点涉及的相关法律法规进行评述。

教师进行引导性分析,并作归纳总结。

3. 课后计划

请学生课后进一步细化了解垄断协议、纵向垄断协议、本身违法原则、合理分析原则等相关内容。

五、思考题

1. 我国对于纵向垄断的规制到底是更接近本身违法原则还是合理分析原则？行政机关与司法机关的认定标准是否有所不同？

2. 最高人民法院为什么要区分反垄断民事诉讼与行政诉讼的"排除、限制竞争"的举证责任？

第三节　经营者集中

案例七　马士基等公司设立网络中心经营者集中反垄断审查案

【摘　要】　本案是一起经营者集中反垄断审查案件，主要涉及经营者集中反垄断审查的流程、重点、可能存在的问题以及完善对策等问题。通过对案例的研习，我们能够进一步细化了解经营者集中的相关内容，深入思考建立信息披露制度以及中立的审查执法机构的积极意义。

【关键词】　经营者集中　反垄断法　相关市场　申报制度

一、基本案情

2013年9月18日，中华人民共和国商务部（以下简称"商务部"）收到丹麦穆勒马士基集团（以下简称"马士基"）、地中海航运公司（以下简称"地中海航运"）、法国达飞海运集团公司（以下简称"达飞"）设立网络中心的经营者集中反垄断申报。经审核，商务部认为该申报文件、资料不完备，要求申报方予以补充。

2013年10月，马士基、地中海航运、达飞（以下合称"交易方"）签署协议，拟在英格兰和威尔士设立一家有限责任合伙制的网络中心，统一负责交易方在亚洲—欧洲、跨大西洋和跨太平洋航线上集装箱班轮的运营性事务。

2013年12月19日，商务部确认经补充的申报文件、资料符合我国《反垄断法》第23条的要求，对此项经营者集中申报予以立案并开始初步审查。

2014年1月18日，商务部决定对此项经营者集中实施进一步审查。

2014年4月18日,商务部决定延长进一步审查期限,截止日期为2014年6月17日。

在审查过程中,商务部认为此项经营者集中形成了交易方紧密型联营,在亚洲—欧洲航线集装箱班轮运输服务市场可能具有排除、限制竞争效果,于是与申报方进行了多次商谈。申报方在2014年6月9日提交了最终救济方案。

2014年6月17日,商务部经过研究,认为上述解决方案不足以解决经营者集中行为所产生的问题,马士基、地中海航运、达飞亦没有提出合理的抗辩理由。因此,商务部正式宣布禁止马士基、地中海航运、达飞设立网络中心。

二、商务部的观点以及国外反垄断审查

(一) 商务部作出禁止决定的理由

商务部经过审查,最终决定禁止马士基、地中海航运、达飞设立网络中心,主要有以下五个方面的理由:第一,马士基、地中海航运、达飞设立网络中心,使三家企业可以对相关的航线进行统一的管理调配,实质上形成了不同于以往松散型联盟的紧密型联盟;第二,这次集中将使马士基、地中海航运、达飞在亚洲—欧洲航线的合计运力份额达到46.7%,会明显增强三方对相关市场的控制力;第三,这次集中会使亚洲—欧洲航线集装箱班轮运输服务市场的赫芬达尔—赫希曼指数(HHI)[①]值由原来的约890增至约2240,市场结构将发生极大改变,集装箱班轮运输服务市场在亚洲—欧洲航线将由相对分散变为高度集中;第四,国际集装箱班轮海运服务属于资金密集型行业,规模经济效应极为显著,设立网络中心会使新的企业难以进入相关市场;第五,交易完成后,可能挤压其他竞争者的发展空间,损害消费者利益,不利于港口将来的发展。[②]

商务部在审查过程中综合评估了交易方及网络中心涉及的相关市场份额、市场控制力、市场集中度、市场进入、对消费者和其他经营者的影响等因素,得出不予批准的结论。如上所述,设立网络中心后,马士基、地中海航运、达飞在亚洲—欧洲航线的合计运力份额将达到46.7%,容易在相关市场占有支配地位,不利于维持正常的市场竞争秩序。亚洲—欧洲航线的HHI值由原来

---

① HHI是用来衡量行业集中程度的关键指标,是一个行业排名前四的企业在行业中所占市场份额(除掉百分号)的平方的和。若HHI超过1800,则认为该市场"高度集中"。

② 参照中华人民共和国商务部公告2014年第46号。

的约 890 变为集中后的约 2240，超过了 1800 的临界值，成为高度集中的市场。鉴于航运业是资金密集型行业，马士基、地中海航运、达飞的联合会提高行业进入壁垒，使新的竞争者难以进入集装箱班轮运输服务市场，无法形成可以与其抗衡的力量，也就无法实现充分的竞争。网络中心的设立可以增强马士基、地中海航运、达飞在相关市场的议价能力，有可能提高其承运价格，损害消费者利益。

（二）国外审查结果

事实上，马士基、地中海航运、达飞相继向美国、欧盟、中国三个国家和地区提出了设立网络中心的申请。2014 年 3 月 24 日，该项申请得到了美国联邦海事委员会（FMC）的无条件批准。FMC 根据 1998 年《航运改革法》，对马士基、地中海航运、达飞设立网络中心的申请进行审查，最终得出的结论是：马士基、地中海航运、达飞设立网络中心不会限制航运业的竞争，不会使运输增加不合理的成本，也不会对三家航运公司的服务质量产生影响。然而，美国的无条件批准并不是对此项经营者集中的完全放任，FMC 会在后期进行严格的监管，一旦发现有不利于竞争的行为，就会通过寻求强制指令或者其他方式进行纠正。

欧盟委员会竞争事务总局对于马士基、地中海航运、达飞设立网络中心的申请按照限制竞争协议进行了审查，最终予以通过。《欧盟理事会 906/2009 号条例》是欧盟对航运联盟进行规制的法律依据。根据此条例的规定，满足条件的联营活动可以获得反垄断集体豁免权。这种豁免是欧盟立法中特殊设计的推定豁免，只有相关市场份额不超过 30% 的联营活动才能获得集体豁免权。马士基、地中海航运、达飞设立网络中心后，在亚洲—欧洲航运市场的份额已经超过 30%，因此无法获得集体豁免权。但是，这并不意味着马士基、地中海航运、达飞一定违法，只要能够证明三方之间达成的协议符合《欧盟运行条约》第 101 条第 3 款的规定，就可以获得反垄断法豁免。经过综合评估，欧盟认为马士基、地中海航运、达飞设立网络中心，符合《欧盟运行条约》第 101 条第 3 款的规定，不会产生反竞争的效果，马士基、地中海航运、达飞最终获得集体豁免权。2014 年 6 月 3 日，欧盟表示不会对马士基、地中海航运、达飞进行进一步的审查，标志着马士基、地中海航运、达飞设立网络中心的申请在欧盟获得通过。然而，马士基、地中海航运、达飞在欧盟获得反垄断法豁免并不意味着一劳永逸，欧盟委员会随时可以主动对马士基、地中海航运、达飞进行反垄断调查。

三、教学内容（法律评析）

（一）我国经营者集中反垄断审查的流程

1. 经营者集中的申报制度

经营者集中的申报标准，是决定相关经营者是否要接受审查的法律依据，也是申报经营者集中行为的门槛。申报标准原则上应该简单、确定，以便企业确定将要进行的集中行为是否需要进行申报。纵观各国的立法模式，主要有以下四种方式确定申报标准：第一，按照参与企业的资产数额或者营业额计算；第二，按照参与企业在相关市场上的市场份额计算；第三，按照参与企业的交易额计算；第四，综合使用上述三种方式。从全球范围来看，使用第一种方式即以资产数额或者销售额为标准是最为普遍的。[①]

2008年颁布的《国务院关于经营者集中申报标准的规定》明确了我国经营者集中申报的具体标准。依据该规定，具体申报标准有以下两种：一种是上一会计年度所有申报企业在全球范围内的营业额之和超过100亿元人民币，并且其中至少两个申报企业上一会计年度在中国境内的营业额均超过4亿元人民币；另一种是所有申报企业上一会计年度在中国境内的营业额超过20亿元人民币，并且其中至少两个申报企业上一会计年度在中国境内的营业额均超过4亿元人民币。银行、保险、证券、期货等特殊行业、领域在计算营业额时，要考虑行业、领域的特殊性，具体办法由国务院商务主管部门会同国务院有关部门商议制定。以上规定表明，我国采取双层营业额的标准，并针对特殊行业、领域进行区别对待。马士基、地中海航运、达飞三家企业2013年会计年度在中国境内的营业额分别为：达飞268亿元人民币、地中海航运138亿元人民币、马士基至少350亿元人民币，其营业额之和远远超过了我国规定的申报标准。据此，马士基、地中海航运、达飞设立网络中心要进行经营者集中的事前申报。

根据《国务院关于经营者集中申报标准的规定》第4条的规定，国务院有权对未达到申报标准但被证明具有排除、限制竞争效果的经营者集中行为进行调查。这一规定赋予反垄断执法机构一定的自由裁量权，但是其内容过于原则

[①] 参见贾婷婷：《浅议我国经营者集中的申报标准》，载《法商论坛》2012年第1期。

和抽象，缺乏对执法者和集中者的明确指引。它一方面无法使执法机构明确自身的执法范围；另一方面无法使相关企业判断自身的行为是否符合法律规定，从而引起守法的疑虑。对于执法机构来说，如果对这些企业进行调查，势必要花费更多的时间和精力收集信息和证据，不仅增加了执法成本，更降低了执法效率。对于相关企业来说，这种模糊的规定使得原本合法的行为有可能遭到执法机构禁止。一旦实施集中行为，相关企业就要进行很大的投入。如果某项集中行为事后被证明对竞争具有排除、限制效果，往往要支付罚款，还会被采取拆分、恢复等其他的纠正措施。这种事后纠正机制不仅会浪费相关企业进行的投入，而且不能确保市场竞争秩序能够恢复到正常的状态。

2. 经营者集中的实体审查

经营者集中实体审查制度是整个经营者集中反垄断审查制度的核心内容，实体审查的最终结果决定集中行为能否被批准，其中审查标准又是实体审查制度的关键内容。根据我国《反垄断法》第28条的规定，实体审查标准以"具有或者可能具有排除、限制竞争效果"为原则，以"集中对竞争产生的有利影响大于不利影响"与"符合社会公共利益"为例外条件。

经营者集中行为"具有或者可能具有排除、限制竞争效果"的结论并不能直接得出，而要考虑各种因素。商务部在进行实体审查时主要考虑的因素包括：申报的经营者在相关市场所占的份额、市场控制力、市场集中度、市场进入、对消费者和其他经营者的影响等。

例外条件可以被看作我国法定的抗辩因素，主要包括"集中对竞争产生的有利影响大于不利影响"和"符合社会公共利益"两个方面。第一个抗辩因素基本等同于国际上通用的效率抗辩。在经营者集中审查中使用效率抗辩，应当符合以下三个条件：第一，集中行为产生的效率必须是重大的，重大到超过其所带来的反竞争效果；第二，效率必须是经营者集中活动本身产生的，应当是经营者集中的直接结果，并且不能通过其他的合作方式产生类似的效率；第三，效率必须是可以证实的，参与集中交易的经营者必须能够拿出足够的证据，向执法机构证明这种效率的存在。我国法律并没有对社会公共利益的含义作出详细解释。参考国外的法律规定，社会公共利益一般包括环境保护、地区公共利益、消费者利益等方面。

(二) 本案中经营者集中审查的重点

1. 相关市场

(1) 相关商品市场

商务部经审查,确认相关商品市场为国际集装箱班轮运输服务市场。

国际海运市场主要包括集装箱班轮和非班轮运输服务、干散货运输服务和油轮运输服务市场。国际集装箱班轮海运服务,是指集装箱班轮企业按事先制订的船期表,在国际固定航线的固定挂靠港口之间,按规定的操作规则为非固定货主提供规范和反复的集装箱货物运输服务,并按单位标准箱(TEU)运价计收运费的一种运输服务方式。非班轮运输与班轮运输没有替代性。干散货运输、散杂货运输、油轮运输与集装箱运输也没有替代性。

(2) 相关地域市场

商务部经审查,确认相关地域市场为亚洲—欧洲航线、跨太平洋航线和跨大西洋航线。

班轮海运的特点是,船舶在固定港口间依照固定航线和时间表航行。在考察相关地域市场时,贸易航线是国际集装箱班轮运输的基本要素。本次交易涉及三大航线,分别是亚洲—欧洲航线、跨太平洋航线和跨大西洋航线。根据行业习惯,上述三大航线共涉及九条贸易航线,分别是:远东—北欧贸易航线和远东—地中海贸易航线两条贸易航线被统称为"亚洲—欧洲航线";远东—北美西海岸贸易航线、远东—北美东海岸贸易航线和远东—美国墨西哥湾贸易航线三条贸易航线被统称为"跨太平洋航线";北欧—美国东海岸贸易航线、地中海—美国东海岸贸易航线、欧洲—加拿大贸易航线和欧洲—美国西海岸贸易航线四条贸易航线被统称为"跨大西洋航线"。

跨大西洋航线不覆盖中国港口,亚洲—欧洲航线、跨太平洋航线均覆盖中国主要港口。因此,商务部重点审查了本次交易对亚洲—欧洲航线、跨太平洋航线的竞争影响。

2. 竞争分析

根据我国《反垄断法》第 27 条的规定和本案特点,商务部对交易方及网络中心涉及的相关市场份额、市场控制力、市场集中度、市场进入、对消费者和其他经营者的影响等因素进行了评估,认为本次集中完成后,交易方将形成紧密型联营。鉴于在跨太平洋航线上存在份额较高的竞争者,市场结构相对分散,商务部重点考察了亚洲—欧洲航线集装箱班轮运输服务市场。

(1) 本次交易形成了紧密型联营，与松散型的传统航运联盟有实质不同

国际集装箱班轮运输属于资本密集型产业，投资大，风险高。航运企业之间往往开展一定程度的合作，主要形式包括船舶共享协议、舱位互换协议等。在此基础上，市场上形成了若干航运联盟。

国际集装箱班轮运输市场上传统的航运联盟，以船舶共享协议、舱位互换协议为基础开展合作，各联盟成员独立运营，属松散型合作。本案交易方通过设立网络中心，整合了交易方在全球东西航线（亚洲—欧洲航线、跨太平洋航线和跨大西洋航线）的全部运力，与传统的航运联盟在合作形式、运营程序、费用分摊等多个方面存在实质区别，属紧密型联营。

商务部审查发现，在合作形式方面，传统的航运联盟一般采取船舶共享、箱位互换等合作形式；本案中，交易方通过共同设立网络中心，对交易方在合作航线上的所有船舶进行日常管理，交易方仅保留对船舶的技术管理权。在运营程序方面，航运联盟通过每条航线的代表组成的委员会对运营进行协调；本案中，由网络中心根据事先商定的工作程序单独负责管理运营。在费用分摊方面，航运联盟各成员各自承担船舶的运营费用，独立核算并承担成本；本案中，通过规定航次成本（包括租船费、燃油费、港口费、运河费），将合作涉及的所有航线分为若干结算组统一结算成本并分摊船舶运营成本。在未使用箱位销售方面，航运联盟成员根据所有权人利益条款可直接出售给其他成员，或出售、转租给任何第三方；本案中，交易方对未使用箱位的销售由网络中心统一协调处理。在停航方面，航运联盟由成员共同商定；本案中，由网络中心直接决定。

综上所述，商务部认为，本案将形成与航运联盟有本质区别的紧密型联营。

(2) 本次交易显著增强交易方的市场控制力

运力份额是反映集装箱班轮运输企业市场力量的重要指标之一。截至2014年1月1日，马士基、地中海航运、达飞在亚洲—欧洲航线运力份额分别为20.6%、15.2%、10.9%，分别排名第一、第二、第三，任一交易方的运力份额均超过其他竞争对手。交易方合计运力份额高达46.7%，运力整合后的市场控制力明显增强。

(3) 本次交易将大幅提高相关市场的集中度

审查表明，交易前，市场上存在包括本案交易方在内的多个竞争者，亚

洲—欧洲航线国际集装箱班轮海运市场的 HHI 值约为 890。交易后，由于交易方形成紧密型联营，减少了市场主要竞争者的数量，HHI 值增至约 2240，HHI 值变量约为 1350。亚洲—欧洲航线集装箱班轮运输服务市场将从较为分散变为高度集中，市场结构将发生明显变化。

（4）本次交易将进一步推高相关市场的进入壁垒

国际集装箱班轮海运服务是资金密集型行业，具有规模经济效应，但市场中存在一定数量且具有有效竞争关系的竞争者是维护市场竞争的必要条件。本次交易集合了交易方的实力，整合交易方的运营网络，消除了相关市场中主要竞争者之间的有效竞争，可能进一步推高国际集装箱班轮海运服务市场的进入壁垒，难以产生新的有竞争力的制约力量。

（5）本次交易对其他有关经营者的影响

交易完成后，交易方通过整合其航线和运力资源，进一步增强其市场控制力，可能挤压其他竞争者的发展空间，使其在未来的竞争中进一步处于劣势地位。

商务部审查发现，货主企业对集装箱运输的议价能力较弱。交易方可能利用其增强的市场控制力损害货主的利益。

本案还将增强交易方对港口的议价能力。为争取交易方船舶挂靠，港口可能被迫接受更低的港口服务价格，给港口发展带来负面影响。

3. 有无救济方案

在审查期间，商务部向交易方指出了此项经营者集中可能具有排除、限制竞争效果，并就如何解决上述竞争问题与申报方进行了多次商谈。交易方提交了多轮救济方案，于 2014 年 6 月 9 日提交了最终救济方案。经评估，商务部认为，交易方提交的最终救济方案缺少相应的法律依据和可信服的证据支持，不能解决商务部的竞争关注。

（三）本案中揭露的经营者集中审查制度可能存在的问题

1. 相关市场的界定标准模糊

虽然相关市场的界定并不是一个独立的制度，但是对于经营者集中审查具有非常重要的影响。只有清晰地界定经营者所处的相关市场，才能对集中所产生的竞争影响作出准确的判断。[①] 2009 年颁布的《国务院反垄断委员会关于相

---

① 参见王先林：《论反垄断法实施中的相关市场界定》，载《法律科学》2008 年第 1 期。

关市场界定的指南》并没有明确规定界定相关市场使用的具体方法。本案中，商务部直接把多条航线看作一个相关市场，无论是对相关商品市场还是地域市场，都没有清晰的界定，容易引起争议。① 一般情况下，运输业中相关市场是通过比较不同航线之间的替代性进行界定的，而本案涉及的海运市场则更为特别，并不是所有的港口都要被计算在内。优化之后，有些港口就不在航线之内了，根本不存在替代性。即使把多条航线看作一个独立的相关市场，交易方合计运力份额高达46.7%的市场也没有具体的计算方法和数据加以证明，这正是由于相关市场的界定没有具体统一的标准造成的。

2. 抗辩制度不完整

由于抗辩制度的存在，有些经营者集中行为虽然具有明显的反竞争效果，但是基于某种理由可以通过审查。我国法律虽然对效率抗辩和社会公共利益的抗辩进行了规定，但是与国际通行的做法相比还有很大差距。很多国家把破产抗辩当作一项法定抗辩事由，而我国则缺乏明确的法律规定。我国正处于特殊的经济转型期，企业稳定性不够，缺乏破产抗辩，使得濒临破产的企业无法接受其他企业的并购，最终只得选择直接破产。经济效益低并不意味着企业没有生存的必要，破产对于相当一部分企业来说并不是最优的选择，因为破产往往会浪费各种社会资源，给国家的就业形势增加压力。抗辩制度的不完善会影响资源的优化配置，不利于社会经济的发展。

3. 缺乏当事方权利保障的相关规定

反垄断审查的结果对申请者和相关利害关系人都有很大的影响。只有保障各当事方的权利，才能保证最终结果的公正。当事方的权利主要包括知情权、听证权和发言权。主体只有在充分知情的情况下才能对整个事件有清晰的把握，进而作出正确、全面的决定。但是，除了为商务部提供意见的相关部门、组织及企业外，相关利害关系人和大众无法得知案件的进展和详情。对于相关利害关系人而言，只有全面了解情况才能应对突发状况。由于信息的匮乏，审查在某些相关利害关系人不知情的状态下就悄然结束，必然会导致很多人遭受损失。②

---

① 参见孔玲、田军：《浅析非竞争因素在经营者集中反垄断审查中的法律地位》，载《法律适用》2013年第4期。

② 参见潘志成：《中美经营者集中审查程序比较——以英博收购AB案为例展开》，载《中外法学》2010年第3期。

在对经营者集中审查作出最终决定前,确保相关各方的听证权是正当程序中的一项基本要求。听证制度也是保障相关人员权利的重要制度。我国《经营者集中审查办法》对听证制度作了规定,但是内容极其笼统,举行听证会的决定权以及参与者的选择权全部在商务部,公众只能被动地接受商务部的决定。该办法对于听证会主持人身份没有作出规定,也没有确定其独立的地位。这种没有中立色彩的规定容易被人为控制,进而造成不公正的结果。

发言权既包括交易当事人的发言权,也包括利害关系人的发言权。只有各方的发言权都得到充分的保障,当事方才能充分表达其异议和观点,执法机构才可以全面了解信息,进而得出公正的审查结果。基本知情权和听证权的缺失会导致发言权不能很好地实现,因为没有确定的信息就无法得出正确的结论,当事方也就无法发表自己的意见。

4. 执法不透明,审查执法机构不中立

我国经营者集中审查程序缺乏公开结构的设计,商务部对于经营者集中案件的审查过程始终处于不透明的状态。在整个审查过程中,公众基本无法得到关于案件进展的信息。审查过程不透明,公众就无法进行有效的监督,从而无法保证结果的公平公正。美国的执法过程则较为透明。美国FMC在审查马士基、地中海航运、达飞设立网络中心的过程中,五位委员中有一位投票反对,认为马士基、地中海航运、达飞设立网络中心会影响航运业的竞争,其态度和理由都向公众公布。

在整个经营者集中反垄断审查过程中,商务部始终扮演着审查者和决定者的双重角色。如果决定者没有中立的地位,那么就难以避免出现偏袒的现象,对不同的经营者进行区别对待。这不但会损害经营者的利益,还会破坏执法者的权威,造成公众对结果的不信任。决定者的不中立也无法矫正其在审查中可能出现的错误,原因主要有两点:一是不易发现自身的问题,改变自己的结论;二是即便发现错误,也有可能由于某些原因而明知故犯,不去改正。

(四)完善经营者集中审查制度可能的对策

1. 经营者集中申报制度的完善

申报标准的不足主要可以从两个方面进行完善:

第一,增设自愿申报制度。对于虽没有达到强制申报的数额,但数额接近的经营者,设立事前自愿申报制度,可以减轻执法机构收集信息证据的负担,同时减少相关企业的时间成本,提前确定集中行为的结果,是一个双赢的策略。

第二，除了列举特殊行业之外，还要有一个弹性规定，以预防新的行业和变化的出现。对于特殊行业的申请数额标准，一方面要规定数额或者比例，另一方面要给出具体的计算方法，这样才能使申报标准有明确的依据，使经营者知道自己是否需要进行相关的审查申报。

2. 经营者集中审查制度的完善

（1）正确界定相关市场

商务部在对经营者集中进行反垄断审查时，重点考虑的是集中对竞争效果产生的影响。这种影响发生作用的范围就是相关市场，因此界定相关市场是审查进行的前提。所谓相关市场，通常是指企业进行经营活动的有效竞争范围。针对个案，经济发展的不确定性决定了相关市场的范围会因时、因地、因事而发生改变。一般而言，相关市场包括相关产品（或称"商品"）市场、相关地域市场。

我国界定相关市场使用产品功能界定法和"假定垄断者测试"界定法相结合的方法：一般使用由需求替代和供给替代组成的产品功能界定法；当企业竞争的市场范围不能确定时，则使用"假定垄断者测试"界定法。不过，法律对于这两种方法都规定得过于抽象，不够具体。首先，界定相关市场的基本考察方法。相关市场的界定主要是考察各类产品的替代性，因此替代性考察应该被确立为基本的考察方法。在具体操作时，要先对产品的性能和价格等因素进行替代性分析，然后在此基础上初步界定相关产品市场的范围。其次，在界定相关产品市场的基础上，再进行需求的替代性分析和供给的替代性分析。

在经营者竞争范围不够清晰明确或者难以确定时，我国一般使用"假定垄断者测试"计算法界定相关市场。但是，"假定垄断者测试"计算法有其固有的缺陷，不能判断产品之间实际替代性的大小。在使用"假定垄断者测试"计算法界定相关市场时，必须考虑到调查对象的成本和利润。如果调查对象的利润与行业平均利润相比已经达到丰厚甚至暴利的程度，那么产品需求弹性不会太大，调查对象可能已经处于垄断者地位。

（2）建立信息披露制度，保障当事人权利

权利的实现需要制度予以保障。我国应当建立严格的信息披露制度，在案件进行的每一个阶段，对其中不涉及商业秘密的信息在网络、大众媒体和专业刊物上进行公开，使申请企业、潜在利害关系人、普通消费者能够了解案件情况。我们建议，把《经营者集中审查办法》第 6 条、第 7 条规定的商务部 "可以"举行听证会以及 "可以"征求各方面意见中的 "可以"改为 "应当"，使听证会的举行成为审查中的必然环节，也使潜在利害关系人能够参加到程序中，针对相关事项进行评议。关于听证会的程序设计，应当参照其他行政法规中对听证程序的规定，详细记录各方发表的意见，形成笔录并予以保存，以便查询和作为证据使用。

（3）增加执法的透明度，建立中立的审查执法机构

执法不透明会使执法机构拥有滥用权力的空间，可能产生不公正的结果，进而影响执法机构的权威。我们建议，增加执法机构工作的透明度，无论是在申报阶段还是审查阶段。商务部举行听证会时，应当规定听证会的主持人由独立的第三方担任，主持人的工作内容向公众公开。执法机构要将其结论详细的证明过程、证据公之于众，使公众对整个事件 "知其然，更知其所以然"。[①]

对于中立公正的执法机构的建立，建议另外设立一个独立的机构，对审查进行裁决，而商务部只进行经营者集中的反垄断审查工作。在反垄断审查制度中，建议引入类似诉讼程序中的 "控、辩、审"三角结构，使审查机构和申请者处于平等的地位，并规定审查机构对集中行为只有审查权而无决定权，处于中立的地位，最终的决定权在另一个独立的机构手中，从而保证最终结果的公正。

四、案例研习安排

（一）教学对象及目标

本案例供法学专业本科生、硕士研究生及法律硕士研究生教学使用，其他专业本科生、硕士研究生也可参酌使用。

本案例需要解决的问题主要有：

（1）我国经营者集中反垄断审查的流程是怎样的？

（2）应当如何分析本案涉及的相关商品市场？

（3）应当如何分析本案涉及的相关地域市场？

（4）本案涉及的情形是否具有排除、限制竞争的效果？

[①] 参见袁日新：《经营者集中反垄断执法的透明度——基础、功能与限制》，载《行政与法》2014 年第 6 期。

（二）建议课堂计划

本案例可以作为专门的教学案例进行讲授，建议安排1课时（40—45分钟）。如下课堂设计，仅供参考：

1. 课前计划

安排学生阅读案例及相关参考资料，熟悉整个案例流程，对案例中提出的问题进行思考。

2. 课中计划

介绍教学目的，明确讨论主题。

分组讨论问题及解决对策，告知发言要求。

小组代表发言，提出争议焦点，并对争议焦点涉及的相关法律法规进行评述。

教师进行引导性分析，并作归纳总结。

3. 课后计划

请学生课后进一步细化了解经营者集中的相关内容，包括申报制度、审查制度等。

五、思考题

1. 对于相关市场的界定，以不同的标准分析有何区别？

2. 已经开始实施的经营者集中虽然已经申报，但是最终未获批准，应当如何处罚？

3. 竞争分析应当如何进行？

4. 在现有制度下，有什么可行的经营者集中抗辩？

第四节 行政垄断的法律规制

案例 八 深圳市斯维尔科技有限公司诉广东省教育厅行政垄断案

【摘　要】 本案是一起行政垄断诉讼案件，主要涉及行政诉讼受案范围、指定参赛软件是否合法等问题。通过对案例的研习，我们可以更深层次地了解反垄断法中对行政垄断的界定。本案的审理触及行政垄断行为的实体法律分析，对行政机关滥用行政权力，排除、限制竞争行为的司法审查提供了有价值的判例；对制止滥用行政权力、防止行政干预、维护市场公平竞争秩序有积极意义。

【关键词】 行政诉讼 行政垄断 指定参赛软件

一、基本案情

深圳市斯维尔科技有限公司（以下简称"斯维尔公司"）因广东省教育厅在"2014年全国职业院校技能大赛"（简称"国赛"）广东省选拔赛"工程造价基本技能"赛项中（简称"省赛"），指定使用广联达软件股份有限公司（以下简称"广联达公司"）独家软件和相应设备，而向广东省广州市中级人民法院提起诉讼。

斯维尔公司诉称：被告广东省教育厅以《工程造价基本技能赛项规程》为由，滥用行政权力限定或变相限定参赛者购买、使用其指定的广联达公司独家软件和相应设备，涉嫌违反公开、公平和公正的法定程序。该指定行为不具有任何法律依据，严重扭曲工程造价相关产品行业的市场竞争秩序，违反了《反垄断法》第32、36、37条的规定，侵害了原告的公平竞争权利。同时，被告广东省教育厅指定使用广联达公司独家软件和相应设备缺乏法律依据，未履行合法程序。故原告请求法院：（1）确认在省级赛区"工程造价基本技能"赛项中，被告滥用行政权力指定或变相指定使用广联达公司独家软件和相应设备的具体行政行为违法；（2）责令被告及广联达公司立即停止违法行为；（3）由被告和广联达公司承担原告因调查、制止被告及广联达公司违法行为的合理开支8900元整；（4）本案诉讼费全部由被告和广联达公司承担。

被告广东省教育厅答辩称：

首先，广东省选拔赛的各项规定是以教育部文件作为依据的。被告审核通过"2014年全国职业院校技能大赛"（高职组）广东省选拔赛"工程造价基本技能"赛项组委会报送的通知、赛项技术规范和赛项竞赛规程等文件，有教育部文件和2013—2015年全国职业院校技能大赛执委会办公室公布的《2014年全国职业院校技能大赛"工程造价基本技能"赛项规程》等上级业务部门、全国比赛选拔指导单位的通知规定作为政策依据。原告提交的异议书也表明原告知道教育部大赛办指定使用独家企业的硬件和软件。作为"2014年全国职业院校技能大赛"的选拔赛,广东省选拔赛选用与国赛相同的软件,是为了更好地与国赛相对接,使参赛选手尽快适应竞赛规则,有利于选手的发挥。

其次,广东省选拔赛"工程造价基本技能"赛项选用广联达公司软件并未损害部分院校及软件行业其他公司的利益。技能比赛只是一次由各高职院校自愿参加的比赛,并未干涉学校日常教学使用软件的选择权。经广东省高职教育建筑与房地产类专业教学指导委员会的调查,目前全广东省有建筑类相关专业的30所高职院校中,有14所学校也同时使用原告的软件。从数据中可以看出,虽然广东省选拔赛选用广联达公司软件,但是仍有不少院校也在使用原告的软件,且获得广东省选拔赛第二、三名的参赛队伍就来自正在使用原告软件的学校。由此可见,比赛选用广联达公司软件并未打击学校及学生的参赛积极性,也未影响到软件行业的市场竞争。

再次,关于行政诉讼范围的问题。"2014年全国职业院校技能大赛"(高职组)广东省选拔赛"工程造价基本技能"赛项组委会报送并经被告审核通过的《关于举办2014年全国职业院校技能大赛(高职组)广东省选拔赛工程造价基本技能赛项的通知》《"2014年全国职业院校技能大赛"(高职组)广东省选拔赛"工程造价基本技能"赛项技术规范》和《"2014年全国职业院校技能大赛"(高职组)广东省选拔赛"工程造价基本技能"赛项竞赛规程》是内部文件和通知,不在行政诉讼案件范围内。根据相关法律的规定,应驳回原告的起诉。

最后,关于被告主体资格的问题。《关于举办2014年全国职业院校技能大赛(高职组)广东省选拔赛工程造价基本技能赛项的通知》《"2014年全国职业院校技能大赛"(高职组)广东省选拔赛"工程造价基本技能"赛项技术规范》和《"2014年全国职业院校技能大赛"(高职组)广东省选拔赛"工程造价基本技能"赛项竞赛规程》的落款,全部是"2014年全国职业院校技能大赛"(高职组)广东省选拔赛"工程造价基本技能"赛项组委会,原告以广东省教育厅为起诉对象,属告错对象。故被告请求法院驳回原告的起诉或全部诉讼请求。

第三人广联达公司答辩称:

首先,无论国赛还是省赛,均由相应的大赛组委会编制赛项技术规范和竞赛规程,广东省教育厅并非本案适格被告。全国职业院校技能大赛,是由教育部联合天津市人民政府、多个国务院部委及相关协会共同举办的全国性比赛。

无论国赛还是省赛,赛事的最高决策领导机构均为赛事组委会,确定广联达公司土建算量软件为比赛用软件的赛项通知也是由省赛组委会颁布的,与被告无关。《最高人民法院关于执行〈中华人民共和国行政诉讼法〉若干问题的解释》第19条规定,"向人民法院提起诉讼的,应当以在对外发生法律效力的文书上署名的机关为被告"。因此,本案适格被告应为赛事组委会。

其次,赛事组委会选定赛事操作平台软件的行为属于赛事组织行为,对相对人权利义务不产生实际影响,不属于法院行政诉讼受案范围。赛事组委颁布赛事规程并非公共管理行为,也不具有强制性,本案显然不属于行政诉讼受案范围。其一,赛事组委会选定赛事操作平台软件的行为,属于赛事组织的内部行为,不属于公共管理行为。本案中,赛事组委会告知参赛者组织方将采用某一公司软件,其实是公布内部赛事组织事项,未设定参赛者为或者不为某一行为的义务,不是外部管理行为。其二,赛事组委会确定使用广联达公司软件,并未限定参赛者必须购买或者使用广联达公司软件,不具有强制性。具体而言,广联达公司为本次比赛免费提供广联达土建算量软件,赛事协办方提供比赛场地和硬件,参赛者无须自行再购买任何软件参赛。可见,赛事组委会公布赛事适用软件的行为,既不是强制参赛者购买指定品牌软件的行为,也未给参赛者施加其他场合也必须使用广联达软件的不利影响。因此,案涉赛事中的相关活动不是具体行政行为,不属于法院行政诉讼受案范围。

再次,赛事组委会确定使用何种软件与原告没有法律上的利害关系,斯维尔公司无权以原告身份提起本案诉讼。其一,比赛使用软件实际上是比赛协办方广州城建职业学院早已在教学中安装的广联达软件,本次比赛不会影响本案原告与广联达公司任何一方的市场份额或者销售业绩;其二,赛事组委会仅仅是确定赛事平台使用的软件,未限制参赛者日常工作、学习使用软件,不涉及本案原告与广联达公司的市场竞争问题;其三,即便参赛者或者潜在消费者日后选择购买广联达公司软件,也是市场主体自主选择的行为,与本次比赛无关。本案原告对未来市场份额将受到影响的判断并没有任何证据佐证。本案原告未因此次比赛受到任何"实际已产生"的不利影响。可见,本案原告既非被强制要求免费提供软件的经营者,也非被强制出局的竞争者,更不是被勒令使用指定产品的消费者,与赛事组委会确定使用广联达软件一事不存在任何法律上的利害关系,亦未受到现实的不利影响。斯维尔公司无权以原告身份提起诉讼,应驳回其起诉。

最后，省赛组委会选用第三方赞助的软件作为竞赛平台和竞赛软件，不构成《反垄断法》第32、36、37条禁止的行政垄断行为。原告诉称被告违反前述法律规定，是不成立的。本案中，一方面，赛事规程等文件均由省赛组委会发布，被告没有制定任何含有排除、限制竞争内容的规定；省赛组委会所发布的赛事通知和赛事规程，也仅适用于本次比赛，并不具备普遍效力，不构成制定规定的行为。另一方面，省赛组委会也仅在赛事通知和赛事规程中告知参赛选手竞赛软件品牌和版本，并没有指定或限制参赛院校或选手在日常学习、工作、赛事准备中自主选择软件品牌或版本，没有排除或限制任何品牌软件的市场竞争。因此，广联达公司请求法院驳回原告的起诉。

法院经审理查明，2013年1月17日，教育部下发教职成函〔2013〕2号《教育部关于成立2013—2015年全国职业院校技能大赛组织委员会和执行委员会的通知》，决定成立2013—2015年全国职业院校技能大赛组织委员会（以下简称"组委会"）和执行委员会（以下简称"执委会"）。组委会是2013—2015年全国职业院校技能大赛的领导机构，大赛执委会办公室（以下简称"大赛办"）设在教育部职业教育与成人教育司之下。

2014年2月15日，大赛办公布《2014年全国职业院校技能大赛赛项规程编制要求》，涉及"2014年全国职业院校技能大赛"赛项实施的具体方案和政策规定，并要求在本次大赛中拟设赛项的申办单位组织专门团队，按照要求精心编制赛项规程，于2014年3月15日前报执委会。大赛办随后公布了《2014年全国职业院校技能大赛"工程造价基本技能"赛项规程》，该规程第6条第8项规定，"竞赛所需的硬件、软件和辅助工具统一由提供赞助的软件公司提供"。

2014年3月11日，被告广东省教育厅下发粤教高函〔2014〕22号《广东省教育厅关于开展2014年全国职业院校技能大赛（高职组）广东省选拔赛的通知》，成立由被告、行业企业、高职院校组成的"2014年全国职业院校技能大赛"（高职组）广东省选拔赛组织委员会（以下简称"广东省选拔赛组委会"），统筹负责本次比赛，组委会下设秘书处负责具体相关事宜。该通知还明确工程造价基本技能为其中的比赛项目之一。

2014年4月2日，被告发布《2014年全国职业院校技能大赛高职组广东省选拔赛实施细则》。该细则明确规定"2014年全国职业院校技能大赛"高职组广东省选拔赛各赛项要组织成立赛项专家组，赛项专家组的主要工作任务是在承办院校的配合支持下，制定赛项规程和赛项技术规范。该细则还明确各赛项实施方案及举办各赛项的通知等文件电子版由各承办院校统一上传竞赛平台，经被告在竞赛平台审核通过后在竞赛平台发布。举办各赛项的通知经被告同意后，由各承办院校发布，通知落款为 2014 年全国职业院校技能大赛（高职组）广东省选拔赛×××赛组委会。

"2014 年全国职业院校技能大赛"（高职组）广东省选拔赛"工程造价基本技能"赛项组委会（以下简称"广东省选拔赛工程造价基本技能赛项组委会"）经报送被告审核通过后发出《关于举办 2014 年全国职业院校技能大赛（高职组）广东省选拔赛工程造价基本技能赛项的通知》。该通知明确规定，将于 2014 年 4 月 26 日举办"2014 年全国职业院校技能大赛"（高职组）广东省选拔赛"工程造价基本技能"项目竞赛，该项目竞赛由被告主办，广州城建职业学院承办，邀请广联达公司协办。该通知第 1 条规定："一、参赛对象与竞赛内容……（3）软件算量：应用广联达土建算量软件、钢筋抽样软件计算指定图纸、指定范围的清单工程量……"2014 年 4 月 8 日，广东省选拔赛工程造价基本技能赛项组委会经被告审核通过后发布《"2014 年全国职业院校技能大赛"（高职组）广东省选拔赛"工程造价基本技能"赛项技术规范》和《"2014 年全国职业院校技能大赛"（高职组）广东省选拔赛"工程造价基本技能"赛项竞赛规程》。上述赛项技术规范第 3 条规定："技术平台……（二）软件要求：1. 广联达土建算量软件 GCL2013；2. 广联达钢筋算量软件 GGJ2013……"上述赛项竞赛规程亦要求在工程造价基本技能赛项中使用广联达认证系统、广联达土建算量软件 GCL2013 和广联达钢筋算量软件 GGJ2013。

原告斯维尔公司认为被告在"2014 年全国职业院校技能大赛"（高职组）广东省选拔赛"工程造价基本技能"赛项中指定使用第三人广联达公司软件的行为违法，在多次向被告提出异议无果的情况下，遂提起本案诉讼。

法院另查明，原告在庭审时表示因涉案的赛项已经结束，故将其第二项诉讼请求予以撤回；将第一项诉讼请求变更为：确认在省级赛区"工程造价基本技能"赛项中，被告滥用行政权力指定或变相指定使用广联达公司独家软件的具体行政行为违法；将第三项诉讼请求变更为：由被告和广联达公司承担原告因调查、制止被告及广联达公司违法行为的合理开支 10800 元。

法院还查明，据原告提供的四川省 2014 年高等职业院校技能大赛工程造价技能赛竞赛规程显示，该省规定在工程造价技能赛竞赛中可选用原告和第三人的软件。据第三人提供的江苏省及福建省组织 2014 年高等职业院校技能大赛工程造价技能赛竞赛规程显示，上述两省规定在该赛项中使用原告的软件。

2015年2月，广州市中级人民法院一审判决确认广东省教育厅独家使用广联达公司相关软件的行为违法。广东省教育厅不服一审判决，上诉至广东省高级人民法院。2017年8月，广东省高级人民法院二审终审判决，维持一审判决。

二、法院的观点

（一）一审法院的观点

1. 关于被告行为是否属于行政诉讼受案范围

本案中，广东省选拔赛工程造价基本技能赛项组委会制定了赛项技术规范和竞赛规程，要求在涉案的工程造价基本技能赛项中独家使用第三人广联达公司的相关软件。涉案的工程造价基本技能赛项系由被告广东省教育厅主办，且上述赛项技术规范和竞赛规程在经被告审核通过后才予以公布。因此，在涉案的工程造价基本技能赛项中指定独家使用第三人相关软件的行为系被告行使行政职权的行政行为。原告斯维尔公司认为被告上述行政行为侵犯其公平竞争权提起的本案诉讼，属于行政诉讼受案范围。

2. 关于原告是否有提起诉讼的资格

本案中，根据相关的证据显示，原告亦具有为涉案的工程造价基本技能赛项提供相应软件支持的能力。被告指定在涉案的赛项中独家使用第三人相关软件，可能侵害到原告的公平竞争权，因此原告与被告指定在涉案的赛项中独家使用第三人相关软件的行为之间存在法律上的利害关系。根据相关司法解释的规定，原告具有提起本案诉讼的主体资格。

3. 关于被告行为是否违法

本案中，被告应对上述行政行为的合法性负举证责任。但是，被告提供的证据不能证明其在涉案的赛项中指定独家使用第三人的相关软件经正当程序，系合理使用行政权力，应承担举证不能的责任。所以，被诉的行政行为符合相关法律关于行政机关滥用行政权力排除、限制竞争行为的规定。鉴于涉案的赛项已经结束，被告指定在涉案的赛项中独家使用第三人相关软件的行为已不具有可撤销的内容，故法院确认该行为违法。

4. 关于被告认为其依据教育部下发的通知要求在涉案的赛项中独家使用第三人相关软件合法有据之主张能否成立

本案中，教育部下发的相关国赛通知中虽然明确要求在国赛中使用第三人相关软件，但是上述通知并未强制要求各省选拔赛应独家使用第三人相关软件，其他省组织的选拔赛亦存在不要求独家使用第三人相关软件的情形。故被告上述主张理据不足，一审法院不予支持。

（二）二审法院的观点

1. 关于广东省教育厅指定独家使用由广联达公司免费提供的相关软件行为是否属于行政诉讼受案范围

本案中，"2014年全国职业院校技能大赛"（高职组）广东省选拔赛"工程造价基本技能"赛项组委会制定了赛项技术规范和竞赛规程，要求在涉案的工程造价基本技能赛项中独家使用广联达公司的相关软件。涉案的工程造价基本技能赛项系由广东省教育厅主办，且上述赛项技术规范和竞赛规程经广东省教育厅审核通过后才予以公布。广东省教育厅具有对职业技术院校举办赛事活动进行管理的职责。因此，在涉案的工程造价基本技能赛项中指定独家使用由广联达公司免费提供相关软件的行为，系广东省教育厅行使行政职权的行政行为。斯维尔公司以广东省教育厅上述指定使用行为侵犯其公平竞争权提起的诉讼，属于相关司法解释规定的行政诉讼受案范围。广东省教育厅上诉主张，举办涉案赛项不是广东省教育厅的法定职责，不属于行政行为，据此认为不属于行政诉讼受案范围，因缺乏事实根据和法律依据，二审法院不予采纳。

2. 关于广东省教育厅在涉案赛项中指定独家使用由广联达公司免费提供的相关软件是否合法

本案中，经广东省教育厅审核通过后才予以公布的涉案赛项技术规范、竞赛规程均明确在涉案赛项中指定独家使用广联达公司的相关软件，该行政行为已经符合相关法律规定的行政主体有限定或者变相限定单位或者个人经营、购买、使用其指定的经营者提供商品的行为之要件。至于该指定使用行为是否构成滥用行政权力，产生排除、限制竞争的效果，损害市场公平竞争秩序问题，广东省教育厅在指定独家使用广联达公司软件的文件中，虽有专家组会议评议决定与国赛保持一致，但没有进行合法性以及合理性论证，亦未能提供其他证据证明其经过公开、公平的竞争性选择程序指定使用广联达公司软件，且其指定使用该软件的目的是用于学生竞赛，并非从国家安全需要、保守国家秘密、突发事件等正当理由考虑。另外,广东省教育厅指定独家使用广联达公司软件的后果是排除了其他软件供应商(包括斯维尔公司)作为合作方参与竞争提供赛项软件的权利,影响了其他软件供应商(包括斯维尔公司)的公平竞争权;同时,可导致形成参赛学校师生使用习惯,并且对于提高广联达公司的市场声誉有极佳效果,从而提高了广联达公司软件的市场占有份额。因此,广东省教育厅指定使用广联达公司相关软件行为会导致参赛院校师生在使用习惯方面产生依赖,并且提升广联达公司产品的知名度,从而导致广联达公司软件市场占有份额的上升,同时导致了斯维尔公司等同类竞争者的产品在市场占有份额方面的下降,进而损害了市场公平竞争秩序,产生了排除、限制竞争的效果。因此,广东省教育厅指定使用广联达公司相关软件属于滥用行政权力,排除、限制竞争的行为。上诉人广东省教育厅和广联达公司请求撤销原审判决,改判驳回上诉人全部诉讼请求等,因缺乏事实根据和法律依据,上诉理由不成立,二审法院不予采纳。

三、教学内容(法律评析)

(一)争议焦点分析

1. 行政诉讼受案范围

(1)广东省教育厅指定比赛独家使用由广联达公司免费提供的相关软件行为系广东省教育厅行使行政职权的行政行为

《最高人民法院关于执行〈中华人民共和国行政诉讼法〉若干问题的解释》第1条规定:"公民、法人或者其他组织对具有国家行政职权的机关和组织及其工作人员的行政行为不服,依法提起诉讼的,属于人民法院行政诉讼的受案范围。……"本案中,2014年"全国职业院校技能大赛"(高职组)广东省选拔赛"工程造价基本技能"赛项中涉案的工程造价基本技能赛项由广东省教育厅主办,且前文所述的组委会编制的技术规范和竞赛规程必须由广东省教育厅审核通过后才可公布。

此外,根据粤发〔2009〕8号《中共广东省委、广东省人民政府关于印发〈广东省人民政府机构改革方案〉的通知》的规定,广东省教育厅的主要职责之一是:负责职业技术教育工作的统筹规划、综合协调和宏观管理,承担职业技术教育和成人教育相关管理工作,指导全省成人文化教育、社区教育、职工教育和农民文化技术教育工作。由上可知,广东省教育厅对大赛规则有管理权限及职责。因此，在涉案的工程造价基本技能赛项中指定独家使用由广联达公司免费提供的相关软件行为系行政行为。不论省赛组委会是否属于本案诉讼范围，广东省教育厅的此项行政行为都属于行政诉讼受案范围。

（2）赛事组委会选定赛事操作平台软件的行为属于赛事组织行为，对相对人权利义务产生实际影响

广东省教育厅指定独家软件作为参赛软件的行为会侵害斯维尔公司的公平竞争权。根据《最高人民法院关于执行〈中华人民共和国行政诉讼法〉若干问题的解释》第13条的规定，被诉的具体行政行为涉及其相邻权或者公平竞争权的，公民、法人或者其他组织可以依法提起行政诉讼。

本案中，斯维尔公司亦具有为涉案的工程造价基本技能赛项提供相应软件支持的能力。广东省教育厅指定在涉案的赛项中独家使用第三人相关软件，可能侵害到斯维尔公司的公平竞争权。因此，斯维尔公司与广东省教育厅指定在涉案的赛项中独家使用第三人相关软件的行为之间存在法律上的利害关系，根据上述司法解释的规定，斯维尔公司具有提起本案诉讼的主体资格。

2. 广东省教育厅指定比赛独家使用广联达公司软件是否违法

广东省教育厅主张，因教育部在国赛中先行指定使用广联达公司相关软件，它以教育部的指定使用文件为依据，是为了更好地与国赛相对接，使参赛选手尽快适应竞赛规则，有利于选手的发挥，因此行为合法。

广东省教育厅指定比赛独家使用广联达公司软件属于滥用行政权力，排除、限制竞争的违法行为。《反垄断法》第8条规定："行政机关和法律、法规授权的具有管理公共事务职能的组织不得滥用行政权力，排除、限制竞争。"第32条规定："行政机关和法律、法规授权的具有管理公共事务职能的组织不得滥用行政权力，限定或者变相限定单位或者个人经营、购买、使用其指定的经营者提供的商品。"上述法律规定的行政机关滥用行政权力，排除、限制竞争行为应具备三个要件：一是主体为行政机关和法律、法规授权的具有管理公共事务职能的组织；二是行政机关及相关组织有限定或者变相限定单位或者个人经营、购买、使用其指定的经营者提供的商品的行为；三是行政机关及相关组织在实施上述行为过程中滥用行政权力。作为行政机关的广东省教育厅在涉案的赛项技术规范和竞赛规程中明确指定涉案的赛项独家使用第三人的相关软件，该行政行为已符合上述法律规定的行政机关排除、限制竞争行为的前两个要件。对于第三个要件，根据1989年《行政诉讼法》第32条"被告对作出的

具体行政行为负有举证责任,应当提供作出该具体行政行为的证据和所依据的规范性文件"的规定,广东省教育厅应对其在涉案赛项中指定独家使用广联达公司相关软件的合法性负举证责任,包括对其行为不仅合法,而且遵循正当程序,正当合理地行使行政权力负举证责任;如举证不能,理应承担败诉的结果。

因此,广东省教育厅在法律未明确规定其指定使用行为应遵循何种法定程序的情况下,应当经过公开、公平的竞争性选择程序,决定使用相关商家免费提供的软件,除非有正当理由,否则属于滥用行政权力。

本案中,广东省教育厅仅仅通过专家评议与国赛决定保持一致,并没有进行合法性以及合理性论证,亦未能提供其他证据证明其经过公开、公平的竞争性选择程序指定使用广联达公司软件,且其指定使用该软件的目的是用于学生竞赛,并非从国家安全需要、保守国家秘密、突发事件等正当理由考虑,因此不能充分证明其指定行为的合法性。另外,广东省教育厅指定比赛独家使用广联达公司软件的后果是排除了其他软件供应商(包括斯维尔公司)作为合作方参与竞争提供赛项软件的权利,影响了其他软件供应商(包括斯维尔公司)的公平竞争权;同时,通过比赛时的要求,可以逆向影响参赛学校师生平时的软件使用习惯,在平时的教学和练习中更多地使用广联达公司软件,从而扩大广联达公司软件的市场占有份额。广东省教育厅指定比赛独家使用广联达公司软件的合法性不足,且侵害了其他同行的权利,产生了限制、排除竞争的效果,构成滥用行政权力。因此,广东省教育厅指定比赛独家使用广联达公司软件的行政行为是违法的。

(二)法律评析与拓展

对限定行为进行违法性分析,首先需要明确的是该行为危害市场竞争的原因。从经济学角度而言,垄断是特定经济主体为了特定目的,通过构筑市场壁垒,对目标市场所作的一种排他性控制状态。违法垄断行为可能导致减少产量,抬高价格,并且把消费者的收入转移到生产者手中,使生产者获得垄断利润,造成消费者的损失和社会净福利的损失。由于没有竞争压力,垄断可能导致垄断者内部管理效率低下等结果而为法律所禁止。对于上述结果,通常要从该行为是否造成市场结构高度集中和是否限制市场进入两方面着手分析。也就是说,要看该行为是否造成相关市场内仅有几家供应商,其他供应商无法进入该市场。

《反垄断法》第 32 条规定的行政限定行为中包含行政主体、被指定经营者、未被指定经营者和经营者下游客户四方面关系。行政机关向相关市场的下游客户指定其中一家或几家经营者，在行政机关指定的特定市场内形成只有一家或几家经营者的垄断状态，未被指定经营者无法进入该相关市场。下游客户无法使用相关市场内其他未被指定经营者提供的商品或者服务，这属于限制市场进入的一种行为，因此对其排除、限制竞争效果的分析也需从是否限制市场进入方面入手。

四、案例研习安排

（一）教学对象及目标

本案例供法学专业本科生、硕士研究生及法律硕士研究生教学使用，其他专业本科生、硕士研究生也可参酌使用。

本案例需要解决的问题主要有：

(1) 涉案行为是否属于行政诉讼受案范围？

(2) 广东省教育厅指定比赛独家使用广联达公司软件是否违法？

（二）建议课堂计划

本案例可以作为专门的教学案例进行讲授，建议安排 1 课时（40—45 分钟）。

如下课堂设计，仅供参考：

1. 课前计划

安排学生阅读案例及相关参考资料，熟悉整个案例流程，对案例中提出的问题进行思考。

2. 课中计划

介绍教学目的，明确讨论主题。

分组讨论问题及解决对策，告知发言要求。

小组代表发言，提出争议焦点，并对争议焦点涉及的相关法律法规进行评述。

教师进行引导性分析，并作归纳总结。

3. 课后计划

请学生课后进一步思考行政垄断的认定问题。

五、思考题

1. 行政垄断的主体有哪些？

2. 行政垄断的核心特征是什么？

第三章 反不正当竞争法

第一节 不正当竞争行为之混淆行为

案例 九 查良镛诉杨治、北京联合出版有限责任公司等著作权权属、侵权纠纷、不正当竞争纠纷案

【摘 要】 本案是一起涉及同人作品著作权权属、侵权纠纷、不正当竞争纠纷的案件,主要涉及的知识点包括同人作品是否侵害原告的著作权、不正当竞争行为的界定、多个被告应如何承担侵权责任、经济损失及合理开支数额应如何确定,主要涉及的技能包括依据案件事实及相关法律法规的规定进行法律评析。本案对其他同人作品纠纷案件的审理具有参考意义。

【关键词】 不正当竞争 著作权 人物角色 同人作品

一、基本案情

本案原告是著名小说家查良镛,"金庸"是其笔名。原告以其武侠小说闻名于华语文化圈。本案涉及的四部金庸作品为《射雕英雄传》《天龙八部》《笑傲江湖》《神雕侠侣》(以下统称"原告作品")。四部作品均有极高的知名度,多次被改编为电影和电视剧。2015年,原告发现在内地出版发行的小说《此间的少年》所描写人物的名称均来源于原告作品《射雕英雄传》《天龙八部》《笑傲江湖》《神雕侠侣》等,且人物间的关系、人物的性格特征及故事情节与原告上述作品实质性相似。该小说由被告杨治署名"江南"发表,由被告北京联合出版有限责任公司(以下简称"联合出版公司")出版统筹,由被告北京精典博维文化传播有限公司(以下简称"精典博维公司")出版发行,在内地大量销售。

原告认为，原告作品中的人物名称、人物关系、人物形象、故事情节等元素，均系原告所独创，受著作权法的保护。被告杨治未经原告许可，照搬原告作品中的经典人物，包括人物名称、人物关系、性格特征等，在不同环境下量身定做与原告作品相似的情节，对原告作品进行改编后不标明改编来源，擅自篡改原告作品人物形象，严重侵害了原告的改编权、署名权、保护作品完整权以及应当由著作权人享有的其他权利（角色商业化使用权等）。同时，原告作品拥有很高的知名度，作品中人物名称、人物关系等独创性元素为广大读者耳熟能详。被告杨治通过盗用上述独创性元素吸引读者、谋取竞争优势，获利巨大，违背了诚实信用原则，严重妨害了原告对原创作品的利用，构成不正当竞争。

被告联合出版公司、精典博维公司对小说《此间的少年》存在的侵权情形未尽审查职责，应就其策划出版《此间的少年》十周年纪念版所造成的经济损失与被告杨治承担连带责任。被告广州购书中心有限公司（以下简称"广州购书中心"）销售侵权图书，也应承担停止侵权的法律责任。

原告查良镛向法院提出诉讼请求：（1）被告杨治、联合出版公司、精典博维公司、广州购书中心立即停止侵犯原告著作权及不正当竞争的行为，停止复制、发行小说《此间的少年》，封存并销毁库存图书；（2）被告杨治、联合出版公司、精典博维公司在《中国新闻出版广电报》、新浪网刊登经法院审核的致歉声明，向原告公开赔礼道歉，消除影响；（3）被告杨治赔偿原告经济损失人民币500万元，被告联合出版公司、精典博维公司就策划出版《此间的少年》十周年纪念版所造成的经济损失人民币1003420元承担连带责任；（4）被告杨治、联合出版公司、精典博维公司、广州购书中心共同赔偿原告为维权所支出的合理费用人民币20万元。

被告杨治辩称：（1）对《此间的少年》小说类型、主题、主要人物、主要情节、创作灵感和大众评价的说明；（2）《此间的少年》没有侵犯原告的改编权；（3）《此间的少年》并未侵犯原告的署名权、保护作品完整权；（4）被告在《此间的少年》中对原告作品要素的使用应属合理使用；（5）原告另主张角色商业化使用权，这一主张在《中华人民共和国著作权法》（以下简称《著作权法》）的条文、立法资料、司法实践中均没有任何依据；（6）被告创作和发表《此间的少年》，并未违背诚实信用原则和公认的商业道德，亦未对原告的合法权益造成实际损害,不构成不正当竞争行为;(7)原告所主张的责任承担方式没有合理依据;(8)本案中原告侵权损害赔偿请求的大部分已经超过诉讼时效。

被告联合出版公司、精典博维公司共同辩称:(1)两被告未侵犯原告的著作权,也不构成不正当竞争,理由与杨治的答辩意见相同;(2)两被告对《此间的少年》作品的来源、署名已尽到合理的审查义务,作品的出版获得了作者合法授权,两被告不应承担赔偿责任。

被告广州购书中心辩称:(1)对于《此间的少年》是否构成著作权侵权及不正当竞争的答辩意见与杨治的答辩意见一致;(2)被告在采购和销售环节不违法,且已尽注意义务,无任何过错,不符合法律规定的侵权要件,不存在任何侵权行为;(3)被告不构成不正当竞争;(4)原告向被告主张与其他被告共同承担20万元的赔偿责任没有事实和法律依据。

二、法院的观点

(一)《此间的少年》没有侵害原告的著作权

杨治作为原告作品的读者,在创作之前即已接触原告作品,故判断《此间的少年》是否侵害原告的著作权,需要认定《此间的少年》与原告作品是否构成实质性相似。在最高人民法院发布的指导案例81号"张晓燕诉雷献和、赵琪、山东爱书人音像图书有限公司著作权侵权纠纷案"中,最高人民法院在裁定书中指出:"在判断是否构成实质相似时,应比较作者在作品表达中的取舍、选择、安排、设计等是否相同或相似,不应从思想、情感、创意、对象等方面进行比较。"

经比对,《此间的少年》使用了数十个与原告作品中相同的人物名称,但同名人物的性格特征、人物关系及故事情节在具体表达的取舍、选择、安排、设计上并不一致。其中,部分人物与原告作品的同名人物简单性格特征相似;部分人物与原告作品同名人物的性格不同,二者存在不同的安排与设计;部分人物仅简略提及,并无原告作品同名人物的典型性格;部分人物与原告作品同名人物之间的简单人物关系相似;部分人物与原告作品同名人物的关系看似结果相同,但实质关系不同;部分情节与原告作品中特定人物之间的故事情节具有抽象的相似性,但故事的主要情节、一般情节在故事发展的起承转合、背景、具体描写方面都有很大不同;原告作品中反映人物关系与性格特征的部分典型故事情节在《此间的少年》中没有提及，二者对情节的取舍亦有不同。

从整体上看，虽然《此间的少年》使用了原告四部作品中的大部分人物名称、部分人物的简单性格特征、简单人物关系以及部分抽象的故事情节，但是上述人物的简单性格特征、简单人物关系以及部分抽象的故事情节属于小说类文字作品中的惯常表达。《此间的少年》并没有将情节建立在原告作品的基础上，基本没有提及、重述或以其他方式利用原告作品的具体情节，而是在不同的时代与空间背景下，围绕人物角色展开撰写故事的开端、发展、高潮、结局等全新的故事情节，创作出不同于原告作品的校园青春文学小说，且存在部分人物的性格特征缺失，部分人物的性格特征、人物关系及相应故事情节与原告作品截然不同，情节所展开的具体内容和表达的意义并不相同。在此情况下，《此间的少年》与原告作品的人物名称、人物关系、性格特征和故事情节在整体上仅存在抽象的形式相似性，不会导致读者产生相同或相似的欣赏体验，二者并不构成实质性相似。因此，《此间的少年》是杨治重新创作的文字作品，并非根据原告作品改编的作品，无须署上原告的名字。相关读者因故事情节、时空背景的设定不同，不会对原告作品中人物形象产生意识上的混乱。《此间的少年》并未侵害原告所享有的改编权、署名权、保护作品完整权。

原告另依据《著作权法》第10条第1款第17项规定的应当由著作权人享有的其他权利，主张《此间的少年》侵害其角色商业化使用权。对此，法院认为，角色商业化使用权并非法定的权利，通过文字作品塑造而成的角色形象与通过美术作品、商标标识或其他形式表现出来的角色形象相比，缺乏形象性与具体性。原告主张以角色商业化使用权获得著作权法的保护并无法律依据，法院对此不予支持。

（二）被告杨治、联合出版公司、精典博维公司、广州购书中心的行为是否构成不正当竞争

原告作品中的人物名称、人物关系等元素虽然不构成具有独创性的表达，不能作为著作权的客体进行保护，但是并不意味着他人对上述元素可以自由、无偿、无限度地使用。本案中，原告作品及作品元素凝结了原告高度的智力劳动，具有极高的知名度和影响力。在读者群体中，这些元素与作品之间已经建立了稳定的联系，具备特定的指代和识别功能，具有较高的商业市场价值。原告作品元素在不受著作权法保护的情况下，在整体上仍可能受反不正当竞争法保护。

法院评析如下：

其一，杨治使用原告作品元素创作《此间的少年》并出版发行的行为不属于《中华人民共和国反不正当竞争法》（以下简称《反不正当竞争法》）[①] 第二章列举的不正当竞争行为，原告也并未依据该列举式规定主张权利，而是直接主张杨治的行为违反了《反不正当竞争法》第 2 条的规定。

其二，原告对作品中的人物名称、人物关系等元素创作付出了较多心血，这些元素贯穿于原告作品中，从人物名称的搜索结果数量可见其具有极高的知名度和影响力。在读者群体中，这些元素与作品之间已经建立了稳定的联系，具备特定的指代与识别功能。杨治利用这些元素创作新的作品《此间的少年》，借助原告作品整体已经形成的市场号召力与吸引力提高新作的声誉，可以轻而易举地吸引到大量熟知原告作品的读者，并通过联合出版公司、精典博维公司的出版发行行为获得经济利益，客观上增强了自己的竞争优势，同时挤占了原告使用其作品元素发展新作品的市场空间，夺取了本该由原告所享有的商业利益。

其三，诚实信用原则是民法的基本原则，是民事活动最为基本的行为准则，要求市场主体讲究信用、恪守诺言、诚实不欺，用善意的方式取得权利和履行义务，在不损害他人利益和社会公共利益的前提下追求自身的利益。在规范市场竞争秩序的反不正当竞争法意义上，诚实信用原则更多是以公认的商业道德的形式体现出来，即特定商业领域普遍认知和接受的行为标准，具有公认性和一般性。在文化产业领域，文学创作提倡题材、体裁、形式的多样化，鼓励不同学术观点和学派的自由讨论，使用他人作品的人物名称、人物关系等元素进行创作并出版发行时应当遵循行业规范。认定是否符合文化产业领域公认的商业道德，应考虑使用人的身份、使用的目的、原作的性质、出版发行对原作市场或价值的潜在影响等因素。一方面，应保障创作和评论的自由，促进文化传播；另一方面，也应充分尊重原作者的正当权益。"同人作品"一般是指使用既有作品中相同或近似的角色创作新的作品。若"同人作品"创作仅为满足个人创作愿望或原作读者的需求，不以营利为目的，新作具备新的信息、新的审美和新的洞见，能与原作形成良性互动，亦可作为思想的传播而丰富文化市场。但是，本案中，杨治作为读者"出于好玩的心理"，使用原告大量作品元素，创作《此间的少年》供网友免费阅读，在利用读者对原告作品中武侠人

---

① 本案所涉为 2017 年修订的《反不正当竞争法》。

物的喜爱提升自身作品的关注度后，以营利为目的多次出版且发行量巨大，其行为已超出了必要的限度，属于以不正当的手段攫取原告可以合理预期获得的商业利益，在损害原告利益的前提下追求自身利益的最大化。对此，杨治用意并非善意。特别需要指出的是，杨治于 2002 年首次出版时将书名副标题定为"射雕英雄的大学生涯"，将自己的作品直接指向原告作品，其借助原告作品的影响力吸引读者以获取利益的意图尤为明显。因此，杨治的行为具有不正当性，与文化产业公认的商业道德相背离，应为反不正当竞争法所禁止。

综上，杨治未经原告许可在其作品《此间的少年》中使用原告作品人物名称、人物关系等作品元素并予以出版发行，其行为构成不正当竞争，依法应承担相应的侵权责任。杨治所称该行为仅由著作权法调整并无依据，法院对此不予采纳。

原告作品及作品元素有着极高的知名度，**精典博维公司经北京九州天辰信息咨询有限公司转授权取得《此间的少年》出版、发行、销售的专有权利，与联合出版公司一同作为《此间的少年》纪念版的策划出版方，对该作品出版发行是否侵权负有较高的注意义务。联合出版公司、精典博维公司理应知晓杨治出版发行《此间的少年》并未经原告许可，若再次出版发行，将进一步损害原告的合法权益，且在收到明河社出版有限公司发送《律师函》要求停止出版、发行后仍未予以停止，其对于策划出版《此间的少年》纪念版这一行为主观上存在过错，其行为已构成帮助侵权，亦应承担相应的民事责任。

广州购书中心作为《此间的少年》纪念版的销售者，该销售行为具有合法来源，且广州购书中心在应诉后停止销售，其主观上并无任何过错，原告诉请其停止侵权、赔偿合理支出缺乏依据，法院对此不予支持。

（三）四被告应如何承担侵权责任

杨治、联合出版公司、精典博维公司的行为已构成不正当竞争，理应承担停止侵害、赔偿损失的民事责任。杨治、联合出版公司、精典博维公司须立即停止涉案不正当竞争行为，停止出版发行小说《此间的少年》，库存书籍亦应销毁。

综合考虑原告作品元素具有极高的知名度和影响力，《此间的少年》一书亦具有一定的知名度，杨治实施侵权行为主观恶意明显，联合出版公司、精典博维公司主观过错较大，涉案侵权行为已造成较大的社会影响，亦对原告产生一定的负面影响。故法院对原告诉请赔礼道歉、消除影响予以支持，综合考虑杨治等侵权行为性质、情节及其主观过错等因素，酌情确定杨治、联合出版公司、精典博维公司在《中国新闻出版广电报》中缝以外版面刊登声明，同时在新浪新闻 news.sina.com.cn 首页显著位置连续 72 小时刊登声明，向原告公开赔礼道歉，并消除不正当竞争行为所造成的不良影响。

法院另指出，《此间的少年》与原告作品人物名称、人物关系等作品元素虽然相同或类似，但是在文学作品小说中分属于武侠小说、校园青春小说，二者的读者群有所区分，尚有共存空间，若杨治在取得原告谅解并经许可后再版发行，更能满足读者的多元需求，有利于文化繁荣。

（四）本案中的经济损失及合理开支数额如何确定

2017 年《反不正当竞争法》第 17 条规定："经营者违反本法规定，给他人造成损害的，应当依法承担民事责任。经营者的合法权益受到不正当竞争行为损害的，可以向人民法院提起诉讼。因不正当竞争行为受到损害的经营者的赔偿数额，按照其因被侵权所受到的实际损失确定；实际损失难以计算的，按照侵权人因侵权所获得的利益确定。赔偿数额还应当包括经营者为制止侵权行为所支付的合理开支。……"

鉴于原告未能举证其实际损失，杨治、联合出版公司、精典博维公司因侵权所获得的利润也无足够证据予以证明，法院综合考虑以下因素：（1）原告作品及作品元素知名度极高，读者数量众多，未经许可使用作品元素致使《此间的少年》在经营出版发行中极易获得竞争优势；（2）《此间的少年》出版多个版本、发行上百万册，侵权行为从 2002 年持续至今，侵权时间长、发行数量大，杨治等获利较多；（3）杨治将《此间的少年》出版发行多次，主观恶意明显；（4）未经许可使用的作品元素涉及原告作品大部分人物名称、人物关系等。综合考虑原告作品元素在《此间的少年》中所占比例及重要性程度，法院酌情确定贡献率为 30%；酌定杨治赔偿经济损失数额为 168 万元，联合出版公司、精典博维公司作为《此间的少年》纪念版的策划出版方，对其中 30 万元承担连带责任。对于超出数额部分，法院不予支持。

原告就本案主张的律师费 20 万元已提供相应的发票，鉴于本案证据较多、作品比对相对复杂，原告律师就本案诉讼付出工作量较大，综合考虑本案标的金额及律师收费办法，该费用确系必要、数额尚属合理，法院对此予以全额支持，杨治应予赔偿，联合出版公司、精典博维公司对其中 3 万元承担连带责任。

三、教学内容（法律评析）

（一）争议焦点分析

表 3-1

序号	争议焦点	原告查良镛		被告杨治	
		主张	理由	主张	理由
1	被告是否侵害原告的著作权	同人小说创作侵犯了著作权	1. 原告作品中的人物名称、人物关系、人物形象、故事情节等元素，均系原告所独创，受著作权法的保护。 2. 被告杨治未经原告许可，照搬原告作品中的经典人物，包括人物名称、人物关系、性格特征等，在不同环境下量身定做与原告作品相似的情节，对原告作品进行改编后不标明改编来源，擅自篡改原告作品人物形象，严重侵害了原告的改编权、署名权、保护作品完整权以及应当由著作权人享有的其他权利（角色商业化使用权等）。	被告没有侵犯原告的改编权、署名权、保护作品完整权，对原告作品要素的使用应属合理使用	1. 《此间的少年》在作品类型、主题、时代背景、人物面貌、人物关系、故事结构、故事情节上，都与原告主张的武侠小说作品存在根本的、明显的、大量的区别，也未使用原告作品中具有独创性的表达部分，不构成实质性相似。 2. 《此间的少年》既不是原告自己的作品，亦不是基于原告作品的演绎作品，因此原告无权针对《此间的少年》主张署名权。 3. 《此间的少年》并不涉及针对原告作品本身的改动，而是重新独立创作的行为。 4. 被告对原告作品要素的使用并未与作品的正常利用相冲突，也没有不合理地损害著作权人的合法利益，应当属于合理使用的情形。
2	被告行为是否构成不正当竞争	违背诚实信用原则，构成不正当竞争	原告作品拥有很高的知名度，作品中人物名称、人物关系等独创性元素为广大读者耳熟能详。被告杨治通过盗用上述独创性元素吸引读者、谋取竞争优势，获利巨大，违背了诚实信用原则，严重妨害了原告对原创作品的利用，构成不正当竞争。	并未违背诚实信用原则和公认的商业道德，亦未对原告的合法权益造成实际损害，不构成不正当竞争行为	1. 《此间的少年》使用原告作品元素的行为应由著作权法调整，不应再适用《反不正当竞争法》。 2. 被告并未违反诚实信用原则和公认的商业道德，既没有假冒原告之名，也没有误导读者，不存在"搭便车"的恶意。 3. 《此间的少年》的创作和传播并未对原告的合法权益造成损害，没有对原告的作品和声誉带来任何不利影响，未妨碍原告对其作品的使用和商业开发。

(续表)

序号	争议焦点	原告查良镛		被告杨治	
		主张	理由	主张	理由
3	四被告应如何承担侵权责任	四被告应同时承担责任	1. 除去被告杨治应承担的责任,被告联合出版公司、精典博维公司对小说《此间的少年》存在的侵权情形未尽审查职责,应就其策划出版《此间的少年》十周年纪念版所造成的经济损失与被告杨治承担连带责任。 2. 被告广州购书中心销售侵权图书,也应承担停止侵权的法律责任。	原告所主张的责任承担方式没有合理依据	被告并未作出《著作权法》第48条规定的侵权行为,原告要求被告承担民事责任的前提不能成立;赔礼道歉、消除影响是基于人身权利的行为,被告并未作出侵犯原告署名权、保护作品完整权的行为,不存在应当赔礼道歉、消除影响的事实和法律依据。
4	本案中的经济损失及合理开支数额如何确定	被告赔偿经济损失和原告为维权所支出的合理费用	原告主张按照杨治、联合出版公司、精典博维公司的侵权获利确定赔偿数额,具体包括:(1)联合出版公司、精典博维公司就其策划出版《此间的少年》纪念版连带赔偿经济损失1003420元;(2)杨治赔偿经济损失500万元;(3)本案合理开支为律师费20万元,已提交金额10万元的律师费发票两张。	被告不存在侵权行为的情况下,不应赔偿,且超过了诉讼时效	1. 原告主张经济损失500万元并无合理依据,原告并未提交自己的损失的证据,也没有提交主张500万元赔偿的事实依据;原告主张的合理费用20万元,仅在原告主张的侵权行为成立的情况下,才应当予以考虑。 2. 本案中原告侵权损害赔偿请求的大部分已经超过诉讼时效。 3. 根据《最高人民法院关于审理著作权民事纠纷案件适用法律若干问题的解释》第28条的规定,自权利人知道或者应当知道侵权行为之日起超过两年起诉的,侵权损害赔偿数额应当自权利人向法院起诉之日起向前推算两年计算。《此间的少年》长期公开发行,又是最广为人知的使用金庸小说人物名称的网络文学作品之一,足以推定原告已经知晓。 4. 被告曾于2005年左右委托朋友向原告赠送过两本《此间的少年》,但因此引起原告的不愉快。经过公开新闻可知,原告在2005年1月份的视频采访中,已经明确提到青年作家使用其作品人物名称一事。

(二) 法律分析

1. 从著作权侵权角度分析①

原告查良镛控告被告杨治侵犯其复制权、汇编权、改编权、署名权和保护作品完整权。

(1) 复制权

复制权,即以印制、复印、拓印、录音、录像、翻录、翻拍等方式将作品制作一份或多份的权利。复制作品应当保留原作品的基本表达,并且没有通过发展原作品的表达而形成新的作品。本案中,《此间的少年》对于原告作品而言是不同风格的创作作品,背景、情节、人物性格都发生了改变,因此并没有侵犯原告的复制权。

(2) 汇编权

汇编权,即将作品或者作品的片段通过选择或者编排,汇集成新作品的权利。被告杨治在《此间的少年》中投入自己的感情和创作,不同人物之间的脉络发展与原告作品都不相同,因此不算对原告作品进行简单的编排后整合成了新作品。

(3) 改编权

改编权,即改编作品,创造出具有独创性的新作品的权利。改编权存在的核心目的是保持作品的独特性,是区分此作品与彼作品的标志。在为原作品添加新的创作表达形式的基础上保留原作品的基本表达是改编权的核心要素。《此间的少年》脱离了原作品的情节设定,将故事代入虚构的大学生活中,使故事本身得到了全新的发展。原告与被告杨治的作品分别拥有各自的创作元素和受众群体,不存在侵犯故事的独创性一说,因此被告杨治并没有侵犯原告的改编权。

(4) 署名权

署名权,即表明作者身份,在作品上署名的权利。著作权人可以主张署名权的对象是自己的作品。《此间的少年》并没有标明作者是原告或者是与其有关联的衍生作品,因此不存在侵犯署名权一说。

---

① 参见朱丽霞、刘渊园:《从著作权侵权与不正当竞争角度浅析金庸诉江南案》,载《劳动保障世界》2018 年第 15 期。

(5) 保护作品完整权

保护作品完整权,即保护作品不受歪曲、篡改的权利。仅修改他人作品不构成对他人保护作品完整权的侵害,只有歪曲、篡改、割裂他人作品达到有损作者声誉的程度,才构成对保护作品完整权的侵害。也就是说,对保护作品完整权有程度上的认定。《此间的少年》并没有对原告作品中的人物进行贬低,也没有胡乱篡改人物性格和故事情节而使受众群体误解原告作品,使得原告及其作品在业内的声誉受损,因此被告杨治未对原告的保护作品完整权造成损害。

2. 实质性相似分析

实质性相似是著作权法进行侵权认定的标准之一。对于文学作品而言,实质性相似是指两作品在人物、情节、环境背景描写上存在较明显的相像,达到抄袭、雷同的程度。判断是否构成实质性相似主要有以下几个步骤:其一,确定作品是否具有相似性;其二,明确相似点是否具有独创性;其三,判断相似点是否构成作品的基本表达;其四,分析相似点的功能;其五,利用欣赏体验原则进行分析。①

一审法院援引了华东政法大学王迁教授在《同人作品著作权侵权问题初探》一文中的观点:"判断同人作品是否为侵权作品的关键,在于正确地划分思想与表达的界限。独创且细致到一定程度的情节属于表达,未经许可使用实质相似的表达就可能侵权。在同人小说中直接借用经充分描述的角色和复杂的关系,可能将以角色为中心的情节带入新作品,从而形成与原作品在表达上的实质性相似。但仅使用从具体情节中抽离的角色名称、简单的性格特征及角色之间的简单关系,更多地是起到识别符号的作用,难以构成与原作品的实质性相似。"② 据此,一审法院指出,从整体上看,虽然《此间的少年》使用了原告四部作品中的大部分人物名称、部分人物的简单性格特征、简单人物关系以及部分抽象的故事情节,但是上述人物的简单性格特征、简单人物关系以及部分抽象的故事情节属于小说类文字作品中的惯常表达。《此间的少年》并没有将情节建立在原告作品的基础上,基本没有提及、重述或以其他方式利用原告作品的具体情节,而是在不同的时代与空间背景下,围绕人物角色展开撰写故

---

① 参见朱丽霞、刘渊园:《从著作权侵权与不正当竞争角度浅析金庸诉江南案》,载《劳动保障世界》2018 年第 15 期。

② 王迁:《同人作品著作权侵权问题初探》,载《中国版权》2017 年第 3 期。

事的开端、发展、高潮、结局等全新的故事情节，创作出不同于原告作品的校园青春文学小说，且存在部分人物的性格特征缺失。部分人物的性格特征、人物关系及相应故事情节与原告作品截然不同，情节所展开的具体内容和表达的意义并不相同。在此情况下，《此间的少年》与原告作品的人物名称、人物关系、性格特征和故事情节在整体上仅存在抽象的形式相似性，不会导致读者产生相同或相似的欣赏体验，二者并不构成实质性相似。

3. 从反不正当竞争角度分析

本案的一审判决将被告杨治的行为归纳为对原告小说作品中的"人物名称、人物关系等元素"的利用。我国《反不正当竞争法》并没有对这一行为是否构成不正当竞争作出明确规定，无法给这一行为是否构成侵权的判定提供法律依据。因此，我们只能依据制止不正当竞争的一般原则和构成要件进行分析。有学者指出，德国《反不正当竞争法》第 4 条第 3 项有关于"不正当模仿他人成果"构成不正当行为的明文规定。从德国《反不正当竞争法》有关禁止"不正当模仿他人成果"的规则和构成要件来看，虽然本案中基于原告作品以及原告作品中人物形象在我国读者中的知名度，被告杨治将原告作品中的人物名称、性格特征和人物关系等抽象元素用于其新创作的作品，确实存在利用原告作品的声誉问题，但是最多只是满足了模仿行为可以构成侵权的一个要件（造成了某种不利后果），而并非据此一定可以将其认定为侵权。被告杨治的这种利用只是涉及原告作品中人物的姓名等抽象元素，并不是对原告作品中的角色形象的直接照搬，并不符合"模仿他人成果"这一构成要件。即便这样的行为确实"利用"了原告作品的声誉，也难谓"不正当利用"。[①]

四、案例研习安排

（一）教学对象及目标

本案例供法学专业本科生、硕士研究生及法律硕士研究生教学使用，其他专业本科生、硕士研究生也可参酌使用。

本案例需要解决的问题主要有：

（1）《此间的少年》是否侵害原告的著作权？

---

① 参见张伟君：《从"金庸诉江南"案看反不正当竞争法与知识产权法的关系》，载《知识产权》2018 年第 10 期。

(2) 被告杨治、联合出版公司、精典博维公司、广州购书中心的行为是否构成不正当竞争？

(3) 四被告应当如何承担侵权责任？

(4) 本案中的经济损失及合理开支数额应当如何确定？

(二) 建议课堂计划

本案例可以作为专门的教学案例进行讲授，建议安排1课时（40—45分钟）。如下课堂设计，仅供参考：

1. 课前计划

安排学生阅读案例及相关参考资料，熟悉整个案例流程，对案例中提出的问题进行思考。

2. 课中计划

介绍教学目的，明确讨论主题。

分组讨论问题及解决对策，告知发言要求。

小组代表发言，提出争议焦点，并对争议焦点涉及的相关法律法规进行评述。

教师进行引导性分析，并作归纳总结。

3. 课后计划

请学生课后进一步细化了解知识产权法和反不正当竞争法的相关内容。

五、思考题

1. 同人作品是否违反著作权法？
2. 同人作品是否违反反不正当竞争法？
3. 著作权法和反不正当竞争法之间的关系是怎么样的？

案例 十　成都同德福合川桃片食品有限公司诉重庆市合川区同德福桃片有限公司、余晓华侵害商标权及不正当竞争纠纷案

【摘　要】　本案是一起关于侵害商标权及不正当竞争纠纷的案件，围绕登记个体工商户字号、企业字号的行为是否构成不正当竞争、是否构成突出使用并侵犯商标权和虚假宣传行为等争议焦点进行讨论。本案涉及对"同德福"这一老字号相关权利的争议。在目前我国没有对老字号进行专门保护的

情况下，本案在现有法律框架下，采用考虑历史因素的方式，基于诚实信用原则，考量当事人权利形成及行使的主观善恶，并以此解决权利冲突问题，为如何充分考虑老字号发展历史，平衡各方权利人利益，确立与老字号相关权利冲突的解决规则提供了有益思路，对于人民法院审理此类案件具有指导意义。

【关键词】 注册商标　老字号　虚假宣传　不正当竞争

一、基本案情

成都同德福合川桃片食品有限公司（以下简称"成都同德福公司"）认为重庆市合川区同德福桃片有限公司（以下简称"重庆同德福公司"）、余晓华的行为构成商标侵权和不正当竞争，向重庆市第一中级人民法院提起诉讼。

一审中，原告（反诉被告）成都同德福公司诉称，1997年8月4日，合川市桃片厂温江分厂向国家工商行政管理总局商标局（以下简称"国家商标局"）提出了"同德福TONGDEFU及图"商标注册申请，并于1998年10月14日获准注册，商标号为第1215206号，核定使用在第30类桃片（糕点）等商品上，专用权期限经续展至2018年10月13日。2011年5月6日，余晓华注册成立了重庆同德福公司，在其企业字号及生产的桃片外包装上突出使用了成都同德福公司的注册商标"同德福"。余晓华、重庆同德福公司在明知注册商标"同德福TONGDEFU及图"经多年使用和宣传已经具有一定知名度的情形下，将与其相同的文字作为企业的字号在相同或类似商品上突出使用，其行为足以使相关公众误认为其生产的产品来源于成都同德福公司或与其有某种联系，构成对成都同德福公司注册商标专用权的侵害。同时，余晓华、重庆同德福公司将"同德福"登记为字号，在相同或类似商品上使用，足以使相关公众误认其与成都同德福公司存在某种联系，构成不正当竞争。特请求法院判令重庆同德福公司、余晓华：(1)停止使用并注销含有"同德福"字号的企业名称；(2)停止侵犯原告商标专用权的行为，登报赔礼道歉、消除影响，赔偿原告经济及商誉损失50万元；(3)二被告连带赔偿原告为制止侵权行为、调查取证的合理开支共计5066.4元（其中，购买侵权产品66.4元，律师费5000元）；(4)承担本案全部诉讼费用。在庭审中，原告（反诉被告）明确其诉讼请求第二项中登报的范围包括《合川日报》《重庆日报》《重庆时报》《今日合川》《人民日报海外版》以及《重庆晚报》。

被告（反诉原告）重庆同德福公司、余晓华共同答辩并反诉称：第一，重庆同德福公司、余晓华的注册行为是善意的。重庆同德福公司的前身为同德福斋铺，始创于光绪二十三年（1898年），是合川桃片最早的制造商。虽然同德福斋铺于1956年公私合营而停止生产，但未因此中断独特技艺的代代相传。2001年，"同德福"第四代传人余晓华继承祖业，注册了合川市老字号同德福桃片厂。经过几年发展壮大，将其升级为重庆同德福公司。第二，重庆同德福公司、余晓华未使用成都同德福公司的注册商标，且规范使用其企业名称，不构成侵权。第三，"同德福"桃片商誉系老字号历史渊源传承及重庆同德福公司、余晓华不断宣传、追求产品品质、申报老字号、申报非物质文化遗产等努力中形成，成都同德福公司并未对其商标进行过任何宣传或推广。第四，成都同德福公司与老字号"同德福"并没有直接的历史渊源，但将其"同德福"商标与老字号"同德福"进行关联的宣传，极易造成消费者误认，其行为属于虚假宣传。第五，成都同德福公司擅自使用"同德福"知名商品名称，构成不正当竞争。因此，重庆同德福公司、余晓华请求法院判令成都同德福公司：（1）停止将其"同德福"商标与老字号"同德福"的任何历史、声誉及影响进行关联的虚假宣传，在全国性报纸上登报消除影响；（2）立即停止对"同德福"知名商品特有名称的侵权行为。

原告（反诉被告）成都同德福公司针对反诉请求及事实与理由答辩称，成都同德福公司合法注册了涉案商标，且没有进行违法的虚假宣传，重庆同德福公司及余晓华生产的产品不构成知名商品，更谈不上享有知名商品特有名称权。成都同德福公司均是合法使用其注册商标，不构成不正当竞争。

法院经审理查明：开业于1898年的同德福斋铺，在1916年至1956年期间，先后由余鸿春、余复光、余永祚三代人经营。在20世纪20年代至50年代期间，"同德福"商号享有较高知名度。1956年，由于公私合营，同德福斋铺停止经营。1998年，合川市桃片厂温江分厂获准注册了第1215206号"同德福TONGDEFU及图"商标，核定使用范围为第30类，即糕点、桃片（糕点）、可可产品、人造咖啡。2000年11月7日，前述商标的注册人名义经核准变更为成都同德福公司。成都同德福公司的多种产品外包装使用了"老字号""百年老牌"字样、"'同德福牌'桃片简介：'同德福牌'桃片创制于清乾隆年间（或1840年），有着悠久的历史文化"等字样。成都同德福公司网站中

"公司简介"页面将《合川文史资料选辑（第二辑）》中关于同德福斋铺的历史用于其"同德福"牌合川桃片的宣传。

2002年1月4日，余永祚之子余晓华注册个体工商户，字号名称为合川市老字号同德福桃片厂，经营范围为桃片、小食品自产自销。2007年，其字号名称变更为重庆市合川区同德福桃片厂，后注销。2011年5月6日，重庆同德福公司成立，法定代表人为余晓华，经营范围为糕点（烘烤类糕点、熟粉类糕点）生产。该公司是第6626473号"余复光1898"图文商标、第7587928号"余晓华"图文商标的注册商标专用权人。重庆同德福公司的多种产品外包装使用了"老字号【同德福】商号，始创于清光绪二十三年（1898年），历史悠久"等介绍同德福斋铺历史及获奖情况的内容，部分产品在该段文字后注明"以上文字内容摘自《合川县志》"；"【同德福】颂：同德福，在合川，驰名远，开百年，做桃片，四代传，品质高，价亦廉，讲诚信，无欺言，买卖公，热情谈"；"合川桃片"；"重庆市合川区同德福桃片有限公司"等字样。

重庆市第一中级人民法院于2013年7月3日作出（2013）渝一中法民初字第00273号民事判决：（1）成都同德福公司立即停止涉案的虚假宣传行为；（2）成都同德福公司就其虚假宣传行为于本判决生效之日起连续五日在其网站刊登声明消除影响；（3）驳回成都同德福公司的全部诉讼请求；（4）驳回重庆同德福公司、余晓华的其他反诉请求。

一审宣判后，成都同德福公司不服，提起上诉。重庆市高级人民法院于2013年12月17日作出（2013）渝高法民终字00292号民事判决：驳回上诉，维持原判。

二、法院的观点

（一）一审法院的观点

1. 关于余晓华、重庆同德福公司登记其个体工商户字号、企业名称的行为是否构成不正当竞争

在个体工商户余晓华、重庆同德福公司与成都同德福公司存在竞争关系，且前二者字号与后者商标构成近似的情形下，判断前二者是否构成不正当竞争，关键在于其登记行为是否违反了诚实信用原则。

第一，成都同德福公司仅以1999年"同德福牌合川桃片"荣获第八届中国专利新技术新产品博览会特别金奖的获奖证书无法证明在1998年"同德福

TONGDEFU及图"商标注册之后至2002年余晓华注册个体工商户之前,"同德福TONGDEFU及图"商标已经具有相当知名度。因此,即便他人将"同德福"登记为字号并规范使用,亦不会引起相关公众误认,因而不能说明余晓华将个体工商户字号注册为"同德福"具有"搭便车"的恶意。

第二,根据《合川县志》等历史文献记载,在1956年公私合营之前,同德福斋铺主要由余鸿春、余复光、余永祚三代人经营,"同德福"商号在20世纪20年代至50年代期间享有较高商誉。根据合川市公安局合阳派出所出具的证明,余晓华是余复光之孙、余永祚之子。因此,余晓华基于同德福斋铺的商号曾经获得的知名度及其与同德福斋铺经营者之间的直系亲属关系,将个体工商户字号登记为"同德福"具有合理性。

据此,一审法院认为余晓华登记个体工商户字号的行为是善意的,并未违反诚实信用原则,余晓华登记个体工商户字号的行为不构成不正当竞争。

2. 关于重庆同德福公司、余晓华使用其字号的行为是否构成商标侵权或不正当竞争

判断重庆同德福公司在其产品外包装上标注其企业名称及"同德福颂"的行为是否构成商标侵权,需考量其标注的方式是否构成突出使用,是否容易使相关公众产生误认。

首先,关于企业名称的标注行为。重庆同德福公司在其产品外包装上标注企业名称的行为系规范使用企业名称的行为,不构成突出使用字号,进而不构成商标侵权。

其次,关于"同德福颂"的标注行为。重庆同德福公司依据20世纪三四十年代同德福斋铺在其商品外包装上曾使用的与"同德福颂"相似的一段文字进行改编,形成目前载于产品外包装上的"同德福颂",其目的并非突出"同德福"三字,而在于通过"同德福颂"表明"同德福"商号的历史和经营理念,客观上不容易使消费者误认其商品来自成都同德福公司。因此,重庆同德福公司在商品外包装上标注"同德福颂"的行为亦不构成商标侵权。

此外,成都同德福公司还指控余晓华侵犯了其注册商标专用权。但是,成都同德福公司仅提交了重庆同德福公司生产的产品外包装作为证据,并未提交个体工商户余晓华注销之前生产的产品外包装。因此,对于个体工商户余晓华是否实施了商标侵权行为,一审法院以现有证据无法判断。对于成都同德福公司认为余晓华实施了商标侵权行为的主张,一审法院不予支持。

3. 关于成都同德福公司宣称"同德福"牌桃片创制于清乾隆年间等行为是否构成成虚假宣传的不正当竞争行为

重庆同德福公司、余晓华认为成都同德福公司在其产品外包装上使用"百年老牌""老字号"字样以及在其产品外包装和网站上宣称"同德福"牌桃片创制于清乾隆年间,并称其品牌源于同德福斋铺等行为均构成虚假宣传。一审法院认为,《反不正当竞争法》①第9条第1款规定,经营者不得利用广告或者其他方法,对商品的质量、制作成分、性能、用途、生产者、有效期限、产地等作引人误解的虚假宣传。在本案中,成都同德福公司的网站上登载的部分"同德福牌"桃片的历史及荣誉,与史料记载的同德福斋铺的历史及荣誉一致,且在其网站上标注了史料来源,但并未举证证明其与"同德福"斋铺存在何种联系。此外,成都同德福公司还在其产品外包装上标明其为"百年老牌""老字号""始创于清朝乾隆年间"等字样,而其"同德福 TONGDEFU 及图"商标核准注册的时间是1998年。就其采取前述标注行为的依据,成都同德福公司亦未举证证明。成都同德福公司的前述行为与事实不符,容易使消费者对于其品牌的起源、历史及其与同德福斋铺的关系产生误解,进而取得竞争上的优势,构成虚假宣传。

4. 关于成都同德福公司是否因擅自使用知名商品特有名称而构成不正当竞争

重庆同德福公司、余晓华认为"同德福"是其知名商品特有的名称,成都同德福公司在其产品外包装上使用了该知名商品特有名称,构成不正当竞争。一审法院认为,前述主张不能成立,理由在于:

首先,涉案商品不是知名商品。根据《最高人民法院关于审理不正当竞争民事案件应用法律若干问题的解释》第1条之规定,在中国境内具有一定的市场知名度,为相关公众所知悉的商品,应当认定为《反不正当竞争法》第5条第2项规定的"知名商品"。从本案证据来看,重庆同德福公司、余晓华提交的荣誉证书、媒体报道主要是关于企业和余晓华个人的,而不能因此说明商品的知名度。同时,重庆同德福公司、余晓华并未提交商品销售情况、商品宣传情况、作为知名商品受保护情况等方面的证据,因此不能证明涉案商品的市场知名度。

---

① 本案所涉为1993年《反不正当竞争法》。

其次,"同德福"不是其商品特有名称。《反不正当竞争法》给予知名商品特有名称以法律保护的目的在于,商品名称通过实际使用达到知名商品特有名称的程度即具有指示商品来源的意义,如若他人擅自作相同或相似使用,就可能引起市场混淆。因此,被保护的知名商品特有名称应当是实际投入使用的商品名称。从本案证据来看,重庆同德福公司不同时期的产品外包装均突出标注"合川桃片"。按照普通消费者的一般消费习惯,"合川桃片"被理解为该商品的名称。此外,重庆同德福公司、余晓华提交的中华名小吃、消费者喜爱产品两项荣誉证书亦显示,其获奖产品的名称也不是"同德福",而是"余复光1898合川桃片"。因此,重庆同德福公司、余晓华提交的证据不足以证明其自身或相关公众实际使用"同德福"指称其商品。鉴于重庆同德福公司、余晓华关于知名商品特有名称的主张不能成立,进而关于成都同德福公司因擅自使用该知名商品特有名称而构成不正当竞争的主张亦不能成立。

(二) 二审法院的观点

1. 关于余晓华、重庆同德福公司登记其个体工商户字号、企业字号的行为是否构成不正当竞争

个体工商户余晓华及重庆同德福公司与成都同德福公司经营范围相似,存在竞争关系;其字号中包含"同德福"三个字与成都同德福公司的"同德福TONGDEFU及图"注册商标的文字部分相同,与该商标构成近似。判断余晓华登记字号的行为是否构成不正当竞争,关键在于该行为是否违反诚实信用原则。第一,成都同德福公司没有证据证明在余晓华注册个体工商户时其商标已具有相当的知名度,不能说明余晓华登记字号的行为具有"搭便车"的恶意。第二,根据《合川县志》等历史文献资料记载,在20世纪20年代至50年代期间,"同德福"商号享有较高商誉。余晓华基于同德福斋铺的商号曾经获得的知名度和同德福斋铺原经营者直系后代的身份,将其个体工商户及企业的字号登记为"同德福"符合常理,具有合理性。综合以上两点,余晓华登记个体工商户字号的行为是善意的,并未违反诚实信用原则,不构成不正当竞争。同时,根据法律、法规和司法解释的相关规定,除驰名商标外,将与他人注册商标相同或者相近似的文字登记为企业字号的行为本身并不为法律所禁止,只有将上述企业字号在相同或者类似商品上突出使用且容易使相关公众产生误认的,才属于2001年修正的《中华人民共和国商标法》(以下简称《商标法》)第52条第5项规定的"给他人的注册商标专用权造成其他损害的"行为。因

此，即便法院已判决维持国家工商行政管理总局商标评审委员会的商标争议裁定，基于经营的延续性，余晓华变更个体工商户字号及重庆同德福公司登记企业字号的行为也是合理的，并不为法律法规所禁止，亦未违反诚实信用原则，不构成不正当竞争。

2. 关于重庆同德福公司、余晓华使用其字号及标注"同德福颂"的行为是否构成突出使用并侵犯商标权

从重庆同德福公司产品的外包装来看，重庆同德福公司使用的是企业全称，标注于外包装正面底部，"同德福"三字位于企业全称之中，与整体保持一致，没以简称等形式单独突出使用，也没有为突出显示而采取任何变化，且整体文字大小、字形、颜色与其他部分相比并不突出。因此，重庆同德福公司在产品外包装上标注企业名称的行为系规范使用，不构成突出使用字号，也不构成侵犯商标权。

就重庆同德福公司标注"同德福颂"的行为而言，"同德福颂"四字相对于其具体内容（36字打油诗）字体略大，但视觉上形成一个整体。其具体内容系根据史料记载的同德福斋铺曾经在商品外包装上使用过的一段类似文字改编，意在表明"同德福"商号的历史和经营理念，并非为突出"同德福"三个字。重庆同德福公司的产品外包装使用了多项商业标识，其中"合川桃片"集体商标特别突出，其自有商标也比较明显，并同时标注了"合川桃片"地理标志及重庆市非物质文化遗产。相对于这些标识来看，"同德福颂"及其具体内容仅属于普通描述性文字，明显不具有商业标识的形式，也不够突出醒目，客观上不容易使消费者对商品来源产生误认，亦不具备替代商标的功能。因此，重庆同德福公司标注"同德福颂"的行为不属于侵犯商标权意义上的"突出使用"，不构成侵犯商标权。因成都同德福公司未提供个体工商户余晓华产品外包装，它指控余晓华实施商标侵权行为，依据现有证据无法判断。

3. 关于成都同德福公司是否存在虚假宣传行为

成都同德福公司在其网站上宣传的"同德福牌"桃片的部分历史及荣誉，与史料记载的同德福斋铺的历史及荣誉一致，且标注了史料来源，但没有举证证明其与同德福斋铺存在何种主体上的联系。其产品外包装上标注"百年老牌""老字号""始创于清朝乾隆年间"等字样，亦无法证明有任何事实依据。重庆同德福公司被重庆市商业委员会认定为重庆市第一批"重庆老字号"之一和成都同德福公司没有被国家机关认定为老字号的事实，也可佐证成都同德福

公司与老字号同德福斋铺没有实质联系。成都同德福公司的上述行为均没有事实依据，容易使消费者对其品牌的起源、历史及其与同德福斋铺的渊源关系产生误解，进而取得竞争优势，故构成虚假宣传。

三、教学内容（法律评析）

（一）争议焦点分析

1. 余晓华、重庆同德福公司登记其个体工商户字号、企业字号的行为是否构成不正当竞争

如前所述，在个体工商户余晓华、重庆同德福公司与成都同德福公司存在竞争关系，且前二者字号与后者商标构成近似的情形下，判断前二者是否构成不正当竞争，关键在于其登记行为是否违反了诚实信用原则。

首先，余晓华与老字号"同德福"原经营者是直系亲属关系，虽然这一事实不能否定成都同德福公司先行注册商标而拥有的权利，但是可以作为判断被告（反诉原告）善意的重要因素。在1956年公私合营之前，尤其在余复光经营期间，同德福斋铺生产的桃片获得了较多荣誉，使"同德福"商号在20世纪20年代至50年代期间享有较高商誉。余晓华为原经营者直系亲属，将其个体工商户及企业的字号登记为"同德福"符合常理，具有合理性。成都同德福公司没有证据证明在余晓华注册个体工商户时其商标已具有相当的知名度，即便余晓华将"同德福"登记为个体工商户字号，也不能说明这一行为具有"搭便车"的故意。因此，余晓华注册个体工商户字号的行为并不违反诚实信用原则，不构成不正当竞争。基于经营的延续性，余晓华注销个体工商户后成立重庆同德福公司时，将"同德福"作为企业字号的登记行为亦是善意、合理的，不违反诚实信用原则。因此，余晓华、重庆同德福公司的注册行为均不构成不正当竞争。进一步而言，余晓华规范使用其个体工商户字号的行为以及重庆同德福公司规范使用其企业名称的行为，并不违反诚实信用原则，亦不会造成相关公众误认，不构成不正当竞争。

本案中，重庆同德福公司除规范使用其企业名称外，还在其产品外包装的"同德福颂"、介绍同德福斋铺历史及获奖情况的部分使用了"同德福"字样。前述使用方式表明了同德福斋铺的历史、经营理念、获得的荣誉等情况，尤其是在部分介绍同德福斋铺历史及获奖情况的文字后特别标注"以上部分内容摘自《合川县志》"字样。从主观上看，重庆同德福公司以前述方式使用"同德

福"字样是为了表明老字号"同德福"具有较高知名度以及公司与该老字号之间存在历史渊源,并没有搭"同德福 TONGDEFU 及图"商标"便车"的故意。从客观上看,前述使用方式将重庆同德福公司与老字号"同德福"联系起来。因此,重庆同德福公司的前述两种使用行为亦不违反诚实信用原则,不构成不正当竞争。综上,成都同德福公司指控重庆同德福公司、余晓华使用其字号的行为构成不正当竞争的主张不能成立。

2. 重庆同德福公司、余晓华使用其字号及标注"同德福颂"的行为是否构成突出使用并侵犯商标权

根据《最高人民法院关于审理商标民事纠纷案件适用法律若干问题的解释》第1条的规定,"将与他人注册商标相同或者相近似的文字作为企业的字号在相同或者类似商品上突出使用,容易使相关公众产生误认的","属于商标法第五十二条第(五)项规定的给他人注册商标专用权造成其他损害的行为"。重庆同德福公司的产品外包装上使用的是企业全称,没有突出其"同德福"字号,亦未整体突出其企业名称,不会导致相关公众误认,不构成商标侵权。至于"同德福颂"的标注行为,"同德福颂"与其左侧的具体内容形成一个整体。从历史资料来看,20世纪三四十年代,同德福斋铺在其商品外包装上曾使用了与"同德福颂"相似的一段文字。重庆同德福公司依据该段文字进行改编,形成目前载于产品外包装上的"同德福颂",其目的并非突出"同德福"三字,而在于通过"同德福颂"表明"同德福"商号的历史和经营理念,客观上不容易使消费者误认其商品来自成都同德福公司。因此,重庆同德福公司在商品外包装上标注"同德福颂"的行为亦不构成商标侵权。值得注意的是,我国《商标法》后又于2013年、2019年修正,本案裁判所依据的司法解释涉及的《商标法》第52条第5项对应修正后的第57条第7项。此外,修改后的《商标法》第58条规定:"将他人注册商标、未注册的驰名商标作为企业名称中的字号使用,误导公众,构成不正当竞争行为的,依照《中华人民共和国反不正当竞争法》处理。"有观点认为,基于该条规定,发生与本案类似情形时,均由《反不正当竞争法》调整。但是,主流观点认为,当发生将他人商标作为字号使用的情形时,仍然要对其使用行为是否突出使用进行区分,对于突出使用行为仍应当按照本案所依据的司法解释进行处理。

3. 成都同德福公司是否存在虚假宣传行为

本案中,老字号"同德福"于1956年因公私合营而停止经营,但这并不

意味着其他经营者可以任意利用其作为"老字号"留下的商誉。同时，虽直至成都同德福公司注册"同德福 TONGDEFU 及图"商标，长达四十余年的时间内没有任何经营者将"同德福"作为商业标识使用，但成都同德福公司并不因其注册商标的行为而当然与老字号"同德福"产生联系。成都同德福公司在宣传中使用老字号"同德福"历史的行为是否正当，取决于其宣传是否真实且不引人误解，否则即构成《反不正当竞争法》所规定的虚假宣传。成都同德福公司的网站上登载的"同德福牌"桃片的部分历史及荣誉，与史料记载的同德福斋铺的历史及荣誉一致，且在其网站上标注了史料来源，但并未举证证明其与老字号"同德福"存在何种主体上的联系。此外，成都同德福公司还在其产品外包装上标明其为"百年老牌""老字号""始创于清朝乾隆年间"等字样，而其"同德福 TONGDEFU 及图"商标核准注册的时间是1998年。就其采取上述标注行为的依据，成都同德福公司亦未举证证明。成都同德福公司的上述行为均没有事实依据，容易使消费者对其品牌的起源、历史及其与老字号"同德福"的渊源关系产生误解，进而取得竞争优势，故应认定为《反不正当竞争法》所规定的虚假宣传，构成不正当竞争。

（二）法律评析与拓展

在考虑老字号的保护时，我们需要在法律的范围内为其寻找依据。因此，在涉及老字号的案件时，首先需要厘清各方当事人对老字号主张权利的依据，找到冲突点。既然是在现有法律范围内对老字号进行保护，那么就要尊重现有的法律秩序及法律原则。在解决与老字号相关的权利冲突时，仍应坚持保护在先权益的原则。此处在先权益的认定，不仅要考察时间维度，还需考察老字号是否形成权益以及该权益是否持续存在。本案中，尽管余晓华祖辈经营老字号"同德福"的时间远远早于成都同德福公司商标的注册时间，且在历史上的确具有相当知名度，但是自公私合营而被并入其他企业后，并未有任何人或组织再继续使用"同德福"。因此，在被并入其他企业，且"同德福"未被继续使用之后，余晓华祖辈所享有的权益就已经灭失，不能成为在先权益。由于老字号是历史积淀的结果，在明确了何为在先权益后，为平衡各方权利人的利益，涉及老字号的案件不可避免地要考虑历史因素。但是，考虑历史因素必须在合理的范围之内，必须尊重老字号原有权利移转、新权利产生、法律制度变化等。本案中，余晓华等主观为善、不违反诚实信用原则的结论是在"同德福"作为商业标识长达四十余年无人使用的情形下作出的。若公私合营后，"同德福"作为商业标识经过权利移转并一直处于使用的状态,那么余晓华等的行为是否还能被认定为善意,需重新考量。

四、案例研习安排

(一) 教学对象及目标

本案例供法学专业本科生、硕士研究生及法律硕士研究生教学使用,其他专业本科生、硕士研究生也可参酌使用。

本案例需要解决的问题主要有:

(1) 余晓华、重庆同德福公司登记其个体工商户字号、企业字号的行为是否构成不正当竞争?

(2) 重庆同德福公司、余晓华使用其字号及标注"同德福颂"的行为是否构成突出使用并侵犯商标权?

(3) 成都同德福公司是否存在虚假宣传行为?

(二) 建议课堂计划

本案例可以作为专门的教学案例进行讲授,建议安排 1 课时(40—45 分钟)。

如下课堂设计,仅供参考:

1. 课前计划

安排学生阅读案例及相关参考资料,熟悉整个案例流程,对案例中提出的问题进行思考。

2. 课中计划

介绍教学目的,明确讨论主题。

分组讨论问题及解决对策,告知发言要求。

小组代表发言,提出争议焦点,并对争议焦点涉及的相关法律法规进行评述。

教师进行引导性分析,并作归纳总结。

3. 课后计划

请学生课后进一步思考老字号及商标侵权的认定问题。

五、思考题

1. 老字号与商标权平行使用有什么规则?

2. 老字号的传人使用字号是否构成不正当竞争?

第二节　不正当竞争行为之虚假宣传行为

案例 十一　穆德远、陈燕民诉北京创磁空间影视文化传媒公司、福建恒业影业有限公司、北京搜狐互联网信息服务有限公司虚假宣传案

【摘　要】　本案是一起关于虚假宣传的反不正当竞争案件，主要涉及竞争性的诉讼主体资格、虚假宣传行为的认定以及构成虚假宣传应当承担的责任范围等问题。通过对案例的学习，我们能够更深层次了解在反不正当竞争法中经营者和诉讼主体资格的认定、虚假宣传行为的认定、署名权涉及的精神损害赔偿是否属于不正当竞争求偿范围等问题。

【关键词】　不正当竞争　虚假宣传　署名权　商业道德

一、基本案情

2015年5月，穆德远、陈燕民一审诉称：穆德远、陈燕民是电影《黑楼孤魂》（以下简称"《黑》片"）的编剧，对《黑楼孤魂》电影剧本（以下简称"《黑》片剧本"）享有包括摄制权在内的著作权，有权许可他人翻拍。穆德远、陈燕民曾授权深圳影业公司将该剧本拍摄成同名电影，并于1989年上映，获得广泛好评。现由北京创磁空间影视文化传媒公司（以下简称"创磁公司"）出品、福建恒业影业有限公司（以下简称"恒业公司"）发行的电影《枉死楼之诡八楼》（以下简称"《枉》片"）未经穆德远、陈燕民授权，在其海报及其他推广活动中称该片"翻拍1989年禁映恐怖电影《黑楼孤魂》"。北京搜狐互联网信息服务有限公司（以下简称"搜狐公司"）在其经营的搜狐网上发布了《枉》片的先导海报、预告片，撰写并发表了介绍该电影且含有不实信息的文章。创磁公司、恒业公司及搜狐公司借由穆德远、陈燕民作品的社会影响作为宣传其《枉》片的噱头，搭穆德远、陈燕民作品之"便车"，使穆德远、陈燕民的合作伙伴误认为穆德远、陈燕民在已许可他人翻拍《黑》片剧本的情形下，仍与其商谈影片的重拍事宜，从而对穆德远、陈燕民的形象产生负面影响。创磁公司、恒业公司及搜狐公司的行为侵害了穆德远、陈燕民的合法权

益，构成《反不正当竞争法》中禁止的虚假宣传行为。故穆德远、陈燕民诉至法院，请求判令创磁公司、恒业公司与搜狐公司：（1）立即停止涉案虚假宣传行为；（2）在搜狐网及腾讯新闻上刊登声明，向穆德远、陈燕民赔礼道歉，并消除影响；（3）连带赔偿穆德远、陈燕民经济损失及诉讼合理支出共计 100 万元；（4）承担本案的诉讼费用。

创磁公司在一审时辩称：（1）穆德远、陈燕民与创磁公司、恒业公司及搜狐公司之间并不存在《反不正当竞争法》中规定的竞争关系，穆德远、陈燕民是《黑》片的编剧而非制片者，并非本案的适格原告；（2）《枉》片的宣传内容不足以造成相关公众的误解，未构成《反不正当竞争法》中规定的引人误解的虚假宣传；（3）《黑》片拍摄时间较早，且穆德远、陈燕民提起本案诉讼的主体不适格，创磁公司并未给穆德远、陈燕民造成经济损失，故不同意穆德远、陈燕民的全部诉讼请求。

恒业公司在一审时辩称：（1）《黑》片的著作权人为深圳影业公司而并非穆德远、陈燕民，穆德远、陈燕民仅对《黑》片剧本享有著作权，对《黑》片仅享有署名权，不构成《反不正当竞争法》中的经营者，故陈燕民、穆德远提起本案诉讼的主体不适格。（2）《枉》片的宣传内容不构成引人误解的虚假宣传，原因为：其一，《枉》片的取材背景虽与《黑》片基本一致，题材同属诡异电影，但没有对《黑》片做片面对比和宣传；其二，《黑》片已被禁映，不应再受法律保护，故翻拍被禁映的电影不构成侵权；其三，翻拍不是歧义性语言，《黑》片在 1989 年被禁映，社会知名度一般，《枉》片的宣传内容不会造成相关公众的误解，不会对《黑》片造成损害，更不会对《黑》片剧本造成损害；其四，穆德远、陈燕民主张的赔偿数额缺乏事实与法律依据。故综上，恒业公司不同意穆德远、陈燕民的全部诉讼请求。

搜狐公司在一审时辩称：搜狐公司同意创磁公司、恒业公司的一审答辩意见。同时，搜狐公司发布《枉》片的宣传内容系提供免费服务，故搜狐公司并非广告发布者，不承担广告发布者的相应责任。此外，《枉》片的宣传素材为创磁公司、恒业公司提供，搜狐公司并不明知或应知该宣传行为是否构成虚假宣传的不正当竞争行为，且搜狐公司已于收到本案起诉书后删除了《枉》片的相关宣传内容，故搜狐公司主观上并无过错，不应与创磁公司、恒业公司承担连带责任。故搜狐公司不同意穆德远、陈燕民的全部诉讼请求。

一审法院判决：第一，创磁公司、恒业公司于搜狐网发布声明，为穆德远、陈燕民消除影响；第二，创磁公司、恒业公司共同向穆德远、陈燕民赔偿经济损失 15 万元；第三，驳回穆德远、陈燕民的其他诉讼请求。

一审判决后，两被告不服，提起上诉。北京知识产权法院二审驳回上诉，维持一审判决。

二、法院的观点

（一）一审法院的观点

1. 穆德远、陈燕民是否为适格主体

穆德远、陈燕民作为《黑》片剧本的编剧，系向市场提供智力成果的市场主体，就其作品享有相应交易机会和经济利益，构成《反不正当竞争法》中的经营者。同时，创磁公司与恒业公司作为影片的出品人与发行人，搜狐公司作为网络媒体，在影视文化、娱乐媒体等经营领域与穆德远、陈燕民存在竞争关系，故穆德远、陈燕民作为本案原告主体适格

2. 创磁公司与恒业公司是否应当承担法律责任

创磁公司作为《枉》片的出品人，享有《枉》片的著作权，应为该片承担法律责任。恒业公司作为《枉》片的发行人，与创磁公司共同向搜狐公司提供《枉》片的宣传内容，恒业公司与创磁公司应共同为其提供的涉案宣传内容承担法律责任。

创磁公司作为《枉》片的著作权人，未经《黑》片剧本著作权人穆德远、陈燕民或《黑》片著作权人深圳影业公司的许可而翻拍其作品。创磁公司与恒业公司亦未据证指出《枉》片与《黑》片在作品内容上存在何种承继关系或关联关系，却在《枉》片的图文宣传及预告片中宣称《枉》片系"翻拍1989年禁映恐怖电影《黑楼孤魂》""破禁公映""将因为放映之时吓死观众的1989年被禁映恐怖片《黑楼孤魂》重新搬上大银幕""借鉴了89版《黑楼孤魂》中的种种恐怖惊悚元素"等。此后，观影人给出的《枉》片影评中有"《诡八楼》：定位不准、乱造舆论是否属于虚假宣传""恐怖片做宣传，整天都会是啥以前上映时候吓死过人，其实年代久远，几乎无法证实。但是，今天我看了以后，我忽然有个疑问：他们当年，是被气死的吧？？？"等内容，可见此一宣传已经在相关公众中产生误导及负面影响，认为《枉》片与《黑》片存在"翻拍"的关联关系。创磁公司与恒业公司存在主观过错，其行为已构成引人误解的虚假宣传，应承担相应法律责任。

3. 创磁公司与恒业公司的不正当竞争行为对穆德远、陈燕民是否造成负面影响及经济损失

第一，穆德远、陈燕民已提交证据证明因《枉》片的虚假宣传使其错失了合作机会，虽然同一剧本可许可他人多次翻拍，但除却文学名著以及经典剧目外，通常剧本被翻拍的机会必定有限，且经历次翻拍后剧本的翻拍价值可能逐次递减，翻拍与再创作的表达空间亦会逐次缩减，故剧本如被宣传已被翻拍，必然会减少该剧本的拍摄机会，进而影响或减少剧本著作权人的交易机会及经济收益。同时，涉案虚假宣传行为已造成相关公众的误认，影评中对《枉》片的负面评价亦对《黑》片以及《黑》片剧本产生不良影响。因此，创磁公司与恒业公司应就其不正当竞争行为向穆德远、陈燕民承担消除负面影响、赔偿经济损失的法律责任。

第二，本案为不正当竞争纠纷，不正当竞争纠纷之性质属侵权纠纷，创磁公司、恒业公司的行为构成虚假宣传的源起在于其未经授权却宣称为"翻拍"，故本案诉争法律关系的基础为穆德远、陈燕民就其剧本享有的摄制权，为著作权中的财产性权利。同时，《反不正当竞争法》亦旨在保护市场经营者公平竞争的机会以及通过公平交易获得经济利益的权利。穆德远、陈燕民另在本案中主张基于其编剧或导演身份对《黑》片享有的人格利益和精神利益，并称涉案不正当竞争行为给其造成了精神损害，要求创磁公司、恒业公司及搜狐公司向其赔礼道歉。对此，一审法院认为，穆德远、陈燕民对《黑》片仅享有编剧或导演的署名权，穆德远、陈燕民亦明确表示《枉》片与《黑》片的内容不相同也不相似，故其对《枉》片不享有著作权意义上的任何权利，而创磁公司、恒业公司及搜狐公司的宣传行为并未侵犯穆德远、陈燕民对《黑》片享有的署名权。依据本案的客观情况及常理，创磁公司、恒业公司及搜狐公司亦应不具有通过拍摄、宣传《枉》片以达到损害穆德远、陈燕民的人格利益的主观过错。况且，涉案虚假宣传行为造成的《枉》片与《黑》片或《黑》片剧本存在关联关系的误认可通过公开消除影响的方式予以救济，故一审法院对穆德远、陈燕民的上述主张及相应诉讼请求不予支持。

第三，恒业公司另辩称翻拍被禁映的电影不构成侵权。一审法院认为，首先，《枉》片对《黑》片并非真正意义上的翻拍；其次，影片禁映为国家行政管理程序，与穆德远、陈燕民对《黑》片剧本享有的摄制权无关，影片是否禁映不影响穆德远、陈燕民基于《黑》片剧本应享有的财产权利和经济利益。创

磁公司、恒业公司及搜狐公司的行为若构成侵权，仍应承担侵权责任。

第四，关于搜狐公司的责任。搜狐公司作为网络宣传媒体，涉案虚假宣传内容为创磁公司、恒业公司提供，它亦免费提供宣传服务，故不应对搜狐公司苛以过高的审查义务，且《黑》片的知名度尚未达到令搜狐公司明知或应知宣传内容已构成虚假宣传的程度。搜狐公司亦于穆德远、陈燕民起诉后及时删除了涉案宣传内容。因此，搜狐公司无主观过错，不应承担侵权责任。

（二）二审法院的观点

1. 穆德远、陈燕民是否为适格主体

（1）穆德远、陈燕民与创磁公司、恒业公司及搜狐公司是否存在竞争关系

本案中，穆德远、陈燕民既是《黑》片剧本的著作权人，又是《黑》片的编剧，系向市场提供智力成果并获取经济报酬的市场主体，构成《反不正当竞争法》[①]中规定的经营者。创磁公司与恒业公司作为《柱》片的出品人与发行人，搜狐公司作为对《柱》片实施宣传行为的网络媒体，虽然均与穆德远、陈燕民并不存在直接的同业竞争关系，但是综合考量本案情况，二审法院认为，穆德远、陈燕民作为《黑》片剧本的著作权人和《黑》片的编剧，在影视文化、娱乐媒体等经营领域与创磁公司、恒业公司及搜狐公司存在《反不正当竞争法》上规定的广义的竞争关系。

穆德远、陈燕民指控创磁公司、恒业公司在搜狐网中有关《柱》片是翻拍《黑》片的相关宣传内容构成引人误解的虚假宣传，并举证证明《柱》片在相关公众中已客观存在一定的负面评价。该指控如果成立，则会使相关公众将其对《柱》片的负面评价延伸至《黑》片，这将不仅直接损害《黑》片著作权人的合法权益，亦会间接损害穆德远、陈燕民基于其创作行为而以编剧身份在《黑》片字幕中署名的人格权利。穆德远、陈燕民作为向市场提供智力成果的市场主体，其人格权利在市场经营中承载着较多的商业化利益。在市场资源相对稀缺的前提下，此种商业化利益的受损，将可能导致其在影视文化、娱乐媒体等经营领域的竞争优势减弱或丧失。因此，穆德远、陈燕民作为《黑》片的编剧，亦与创磁公司、恒业公司及搜狐公司在上述领域存在着广义的竞争关系。

---

① 本案所涉为1993年《反不正当竞争法》。

(2) 穆德远、陈燕民是否系本案适格原告

在市场经济活动中，即使经营者之间存在广义的竞争关系，但就市场中不特定的一般经营者而言，由于竞争的地域范围、行业范围以及在竞争的方式方法等方面存在竞争广度与深度的差异，经营者之间的竞争关系通常是抽象存在的。如果经营者之间没有因具体法律行为和法律关系的存在而建立特定化的联系，特定的经营者未因其他经营者的竞争行为而遭受合法权益的损害，则难以认定上述经营者之间具有直接的利害关系。在缺乏直接利害关系、不符合《民事诉讼法》规定的情况下，市场经营者之间并不必然具有作为原告对其他经营者提起民事诉讼的主体资格。同时，《反不正当竞争法》第1条即已明确规定了其立法目的和立法宗旨："为保障社会主义市场经济健康发展，鼓励和保护公平竞争，制止不正当竞争行为，保护经营者和消费者的合法权益，制定本法。"因此，反不正当竞争法不仅仅要制止不正当竞争行为，同时也鼓励和保护公平的市场竞争。如果在无法律明确规定的情况下将市场经济活动中一般意义上的竞争关系等同于《民事诉讼法》中的直接利害关系，则既有可能使经营者面临不可预测的诉讼风险，难以激发经营者参与市场竞争的积极性和主动性；也将架空《民事诉讼法》的明文规定，使既有的民事诉讼法理论和诉讼实践受到严重冲击。因此，对于包括虚假宣传纠纷在内的不正当竞争纠纷，仍然应当严格按照《民事诉讼法》的规定，审查原告的诉讼主体资格。

本案中，如前所述，穆德远、陈燕民作为《黑》片剧本的著作权人，对《黑》片的翻拍享有许可权和最终的控制权。穆德远、陈燕民指控创磁公司、恒业公司有关《柱》片是翻拍《黑》片的相关宣传内容构成引人误解的虚假宣传，并举证证明《柱》片在相关公众中已客观存在一定的负面评价。该指控如果成立，则会使相关公众将其对《柱》片的负面评价延伸至《黑》片，这将不仅直接损害穆德远、陈燕民作为《黑》片著作权人的合法权益，亦会间接损害穆德远、陈燕民作为《黑》片编剧的正当权益。因此，就创磁公司、恒业公司在搜狐网中有关《柱》片是翻拍《黑》片的相关宣传内容构成引人误解的虚假宣传争议而言，穆德远、陈燕民与创磁公司、恒业公司及搜狐公司并非一般意义上的市场竞争关系，穆德远、陈燕民与本案的诉讼具有直接的利害关系，符合《民事诉讼法》关于原告资格的规定。

2. 创磁公司与恒业公司在搜狐网中有关《枉》片的宣传是否构成引人误解的虚假宣传

本案中，一方面，创磁公司与恒业公司在搜狐网中有关《枉》片的宣传中宣称《枉》片系"翻拍1989年禁映恐怖电影《黑楼孤魂》""破禁公映""将因为放映之时吓死观众的1989年被禁映恐怖片《黑楼孤魂》重新搬上大银幕""借鉴了89版《黑楼孤魂》中的种种恐怖惊悚元素"等。但是，根据本案查明的事实，创磁公司作为《枉》片的著作权人，并未经《黑》片剧本的著作权人穆德远、陈燕民授权许可而翻拍《黑》片，且创磁公司与恒业公司亦未提交证据证明《枉》片与《黑》片在作品内容上存在何种承继关系或关联关系。故二审法院认定创磁公司与恒业公司在搜狐网中对《枉》片进行的上述宣传构成虚假宣传。

另一方面，本案证据显示，部分观众在观看《枉》片后撰写的影评中有"《诡八楼》：定位不准、乱造舆论是否属于虚假宣传""恐怖片做宣传，整天都会是啥以前上映时候吓死过人，其实年代久远，几乎无法证实。但是，今天我看了以后，我忽然有个疑问：他们当年，是被气死的吧？？？"等内容。由此可见，创磁公司与恒业公司对《枉》片进行的前述虚假宣传已经在相关公众中产生明显误导及一定负面影响，客观上已经使至少部分公众认为《枉》片与《黑》片存在着"翻拍"的关联关系，而这显然与法院查明的事实不符，故创磁公司与恒业公司对《枉》片进行的前述宣传已构成《反不正当竞争法》第9条规定的引人误解的虚假宣传。

3. 创磁公司与恒业公司是否应当为其对《枉》片进行的虚假宣传承担责任及其责任承担方式

本案中，创磁公司与恒业公司在搜狐网中对《枉》片的相关宣传中故意使用虚假信息，其真实用意在于努力建立《枉》片与上映时间已间隔较为久远的《黑》片之间的联系，并通过强调《黑》片曾被"禁映""吓死观众"等真假难辨的所谓事实而增强《黑》片的神秘感，再通过突出强调《枉》片系对《黑》片的"翻拍"和系"破禁公映"等宣传方式，为《枉》片营造一种剧情传承感和神秘感以激发更多社会公众的观影欲，从而实现己方商业利益的最大化。该引人误解的虚假宣传行为违反了诚实信用原则和公认的商业道德，极易影响相关公众的观影判断，损害了其他经营者及消费者的合法权益，进而影响了公平竞争的市场秩序。因此，创磁公司与恒业公司应当为其实施的上述虚假宣传行为承担相应的法律责任。

进一步而言，对影视作品的翻拍必然涉及对该影视作品剧本的使用，穆德远、陈燕民作为《黑》片的编剧，享有许可他人翻拍《黑》片的权利。本案中，穆德远、陈燕民已提交证据证明因《枉》片的虚假宣传使其错失了合作机会，虽然创磁公司与恒业公司对相关证据的真实性提出质疑，但未提交充分证据支持其主张，故二审法院对创磁公司与恒业公司的相关主张不予支持。本案在案证据证明创磁公司与恒业公司对《枉》片进行的虚假宣传已造成相关公众的误认，且影评中对《枉》片的负面评价亦对《黑》片乃至《黑》片剧本产生不良影响。因此，创磁公司与恒业公司应就其虚假宣传的不正当竞争行为向穆德远、陈燕民承担消除负面影响、赔偿经济损失的法律责任。

三、教学内容（法律评析）

（一）关于穆德远、陈燕民诉讼资格的法律分析

根据《反不正当竞争法》第2条第2款的规定，不正当竞争是指经营者"损害其他经营者的合法权益"的行为，是经营者之间的行为。按照通常理解，不正当竞争行为必须限于竞争者之间实施的行为，以行为人和受害人之间为同业竞争者（相同或类似商品或服务的经营者）为前提。例如，《反不正当竞争法》第5条第2项规定的仿冒行为，原则上应限于在相同或类似商品上使用相同或近似的知名商品特有名称等行为，因为如果不对此进行限制，则必然与我国注册商标专用权的保护制度不协调。但是，在许多情况下，对于竞争关系的理解不宜如此狭义，只要实质上是以损人利己、"搭车"模仿等不正当手段进行竞争，从而获取竞争优势或破坏他人竞争优势的行为，就可以认定构成不正当竞争行为。竞争关系的广义化，是反不正当竞争法本身变化的结果。反不正当竞争法由民事侵权法发展而来，起初仅仅保护竞争者利益。但是，在发展过程中，其立法目标已经由保护竞争者利益不断向保护消费者权益和维护社会整体利益方面拓宽，由单纯的私权保护不断向维护市场公平竞争秩序的目标发展。这就使不正当竞争行为的界定不限于同业竞争者之间的竞争行为，而拓展到非同业竞争者的竞争损害。因为在市场资源相对稀缺的前提下，竞争行为除直接使同业竞争者受到损害外，还会使其他参与市场竞争的经营者受到损害。如果将竞争关系限定为同业竞争者之间的关系，将可能使其他受到侵害的市场参与者的合法权益得不到相应保护，从而有悖于反不正当竞争法的立法目标。

《著作权法》第15条规定："电影作品和以类似摄制电影的方法创作的作品的著作权由制片者享有,但编剧、导演、摄影、作词、作曲等作者享有署名权,并有权按照与制片者签订的合同获得报酬。电影作品和以类似摄制电影的方法创作的作品中的剧本、音乐等可以单独使用的作品的作者有权单独行使其著作权。"本案中,《黑》片剧本与《黑》片之间存在着不可分割的紧密关系,《黑》片电影的拍摄实质上是穆德远、陈燕民将其对《黑》片剧本享有的著作权中的摄制权、改编权许可《黑》片的制片者深圳影业公司行使之结果。换言之,《黑》片系《黑》片剧本的演绎作品,《黑》片的制片者及他人在行使对该演绎作品的著作权时,均不得侵害原作(即《黑》片剧本)著作权人的权利。穆德远、陈燕民作为《黑》片剧本的著作权人,对《黑》片的翻拍(即再次拍摄)享有许可权和最终的控制权。即使穆德远、陈燕民将《黑》片剧本的摄制权、改编权许可或转让给《黑》片的制片者,他们对《黑》片剧本仍享有著作权法规定的人身权利及其他财产权利。因此,穆德远、陈燕民基于其对《黑》片剧本享有的著作权而在影视文化、娱乐媒体等经营领域内享有潜在的交易机会及获取经济报酬的可能性,从而与创磁公司、恒业公司及搜狐公司在上述领域存在竞争关系。

穆德远、陈燕民作为《黑》片的编剧,对《黑》片享有署名权。著作权法意义上的署名权是表明作者身份,在作品上署名的权利。署名权系一种作者表明其与作品之间存在创作关系事实的权利,所要保护的是作为某一作品创作者的身份利益。剧本作为一种特殊的文字作品,其创作的目的就是用于影视作品的拍摄,并且通过影视作品的播出体现剧本作者的创作内容,因此体现剧本作者的人格权利最为重要的方式就是在影视作品中进行编剧署名。相关公众对剧本的接受,则主要是通过对根据剧本改编的影视作品的观看完成的。在此情形下,使相关公众能够对剧本作品的作者进行识别的最主要方式就是影视作品字幕中编剧的署名权。因此,影视作品字幕中编剧的署名权属于著作权法意义上剧本的法定署名权。

(二)创磁公司与恒业公司在搜狐网中关于《枉》片的宣传是否构成引人误解的虚假宣传

《反不正当竞争法》第9条第1款规定:"经营者不得利用广告或者其他方法,对商品的质量、制作成分、性能、用途、生产者、有效期限、产地等作引人误解的虚假宣传。"在经营主体日益多元、经营方式日益多样、市场竞争日益激烈的市场环境下,包括广告在内的各种宣传手段已成为市场经营者参与市场竞争活动、推销相关商品和服务、建立市场知名度的重要手段。作为以鼓励和保护公平竞争为目标的《反不正当竞争法》,并不排斥经营者利用广告或者其他方法对其商品或服务加以宣传推广。但是,经营者的宣传行为必须符合公认的商业道德,不得以引人误解的宣传方式攫取不正当的竞争优势,损害其他经营者的合法权益,扰乱社会经济秩序。《反不正当竞争法》第9条第1款规定的虚假宣传本质上需要达到"引人误解"的程度,因为只有引人误解,才会影响消费者的判断,进而影响公平竞争的秩序和经营者及消费者的合法权益。在具体案件中,对相关行为是否构成虚假宣传,以是否引人误解为标准加以具体认定。虽然明显夸张的宣传方式所表达的内容并不真实,但是如果此种宣传方式并未造成相关公众误解,则仍不应将其认定为虚假宣传。同理,即使相关宣传内容有据可查、确有出处,但是如果其表述内容、表达方式失之片面,或者是以歧义性语言或者其他引人误解的方式进行宣传,则因其容易造成相关公众误解,故仍应将其认定为虚假宣传。

(三)创磁公司与恒业公司是否应当为其对《枉》片进行的虚假宣传承担责任及其责任承担方式

影视作品的著作权人等利益相关方为追求作品营销效果及商业利益的最大化,可以制造特定"噱头",甚至对影视作品进行适度的夸大宣传。但是,这种宣传行为应以善意为出发点,且必须符合市场规则,按照诚实守信的原则行事。如果偏离了这些原则和规则,则必然走向不正当竞争,进而可能损害其他经营者利益和社会公众利益。

本案中,创磁公司与恒业公司引人误解的虚假宣传行为违反了诚实信用原则和公认的商业道德,极易影响相关公众的观影判断,损害了其他经营者及消费者的合法权益,进而影响了公平竞争的市场秩序。因此,创磁公司与恒业公司应当为其实施的上述虚假宣传行为承担相应的法律责任。

影评中对《枉》片的负面评价亦对《黑》片乃至《黑》片剧本产生不良影响。因此,创磁公司与恒业公司应就其虚假宣传的不正当竞争行为向穆德远、陈燕民承担消除负面影响、赔偿经济损失的法律责任。

四、案例研习安排

（一）教学对象及目标

本案例供法学专业本科生、硕士研究生及法律硕士研究生教学使用，其他专业本科生、硕士研究生也可参酌使用。

本案例需要解决的问题主要有：

（1）穆德远、陈燕民与创磁公司、恒业公司及搜狐公司是否存在竞争关系？是不是适格主体？

（2）创磁公司与恒业公司在搜狐网中有关《柱》片的宣传是否构成引人误解的虚假宣传？

（3）创磁公司与恒业公司是否应当为其对《柱》片进行的虚假宣传承担责任？责任承担方式是怎样的？

（二）建议课堂计划

本案例可以作为专门的教学案例进行讲授，建议安排1课时（40—45分钟）。

如下课堂设计，仅供参考：

1. 课前计划

安排学生阅读案例及相关参考资料，熟悉整个案例流程，对案例中提出的问题进行思考。

2. 课中计划

介绍教学目的，明确讨论主题。

分组讨论问题及解决对策，告知发言要求。

小组代表发言，提出争议焦点，并对争议焦点涉及的相关法律法规进行评述。

教师进行引导性分析，并作归纳总结。

3. 课后计划

请学生课后进一步细化了解不正当竞争的类型、虚假宣传行为的认定、虚假宣传的法律责任等相关内容。

五、思考题

1. 应当如何认定不正当竞争行为？

2. 虚假宣传行为与夸张宣传有什么区别?

3.《反不正当竞争法》与《民事诉讼法》在诉讼主体的认定、权利救济和责任后果的规定上有何区别?

案例 十二 南京途牛科技有限公司与同程网络科技股份有限公司商业贿赂不正当竞争纠纷案

【摘　要】　本案是一起关于商业诋毁和虚假宣传的不正当竞争纠纷案件。我们将围绕是否属于虚假宣传、竞争关系的认定、不正当竞争行为的认定标准、不正当竞争侵权行为的赔偿范围、商誉是否能作为赔礼道歉的对象等进行讨论。通过对案例的学习,我们能够更深层次了解如何适用《反不正当竞争法》第 2 条这一原则性条款、具体的不正当竞争行为有什么特征和构成要件等问题。

【关键词】　不正当竞争行为　商业诋毁　虚假宣传　商誉　竞争关系

一、基本案情

南京途牛科技有限公司(以下简称"途牛公司")诉称,途牛公司成立于 2006 年 12 月 18 日,运营的"途牛旅游网"以"让旅游更简单"为使命,为消费者提供由北京、上海、广州、深圳等 64 个城市出发的旅游产品预订服务,产品全面,价格透明,并提供丰富的后续服务和保障。目前,途牛旅游网已经成为全国最大的在线旅游服务提供商之一,提供 45 万余种旅游产品供消费者选择,涵盖跟团、自助、自驾、邮轮、酒店、签证、景区门票以及公司旅游等。2014 年 5 月 9 日,途牛旅游网正式在美国纳斯达克板块 IPO 上市(股票代码:TOUR)。

同程网络科技股份有限公司(以下简称"同程公司")同样是一家在线旅游服务提供商,其旗下运营的"同程旅游网"为消费者提供酒店、机票、旅游门票预订服务以及其他旅游服务产品。

途牛公司发现同程公司针对途牛公司实施如下侵权行为:

第一,同程公司在其微信公众号上实施下述行为:

（1）发布"同程双12，出境游全面超越某牛""邮轮收客量更超某牛3倍""同程爆牛12.12""爆牛放血价""屠牛价"等文字内容以及"打牛"的图片，内容直接指向途牛公司，号称其旅游产品销量大于途牛公司，价格优于途牛公司，并对途牛公司名称代表字"牛"采用"屠""爆"等激烈性词语予以攻击。

（2）发布"屠牛行动，每日一图，牛魔王滚出西游记""屠牛行动，每日一图，冤大头才花冤枉钱"系列文章，并配以"揪牛耳""打牛""牛哭""牛吐血""烧牛""牛脱光"等图片。其文案载有以下侮辱、诋毁性语句："成天就知道搞相亲，忘了自己的本分"（途牛公司于2014年独家冠名江苏卫视著名相亲类节目《非诚勿扰》）、"牛哥简直抠到家，还拿什么指望他"以及"今日替天行道，打你个执迷不悟"等。

（3）发布"有啥好牛""别牛"主题系列图片，配以"To 某牛，没有同样低价，至少比你再低100！""有啥好牛？再吹！再装！抽你！"等攻击性文字及图样。系列图片通过贬损途牛公司代表性服务产品和承诺（九大保障、服务中心50家、0元WIFI、旅游金融、百万路线、1元旅游），以达到抬高同程公司所称的服务的目的。

第二，同程公司在其手机APP（同程旅游）上实施下述行为：

（1）在APP主页面上显示"爆牛放血价"文字内容以及"打牛"图案。

（2）在介绍旅游产品时采用"我比某牛低4000元，疯狂秒杀2699元""爆牛6999""屠牛价"等文字内容。

第三，同程公司在其公司网站（www.ly.com）上实施下述行为：

（1）在"12.12同程旅游装×指南"主页面上显示"才八千万？不过亿怎么能叫让利？""不只是说说，爆牛放血1.2亿！"等文字内容，并配以"屠杀牛"的图案，直接针对途牛公司进行攻击（2014年，途牛公司为庆祝公司成立八周年，推出优惠活动，让利八千万元）。

（2）在网站主页面上显示"GO爆牛出境之王登基之战"等文字内容。

第四，同程公司在全国范围内的公共场所（地铁、小区电梯等）投放了针对途牛公司的广告，配以"爆牛""别了，牛"等文字以及"牛哭泣""拳头打击"等图案。

上述同程公司在其公司网站、手机APP、微信公众号、公共场所的恶意宣传行为，其矛头直接指向途牛公司，严重破坏了途牛公司和品牌的形象，损害了公众对途牛公司旅游服务的信赖,并通过贬损途牛公司旅游服务的方式抬高同程公司自身的旅游服务,属于针对途牛公司的商业诋毁以及不正当竞争行为。同程公司的上述行为违背基本的商业道德和诚信原则,严重侵害了途牛公司的商业信誉、商品声誉,并给途牛公司造成了重大经济损失。

2015年,途牛公司为维护自身合法权益不受侵害,依法将同程公司诉至法院,请求判令被告:(1)停止侵犯原告权益的不正当竞争行为,包括删除在被告网站、手机APP、微信公众号等平台上发布的针对原告的文章、图片、宣传文字等内容,停止投放在公共场所的侵权广告,以及停止其他侵权行为;(2)赔礼道歉、消除影响,包括在其公司网站、手机APP、微信公众号上刊登向原告赔礼道歉的公告,并至少连续刊登一个月,在指定全国平面媒体上刊登向原告赔礼道歉的公告;(3)赔偿原告经济损失200万元;(4)本案诉讼费以及原告为制止被告侵权行为支付的律师费23万元、公证费6000元及其他合理费用等由被告承担。

被告同程公司辩称:(1)被告未利用广告或其他方法,对商品质量等作引人误解的虚假宣传。被告亦未捏造、散布虚假事实损害原告的商业信誉。被告在微信公众号中使用了"牛魔王"作为故事素材,属于文学再创作,并未指向原告。"屠牛""爆牛"系网络语言,并无贬损原告之意。被告使用"屠牛""爆牛"文字是针对旅游行业的价高、服务差等违法行为。被告的宣传图文均未指向原告,并没有对原告构成诋毁的不正当竞争行为;(2)被告享有较高的声誉,无须通过诋毁他人抬升自己的地位以获取利益;(3)原告主张的经济赔偿无任何事实和法律依据,且明显过高。

一审法院南京市中级人民法院判决:(1)被告同程公司立即停止侵犯原告途牛公司权益的不正当竞争行为;(2)被告同程公司赔偿原告途牛公司经济损失及为制止侵权行为支出的合理费用共计100万元;(3)驳回原告途牛公司的其他诉讼请求。

同程公司不服一审判决,上诉至江苏省高级人民法院。2017年4月,江苏省高级人民法院作出二审判决:驳回上诉,维持原判。

二、法院的观点

(一) 同程公司的行为是否构成不正当竞争行为

经营者在市场交易中,应当遵循自愿、平等、公平、诚实信用原则,遵守公认的商业道德。根据《反不正当竞争法》[①]第 9 条第 1 款的规定,经营者不得利用广告或者其他方法,对商品的质量、制作成分、性能、用途、生产者、有效期限、产地等作引人误解的虚假宣传。该法第 14 条规定:"经营者不得捏造、散布虚伪事实,损害竞争对手的商业信誉、商品声誉。"本案中,途牛公司与同程公司同属在线旅游服务提供商,其业务范围内均有网络在线旅游服务业务,两者具有商业竞争关系。同程公司在其微信公众号、手机 APP 及公司网站分别推出"屠牛行动,每日一图,牛魔王滚出西游记"和"屠牛行动,每日一图,冤大头才花冤枉钱",并配以"揪牛耳""拳击牛魔王"等系列图案,同时赋词如:"妖言惑众牛魔王,花样百出爱浮夸!联合众神齐撒网,束手就擒莫挣扎",以及"空话牛话一箩筐,优惠分毫都不让"等宣传文案;其微信公众号还发布"有啥好牛""别牛"主题系列图片,配以"To 某牛,没有同样低价,至少比你再低 100!""爆牛放血价"等广告宣传语。上述以"牛魔王"为素材创作的系列图案,单纯从作品角度而言,并不妨害他人。但是,由于同程公司与途牛公司具有商业竞争关系,同程公司将以上系列图片配以"屠牛""爆牛"及相应文字置于微信公众号、手机 APP 及其公司网站等特定场所,通过明示或暗示语言指向竞争对手,进行广告宣传,易使相关公众对上述图案产生联系及想象。同程公司的上述行为以明显夸张的方式丑化竞争对手的商业形象,并通过对比宣传诋毁竞争对手,进行恶意竞争,损害竞争对手的商业信誉、商品声誉,导致途牛公司客户的流失,进而导致其市场份额减损。同程公司的行为违反了《反不正当竞争法》第 9 条、第 14 条的规定,属于散布虚伪事实、损害竞争对手的商业信誉的不正当竞争行为,应承担相应的民事责任。

(二)若同程公司的行为构成不正当竞争,那么同程公司应当承担何种民事责任

一审法院认为,途牛公司以法定赔偿作为计算赔偿的方法可以采纳。法院综合考虑以下因素确定赔偿额:(1)途牛公司企业的知名度;(2)同程公司侵权行为性质、时间和造成的影响;(3)途牛公司为制止同程公司侵权行为支出的合理费用。

作为民事责任形式的赔礼道歉、消除影响,其适用范围有特定要求,一般

[①] 本案所涉为 1993 年《反不正当竞争法》。

应适用于涉及侵犯他人人身权或商誉等场合。由于同程公司与途牛公司均系企业法人,而商誉是企业法人的财产性权利,赔礼道歉不属于不正当竞争纠纷诉讼案件侵权人应承担的民事责任方式,故途牛公司的该诉讼请求缺乏法律依据,法院不予支持。

三、教学内容(法律评析)

(一)案件争议焦点

本案的争议焦点主要是:同程公司的行为是否构成虚假宣传和商业诋毁的不正当竞争行为?

途牛公司认为,同程公司在其公司网站、手机 APP、微信公众号、公共场所实施了一系列恶意宣传行为,其矛头直接指向途牛公司,严重破坏了途牛公司的形象;同程公司违背基本的商业道德和诚信原则,严重侵害了途牛公司的商业信誉、商品声誉,并给途牛公司造成了重大经济损失。

同程公司认为,自己未作引人误解的虚假宣传,无贬损途牛公司之意;自己享有较高的声誉,无须诋毁他人;途牛公司主张的经济赔偿无任何事实和法律依据。

(二)法律分析

1. 同程公司的行为是否构成不正当竞争行为

首先,关于同程公司称其涉案行为系针对行业内存在的问题,而非具体指向途牛公司的上诉理由。法院认为,同程公司的上述主张不能成立。其一,同程公司与途牛公司均属知名度较高的在线旅游服务提供商,同程公司在宣传中大量使用"牛"的图案、"屠牛行动"等用语,而途牛公司的字号为"途牛",结合途牛公司的行业地位、字号的知名度以及与同程公司的竞争关系,很容易使相关公众联想到该宣传具体指向途牛公司。其二,同程公司在微信公众号中宣称"九大保障?有啥好牛!""服务中心 50 家?有啥好牛!""0 元 WIFI?有啥好牛!""旅游金融?有啥好牛!"等,而"九大保障""服务中心 50 家""0 元 WIFI""旅游金融"等均系途牛公司的主要产品和特色服务。其三,途牛公司与同程公司客服人员的电话录音,也在一定程度上印证了同程公司的行为直接指向途牛公司。综上,同程公司的上述行为很容易使相关公众联想到途牛公司,具有明确的指向。至于途牛公司在一审阶段提交的扬子晚报网和网易刊载的两则新闻以及一组公共场所广告的照片，鉴于扬子晚报网和网易刊载的两则新闻为网络打印件，对其真实性无法核实；公共场所广告照片系途牛公司单方拍摄，拍摄时间、地点及广告发布人无法显示，且上述证据的采纳与否亦不影响本案事实的认定，故一审法院对途牛公司提交的上述证据未予采纳并无不当。

其次，关于同程公司称其并未针对途牛公司进行片面的宣传或者对比，也没有捏造虚伪事实进行商业诋毁的上诉理由。法院认为，经营者在市场交易中，应当遵循自愿、平等、公平、诚实信用的原则，遵守公认的商业道德。自由竞争能够确保市场资源优化配置。但是，市场经济同时要求竞争公平、正当、有序。本案中，同程公司的宣传内容指向途牛公司，在贬损途牛公司服务和商誉的同时，片面、夸张地宣传自己的服务，即进行所谓的"对比宣传"，且用语言辞激烈、图案夸张，甚至含有暴力的内容，其行为明显超出正当宣传、合法竞争的边界。至于同程公司辩称其并未捏造虚伪事实，一审法院认为，判定是否构成商业诋毁，其根本要件在于相关经营者的行为是否以误导方式对竞争对手的商业信誉或者商品声誉造成了损害。本案中，同程公司的行为足以导致相关公众对于途牛公司的产品和服务产生错误认识，亦必将对途牛公司的商誉产生负面影响。据此，一审判决判定同程公司实施了虚假宣传和商业诋毁行为，构成不正当竞争，并无不当。

2. 若同程公司的行为构成不正当竞争，那么同程公司应当承担何种民事责任

同程公司的涉案行为构成不正当竞争，应当承担停止侵权、赔偿损失的民事责任。

首先，关于一审判决确定的赔偿数额是否适当。本案中，途牛公司未提供证据证明其因被侵权所遭受的实际损失或者同程公司因侵权的违法所得，且途牛公司在一审阶段请求适用法定赔偿，一审判决遂以法定赔偿方式确定本案赔偿数额。对此，途牛公司在一审阶段提交了艾瑞咨询集团出具的2015年《中国在线旅游度假行业研究报告》，以证明途牛公司的市场份额远远大于同程公司。鉴于艾瑞咨询集团为非官方机构，对其出具的行业报告的真实性难以确认，一审法院对该报告未予采纳。一审法院综合考虑途牛公司的知名度，同程公司侵权行为的性质、持续时间与影响，以及途牛公司为制止侵权行为支

出的合理费用等因素，确定同程公司赔偿途牛公司经济损失及合理费用共计 100 万元，并无不当。

其次，关于同程公司是否应当承担赔礼道歉、消除影响的民事责任。鉴于在一审阶段同程公司已经删除了途牛公司诉称的相关内容，结合本案情况判令同程公司停止侵权可以起到消除影响的作用，一审法院未支持途牛公司要求同程公司赔礼道歉、消除影响的诉讼请求，亦并无不当。

四、案例研习安排

（一）教学对象及目标

本案例供法学专业本科生、硕士研究生及法律硕士研究生教学使用，其他专业本科生、硕士研究生也可参酌使用。

本案例需要解决的问题主要有：

（1）同程公司的行为是否构成不正当竞争行为？

（2）若同程公司的行为构成不正当竞争，那么同程公司应当承担何种民事责任？

（二）建议课堂计划

本案例可以作为专门的教学案例进行讲授，建议安排 1 课时（40—45 分钟）。

如下课堂设计，仅供参考：

1. 课前计划

安排学生阅读案例及相关参考资料，熟悉整个案例流程，对案例中提出的问题进行思考。

2. 课中计划

介绍教学目的，明确讨论主题。

分组讨论问题及解决对策，告知发言要求。

小组代表发言，提出争议焦点，并对争议焦点涉及的相关法律法规进行评述。

教师进行引导性分析，并作归纳总结。

3. 课后计划

请学生课后进一步细化了解不正当竞争行为的类型、虚假宣传的构成要件等相关内容。

五、思考题

1. 反不正当竞争法中的不正当竞争行为是否会出现竞合的情形？是否应

当对各个不正当竞争行为的区别和构成要件予以明确规定?

2. 不正当竞争行为的法律责任包括哪些?与民事责任有什么相似和区别之处?

3. 为什么商誉不适用于赔礼道歉的范围?商誉的损害应当通过什么途径进行合理的救济?

第三节 商业贿赂的法律规制

案例 十三 深圳市创投奇创科技有限公司与深圳市海派特光伏科技有限公司商业贿赂不正当竞争纠纷案

【摘 要】 本案是一起关于商业贿赂这一不正当竞争行为的案件,主要围绕公司间签订的反商业贿赂协议书之合同效力以及违约金数额的判断问题展开。通过对案例的学习,我们可以更深层次了解反商业贿赂协议书订立过程中双方的权利义务关系。

【关键词】 商业贿赂 合同效力 违约金 不正当竞争行为

一、基本案情

上诉人深圳市创投奇创科技有限公司(以下简称"创投奇创公司")上诉请求:(1)撤销深圳市南山区人民法院(2017)粤0305民初3245号第一项判决,改判上诉人向被上诉人支付违约金10万元;(2)一审案件受理费依法改判,二审案件受理费由被上诉人承担。事实和理由:(1)上诉人供货未造成被上诉人经济损失。(2)上诉人的违约行为主要系被上诉人采购经理索贿造成,被上诉人应当承担主要责任,应当区分对待。如判处违约金过高,被上诉人将因自身存在的重大过错而获益,明显与法理不符,请求二审法院综合考虑,依法支持上诉人请求。

被上诉人深圳市海派特光伏科技有限公司(以下简称"海派特公司")答辩称:(1)上诉人利用商业贿赂使其获得不正当竞争优势,并将行贿金额加成在采购价格中,非法获取巨额利润,该行为损害了被上诉人利益,造成了被上诉人重大经济损失；（2）被上诉人主张 100 万元违约金，一审法院已减少到支付 20 万元，被上诉人请求仅支付 10 万元违约金，没有事实和法律依据。综上，一审判决被上诉人支付 20 万元违约金已经是综合考量了上诉人违约情节、市场行情以及被上诉人实际损失等情形之后确定的最低标准，上诉人主张仅支付 10 万元完全没有事实和法律依据，请求驳回上诉人的上诉请求。

原审原告海派特公司向一审法院提出诉讼，请求判决：（1）创投奇创公司支付违约金 100 万元给海派特公司；（2）本案诉讼费用由创投奇创公司承担。

原审法院审理查明：海派特公司向创投奇创公司采购电子元器件。2014 年 6 月至 2016 年 8 月期间，海派特公司共向创投奇创公司支付货款 3753172.82 元。2015 年 3 月 10 日，海派特公司（甲方）与创投奇创公司（乙方）签订《反商业贿赂协议书》，约定：甲方采购人员不得以任何形式向乙方索贿。乙方不得采用行贿手段销售或者供应产品。本协议所称"行贿"，是指乙方为销售或者供应产品而采用财务或其他手段贿赂甲方采购人员的行为；本协议所称"索贿"，是指甲方采购人员向乙方单位或个人要求索取财物或通过其他形式收受利益。乙方人员采用商业贿赂手段为乙方单位销售或者供应产品的行为，应当认定为乙方单位的行为。乙方在账外暗中给予甲方采购人员回扣的，以行贿论处。乙方除因公需要可以向甲方采购人员提供每人每次不高于 30 元的工作餐外，双方一致同意双方人员的如下行为是应当禁止的商业贿赂或营私舞弊行为：（1）甲方采购人员以任何方式向乙方索要或收受回扣、佣金、有价证券、礼品、实物等一切经济利益；（2）乙方及其职员向甲方职员提供回扣、佣金、有价证券、礼品、实物等一切经济利益，包括但不限于本条以下条款……乙方违反协议约定的，甲方有权无条件终止与其一切商业合作关系，并根据情节要求乙方承担 10 万元以上 100 万元以下的违约金；给甲方造成其他损失的，乙方仍负有全面赔偿义务。甲方采购人员要求乙方给予其任何形式的不正当利益，乙方必须及时投诉，并提供相关证据给甲方，经甲方查实后作出处理，并为乙方保密。乙方或其采购人员投诉举报甲方采购人员任何不当行为，不会影响双方合同的继续履行，并且甲方会将其作为优先合作的考虑因素。

2017 年 11 月 12 日，南山区人民法院作出（2016）粤 0305 刑初 1949 号刑事判决书，载明：被告人王某芳系海派特公司采购主管；被告人贺洪春系海派特公司研发经理。经审理查明：被告人王某芳于 2014 年 7 月入职海派特公司，先后担任采购员、采购主管，其负责的工作包括挑选供应商、洽谈材料价格等;被告人贺洪春于 2013 年 9 月入职海派特公司,2014 开始担任研发部经理,主要负责研发部的全面工作,包括采购供应商的引进。王某芳自担任采购主管后,使用其母亲夏某秀、其朋友龙某强的账户收取供应商的回扣,共计 1364926.69 元;贺洪春自担任研发经理后,使用其妻子唐某的账户收取电子元器件供应商的回扣共计 156434 元,收取王某芳转交的回扣款共计 184338 元。证人吕明叶证言:"我是海派特公司的采购员,采购经理是王某芳,采购的材料都要经过王某芳同意并在订单上签名,如果她不同意,就会要求我换一个供应商;我负责采购的材料,公司指定有五家供应商,供应的产品大同小异;不清楚王某芳有无从供应商处获得好处。"证人赵某证言:"我是创投奇创公司业务经理。我司从 2014 年年初开始与海派特公司有业务往来,2014 年 9 月起由王某芳负责对接。2014 年 10 月,王某芳向我提出要按照商品的 2 到 4 个点给她好处费,并提供了一个夏某秀的账户让我转账。从 2014 年 12 月到 2016 年 6 月,(我)共给了王某芳 16 万元左右的好处费。"被告人王某芳供述及辩解:"我于 2014 年 7 月入职任采购主管,主要负责下单、跟催、议价及找供应商等工作。我挑选供应商时有推荐及提出意见的权力,但最终挑选的供应商及洽谈的价格都由上司曾晗拍板决定。采购的每种材料一般有 3 家供应商竞争,如果报价差不多,给了'喝茶费'的公司会得到我的照应,我会分配多一点订单。供应商与我洽谈业务时都希望能多做一些订单,于是都会说给我'喝茶费',点数大概是采购额度的百分之一至百分之四。我通过母亲夏某秀的银行卡收受供应商给的'喝茶费',这张卡上的 1378973.40 元都是喝茶费。"综上,一审法院判决如下:"一、被告人王某芳犯非国家工作人员受贿罪,判处有期徒刑五年;二、被告人贺洪春犯非国家工作人员受贿罪,判处有期徒刑一年六个月。"本案证据中有经被告创投奇创公司业务经理赵某签名捺印确认的银行账户明细清单,载明赵某于 2014 年 12 月至 2016 年 6 月转账给王某芳好处费合计 161015.10 元。

海派特公司当庭提交差额明细表,拟证明创投奇创公司违反《反商业贿赂协议书》的相关约定,采取不正当的竞争获取海派特公司订单;创投奇创公司的行为违反合同约定及法律规定;创投奇创公司的行为给海派特公司造成重大损失;通过比较海派特公司与其他供应商的采购价格,创投奇创公司的行为给海派特公司造成可统计损失为 1051100.39 元。创投奇创公司对该证据的真实性、合法性、关联性均不予确认,认为是海派特公司单方制作的表格,没有足够的证据事实支持。

海派特公司当庭提交海派特公司与创投奇创公司交易的订单、报价单、对账单、发票等，海派特公司与其他供应商同种产品交易的订单、报价单、发票、银行流水等，拟证明海派特公司在创投奇创公司处采购的涉案产品价格远高于市场价格；海派特公司与其他供应商涉案产品采购价格为市场价，海派特公司与其他供应商的交易真实。创投奇创公司对该组证据中有创投奇创公司公章的销售报价单、对账单予以确认，订单因当庭提交无法核实，其他供应商的相关证据与本案无关，对其真实性、合法性、关联性均不予确认。

二、法院的观点

（一）一审法院的观点

1. 关于合同效力

海派特公司、创投奇创公司签订的《反商业贿赂协议书》系各方当事人真实意思表示，不违反法律、行政法规的强制性规定，合法有效，各方当事人均应严格履行各自义务。

2. 关于违约金

1993年《反不正当竞争法》第20条规定："经营者违反本法规定，给被侵害的经营者造成损害的，应当承担损害赔偿责任，被侵害的经营者的损失难以计算的，赔偿额为侵权人在侵权期间因侵权所获得的利润；并应当承担被侵害的经营者因调查该经营者侵害其合法权益的不正当竞争行为所支付的合理费用。被侵害的经营者的合法权益受到不正当竞争行为损害的，可以向人民法院提起诉讼。"海派特公司、创投奇创公司双方的《反商业贿赂协议书》约定，双方一致同意双方人员的如下行为是应当禁止的商业贿赂或营私舞弊行为：海派特公司采购人员以任何方式向创投奇创公司索要或收受回扣、佣金、有价证券、礼品、实物等一切经济利益；创投奇创公司及其职员向海派特公司职员提供回扣、佣金、有价证券、礼品、实物等一切经济利益。创投奇创公司违反本协议约定的，海派特公司有权无条件终止与其一切商业合作关系，并根据情节要求其承担10万元以上100万元以下的违约金；给海派特公司造成其他损失的，创投奇创公司仍负有全面赔偿义务。海派特公司采购人员要求创投奇创公司给予其任何形式的不正当利益，创投奇创公司必须及时投诉，并提供相关证据给海派特公司，经海派特公司查实后作出处理，并为创投奇创公司保密。

创投奇创公司为继续向海派特公司供货或争取更多订单,违反《反商业贿赂协议书》的上述约定,向海派特公司采购主管王某芳提供好处费161015.10元,依约应向海派特公司支付违约金。

3. 关于违约金具体金额

海派特公司主张通过同类产品的前后采购差额对比,海派特公司采购创投奇创公司的产品比市场价格高出100万元,并提交差额明细表,海派特公司与创投奇创公司交易的订单、报价单、对账单、发票等,海派特公司与其他供应商同种产品交易的订单、报价单、发票、银行流水等予以佐证。

首先,海派特公司提交的差额明细表系其自行制作,创投奇创公司对其真实性亦不予确认,一审法院不予采信。

其次,海派特公司主张的违约金系根据其提交的创投奇创公司供应电子元器件的单价与其他供应商的单价差额计算得出,但海派特公司提出的其他供应商单价均系单独摘取各供应商在供货期间该种型号电子元器件的最低价,并未按照同时期供应商的市场公允价格进行计算,证明力不足。

最后,根据市场交易行情,供应商因电子元器件的成本不同以及供货期间存在价格波动,海派特公司以不同供应商对同一型号的物料在不同供货期存在价差主张其因此遭受损失100万元,与常理不符,一审法院不予采信。

综上,一审法院判决:(1)创投奇创公司应向海派特公司支付违约金20万元;(2)驳回海派特公司的其他诉讼请求。

(二)二审法院的观点

1. 关于不正当竞争行为

本案被诉的不正当竞争行为发生时间和一审判决时间均在2018年1月1日之前,故本案适用1993年《反不正当竞争法》。该法第8条第1款规定:"经营者不得采用财物或者其他手段进行贿赂以销售或者购买商品。在账外暗中给予对方单位或者个人回扣的,以行贿论处;对方单位或者个人在账外暗中收受回扣的,以受贿论处。"根据一审查明的事实可以认定,上诉人创投奇创公司在账外暗中给予对方个人回扣,以换取相应的商业优势,违反公认的商业道德,构成商业贿赂不正当竞争行为。

2. 关于违约金是否过高

创投奇创公司违反《反商业贿赂协议书》约定的,海派特公司有权无条件终止与其一切商业合作关系,并根据情节要求其承担10万元以上100万元以下的违约金；给海派特公司造成其他损失的，创投奇创公司仍负有全面赔偿义务。海派特公司采购人员要求创投奇创公司给予其任何形式的不正当利益，创投奇创公司必须及时投诉，并提供相关证据给海派特公司，经海派特公司查实后作出处理，并为创投奇创公司保密。创投奇创公司为继续向海派特公司供货或争取更多订单，违反《反商业贿赂协议书》的上述约定，向海派特公司采购主管王某芳提供好处费161015.10元，依约应向海派特公司支付违约金。关于违约金具体金额，海派特公司主张通过同类产品的前后采购差额对比，海派特公司采购创投奇创公司的产品比市场价格高出100万元，并提交差额明细表，海派特公司与创投奇创公司交易的订单、报价单、对账单、发票等，海派特公司与其他供应商同种产品交易的订单、报价单、发票、银行流水等予以佐证。

上诉人创投奇创公司和被上诉人海派特公司自愿签订《反商业贿赂协议书》，系双方真实意思表示，并不违反法律、行政法规的强制性规定，双方当事人均应严格遵守。协议约定在构成商业贿赂的情况下，海派特公司有权要求创投奇创公司根据情节承担10万元以上100万元以下的违约金。虽然被上诉人海派特公司诉请了100万元的违约金，但是没有确切证据支持，故一审法院综合考量本案案情及市场行情，亦考虑到被上诉人为调查、诉讼所支付的合理费用，最后酌定创投奇创公司向海派特公司支付违约金20万元，合理合法，并无不当。上诉人创投奇创公司称金额过高，没有事实和法律依据，二审法院不予采纳。

综上，一审判决认定事实清楚，适用法律正确，二审法院予以维持。二审法院判决如下：驳回上诉，维持原判。二审案件受理费4300元，由上诉人创投奇创公司负担。

三、教学内容（法律评析）

（一）争议焦点分析

1. 违约金的存在以合同有效为前提

2015年3月10日，海派特公司（甲方）与创投奇创公司（乙方）签订《反商业贿赂协议书》，系双方当事人真实意思表示。同时，该协议不违反任何法律、行政法规的强制性规定。《民法典》第502条第1款规定："依法成立的合同，自成立时生效，但是法律另有规定或者当事人另有约定的除外。"据此，海派特公司与创投奇创公司签订的《反商业贿赂协议书》自成立时自然生效，因而对海派特公司与创投奇创公司均具有约束力。

2. 违反有效合同的约定即为违约

如上文所述,海派特公司与创投奇创公司在《反商业贿赂协议书》中,就不得行贿和索贿问题进行了详细的约定:甲方采购人员不得以任何形式向乙方索赔。乙方不得采用行贿手段销售或者供应产品。根据2017年11月12日深圳市南山区人民法院作出的刑事判决书认定的事实,《反商业贿赂协议书》的乙方创投奇创公司的业务经理赵某在2014年12月到2016年6月期间,共向甲方的采购经理王某芳转账16万元左右作为好处费,并进行了确认。此行为已经可以认定为《反商业贿赂协议书》中的行贿行为,乙方向甲方行贿,故违反了两公司的有效合同《反商业贿赂协议书》。《民法典》第577条规定:"当事人一方不履行合同义务或者履行合同义务不符合约定的,应当承担继续履行、采取补救措施或者赔偿损失等违约责任。"据此,创投奇创公司应当向海派特公司支付违约金。

3. 违约金的计算

海派特公司(甲方)与创投奇创公司(乙方)签订的《反商业贿赂协议书》中约定:乙方违反协议约定的,甲方有权无条件终止与其一切商业合作关系,并根据情节要求乙方承担10万元以上100万元以下的违约金;给甲方造成其他损失的,乙方仍负有全面赔偿义务。《民法典》第585条规定:"当事人可以约定一方违约时应当根据违约情况向对方支付一定数额的违约金,也可以约定因违约产生的损失赔偿额的计算方法。约定的违约金低于造成的损失的,人民法院或者仲裁机构可以根据当事人的请求予以增加;约定的违约金过分高于造成的损失的,人民法院或者仲裁机构可以根据当事人的请求予以适当减少。当事人就迟延履行约定违约金的,违约方支付违约金后,还应当履行债务。"创投奇创公司应支付的违约金应该根据其给海派特公司带来的损失计算。法院否决了海派特公司100万元的诉讼请求,也否决了创投奇创公司将违约金降到10万元的诉讼请求。

(二)法律拓展

本案中,创投奇创公司与海派特公司采购人员的行为属于商业贿赂行为,亦属于不正当竞争行为。值得注意的是,违约并承担违约金的是施贿方即创投奇创公司,此结果的依据是双方作出约定的《反商业贿赂协议书》;而一审法院作出的刑事判决书中受到刑事处罚的却是受贿方即海派特公司的员工,其处罚依据是《中华人民共和国刑法》第 163 条 "非国家工作人员受贿罪"。那么，商业贿赂在触犯反不正当竞争法时，对受到处罚的主体是如何界定的？

我国 1993 年《反不正当竞争法》第 8 条规定："经营者不得采用财物或者其他手段进行贿赂以销售或者购买商品。在账外暗中给予对方单位或者个人回扣的，以行贿论处；对方单位或者个人在账外暗中收受回扣的，以受贿论处。经营者销售或者购买商品，可以以明示方式给对方折扣，可以给中间人佣金。经营者给对方折扣、给中间人佣金的，必须如实入账。接受折扣、佣金的经营者必须如实入账。"2019 年《反不正当竞争法》第 7 条进一步修改了商业贿赂的规定："经营者不得采用财物或者其他手段贿赂下列单位或者个人，以谋取交易机会或者竞争优势：（一）交易相对方的工作人员；（二）受交易相对方委托办理相关事务的单位或者个人；（三）利用职权或者影响力影响交易的单位或者个人。经营者在交易活动中，可以以明示方式向交易相对方支付折扣，或者向中间人支付佣金。经营者向交易相对方支付折扣、向中间人支付佣金的，应当如实入账。接受折扣、佣金的经营者也应当如实入账。经营者的工作人员进行贿赂的，应当认定为经营者的行为；但是，经营者有证据证明该工作人员的行为与为经营者谋取交易机会或者竞争优势无关的除外。"

四、案例研习安排

（一）教学对象及目标

本案例供法学专业本科生、硕士研究生及法律硕士研究生教学使用，其他专业本科生、硕士研究生也可参酌使用。

本案例需要解决的问题主要有：

(1) 在何种情况下需要支付商业贿赂违约金？

(2) 应当如何确定商业贿赂违约金？

（二）建议课堂计划

本案例可以作为专门的教学案例进行讲授，建议安排 1 课时（40—45 分钟）。

如下课堂设计，仅供参考：

1. 课前计划

安排学生阅读案例及相关参考资料，熟悉整个案例流程，对案例中提出的问题进行思考。

2. 课中计划

介绍教学目的,明确讨论主题。

分组讨论问题及解决对策,告知发言要求。

小组代表发言,提出争议焦点,并对争议焦点涉及的相关法律法规进行评述。

教师进行引导性分析,并作归纳总结。

3. 课后计划

请学生课后进一步思考商业贿赂及不正当竞争的认定问题。

五、思考题

1. 商业贿赂有哪些特征?
2. 商业贿赂有哪些表现形式?

第四节 互联网不正当竞争行为

案例 十四　上海汉涛信息咨询有限公司诉北京百度网讯科技有限公司不正当竞争纠纷案

【摘　要】　本案是一起互联网不正当竞争纠纷案件,涉及的主要知识点包括如何界定互联网不正当竞争行为、虚假宣传行为、擅自使用知名服务特有名称行为、共同侵权行为等。研习本案,我们能够更加深入了解互联网不正当竞争纠纷。

【关键词】　不正当竞争　商业道德　竞争关系

一、基本案情

一审中,上海汉涛信息咨询有限公司(以下简称"汉涛公司")诉称:自2012年以来,北京百度网讯科技有限公司(以下简称"百度公司")未经许可,在未付出相应成本的情况下,在百度地图、百度知道中大量抄袭、复制汉涛公司经营的大众点评网上用户的点评信息。百度公司由此迅速获得用户和流量,挤占汉涛公司的市场份额,削减汉涛公司的竞争优势及交易机会。

2013年4月16日，名为"叶立鹤"的网络用户在其微博发问："百度地图的美食部分在大量直接引用大众点评网评论和介绍，但仅允许用百度账号登录进行评论。怎么回事？"百度地图官方微博在"叶立鹤"的微博中回复称："亲，我们现在是合作关系呀！"但是，汉涛公司认为其并未和百度公司进行合作，此种回复构成虚假宣传。

上海浦东新区人民法院于2016年5月26日判决汉涛公司胜诉，百度公司赔付323万元。百度公司不服，向上海知识产权法院提起上诉。2017年8月30日，上海知识产权法院作出终审判决，驳回百度公司的上诉，维持原判。

二、法院的观点

（一）一审法院的观点

1. 百度公司的行为是否构成不正当竞争

（1）百度公司与汉涛公司是否存在竞争关系？

反不正当竞争法所调整的竞争关系不限于同业者之间的竞争关系，还包括为自己或者他人争取交易机会所产生的竞争关系以及因破坏他人竞争优势所产生的竞争关系。竞争本质上是对客户即交易对象的争夺。在互联网行业，将网络用户吸引到自己的网站是经营者开展经营活动的基础。即使双方的经营模式存在不同，只要双方在争夺相同的网络用户群体，即可认定为存在竞争关系。

本案中，百度公司除了提供网络搜索服务，还提供其他网络服务。尤其是随着移动互联网的高速发展，百度地图已逐渐成为百度公司最重要的移动端产品之一。百度地图除了提供传统的地理位置服务如定位、导航等之外，亦为网络用户提供商户信息和点评信息，并提供部分商户的团购等服务。大众点评网和百度地图都为用户提供 LBS 服务（Location-Based Services，即基于位置的服务）和 O2O 服务（Online to Offline，即线上到线下的服务），两者在为用户提供商户信息和点评信息的服务模式上近乎一致，存在直接的竞争关系。此外，百度公司还通过百度知道向用户提供来自大众点评网的点评信息。百度公司通过搜索技术从大众点评网等网站获取信息，并将搜索引擎抓取的信息直接提供给网络用户，它和大众点评网一样都向网络用户提供商户信息和点评信息。百度公司不仅是搜索服务提供商，还是内容提供商。百度公司通过百度地图和百度知道与大众点评网争夺网络用户，可以认定百度公司与汉涛公司存在竞争关系。

(2) 汉涛公司是否因百度公司的竞争行为而受到损害

大众点评网和百度地图均有庞大的商户数量，当事人不可能对所有商户都进行公证，只能选取部分商户进行公证。汉涛公司举证的公证书中，所涉及的商户主要为餐饮类商户。汉涛公司进行公证时，根据百度地图自行生成的商户列表进行公证，此种方式所选取的商户具有随机性。此外，汉涛公司亦通过关键词搜索的方式选取商户进行公证。汉涛公司举证的公证书中，不管以哪种方式选定的商户，百度地图中都有大量来源于大众点评网的点评信息。即使是百度公司举证的证据，也可证明百度地图中餐饮等类别的商户大量使用大众点评网点评信息的事实。百度公司还举证了大量的公证书，欲证明百度地图中房产、酒店等类别的商户未使用大众点评网的点评信息。但是，上述证据并不能否认百度地图中其他类别尤其是餐饮类商户大量使用大众点评网的点评信息的事实。

百度公司使用了部分大众点评网的点评信息，如大众点评网某商户可能有几千条点评信息，百度地图使用了其中的几百条或者几十条信息。按照常识，网络用户通常不会完整查看某商户的几百条甚至几千条点评信息后才作出选择。网络用户通过几十条甚至十几条评论就足以作出选择。尤其对于目前大量使用手机的用户而言，受屏幕尺寸、阅读习惯等因素的制约，作出选择所需的信息量可能更少。虽然百度地图中设置了指向大众点评网的链接，但是由于百度地图中的每一条点评信息都是完整的，用户并不需要再去大众点评网查看该信息。百度地图大量使用大众点评网的点评信息，替代大众点评网向网络用户提供信息，会导致大众点评网的流量减少。百度地图在大量使用大众点评网点评信息的同时，又推介自己的团购等业务，攫取了大众点评网的部分交易机会。百度公司大量使用大众点评网点评信息的行为会给汉涛公司造成损害。此外，当网络用户使用百度搜索商户名称时，百度公司通过百度知道直接向用户提供来自大众点评网的点评信息，将一些想获取点评信息的网络用户导流到百度知道，即百度公司通过百度知道代替大众点评网向公众提供信息。百度知道的上述使用方式也会截取大众点评网的流量，给汉涛公司造成损害。

(3) 百度公司的行为是否具有不正当性

市场经济鼓励市场主体在信息的生产、搜集和使用等方面进行各种形式的自由竞争，但是这种竞争应当充分尊重竞争对手在信息的生产、搜集和使用过程中的辛勤付出。对涉及信息使用的市场竞争行为是否具有不正当性的判断应当综合考虑以下因素：涉案信息是否具有商业价值，能否给经营者带来竞争优势；信息获取的难易程度和成本付出；对信息的获取及利用是否违法、违背商业道德或损害社会公众利益；竞争对手使用信息的方式和范围。针对百度公司使用大众点评网点评信息的行为是否具有不正当性，一审法院分析如下：

第一，大众点评网的点评信息是汉涛公司的核心竞争资源之一，能给汉涛公司带来竞争优势，具有商业价值。以大众点评网为代表的点评类网站的出现，有效拓展了消费者获取商户信息的途径，在一定程度上解决了商户和消费者之间信息不对称的问题。在大众点评网提供的信息中，商户基本信息即商户名称、电话、地址、商户简介等信息类似于电话号码簿，尽管包含商户简介等内容，但是其信息量仍然有限，且用户很难判断信息的真伪，尚不能完全解决商户和消费者之间信息不对称的问题。大众点评网真正的优势在于其提供消费者真实的消费体验报告即用户点评。潜在的消费者可以通过点评获取有关商户服务、价格、环境等方面的真实信息，帮助其在同类商家中作出选择。同时，对于商家而言，也能通过用户点评更准确地了解消费者需求，据此改善服务质量，采取更精准的营销措施。

第二，汉涛公司为运营大众点评网付出了巨额成本，网站上的点评信息是其长期经营的成果。点评类网站很难在短期内积累足够多的用户点评，因为每一条点评都需要由用户亲自撰写。点评类网站具有集聚效应，即网站商户覆盖面越广，用户点评越多，越能吸引更多的网络用户参与点评，也越能吸引消费者到该网站查找信息。此类网站在开办的早期通常只有投入而没有收益，甚至需要额外支付费用吸引用户发布点评。只有点评数量达到一定规模，网站才有可能进入良性循环。也只有网站的浏览量达到一定的数量，网站才有可能通过广告、团购等途径获取收益。百度地图也有点评功能，百度的用户也可以直接发布点评。但是，在很多类别的商户中，直接来源于百度用户的点评只占很小的比例，如百度地图中餐饮类商户的点评信息主要来源于大众点评网等网站。在这些类别中，仅凭百度用户贡献的少量点评，百度公司无法为消费者提供足够的信息量。百度公司在我国互联网行业中处于领先的地位，拥有庞大的用户数量，它尚且不能凭借自己的用户获取足够的点评信息，由此亦可见点评信息的获得并非易事。

第三，大众点评网的点评信息由网络用户发布，网络用户自愿在大众点评网发布点评信息，汉涛公司获取、持有、使用上述信息未违反法律禁止性规定,也不违背公认的商业道德。通过法律维护点评信息使用市场的正当竞争秩序,有利于鼓励经营者创新业务模式,投入成本改善消费者福祉;反之,将没有经营者再愿意投入巨额成本进行类似的创新性、基础性的工作,从而抑制经营者创新的动力。

第四,在靠自身用户无法获取足够点评信息的情况下,百度公司通过技术手段,从大众点评网等网站获取点评信息,用于充实自己的百度地图和百度知道。百度公司的此种使用方式实质替代了大众点评网向用户提供信息,对汉涛公司造成损害。百度公司并未对大众点评网中的点评信息做出贡献,却在百度地图和百度知道中大量使用这些点评信息,其行为具有明显的"搭便车""不劳而获"的特点。正是基于上述综合考虑,法院认为,百度公司大量、全文使用涉案点评信息的行为违反了公认的商业道德和诚实信用原则,具有不正当性。

百度公司的上述行为给汉涛公司造成了实质损害,具有不正当性,构成不正当竞争。

2. 关于百度公司对案外人微博的回复行为是否构成虚假宣传

结合"叶立鹤"所发的微博,百度地图回复称"我们现在是合作关系",按照通常理解,会让人以为百度公司使用大众点评网的内容已经经过了汉涛公司的许可。因此,百度地图官方微博的该回复确实可能使阅读该微博的用户产生误解。但是,并非所有可能导致误解的言行均构成虚假宣传。虚假宣传是针对公众的误导行为,该不正当竞争行为包括以下几个方面的内容:首先,行为的方式是以广告或其他方式;其次,行为所针对的对象为公众,其内容需可为相当数量的公众所知悉;最后,行为后果不仅可能误导公众,而且会给当事人造成损害。

结合本案的具体情况,法院认为,百度公司的该行为尚不构成虚假宣传。

第一,"亲,我们现在是合作关系呀!"这条信息并不是发布在百度地图自身的微博页面上,该行为有较强的针对性,系针对"叶立鹤"微博的回复。

第二,根据微博的特点,除了关注"叶立鹤"的网络用户,其他网络用户一般不会看到这条微博。即使是关注"叶立鹤"的网络用户,也不一定会阅读其每一条微博,而最终阅读了百度地图回复内容的网络用户则更少。"叶立鹤"的涉案微博"@大众点评网@百度地图",即百度地图和大众点评网的官方微博都收到该条信息。"叶立鹤"发布涉案微博后,除了百度地图的回复,没有其他人对该微博进行回复或评论,连大众点评网也未回复,可见该微博并未引起公众的关注,影响极其有限。微博有很强的时效性,在当前这样一个信息爆炸的时代,除了汉涛公司为了诉讼专门去搜索这条微博,几乎没有其他公众会去翻阅这条微博。

第三,认定行为是否构成不正当竞争行为,需以该行为是否会给行为人带来竞争优势或者足以给其他经营者造成损害为条件。对于不会造成实际损害或者损害极其轻微的行为,司法不应予以干预。因汉涛公司的证据尚不足以证明其因百度公司的微博回复而受到了损害,故汉涛公司关于百度公司构成虚假宣传的主张不成立。

3. 关于百度公司使用"大众点评"等标识是否构成擅自使用知名服务特有名称

百度地图和百度知道对来源于大众点评网的信息,标注了"来自大众点评"等标识。汉涛公司主张,百度公司的上述行为构成擅自使用知名服务特有名称的不正当竞争行为。法院认为,百度地图对于来自大众点评网的信息,使用"大众点评"等标识,该行为系为了指示信息的来源,属于对他人标识的合理使用,并无不当。

(二) 二审法院的观点

二审法院就百度公司实施的被控行为是否构成不正当竞争作了阐述。

1993年《反不正当竞争法》第2条第1、2款规定:"经营者在市场交易中,应当遵循自愿、平等、公平、诚实信用的原则,遵守公认的商业道德。本法所称的不正当竞争,是指经营者违反本法规定,损害其他经营者的合法权益,扰乱社会经济秩序的行为。"该条款系一般条款,适用一般条款应满足以下三个要件:一是法律对该种竞争行为未作出特别规定;二是其他经营者的合法权益确因该种竞争行为而受到了实际损害;三是该种竞争行为因确属违反诚实信用原则和公认的商业道德而具有不正当性或者说可责性。就上述要件的适用而言,各方当事人的主要争点:一是汉涛公司的利益是否因百度公司的行为受到损害;二是百度公司的行为是否违反诚实信用原则和公认的商业道德。以下分别进行评述:

(1) 汉涛公司的利益是否因百度公司的行为受到损害

汉涛公司在本案中主张百度公司的行为违反《反不正当竞争法》一般条款的规定,需要满足其是否具有可获得法律保护的权益。本案中,汉涛公司的大众点评网通过长期经营，积累了大量的用户点评信息，这些点评信息可以为其网站带来流量。同时，这些信息对于消费者的交易决定有着一定的影响，本身具有较高的经济价值。汉涛公司依据其网站上的用户点评信息获取利益并不违反《反不正当竞争法》的原则精神和禁止性规定，它以此谋求商业利益的行为应受保护，他人不得以不正当的方式侵害其正当权益。

在案证据显示，用户在百度地图和百度知道中搜索某一商户时，尤其是餐饮类商户时，所展示的用户评论信息大量来自大众点评网，这些信息均全文显示且主要位于用户评论信息的前列，并附有"来自大众点评"的跳转链接。二审法院认为，虽然百度公司在百度地图和百度知道产品中使用涉案信息时，提供了跳转链接，但是基于日常消费经验，消费者逐一阅读所有用户评论信息的概率极低。对于相当数量的消费者而言，在百度地图和百度知道中阅读用户评论信息后，已经无须再跳转至大众点评网阅看更多的信息。二审法院查明的事实表明，仅汉涛公司公证抽取的百度地图商户中，就有784家商户使用的评论信息中超过75%的比例来自大众点评网。就提供用户评论信息而言，百度公司在百度地图和百度知道产品中大量使用来自大众点评网用户的评论信息，已对大众点评网构成实质性替代，这种替代必然会使汉涛公司的利益受到损害。

（2）百度公司的行为是否违反诚实信用原则和公认的商业道德

在反不正当竞争法意义上，诚实信用原则更多地体现为公认的商业道德。关于百度公司的行为是否违反公认的商业道德，二审法院评述如下：

本案中，大众点评网上用户评论信息是汉涛公司付出大量资源所获取的，且具有很高的经济价值，这些信息是汉涛公司的劳动成果。百度公司未经汉涛公司的许可，在其百度地图和百度知道产品中进行大量使用，这种行为本质上属于"未经许可使用他人劳动成果"。

二审法院认为，当某一劳动成果不属于法定权利时，对于未经许可使用或利用他人劳动成果的行为，不能当然地认定为构成反不正当竞争法意义上的"搭便车"和"不劳而获"。这是因为"模仿自由"，以及使用或利用不受法定权利保护的信息是基本的公共政策，也是一切技术和商业模式创新的基础，否则将在事实上设定一个"劳动成果权"。但是，随着信息技术产业和互联网产业的发展，尤其是在大数据时代的背景下，信息所具有的价值超越以往任何时期，愈来愈多的市场主体投入巨资收集、整理和挖掘信息。如果不加节制地允许市场主体任意地使用或利用他人通过巨大投入所获取的信息，将不利于鼓励商业投入、产业创新和诚实经营，最终损害健康的竞争机制。因此，市场主体在使用他人所获取的信息时，仍然要遵循公认的商业道德，在相对合理的范围内使用。

商业道德本身是一种在长期商业实践中所形成的公认的行为准则。但是，互联网等新兴市场领域中的各种商业规则整体上还处于探索中，市场主体的权益边界尚不清晰。某一行为虽然损害了其他竞争者的利益，但是可能同时产生促进市场竞争、增加消费者福祉的积极效应。关于诸多新型的竞争行为是否违反商业道德，在市场共同体中并没有形成共识。

就本案而言，在对于擅自使用他人收集的信息的行为是否违反公认的商业道德的判断上，一方面，要考虑产业发展和互联网环境所具有的信息共享、互联互通的特点；另一方面，要兼顾信息获取者、信息使用者和社会公众三方的利益，既要考虑信息获取者的财产投入，也要考虑信息使用者自由竞争的权利以及社会公众自由获取信息的利益，在利益平衡的基础上划定行为的边界。

只有准确地划定正当与不正当使用信息的边界，才能达到公平与效率的平衡，实现《反不正当竞争法》维护自由和公平的市场秩序的立法目的。这种边界的划分不应完全诉诸主观的道德判断，而应综合考量上述各种要素，相对客观地审查行为是否扰乱了公平竞争的市场秩序。

在判断百度公司的行为是否违反商业道德时，应综合考虑以下几个因素：

第一，百度公司的行为是否具有积极的效果。市场经济鼓励的是效能竞争，而非通过阻碍他人竞争，扭曲竞争秩序以提升自己的竞争能力。如果经营者完全攫取他人劳动成果，提供同质化的服务，这种行为对于创新和促进市场竞争没有任何积极意义，有悖商业道德。本案中，当用户在百度地图上搜索某一商户时，不仅可以知晓该商户的地理位置，还可以了解其他消费者对该商户的评价。这种商业模式上的创新在一定程度上提升了消费者的用户体验，丰富了消费者的选择，具有积极的效果。

第二，百度公司使用涉案信息是否超出了必要的限度。本案中，汉涛公司对涉案信息的获取付出了巨大的劳动，具有可获得法律保护的权益，而百度公司的竞争行为亦具有一定的积极效果。在此情况下，应当对两者的利益进行一定平衡。百度公司在使用来自大众点评网的评论信息时，理想状态下应当遵循"最少、必要"的原则，即采取对汉涛公司损害最小的措施。但是，要求百度公司在进行商业决策时，逐一考察各种可能的行为并选择对汉涛公司损害最小的方式，在商业实践中是难以操作的。如果明显有对汉涛公司损害更小的方式而百度公司未采取，或者百度公司欲实现的积极效果会严重损害汉涛公司的利益，则可认定为使用方式已经超过必要的限度。

本案中，百度公司通过搜索技术抓取并大量全文展示来自大众点评网的信息，二审法院认为其已经超过必要的限度，理由如下：首先，如前所述，这种行为已经实质替代了大众点评网的相关服务，其欲实现的积极效果与给大众点评网所造成的损失并不符合利益平衡的原则。其次，百度公司明显可以采取对汉涛公司损害更小并能在一定程度上实现积极效果的措施。事实上，百度地图在早期版本中所使用的来自大众点评网的信息数量有限，且点评信息未全文显示，这种使用行为尚不足以替代大众点评网提供用户点评信息服务，也能在一定程度上提升用户体验，丰富消费者选择。

第三，超出必要限度使用信息的行为对市场秩序所产生的影响。百度公司超出必要限度使用涉案信息，这种行为不仅损害了汉涛公司的利益，也可能使得其他市场主体不愿再就信息的收集进行投入，破坏正常的产业生态，并对竞争秩序产生一定的负面影响。同时，这种超越边界的使用行为也可能损害未来消费者的利益。消费者利益的根本提高来自经济发展，而经济的持续发展必然依赖于公平竞争的市场秩序。就本案而言，如果获取信息投入者的利益不能得到有效保护，则必然使得进入这一领域的市场主体减少，消费者未来所能获知信息的渠道和数量亦将减少。

第四，百度公司所采取的垂直搜索技术是否影响竞争行为正当性的判断。百度公司在本案中辩称其使用的垂直搜索技术决定了最终所展示的信息必然集中来自大众点评网等少数网站，且垂直搜索是直接呈现向用户呈现的信息。二审法院认为，垂直搜索技术作为一种工具手段在价值上具有中立性，但并不意味着技术本身可以作为豁免当事人法律责任的依据。无论是垂直搜索技术还是一般的搜索技术，都应当遵循搜索引擎服务的基本准则，即不应通过提供网络搜索服务而实质性替代被搜索方的内容提供服务。本案中，百度公司使用涉案信息的方式和范围已明显超出了提供网络搜索服务的范围，它提出垂直搜索技术决定了信息使用方式而可免责的抗辩意见不成立。

综上所述，百度公司的行为损害了汉涛公司的利益，且其行为违反公认的商业道德，构成不正当竞争。

三、教学内容（法律评析）

（一）争议焦点分析

1. 二审中上诉人的观点

第一，百度地图是一项搜索引擎服务。百度地图产品是百度搜索项下的一个垂直搜索子栏目。垂直搜索是对相关领域的信息进行搜索，决定了百度地图中最终展现的搜索结果必然集中来自大众点评网、订餐小秘书等几家网站。

第二，百度公司通过搜索技术抓取来自大众点评网的信息，严格遵循了行业惯例，且符合汉涛公司关于搜索的要求。

第三，被控不正当竞争行为并未对大众点评网构成实质性替代。(1) 点评信息仅是消费者选择商家的参考因素之一，甚至不是主要因素。一审法院认为用户看了百度地图索引的点评信息就足以作出选择，属于以偏概全。(2) 点评信息只是大众点评网的部分功能，一审法院以点评信息是汉涛公司的核心竞争资源，索引其点评信息即构成替代的认定缺乏事实依据。本案中，汉涛公司未提供任何证明百度地图产品已经实质性替代大众点评网的证据。(3) 百度地图产品不仅未实质性替代大众点评网，反而给大众点评网无偿带来了新的访问路径和流量。百度地图在展示来自大众点评网的评论信息时，提供了跳转链接，以百度地图庞大的用户数量，无疑可为大众点评网增加访问流量。

第四，一审判决的赔偿数额失当。用户点评信息不属于反不正当竞争法目前可以确认的任何具体对象，不能仅以违反1993年《反不正当竞争法》第2条规定而判决较高数额的赔偿。

2. 二审中被上诉人的观点

第一，百度公司在百度地图产品服务中扮演的角色并非网络服务提供商，而是内容提供商。用户可以直接在百度地图产品中获取完整的本地生活服务商户信息和消费者点评的内容，其中来自大众点评网的信息占据主流，因此百度地图产品并非单纯提供搜索引擎服务，而是一种内容提供行为。

第二，本案与搜索引擎服务无关，百度公司应为其非法复制并传播来自大众点评网的信息承担责任。搜索引擎是引导用户进入第三方网站的桥梁，它应当只提供链接和摘要，且不会不合理地影响原网站对内容的正常使用和获利。百度公司对来自大众点评网的信息的使用显然不符合该特点。

第三，百度公司通过搜索引擎抓取涉案信息并不违反 Robots 协议，但并不意味着百度公司可以任意使用该些信息，若不对使用他人网站信息的方式进行合理控制，将导致百度公司以极低的成本攫取汉涛公司的经营成果。

第四，百度公司的被控不正当竞争行为已经构成对大众点评网的实质性替代。基于用户习惯和流量费用较高的情况，一般消费者只需要看 3—6 条用户评论信息，即可决定对商户的选择，不必再跳转至大众点评网重复浏览相关内容。百度公司使用涉案信息实际上已经实现了对大众点评网的替代。

第五，百度公司的行为给汉涛公司造成了巨大损失，一审法院在损害赔偿数额的确定上，已经综合考虑了各种因素，所确定的数额没有超出合理范围。

(二) 法律分析

1. 竞争关系的判断

有学者指出，在传统的商业环境下，反垄断法在确定竞争关系时需要先界定相关市场。界定相关市场的目的是划清特定的经营者及其产品开展竞争的边界，或者说明确具有竞争关系的经营者的圈子。在反不正当竞争法中，关于竞争关系的要求远没有反垄断法严格。但是，这并不意味着反不正当竞争法中的竞争关系没有地域界限。从广义的竞争关系而言，违反诚实信用原则导致的不正当竞争一般也只有在同一地域才会产生损害其他经营者和消费者利益、破坏竞争秩序的结果。然而，在网络商业环境中，地域市场的概念不再重要，互联网就是一个统一的地域市场。由于互联网技术的发达与普及，信息流、资金流甚至物流均变得畅通、便利和低成本化。随着行业竞争的淡化，跨界竞争的本质是行业界限的模糊甚至消失，行业界限不再属于竞争的边界。对反不正当竞争法的适用而言，这意味着竞争关系认定的宽松需求。不正当竞争立法与法律实施中对竞争关系认定的逐步宽松态度，反映了在社会化大生产下，竞争不断跨越行业界限的现实经济需求。技术竞争是网络商业环境中最重要的手段，它包括两个方面：一是技术先进性之间的竞争；二是竞争过程中主要依靠技术进行。[①]

在司法实践中，在认定诉争双方的竞争关系时，竞争关系的认定基准从单

---

① 参见王永强：《网络商业环境中竞争关系的司法界定——基于网络不正当竞争案件的考察》，载《法学》2013 年第 11 期。

一走向多元。有学者指出，竞争关系的认定朝着扩容现有概念内涵和以新概念替代两个方向改进：其一，扩大直接竞争关系的范围，不断增加认定直接竞争关系的基准要素，不再仅仅依托于商品或服务的可替代性。其二，不对直接竞争关系进行扩展，而是提出"间接竞争关系"的概念。判断经营者之间有无竞争关系，应着眼于经营者的具体行为，分析其行为是否损害其他经营者的竞争利益。①

在现代市场经营模式，尤其是互联网经济蓬勃发展的背景下，对于竞争关系的判定，不应局限于相同行业、相同领域或相同业态模式等固化的要素范围，而应从经营主体具体实施的经营行为出发加以考量。百度地图除了提供传统的地理位置服务如定位、导航等之外，还为网络用户提供商户信息和点评信息。大众点评网和百度地图都为用户提供基于位置的服务和O2O服务，两者在为用户提供商户信息和点评信息的服务模式上存在直接竞争关系。

2. 不正当竞争行为的判断

有学者指出，区别于传统的不正当竞争行为，在网络环境下发生或线下业务扩展到线上引发的不正当竞争纠纷具有较强的互联网科技含量。在司法实践中，以下两种认定模式通常单独呈现，少数情况下也会在同一案件中交织：第一类可概括为"私益优先"的认定模式，以判断"竞争行为是否损害相关经营者权益"为前提；第二类可概括为"多益平衡"的认定模式，着眼于其他经营者利益、消费者利益等多元价值的平衡，还侧重考量行为本身及其可能带来的市场竞争效果。② 本案中，汉涛公司所主张的应受保护的利益并非绝对权利，它受到损害并不必然意味着应当得到法律救济。若他人的竞争行为本身是正当的，则该行为并不具有可责性。本案中，判断百度公司的行为是否构成不正当竞争，还需考虑其行为是否违反诚实信用原则和公认的商业道德。

有学者指出，公认的商业道德在个案的具体化过程中应当分为"认定"和"验证"两部分，缺一不可。认定过程，即认定所涉领域某市场规则属于公认的商业道德。公认的商业道德一般是行业内经过权衡、妥协后普遍接受的商业习俗。其认定需要法官在个案中根据案情并综合社会、经济、技术、道德等多

---

① 参见陈兵：《互联网经济下重读"竞争关系"在反不正当竞争法上的意义——以京、沪、粤法院2000—2018年的相关案件为引证》，载《法学》2019年第7期。

② 参见陈兵：《互联网新型不正当竞争行为审裁理路实证研究》，载《学术论坛》2019年第5期。

方面因素进行。验证过程需要证明该规则符合诚实信用原则的要求，具有合法性、客观性，对个案公认的商业道德的合法性论证应当考虑反不正当竞争法的法律属性及政策导向、竞争主体的行为是否符合消费者利益和竞争秩序的维护。①

本案中，百度公司积极地获取必要信息范围之外属于大众点评网的用户点评信息，不仅严重损害了汉涛公司的利益，还会影响其他市场主体在市场中搜索信息的积极性，最终影响市场的进步。因此，二审法院认定百度公司的行为违反公认的商业道德，构成不正当竞争。

3.《反不正当竞争法》一般条款的适用

利用 Robots 协议大量抓取网站内容信息并对信息进行随意处置的行为在现实中不在少数，对正常的互联网市场竞争秩序造成一定冲击。对于这种大量抄袭、复制网站内容信息并进行自用的行为，仅能寻求《反不正当竞争法》一般条款予以救济。一般条款的创设，是为了适应社会情势的客观需要，以及弥补法律的不周延性。

2019 年修正的《反不正当竞争法》第 2 条总共由三款条文构成，其中第 3 款主要界定经营者，而第 2 款对不正当竞争行为进行了界定，明确了不正当竞争行为应当存在"扰乱市场竞争秩序，损害其他经营者或者消费者的合法权益"的损害结果，由此形成了对市场、经营者、消费者三层次的保障格局。不正当竞争行为的具体判定标准最终指向了第 1 款的规定，其中"诚信"和"商业道德"是学界公认的核心要素。②

有学者指出，在司法实践中，法官们通常围绕遵循"损害加违背诚信原则和公认的商业道德"这一基本思路进行说理，首先考察该行为的损害结果，是否构成对市场竞争秩序、其他经营者利益和消费者利益这三种《反不正当竞争法》所保护的法益的损害，在确认存在损害结果的前提下，进一步对该行为是否违背了诚信原则、法律和商业道德进行实质性判断。③ 由前述法院的观点可知，本案中，一审法院和二审法院均遵循这种模式进行说理。

---

① 参见徐清霜：《反不正当竞争领域公认商业道德的认定与验证》，载《法律适用》2019 年第 10 期。
② 参见陈兵、徐文：《优化〈反不正当竞争法〉一般条款与互联网专条的司法适用》，载《天津法学》2019 年第 3 期。
③ 同上。

四、案例研习安排

（一）教学对象及目标

本案例供法学专业本科生、硕士研究生及法律硕士研究生教学使用，其他专业本科生、硕士研究生也可参酌使用。

本案例需要解决的问题主要有：

(1) 百度公司与汉涛公司是否存在竞争关系？

(2) 百度公司的行为是否属于不正当竞争行为？

(3) 百度公司的行为是否损害了汉涛公司的利益？

（二）建议课堂计划

本案例可以作为专门的教学案例进行讲授，建议安排 1 课时（40—45 分钟）。如下课堂设计，仅供参考：

1. 课前计划

安排学生阅读案例及相关参考资料，熟悉整个案例流程，对案例中提出的问题进行思考。

2. 课中计划

介绍教学目的，明确讨论主题。

分组讨论问题及解决对策，告知发言要求。

小组代表发言，提出争议焦点，并对争议焦点涉及的相关法律法规进行评述。

教师进行引导性分析，并作归纳总结。

3. 课后计划

请学生课后进一步思考不正当竞争行为的样态及其危害。

五、思考题

1. 如何判断企业之间是否存在竞争关系？

2. 政府为维护良好的市场竞争秩序，对互联网不正当竞争行为可以采取哪些管理措施？

3. 在不断变化的市场行为与法律法规的滞后之间，应该如何平衡？

案例 十五　北京爱奇艺科技有限公司与北京搜狗信息服务有限公司、上海恩度网络科技有限公司不正当竞争纠纷案

【摘　要】 本案是一起互联网不正当竞争纠纷案件，主要涉及的知识点包括如何界定是否存在竞争关系、实施了不正当竞争行为、违反了商业道德等。本案对其他互联网不正当竞争纠纷案件的审理具有参考意义。

【关键词】 不正当竞争　搜索引擎　互联网　输入法

一、基本案情

本案是由北京爱奇艺科技有限公司（以下简称"爱奇艺公司"）提起的诉讼，经过一审、二审两个阶段，法院最终认定北京搜狗信息服务有限公司（以下简称"搜狗公司"）的被控行为不构成不正当竞争，爱奇艺的诉讼请求不成立。

爱奇艺公司系爱奇艺网站的经营者，搜狗公司是"搜狗拼音输入法"（以下简称"搜狗输入法"）软件的提供者。搜狗输入法在用户进行拼写时，会同时提供"输入候选"和"搜索候选"，若用户点击搜索候选词，会跳转至搜狗搜索网站。两者在搜狗输入法中呈现上下两层排列、文字大小不同的区分。搜狗输入法虽提供了关闭"搜索候选"的设置，但在安装时默认带有"搜索候选"功能。2014 年至 2016 年，北京奇艺世纪科技有限公司与多家公司签订《影视剧独家许可使用协议》《信息网络独播权独占使用权采购协议》《电视剧独家许可使用协议》等。2017 年 8 月，北京奇艺世纪科技有限公司出具声明书，确认其已将获得版权或授权的影片授权给爱奇艺公司在 iqiyi.com 网页及相关客户端、移动端等进行在线播放或提供下载。

爱奇艺公司诉称，用户使用搜狗输入法在爱奇艺手机端网页搜索栏中进行输入时，会自动显示用户可能输入的影视剧名称作为"搜索候选"，且呈现方式极易使用户混淆，从而引诱用户点击。用户点击后，浏览器即会跳转至"搜狗搜索"页面，并呈现其关联方搜狐视频的相同影视剧播放链接，从而将爱奇艺公司的流量、交易机会引导至搜狗公司的关联公司或第三方。因此，爱奇艺公司认为，搜狗公司的行为构成不正当竞争；上海恩度网络科技有限公司（以

下简称"恩度公司")通过其运营的"N多市场"向公众提供涉案软件的下载,亦应承担侵权责任。爱奇艺公司诉至法院,请求判令:(1) 被告搜狗公司立即停止以不正当竞争的方式向用户提供其运营的搜狗拼音输入法软件的"搜索候选"功能;(2) 被告搜狗公司向原告赔偿经济损失 1000000 元,被告恩度公司就上述金额中的 100000 元承担连带责任;(3) 两被告共同赔偿原告为制止侵权行为所支出的合理开支 134000 元。搜狗公司则辩称自己与爱奇艺公司之间没有竞争关系,未实施不正当竞争行为。恩度公司的抗辩同搜狗公司。

上海市杨浦区人民法院一审认为,搜狗输入法中的"搜索候选"功能不会使用户产生混淆,该功能具有适当的设置途径,未超出适当的使用范围,且非专门针对影视剧相关内容而设置;同时,被控行为未对爱奇艺公司和消费者产生不利影响,不构成不正当竞争,据此判决:驳回爱奇艺公司全部诉讼请求。

爱奇艺公司不服一审判决,向上海知识产权法院提起上诉。上海知识产权法院于 2018 年 10 月 31 日公开开庭审理本案,于 2018 年 12 月 10 日作出判决,认为本案被控行为并未过度妨碍爱奇艺网站的正常运营,也未破坏正常的市场选择功能,尚未达到扰乱市场竞争秩序的程度,据此判决:驳回上诉,维持原判。

二、法院的观点

(一) 一审法院的观点

1. 爱奇艺公司与搜狗公司之间是否存在竞争关系,能否适用《反不正当竞争法》[①]

《反不正当竞争法》的立法目的在于,维护合法有序的市场竞争秩序,鼓励和保护公平竞争,制止不正当竞争行为,保护经营者和消费者的合法权益。《反不正当竞争法》对竞争关系并无明确规定,多指具有相同或类似经营内容的经营者之间存在的市场竞争关系。但是,随着社会经济的迅速发展,各类经济活动密切交织,即使不具有相同、类似经营内容的经营者,亦可能因其不当的经营内容、模式造成其他经营者在市场竞争中的损害。因此,如果将竞争关系的范围囿于相同、类似商品或者服务领域的竞争者,显然难以实现《反不正当竞争法》的立法目的。在互联网环境下,网络经营模式的多样性发展以及不

[①] 本案所涉为 2017 年修订的《反不正当竞争法》。该法后于 2019 年进行了修正。

同用户群体的需求交织，使得市场界限日趋模糊，业务领域存在交叉或关联的企业之间均有可能产生市场竞争，属于我国反不正当竞争法意义上的经营者。

本案中，爱奇艺公司是 www.iqiyi.com 网站的经营者，经营模式的核心在于吸引更多网络用户使用其平台观看视频，通过向广告主收取广告费用或由用户支付会员费实现盈利。搜狗公司是搜狗输入法的运营者。首先，两者均是通过网络及计算机设备实现经营目的，经营中所使用的平台、服务的网络用户存在重叠，在最终利益方面有交叉的可能。其次，虽然爱奇艺公司与搜狗公司之间并无直接相同、类似的经营内容，但是爱奇艺公司主张涉案"搜索候选"功能会将其消费者引导至同样提供视频播放服务的搜狗公司的关联公司，从而不当损害其利益，因此，搜狗公司在被诉的前述行为所及范围内，可能与爱奇艺公司存在市场利益的竞争交叉。最后，2017年修订的《反不正当竞争法》重在通过规制行为调整竞争关系，而从其对不正当竞争行为的界定来看，并未要求具有严格的竞争关系，只要经营者违反诚实信用原则和公认的商业道德，实施的行为扰乱市场竞争秩序，损害其他经营者或者消费者的合法权益，就可以认定为不正当竞争行为。综上所述，本案可以适用《反不正当竞争法》。

2. 搜狗公司是否实施了不正当竞争行为

爱奇艺公司主张搜狗公司的搜狗输入法将"搜索候选"和"输入候选"以混淆的方式进行排列，没有明显的区分；"搜索候选"功能以不合理的联想方式推荐热门影视剧，诱导用户点击搜索候选词，从而将爱奇艺公司的流量、交易机会引导至搜狗公司的关联公司，违反了2017年《反不正当竞争法》第2条和第12条的规定，构成不正当竞争。对此，一审法院认为，首先，《反不正当竞争法》所指的不正当竞争行为是指经营者在生产经营活动中，扰乱市场竞争秩序，损害其他经营者或者消费者的合法权益的行为。社会主义市场经济鼓励经营者进行市场竞争，市场竞争总会导致各经营者之间利益的此消彼长。经营者正当的市场竞争导致其他经营者利益受损，法律并不加以干预。只有扰乱市场秩序、违反法律和商业道德，可以为行为人带来竞争优势或者足以给其他经营者造成损害，才应受到反不正当竞争法的规制。其次，不能因为经营者利益受到损害，就推断其他经营者必然存在不正当竞争行为。不正当竞争行为存在与否，应从相关行为是否具有不当性、是否可以为行为人带来竞争优势或者足以造成其他经营者竞争上的不利益、损害消费者的权益、行为实施者是否具有获取不当利益的意图等方面综合认定。本案中，一审法院根据以下理由，认定搜狗公司未实施不正当竞争行为：

(1) 搜狗公司在搜狗输入法中设置"搜索候选"功能不具有不当性

第一，"搜索候选"功能不会让消费者产生混淆。一方面，根据双方当事人提交的公证书，在安卓手机网页环境下，使用搜狗输入法进行输入时，在输入键盘与输入栏之间，搜索候选框、输入候选框分上下两层排列，两者框内字体大小存在区别，搜索候选框内有放大镜标识，对于一般网络用户暨消费者而言，可以明显感知两者存在区别。在点击搜索候选词后，会存在明显的离开当前网页、跳转至其他网页页面的过程，网络用户可以明确知晓已经离开当前网页页面，并不会误认跳转后的页面仍为原先的网页页面。另一方面，计算机网络领域内应用程序多呈现用户体验性的特征，网络用户在使用一项应用程序时一般会首先有一个体验、熟悉该应用程序功能的过程。输入法作为长期、反复使用的应用程序，消费者在最初体验使用搜狗输入法的"搜索候选"功能后，可以清晰地区分"搜索候选"和"输入候选"的差别，在后续长期、反复使用时，基于其先期的体验和了解，并不会产生混淆。

第二，"搜索候选"功能有适当的设置途径。根据搜狗公司提交的（2017）京方圆内经证字第 60027 号公证书，用户在使用搜狗输入法时，点击搜索候选词旁边的放大镜标识，即可出现关闭"搜索候选"功能的选项；也可通过点击输入法键盘上的图标，并点击"搜索候选"选项后，对"搜索候选"功能的开启或关闭以及使用搜狗搜索还是百度搜索进行设置。虽然"搜索候选"功能是默认开启的，但是在互联网新技术不断推出的情况下，默认开启让用户先体验，再决定是否关闭一项新的网络服务功能，可以降低研发企业的推广成本，也没有给用户带来额外的使用负担。在用户可以通过多种方式选择关闭或开启"搜索候选"功能以及选择"搜索候选"功能启用的搜索引擎的情况下，不能认为"搜索候选"存在强制跳转的功能。故一审法院认定"搜索候选"功能的设置方式具有适当性。

第三，"搜索候选"功能的效果并非直接跳转进行视频播放，亦未对爱奇艺公司网站内容进行修改。根据双方当事人提交的公证书，网络用户在选择点击搜索候选词后，并未发生对爱奇艺公司网站内容修改的情况，也没有直接在手机界面内出现与爱奇艺公司有竞争关系的视频源播放画面。

第四，"搜索候选"功能未超出适当的适用范围。搜狗公司提交的（2017）京方圆内经证字第 60025 号公证书显示，在使用爱奇艺 APP 的环境中，点击搜狗输入法中的搜索候选词，并不会发生在浏览器网页平台上使用该"搜索候选"功能所出现的网页跳转效果，而仍会在该 APP 内完成搜索，由此反映出搜狗输入法的"搜索候选"功能在其他经营者的应用程序内已注意进行了避让，不会实现跳转至搜索引擎页面的功能。

第五，"搜索候选"功能并非专门针对影视剧相关内容而设置。首先，根据发明专利说明书中对涉案"搜索候选"功能的描述，它是根据用户输入内容确定搜索关键词，再生成搜索命令发送至搜索引擎，最后由搜索引擎返回搜索结果至输入法系统。可见，该功能是将搜索关键词在搜索引擎中的推荐搜索内容向用户进行展现，搜索候选词的内容取决于搜索关键词与推荐搜索内容的热度与关联度，而并不对搜索内容的类型、所使用网站的性质等予以区分。本案中，从搜狗公司提交的（2017）京方圆内经证字第 60027 号公证书显示的情况看，在"UC 浏览器"搜索栏中使用搜狗输入法输入"zhishuj"，搜索候选词有"植树节是几月几日""植树节"；输入"boluoben"，搜索候选词有"伯罗奔尼撒战争""伯罗奔尼撒"；输入"cai"，搜索候选词有"彩票开奖查询""彩票""蔡乙嘉"；输入"chif"，搜索候选词有"赤峰天气预报""赤峰"等。所出现的搜索候选推荐词汇具有多样性，印证了"搜索候选"功能运行的逻辑与方式。其次，爱奇艺公司（2017）沪东证经字第 8184 号公证书取证页面显示，搜狗输入法的搜索候选推荐词亦出现如"狼人杀""狼与兄弟""女医明妃传小说"等非影视剧相关词汇。搜狗公司提交的（2017）京方圆内经证字第 62382 号公证书显示，在搜狗输入法输入栏中输入"gong""jujiao"等拼音后，搜索候选词首先显示为"工商银行""聚焦瓷都"等与影视剧无关的词汇，均可以反映搜索候选词并非仅与影视剧名称相关。最后，爱奇艺公司（2017）沪东证经字第 8184 号公证书显示，点击搜索候选推荐词"琅琊榜"，跳转页面的搜索结果包括"琅琊榜_搜狗图片"；搜狗公司（2017）京方圆内经证字第 62382 号公证书显示，点击搜索候选推荐词"琅琊榜"，跳转页面的搜索结果包括"读琅琊榜，到 QQ 阅读琅琊榜"。可以看出，在点击搜索候选推荐词后，跳转页面中的搜索结果并非仅为影视剧视频的链接。

第六，"搜索候选"功能的结果不存在针对爱奇艺公司的歧视性待遇。搜狗输入法并非专门针对爱奇艺公司的影视视频网站设置"搜索候选"功能，在大众点评网、淘宝网等非视频网站使用该输入法时，同样存在"搜索候选"功能。爱奇艺公司（2017）沪东证经字第 8184 号公证书显示，在点击"搜索候选"中与影视剧相关的推荐词后，所跳转页面中搜索结果第一条的相关视频来源并非仅为搜狐视频，而是以"▼"标识的方式将其他视频来源包含在内。可以看出，涉案"搜索候选"功能不存在对包括爱奇艺公司在内的影视剧视频播放源采取屏蔽等歧视性措施。爱奇艺公司提交的公证书显示，通过搜索候选词而跳转进入的影视剧视频搜索结果，在有多个播放选择的情况下，第一视频来源往往是与搜狗公司具有关联关系的搜狐视频。但是，一方面，搜狗公司（2017）京方圆内经证字第 62382 号公证书显示，点击搜索候选词"花开月正圆电视剧"，显示的搜索结果第一条中的视频来源为电视猫，而非搜狐视频。另一方面，即使相关搜索结果中第一视频来源为搜狐视频，此结果实际上是搜狗搜索引擎呈现的搜索结果，考虑到互联网环境下以搜索引擎方式进行搜索，必然有一个视频来源会排列第一，而基于搜狗公司与搜狐视频的运营主体之间存在的关联关系，在未对其他视频来源采取不当的屏蔽、断链等措施的情况下，将搜狐视频列为搜索结果来源的第一位，尚未超出正常商业竞争的范围，也没有违反公认的商业道德。

（2）搜狗公司在搜狗输入法中设置"搜索候选"功能并未对爱奇艺公司及消费者产生不利影响

首先，"搜索候选"功能不足以减损爱奇艺公司的竞争利益。搜狗公司提交的（2017）京方圆内经证字第 60025 号公证书显示，在用户使用爱奇艺 APP 的环境下，点击搜狗输入法的搜索候选推荐词，并不会发生跳转出爱奇艺 APP 的情况。这反映涉案"搜索候选"功能在 APP 环境下已经进行了避让，不会将与爱奇艺公司有固定黏性的爱奇艺 APP 端用户引导出爱奇艺公司的服务平台。爱奇艺公司在进行（2017）沪东证经字第 8184 号公证时，先进入 www.iqiyi.com 网站，随后在该网站页面进行搜狗输入法"搜索候选"功能的操作。但是，通常情况下，网络用户如与爱奇艺公司的服务之间已经建立一定的黏性（如注册为会员等），在使用移动设备观看视频节目时，一般首选爱奇艺公司的 APP；而在 APP 环境下，点击搜索候选词并不会发生跳转至搜索引擎的结果。即使用户在移动设备上登录爱奇艺公司网站并使用了搜狗输入法的"搜索候选"功能，在发现网页跳转的情况下，仍可以选择返回原爱奇艺网站页面观看，或选择跳转页面相关搜索结果中的爱奇艺视频源进行观看，不存在误导、欺骗、强迫用户关闭爱奇艺公司提供的视频播放服务。因此,并不能推断"搜索候选"功能必然弱化爱奇艺公司与其用户的黏性或减损其竞争利益。爱奇艺公司和搜狗公司均属于互联网企业。在互联网环境下,技术的形态和竞争的模式都有别于传统行业。为了保障互联网新技术和竞争模式的发展空间,司法应当秉持谦抑的态度。爱奇艺公司网站的主要市场在于提供网络视频点播服务,搜狗公司搜狗输入法的主要市场在于提供将各种符号输入电脑和移动设备的服务。因此,退一步来说,如果用户在爱奇艺公司网站输入相关视频名称后,使用"搜索候选"功能,最终选择搜狗搜索结果中的其他视频来源观看,考虑到此类用户与爱奇艺公司的黏性关系不强,此种行为尚未严重到需要司法干预的程度。

其次,"搜索候选"功能的使用过程未排除消费者的选择权利。一方面,消费者在选择点击搜索候选推荐词后,跳转页面显示的搜索结果包含多个视频播放源。消费者可以自由选择通过何种播放源观看相关视频,也可以选择返回爱奇艺网站。另一方面,消费者每次使用"搜索候选"功能时均有自主选择权,不会受到前次使用的影响。也就是说,在前一次选择使用"搜索候选"功能后,并不会导致后续搜狗输入法每次启动、使用后会自动强制设置为将搜索候选推荐词作为输入结果的唯一展现或优先展现,也不会屏蔽输入候选词,或在点击输入候选词时亦发生跳转出原网页的效果。因此,涉案"搜索候选"功能不存在对消费者意愿的劫持。

3. 恩度公司的行为是否构成不正当竞争

首先,根据恩度公司向第三人福州米莱网络科技有限公司(以下简称"米莱公司")出具的授权书,它已将涉案"N多市场"的日常运营授权于第三人米莱公司,且 www.nduoa.com、www.nduo.cn 网站 ICP 备案在米莱公司名下,其备案审核时间在爱奇艺公司进行本案公证之前。故恩度公司在爱奇艺公司公证取证之前,已经不是"N多市场"的经营者。

其次,涉案"N多市场"平台系提供软件上传、存储、下载的平台,其运营者的性质属于网络服务提供者。从客观上看,通过开放软件平台上传的软件数量是海量的,如要求经营者对所有上传的软件逐一进行实质性审查,不仅增加了网络服务提供者的运营成本,也会影响其免费提供服务的积极性。

此外,爱奇艺公司在本案中主张的不正当竞争行为并不是针对搜狗拼音输入法软件本身,而是针对该软件下的"搜索候选"功能,难以要求涉案"N多市场"平台经营者对该功能是否构成不正当竞争进行审核,该平台经营者也不可能应知或明知该功能可能构成不正当竞争。故爱奇艺公司对恩度公司的主张缺乏依据,一审法院不予支持。

(二)二审法院的观点

1. 爱奇艺公司的利益是否因搜狗公司的行为遭受了损失

本案的被控行为表现为,当手机用户在浏览器环境下进入爱奇艺网站,在使用搜狗输入法输入拟搜索的视频名称时,点击了搜狗输入法提供的搜索候选词而跳转至搜狗搜索引擎,且搜索结果第一位中显示有搜狐视频的内容。二审法院认为,本案的被控行为发生在用户已经进入爱奇艺网站,且已经启动了搜索行为之后,用户欲在爱奇艺网站上搜索或观看视频的目的是显而易见的,爱奇艺公司原本可以获得相应的交易机会或至少可以获得相应的搜索流量。搜狗输入法对于"搜索候选"内容与"输入候选"内容分上下两层排列、文字大小不同,并设置了"搜索候选"的关闭功能。这些措施虽在一定程度上有助于降低混淆的程度,但在缺少更明确的提示方式的情况下,尚不足以完全避免用户产生混淆。由于被控行为的介入,可能导致部分交易机会或搜索流量从爱奇艺公司转移至搜狗公司或其关联公司,因此爱奇艺公司所遭受损失是客观的。至于这种损失程度是否应予司法干预,二审法院也进行了论述(详见下文)。

2. 搜狗公司的行为是否违反了商业道德

市场竞争的主要表现为对交易机会的争夺,经营者对于某一交易机会的丧失是竞争的必然结果,利益受损并不意味着其当然应获得法律救济。只有被控行为违反了商业道德,该行为才具有可责性。反不正当竞争法意义上的商业道德,不能仅通过主观的道德判断进行认定,也不能将其等同于个人品德或社会公德,而是要将该行为放置在《反不正当竞争法》促进市场经济健康发展,鼓励和保护公平竞争,保护经营者和消费者合法权益的立法目的下进行判断,防止脱离竞争法的目标进行泛道德化评判。关于搜狗公司的被控行为是否违反了商业道德,二审法院综合考虑以下因素进行评判:

(1)被控行为对爱奇艺公司经营的影响

爱奇艺公司在本案中所主张保护的并非法定权利,被控行为亦非反不正当竞争法所类型化的不正当竞争行为。当启动一般条款判断被控行为的正当性时，需要考察爱奇艺公司利益受损的程度，尤其是要考虑被控行为是否已经实质性地影响了爱奇艺网站正常运营，以防止对市场竞争的过度干预。

如前所述，由于搜狗输入法中加载了"搜索候选"功能，可能导致爱奇艺网站的流量或交易机会减少。但是，搜狗公司同时也采取了降低混淆程度的措施，爱奇艺公司由此所遭受的损失是有限的。同时，搜狗公司未采取强制用户跳转网站，或者误导、强迫用户关闭爱奇艺网站的措施，也未采取措施导致爱奇艺公司的搜索功能不能正常运行，爱奇艺网站的正常运营并没有受到实质性的妨碍或破坏。

因此，仅就爱奇艺公司遭受的损害程度而言，尚不足以达到需要通过反不正当竞争法进行救济的程度。

(2) 被控行为对消费者权益保护的影响

从《反不正当竞争法》的立法目的可以看出，它所要保护的法益具有多元性，除了要保障经营者的合法权益之外，还要通过规制不正当竞争行为保护消费者的合法权益。对于某一非类型化的竞争行为，衡量其是否正当，应将消费者权益作为重要的考量因素之一。

本案中，爱奇艺公司主张搜狗公司的行为导致用户产生混淆，损害消费者的利益。二审法院认为，本案被控行为不同于一般的仿冒行为，它对消费者利益的影响具有一定的复杂性。一方面，如前所述，被控行为未能完全避免用户产生混淆；另一方面，被控行为也会在一定程度上增加消费者的福利。在用户点击"搜索候选"后，网页会跳转至搜狗搜索引擎，提供了更多的搜索结果供用户选择。此时，用户可自主选择返回爱奇艺网站，或者继续停留在搜狗搜索引擎进行进一步的操作。同时，与实体环境相比，在网络环境下，用户选择重新返回爱奇艺网站的成本是很小的。相对于为用户所增加的选择而言，消费者的福利整体上有所提高。

二审法院还强调，反不正当竞争法是维护市场竞争秩序的法律，其所关注的消费者的合法权益并非个体消费者的利益，而是一种消费者群体利益，即保障消费者整体上获得正确、充分的信息以及交易决定的自由。在维护市场竞争秩序的角度上，反不正当竞争法所保障的消费者合法权益最终体现为市场信息传递功能、市场选择功能不被扭曲和破坏。对于本案所涉及的网络用户而言，其目的是在网络上观看相应的影视视频，实际所要作出的交易决定是在某一家视频网站观看视频。在此之前，用户基于对搜狗输入法提供"搜索候选"所产生的混淆与用户最终所需作出的交易决定之间并无直接关系。需要注意的是，本案被控行为与一般仿冒行为所造成混淆可能性之间存在一定的差异，一般仿冒行为的意图直接影响消费者的交易决定，破坏市场信息传递和选择功能；而本案中即使有部分消费者被误导点击搜狗输入法提供的"搜索候选"而进入搜狗搜索引擎，此时也已明确知晓该搜索结果与爱奇艺网站并无关联，也可以自主选择返回爱奇艺网站，市场选择功能并没有被真正破坏。

（3）被控行为对市场竞争秩序的影响

反不正当竞争法鼓励经营者通过技术创新、提高产品质量和服务的方式进行效能竞争，制止通过欺骗、强制客户交易，或者通过妨碍他人正常经营而获取竞争优势的不正当竞争行为。本案中，搜狗输入法同时具备"搜索候选"和"输入候选"两种功能，在技术上具有创新之处，具有一定的正面市场效应。虽然在爱奇艺网站界面使用搜狗输入法可能导致爱奇艺网站失去一定的流量，或者说搜狗输入法借助爱奇艺网站为自身带来一定的流量，但是这种看似介入爱奇艺网站产品的行为本身并不足以说明其具有不正当性。

首先，随着互联网市场竞争的日趋激烈，以及信息技术和互联网技术的发展，互联网市场领域的各种产品或者服务的关联性和依附性不断加深，经营者不可能固守已有的市场或技术领域，以各种方式进入竞争对手领域参与竞争是不可避免的。

其次，鼓励市场竞争的重要目的是促进创新，创新往往并不来自闭门造车式的自我修炼，更多地来自经营者技术或商业模式之间激烈的撞击。如果仅仅因为某种技术或商业模式介入竞争对手的经营而否定其正当性，无疑将会极大挫伤创新动力。如前所述，本案被控行为并未过度妨碍爱奇艺网站的正常运营，也未破坏正常的市场选择功能，尚未达到扰乱市场竞争秩序的程度。依据比例原则，被控竞争行为总体上仍然是一种效能竞争。

竞争是市场经济最基本的运行机制，也是市场活力的源泉。互联网产业之所以能够获得蓬勃发展，正是来自相对充分和自由的市场竞争。践行反不正当竞争法的立法精神，不仅需要司法制止扰乱市场秩序的不正当竞争行为，也需要某种程度上的司法克制，赋予市场自由竞争的空间。这种自由竞争的空间，不仅为搜狗公司所需，也为爱奇艺公司及所有的市场竞争者所需。

三、教学内容（法律评析）

（一）争议焦点分析

表 3-2

序号	争议点	爱奇艺公司		搜狗公司	
		主张	理由	主张	理由
1	爱奇艺公司与搜狗公司之间是否存在竞争关系，能否适用《反不正当竞争法》	存在	1. 爱奇艺公司是网络视频领导品牌"爱奇艺"（www.iqiyi.com）的运营者，为用户提供专业视频服务，已构建了涵盖电影、电视剧、综艺、动漫、纪录片等十余种类型的正版视频内容库。 2. 搜狗公司系安卓手机输入软件搜狗输入法的开发者。 3. 用户使用搜狗输入法在爱奇艺公司手机端网页搜索栏中进行输入时，会开启"搜索候选"功能，自动显示用户可能输入的影视剧名称作为"搜索候选"，且呈现方式极易使得用户误认为该"搜索候选"为"输入候选"，从而引诱用户点击。 4. 用户点击后，浏览器即会跳转至搜狗公司的"搜狗搜索"页面，并呈现其关联方的相同影视剧播放链接（搜狐视频）。	不存在	搜狗公司与爱奇艺公司之间没有竞争关系，爱奇艺公司经营的是视频平台，搜狗公司提供的是输入法软件，两者在业务领域没有交叉。

（续表）

序号	争议点	爱奇艺公司		搜狗公司	
		主张	理由	主张	理由
2	搜狗公司是否实施了不正当竞争行为	搜狗公司通过搜狗输入法实施了不正当竞争行为	1. 搜狗输入法将"搜索候选"和"输入候选"以混淆的方式进行排列，没有明显的区分。 2. "搜索候选"功能以不合理的联想方式推荐热门影视剧，诱导用户点击搜索候选词，从而将爱奇艺公司的流量、交易机会引导至搜狗公司的关联公司或第三方。爱奇艺公司同时明确其法律依据是2017年《反不正当竞争法》第2条和第12条。	搜狗公司没有实施不正当竞争行为	1. 搜狗公司未实施不正当竞争行为，"搜索候选"功能是将搜狗公司在输入和搜索领域的优势相结合，是技术的创新。该功能是搜狗输入法自带的，没有对任何第三方的网页进行修改、侵入，没有干扰爱奇艺网站的正常运转，不是专门针对爱奇艺网站的措施。爱奇艺公司主张的两种不正当竞争行为均与事实不符，搜索候选词通过结合当时的搜索热词和用户普遍搜索的内容，将用户希望得到的结果进行显示，并非优先推荐影视剧；输入候选词是根据用户输入的内容进行显示。两者分上下两排排列，上排的搜索候选词字号较小，且显示有放大镜的图标提示搜索；下排的输入候选词中的第一个会以红色进行突出显示。两者的显示方式并不相同，不会导致误认。 2. 用户点击搜索候选词后，是跳转至搜索网站的页面而不是搜狗公司的页面，且用户可以选择关闭"搜索候选"功能，也可以修改使用的搜索引擎，排在搜索结果第一位的并不一定是视频内容；即使是视频内容，也不是搜狗公司提供的。 3. 爱奇艺公司没有证明其损失，也没有证明其利益减损与搜狗公司的行为之间存在因果关系。搜狗公司使用的技术未损害爱奇艺公司的利益，用户能清楚地知道自己离开了原来的页面，且在使用爱奇艺APP进行搜索时，用户点击搜索候选词后不会出现跳转。涉案"搜索候选"功能给用户带来了更好的体验，即使搜狗公司构成侵权，也不应当停止提供"搜索候选"功能，而应有一个合理的停止侵权的范围及方式。

（二）法律分析

1. 认定竞争关系对《反不正当竞争法》适用的影响

本案中，一审法院认定的第一个争议焦点为爱奇艺公司与搜狗公司之间是否存在竞争关系，能否适用《反不正当竞争法》。认定经营者之间是否存在竞争关系，首先应当明确竞争关系的概念。从法律条文来看，《反不正当竞争法》对竞争关系并无明确规定，多指具有相同或类似经营内容的经营者之间存在的市场竞争关系。在1993年《反不正当竞争法》的框架下，第5条、第11条、第14条和第15条中均出现了"竞争对手"一词，由此可以推断"竞争关系"是商业混淆、低价销售、商业诋毁、传统招投标等类型化不正当竞争行为的构成要件，而对于其他条款没有明确此要件。在2017年《反不正当竞争法》的框架下，仅第11条中保留了"竞争对手"的表述，这为"竞争关系"的泛化创造了解释空间。

由于《反不正当竞争法》对竞争关系的定义及地位都未作出明确规定，因此学术界对竞争关系的概念也未形成统一意见。通常，按照划分标准的不同，竞争关系存在着直接与间接、狭义与广义之分。

有学者指出，认定直接竞争关系有以下三个基本要素：一是商品的可替代性；二是竞争对手的性质；三是竞争者所处的经济环节。进一步而言，从商品的可替代性出发，直接竞争关系是指生产经营相同或相似以及可替代商品的经营者之间在特定的市场经营活动中争夺市场份额而形成的社会关系。从竞争对手的性质出发，直接竞争关系中的竞争对手是特定的而非不定的。从竞争者所处的经济环节出发，竞争关系是处于同一经济环节的经营者之间的制约关系，由此排除了上下游经营者之间的竞争关系。直接竞争关系的这种界定的不足之处在于，对竞争范围的限定过于狭窄，难以处理新型的不正当竞争案件。于是，在此关系的基础之上，"间接竞争关系说"被提出。间接竞争关系来自对经济领域非直接竞争关系的描述，针对的是不特定甚至是所有竞争对手，表现为对竞争对手损害的间接性，或者是直接损害消费者或者其他经营者的利益。直接竞争关系与间接竞争关系之间不是对向关系，亦不属于交叉关系，后者是作为前者的一种补充而存在的，由此可以弥补前者之缺陷，合理扩大反不正当竞争法的适用范围。①

狭义竞争关系与广义竞争关系系种属关系，前者只是后者中最为普遍的一种情形。狭义竞争关系，是指商品之间具有替代关系的经营者相互争夺交易机会的关系。广义竞争关系，是指在直接或间接争夺交易机会的过程中，以不正当的方式，违反诚实信用原则而产生的侵害与被侵害关系。经营者在谋取或破坏竞争优势的过程中，既可能损害竞争对手，又可能直接侵害消费者，并通过侵害消费者而间接地损害竞争对手以外的经营者。②

虽然在学理层面和法律层面对竞争关系在反不正当竞争行为认定中所发挥的效力意见不一，但是从司法实践来看，尤其是从互联网领域的反不正当竞争来看，竞争关系呈现消减趋势。本案中，一审法院明确表示 2017 年修订的《反不正当竞争法》重在通过规制行为调整竞争关系，而从其对不正当竞争行为的界定来看，并未要求具有严格的竞争关系，即只要经营者违反诚实信用原则和公认的商业道德，实施的行为扰乱市场竞争秩序，损害其他经营者或者消费者的合法权益，就可以认定为不正当竞争行为。不仅本案，2017 年"东阳正午阳光影视有限公司诉太平人寿保险有限公司案"中，法院也认为：是否构成不正当竞争行为并适用《反不正当竞争法》，应当主要从被诉具体竞争行为本身的属性上进行判断，而非要求经营者之间必须属于同业竞争者或者其提供的商品或服务具有可替代性。③ 因此，在互联网环境下，竞争关系对不正当竞争行为的适用呈现消减趋势，应当更加注重竞争行为。

2. 互联网行业的不正当竞争行为

互联网行业的不正当竞争行为一部分属于传统不正当竞争行为在互联网领域的延伸，另一部分则属于互联网领域中特有的、利用互联互通技术手段进行的新型不正当竞争行为。

对于传统不正当竞争行为，2017 年《反不正当竞争法》第 6 条第 3 项规定，擅自使用他人有一定影响的域名主体部分、网站名称、网页等，引人误认为是他人商品或者与他人存在特定联系的，构成不正当竞争行为。第 8 条规定："经营者不得对其商品的性能、功能、质量、销售状况、用户评价、曾获

---

① 参见陈兵：《互联网经济下重读"竞争关系"在反不正当竞争法上的意义——以京、沪、粤法院 2000—2018 年的相关案件为引证》，载《法学》2019 年第 7 期。
② 同上。
③ 参见张芷璇：《浅析"竞争关系"在不正当竞争认定中的消减——从五则司法判例来看》，https://www.sohu.com/a/335400040_120054912，2020 年 3 月 20 日访问。

荣誉等作虚假或者引人误解的商业宣传，欺骗、误导消费者。经营者不得通过组织虚假交易等方式，帮助其他经营者进行虚假或者引人误解的商业宣传。"

对于互联网领域中特有的、利用互联互通技术手段进行的新型不正当竞争行为，2017年《反不正当竞争法》第12条作了类型化的列举，被称为"互联网专条"，主要是禁止以下不正当竞争行为：（1）未经其他经营者同意，在其合法提供的网络产品或者服务中，插入链接、强制进行目标跳转；（2）误导、欺骗、强迫用户修改、关闭、卸载其他经营者合法提供的网络产品或者服务；（3）恶意对其他经营者合法提供的网络产品或者服务实施不兼容；（4）其他妨碍、破坏其他经营者合法提供的网络产品或者服务正常运行的行为。

对互联网领域中的新型不正当竞争行为进行类型化，目的是从各类不正当竞争行为中抽象出每类行为的共同特征，为司法者和执法者建立稳定、可反复操作的裁判和执法标准，缓解在裁判过程中对一般条款的依赖。[1] 同时，"互联网专条"中列举的四种行为是基于对过去司法实践中典型案例的总结，具有较强的代表性，对于已经类型化的关键问题的裁判能相对轻松地达成共识，可以在今后案件的审判中有效避免"同案不同判"的问题。

四、案例研习安排

（一）教学对象及目标

本案例供法学专业本科生、硕士研究生及法律硕士研究生教学使用，其他专业本科生、硕士研究生也可参酌使用。

本案例需要解决的问题主要有：

（1）如何判断双方当事人之间是否存在竞争关系以及能否适用《反不正当竞争法》？

（2）对互联网企业的不正当竞争行为有哪些认定方法？

（3）商业道德在互联网不正当竞争案件中的应用情况如何？

（二）建议课堂计划

本案例可以作为专门的教学案例进行讲授，建议安排1课时（40—45分钟）。

如下课堂设计，仅供参考：

---

[1] 参见宋迎、吴院渊、徐灿：《互联网不正当竞争行为的类型化分析》，https://new.qq.com/omn/20180207/20180207G0CU4J.html，2020年3月20日访问。

1. 课前计划

安排学生阅读案例及相关参考资料,熟悉整个案例流程,对案例中提出的问题进行思考。

2. 课中计划

介绍教学目的,明确讨论主题。

分组讨论及解决对策,告知发言要求。

小组代表发言,提出争议焦点,并对争议焦点涉及的相关法律法规进行评述。

教师进行引导性分析,并作归纳总结。

3. 课后计划

请学生课后进一步细化了解《反不正当竞争法》的相关规定。

五、思考题

1. 如何判断经营者之间是否存在竞争关系?竞争关系对《反不正当竞争法》的适用有何影响?

2. 如何判断本案中搜狗公司是否实施了不正当竞争行为?

3. 《反不正当竞争法》中的"互联网专条"是指?有哪些内容?

4. 本案对其他互联网不正当竞争案件的审理有何指导意义?

第四章 消费者权益保护法

第一节 经营者安全保障义务

案例 十六 涂淼儿等诉陕西中青国际旅行社有限公司、陕西黄河壶口文化旅游发展有限责任公司违反安全保障义务案

【摘 要】 本案是一起旅行服务纠纷案件，消费者在景区旅游时发生意外，景区、旅行社、消费者三方就安全保障义务及注意义务的承担产生争议，遂提请法院裁决。本案主要涉及的知识点包括精神损害赔偿与侵权损害赔偿的关系、旅行过程中旅行社及旅行辅助服务者的安全保障义务的范围、侵权损害赔偿金额的认定标准。本案对其他旅行社及旅行辅助服务者违反安全保障义务责任纠纷案件的审理具有参考意义。

【关键词】 消费者安全权　精神损害赔偿　安全保障义务

一、基本案情

2016 年 9 月 15 日，涂淼儿与其父涂昆杰参加陕西中青国际旅行社有限公司（以下简称"陕西中青旅"）组织的国内旅游"一日游"活动并签订《国内旅游"一日游"合同》，旅游地点为壶口瀑布景区。当日，涂淼儿与涂昆杰在陕西中青旅导游的统一带领下，随团到达由陕西黄河壶口文化旅游发展有限公司（以下简称"黄河壶口公司"）负责经营管理的黄河壶口瀑布景区游览。涂昆杰在进入壶口瀑布景区后，停留在一块写有"黄河壶口瀑布"的标志性大石处拍照。

事发时监控摄像头所拍摄的影像资料显示，涂昆杰在大石附近拍照时，摔倒并跌落至大石旁边的护岸下方。视频资料中未见涂昆杰与他人发生肢体接触。根据视频显示和现场照片比对，涂昆杰跌倒位置有一处低矮的台阶，他可能系被该台阶绊倒后滚落至护岸下方。黄河壶口公司称景区大石即涂昆杰跌倒位置与其所滚落深坑间的距离约为 3 米，具体距离通过现有证据虽无法认定，但根据视频可知二者之间确实存在一定的距离。涂昆杰跌落时，护岸深坑边缘未见护栏等防护措施，现场未见警示性安全提示。

陕西省宜川县人民医院诊断涂昆杰为重度颅脑损伤。宜川县人民医院和宜川县公安局壶口派出所共同出具的《居民死亡医学证明（推断）书》认定涂昆杰死亡原因为机械性损伤。壶口派出所同时认定涂昆杰跌落后在送医途中死亡。涂昆杰死亡时实际年龄为 70 岁。

2017 年 7 月，涂昆杰的继承人涂淼儿、涂佳莹、涂东儿向陕西省西安市中级人民法院提起诉讼，要求：（1）判决陕西中青旅、黄河壶口公司赔偿涂淼儿、涂佳莹、涂东儿一次性死亡赔偿金 1411890 元，丧葬费 78530 元，交通费 26999 元，住宿费 9081 元，误工损失 98617 元，合计 1625117 元；（2）判决陕西中青旅、黄河壶口公司赔偿涂淼儿、涂佳莹、涂东儿精神损害赔偿金 100000 元；（3）判决陕西中青旅、黄河壶口公司承担连带赔偿责任；（4）判令陕西中青旅、黄河壶口公司承担本案公证费、诉讼费。

在一审法院庭审中，涂淼儿、涂佳莹、涂东儿称陕西中青旅提供的安全告知书是未经涂昆杰签字确认的，陕西中青旅承认其发放的安全告知书未让涂昆杰签字。一审法院判决：（1）被告黄河壶口公司支付原告死亡赔偿金、丧葬费、交通费、住宿费、误工损失共计 360036.95 元；（2）被告黄河壶口公司支付原告精神损害赔偿金 20000 元；（3）驳回原告其他诉讼请求。

涂淼儿、涂佳莹、涂东儿不服一审判决，向陕西省高级人民法院提起上诉，请求：（1）依法改判一审判决第一项，依法改判由陕西中青旅、黄河壶口公司向其支付死亡赔偿金、丧葬费、交通费、住宿费、误工损失共计 1617216 元；（2）依法改判一审判决第二项，陕西中青旅和黄河壶口公司支付其精神损害赔偿金 100000 元；（3）依法撤销一审判决第三项，改判陕西中青旅和黄河壶口公司承担连带赔偿责任；（4）本案诉讼费及公证费由陕西中青旅和黄河壶口公司承担。

黄河壶口公司也不服一审判决，提起上诉，请求：依法撤销一审判决，改判由陕西中青旅承担侵权赔偿责任，其不承担赔偿责任。

二审法院在审理后,对本案进行了改判:(1)黄河壶口公司支付涂淼儿、涂佳莹、涂东儿死亡赔偿金、丧葬费、交通费、住宿费、误工损失合计363443.15元;(2)黄河壶口公司支付涂淼儿、涂佳莹、涂东儿精神损害赔偿金15000元;(3)陕西中青旅支付涂淼儿、涂佳莹、涂东儿死亡赔偿金、丧葬费、交通费、住宿费、误工损失合计103840.9元,支付涂淼儿、涂佳莹、涂东儿精神损害赔偿金5000元。

陕西中青旅在二审判决作出后向最高人民法院申请再审,称其作为本次旅游活动的组织者,已经尽到相应的安全保障义务,即在旅游过程中口头提示游客安全注意事项,发放书面的《陕西中青旅安全旅游注意事项》,并在事发后履行了相应的救助义务。游客进入案涉景区后,陕西中青旅对景区内部设施和环境没有控制权,不负有安全保障义务,且案涉景区也并非不适宜老年人活动或危险旅游项目,涂昆杰的死亡与陕西中青旅没有因果关系。故原审法院以未尽到安全保障义务判令陕西中青旅承担相应的赔偿责任,属于认定事实和适用法律错误。但是,该申请被最高人民法院裁定驳回。

二、法院的观点

(一) 一审法院的观点

1. 关于陕西中青旅是否应对涂昆杰死亡承担侵权责任问题

《最高人民法院关于审理旅游纠纷案件适用法律若干问题的规定》第3条规定:"因旅游经营者方面的同一原因造成旅游者人身损害、财产损失,旅游者选择要求旅游经营者承担违约责任或者侵权责任的,人民法院应当根据当事人选择的案由进行审理。"本案中,原告方明确其按照侵权责任主张本案诉请。因此,陕西中青旅是否承担责任应以其是否实施侵权行为为依据。《最高人民法院关于审理旅游纠纷案件适用法律若干问题的规定》第7条第1款规定:"旅游经营者、旅游辅助服务者未尽到安全保障义务,造成旅游者人身损害、财产损失,旅游者请求旅游经营者、旅游辅助服务者承担责任的,人民法院应予支持。"第8条第1款规定:"旅游经营者、旅游辅助服务者对可能危及旅游者人身、财产安全的旅游项目未履行告知、警示义务,造成旅游者人身损害、财产损失,旅游者请求旅游经营者、旅游辅助服务者承担责任的,人民法院应予支持。"陕西中青旅作为旅行社,系本次旅游活动的组织者,应承担相应的安全保障义务。但是,依据上述规定,陕西中青旅据此承担责任应以其未尽安全保障义务，且造成旅游者人身损害、财产损失，损害结果的产生应当与陕西中青旅未尽义务具有因果关系。黄河壶口公司称陕西中青旅针对老年人旅行未尽到相应的注意义务。本案中，涂昆杰系跌落导致的颅脑损伤，其本身虽存在心肌梗死等疾病，但无证据证明其死亡结果与自身疾病存在因果关系，也无证据证明涂昆杰摔倒系其身体出现状况。陕西中青旅所选择的旅行地点也无不宜老年人活动之处。涂昆杰的死亡结果与其自身年龄和身体状况无关，陕西中青旅不应就此承担责任。涂昆杰发生事故的地点为黄河壶口公司管辖景区，陕西中青旅对景区内部设施和环境无控制权，对该部分不负有安全保障义务，其所选择的景区和旅游项目并非危险性活动，要求其承担未履行告知、警示义务导致损害发生的责任显系不妥。综上，涂昆杰的死亡后果与陕西中青旅之间存在因果关系难以认定，陕西中青旅不应就涉案事故承担侵权责任。

2. 关于黄河壶口公司是否应对涂昆杰死亡承担侵权责任问题

涂昆杰发生事故区域位于黄河壶口公司所管理的壶口瀑布景区内。依据《最高人民法院关于审理旅游纠纷案件适用法律若干问题的规定》第7条、第8条的规定，黄河壶口公司对游客负有安全保障义务，应当对于可能发生的危险予以防范。"黄河壶口瀑布"大石属于景区标志性景点，游客大多选择在此处摄影留念，离此处不远的深坑事发时没有安装围栏，也无充分证据证明黄河壶口公司对于该深坑的存在和危险性尽到了充分的警示义务，具有重大的安全漏洞。黄河壶口公司未尽到安全保障义务，应当对涂昆杰发生跌落事故并最终导致死亡后果承担侵权责任。黄河壶口公司无充分证据证明涂昆杰发生事故是由其自身健康原因导致，对黄河壶口公司的该项辩称理由，一审法院不予采纳。但是，涂昆杰属于完全民事行为能力人，事发时亦有成年家属陪同，他应当在进行旅游活动时对周边环境尽到一定的注意义务。涂昆杰最终跌落深坑是由于其不慎被台阶绊倒引起的，其本人未能尽到相应的注意义务也是导致事故发生的原因。综上，一审法院酌情认定涂昆杰本人对本次事故承担30%的责任，黄河壶口公司按照70%的比例承担责任。

3. 关于本案侵权责任的赔偿标准如何认定问题

《最高人民法院关于审理人身损害赔偿案件适用法律若干问题的解释》第17条规定："受害人遭受人身损害，因就医治疗支出的各项费用以及因误工减少的收入，包括医疗费、误工费、护理费、交通费、住宿费、住院伙食补助费、必要的营养费，赔偿义务人应当予以赔偿。……受害人死亡的，赔偿义务人除应当根据抢救治疗情况赔偿本条第一款规定的相关费用外,还应当赔偿丧葬费、被扶养人生活费、死亡补偿费以及受害人亲属办理丧葬事宜支出的交通费、住宿费和误工损失等其他合理费用。"

涂昆杰因事故导致就医途中死亡,不存在就医治疗支出的各项费用以及因涂昆杰本人误工减少的收入。依据上述司法解释条款及原告涂淼儿、涂佳莹、涂东儿的主张,本案赔偿范围应为一次性死亡赔偿金、丧葬费,以及受害人亲属办理丧葬事宜支出的交通费、住宿费和误工损失。《最高人民法院关于审理人身损害赔偿案件适用法律若干问题的解释》第29条规定:"死亡赔偿金按照受诉法院所在地上一年度城镇居民人均可支配收入或者农村居民人均纯收入标准,按二十年计算。但六十周岁以上的,年龄每增加一岁减少一年;七十五周岁以上的,按五年计算。"第30条第1款规定:"赔偿权利人举证证明其住所地或者经常居住地城镇居民人均可支配收入或者农村居民人均纯收入高于受诉法院所在地标准的,残疾赔偿金或者死亡赔偿金可以按照其住所地或者经常居住地的相关标准计算。"

涂昆杰为我国台湾地区居民,其住所地和经常居住地均为台湾地区。原告提交台湾地区人均所得数据证明赔偿标准,但该数据与城镇居民人均可支配收入或者农村居民人均纯收入统计方式与数据内涵均不一致,不能相互替代。原告要求按照其诉请主张标准予以赔偿不能成立。原告虽无法举证证明城镇居民人均可支配收入数额,但考虑到相对于受诉法院所在地区,台湾地区居民收入较高,为体现公平性和立法以经常居住地标准为依据的精神,一审法院酌情选定大陆地区经济较发达省份浙江省2016年城镇居民人均可支配收入作为本案认定死亡赔偿金的计算依据。《最高人民法院关于审理人身损害赔偿案件适用法律若干问题的解释》第27条规定:"丧葬费按照受诉法院所在地上一年度职工月平均工资标准,以六个月总额计算。"原告所主张的丧葬费数额明显过高,应以西安市2016年度职工月平均工资作为丧葬费总额的认定标准。因涂昆杰死亡地在大陆地区,其主要亲属居住地均为台湾地区,亲属办理丧葬事宜支出的交通费、住宿费和误工损失实际存在,应予以支持。涂淼儿、涂佳莹、涂东儿作为亲属办理丧葬事宜支出的住宿费和误工损失,原告主张数额明显过高。

综上,结合涂昆杰死亡时实际年龄及一审法院所认定黄河壶口公司应承担的责任比例70%,黄河壶口公司应向涂淼儿、涂佳莹、涂东儿赔偿死亡赔偿金、丧葬费,以及办理丧葬事宜支出的交通费、住宿费和误工损失共计

360036.95 元。因黄河壶口公司的侵权行为造成涂淼儿、涂佳莹、涂东儿之父涂昆杰死亡后果,已经对原告造成了严重的精神损害,结合本案实际,一审法院酌情确定黄河壶口公司支付精神损害赔偿 20000 元。

(二) 二审法院的观点

1. 受害人涂昆杰、陕西中青旅及黄河壶口公司三方对造成事故原因是否有过错?各自对过错的大小如何认定?

首先,陕西中青旅作为旅游经营者组织旅游活动,其承担的安全保障义务应当贯穿整个活动全程。陕西中青旅提供的安全告知书上没有涂昆杰的签字确认。陕西中青旅没有提供充分的证据证明其作为旅游经营者尽到了安全保障义务。故陕西中青旅对本案事故应承担 20% 的赔偿责任。一审法院认定陕西中青旅对本次事故不承担责任,确有不妥,二审法院予以纠正。

其次,黄河壶口公司作为景区管理者和旅游服务的提供者,对景区内的风险有责任予以评估及排除,就危险地段有责任加装相关安全设施,理应保障游客的生命财产安全。"黄河壶口瀑布"大石属于景区标志性景点,游客大多选择在此处摄影留念,涂昆杰跌落时护岸深坑边缘未见护栏等防护措施,现场未见警示性安全提示。由于壶口瀑布景区部分防护设施缺失,造成游客涂昆杰人身伤亡,一审法院酌情认定黄河壶口公司按照 70% 的比例承担责任是适当的,二审法院予以支持。

最后,涂昆杰属于完全民事行为能力人,事发时亦有成年家属涂淼儿陪同,应当在进行旅游活动时对周边环境尽到一定的注意义务。二审法院酌定涂昆杰本人承担本次事故的 10% 责任。

2. 一审确定本案死亡赔偿金的参照标准是否适当?

涂昆杰为我国台湾地区居民,本次侵权行为地发生在大陆,涂淼儿、涂佳莹、涂东儿未提出管辖权异议,并向西安市中级人民法院起诉,故本案应适用中华人民共和国法律。《最高人民法院关于审理人身损害赔偿案件适用法律若干问题的解释》第 29 条规定,"死亡赔偿金按照受诉法院所在地上一年度城镇居民人均可支配收入或者农村居民人均纯收入标准"。第 30 条第 1 款规定:"赔偿权利人举证证明其住所地或者经常居住地城镇居民人均可支配收入或者农村居民人均纯收入高于受诉法院所在地标准的,残疾赔偿金或者死亡赔偿金可以按照其住所地或者经常居住地的相关标准计算。"一审法院酌情选定我国经济较发达省份浙江省 2016 年城镇居民人均可支配收入作为本案认定死亡赔偿金的计算依据是适当的,二审法院予以支持。

3. 一审法院确定交通费、精神损害赔偿数额是否适当?

首先,一审中,涂淼儿、涂佳莹、涂东儿诉讼请求中关于交通费主张26999元。一审法院仅支持了涂佳莹、涂东儿在事发后2016年9月16日自台北至西安的机票4866元。虽然其余网页仅打印了行程单,无发票,但是涂昆杰子女及亲属从台湾来西安处理丧葬事宜,处理丧葬事宜结束后从西安返回台湾亦符合客观实际情形。二审法院认为,就交通费酌情认定从台北到西安,再从西安返回台北,合计9732元。综上,本案死亡赔偿金、丧葬费、交通费、住宿费、误工损失合计519204.5元。

其次,关于精神损害赔偿数额,一审判处20000元是适当的,应由陕西中青旅承担5000元,黄河壶口公司承担15000元。

(三) 再审法院的意见

最高人民法院经审查认为,陕西中青旅与涂昆杰等签订本案旅游合同,作为本次旅游活动的经营者,陕西中青旅应当在合同履行期间负有相应的安全保障义务。根据《最高人民法院关于审理旅游纠纷案件适用法律若干问题的规定》第7条第1款的规定,陕西中青旅承担的安全保障义务贯穿整个旅游活动的全程,其提供的安全告知书上没有涂昆杰的签字确认,不能证明游客已经签收或知晓相应的安全提示内容。陕西中青旅关于口头提示和发放书面通知的举证不能充分证明其尽到了安全保障义务。虽然游客进入景区游览,但是仍然属于旅游合同履行期间,陕西中青旅关于游客进入景区后不受其控制,不负有安全保障义务的主张,最高人民法院依法不予采信。

三、教学内容(法律评析)

随着我国经济的迅猛发展,旅游已成为人们日常生活中的重要内容,越来越多的人以各种方式外出旅游。旅游者与旅游经营者相比,缺乏专业知识,亦缺乏应对突发事件的能力。因此,有必要规定旅游经营者与旅游辅助服务者对旅游者的安全保障义务。《消费者权益保护法》第18条第1款规定:"经营者应当保证其提供的商品或者服务符合保障人身、财产安全的要求。对可能危及人身、财产安全的商品和服务,应当向消费者作出真实的说明和明确的警示,并说明和标明正确使用商品或者接受服务的方法以及防止危害发生的方法。"根据该法第19条的规定,经营者发现其提供的商品或者服务存在严重缺陷,有危及人身、财产安全危险的，应当立即向有关行政部门报告和告知消费者，并采取防止危害发生的必要措施。旅游经营者与旅游辅助服务者的安全保障义务有：采取防止危害发生的必要措施的预防义务，以及旅游者受到人身伤害时对其救助的义务等。

本案引发了我们对旅游经营者与旅游辅助服务者的安全保障义务以及旅行者精神损害赔偿之法律适用等问题的思考。例如，在旅游活动中，当发生侵权行为时，如何判断旅行社完全旅行了安全保障义务？在景区，旅游辅助服务者违反安全保障义务，导致旅游者的人身、财产遭受损害的，旅行社是否应当承担责任等？

（一）旅行社安全保障义务的内涵

王利明认为，安全保障义务是指在特定的法律关系中，负有特定义务的人应当承担的避免特定权利主体的人身、财产受到损害的义务。杨立新认为，安全保障义务是指从事社会经营活动以及其他活动的自然人、法人或者组织在合理限度范围内所应承担的保证其经营范围内他人人身和财产安全的义务。张民安和杨彪认为，安全保障义务是指特定行为人在合理的范围内预见他人人身或者财产正在或者将要遭受自己或者与自己有特殊关系的第三人所实施的侵权行为或者犯罪行为的侵害，为避免他人遭受损失，应当承担起的相应的警示和保护义务。

上述三种不同的定义有一个共同点：安全保障义务基于特定的法律关系。在旅游合同关系中，旅行社的安全保障义务应当是保障参与其所组织的旅行活动的人的人身和财产不受侵害的义务。

（二）旅行社安全保障义务的特点

与一般的安全保障义务相比，旅行社所应承担的安全保障义务有安全保障义务的时间和空间范围的可变性的特点。

由于旅游行程是不断变化的，旅行社承担安全保障义务的时间和空间范围也不断发生变化，可能是在景区内，也可能是在旅游大巴上，还可能是在团餐的餐厅或者住宿的酒店内。只要在旅行社组织和安排的旅游活动区间内，旅行社就负有安全保障义务。所以，本案中，二审法院和再审法院都认为，陕西中青旅的侵权责任并没有因为被侵权人进入黄河壶口瀑布景区而消除。换句话说，黄河壶口瀑布景区不应当独自承担所有的安全保障义务，而应当与陕西中青旅一同承担后者在其经营场所内对消费者的安全保障义务。

当然，旅行社并不必然与旅游者构成完整意义上的旅游合同关系，这是由旅行社产品的特殊性决定的。旅行社产品按照包价的内容可以分为全包价旅游、半包价旅游、小包价旅游、零包价旅游和单项服务五种基本形态。完整意义上的旅游合同，是指在旅行社提供包价旅行社产品时，在旅行社与旅游者之间形成的旅游合同关系。随着社会的发展，散客旅游日渐兴起，旅行社纷纷推出各种形式的自助游产品，较为常见的是"机票＋酒店"模式的产品。旅游者接受了某种或某几种单项服务，如仅从旅行社处拿到飞机票、火车票，如果在乘坐飞机、火车过程中出了安全问题，因为飞机票、火车票是由旅行社提供的旅游交通服务产品，所以旅行社就要为此承担赔偿责任吗？这显然违背了常理，更不符合法律的公平正义原则。通常情况下，旅行社只是替旅游者代订旅游交通票据，此时旅游者与旅行社之间形成的法律关系是委托合同关系。国家旅游局的《国内旅游组团合同范本》就隐含地表明了这一点。根据该范本第 4 条的规定，旅游者支付的交通客票费是旅行社代旅游者向民航、铁路、长途客运公司、水运等公共交通部门购买交通客票的费用。有时候，旅行社只是航空公司或火车站的票务预订代售处，此时旅行社不是独立的民事法律主体，与旅游者之间不构成民事法律关系。但是，如果旅行社采用包机、包车、包船等包租形式向旅游者提供交通旅行社产品，那么旅游者与旅行社之间就是真正的旅游合同关系，旅行社是真正的旅游经营商。

（三）旅行社安全保障义务的性质

对于旅行社安全保障义务的性质，我国学界有两种声音："附随义务说"与"法定义务说"。

附随义务，是指合同当事人根据合同的约定以及诚实信用原则所产生的告知、提醒、救助等义务。"附随义务说"认为，与旅行社签订了旅游合同的旅游者可以要求旅行社履行其相应的义务。但是，这些义务不是本来就有的，而是随着双方当事人法律关系的成立而产生的。比如，在旅行过程中，旅行社应当履行提醒旅游者必要的注意事项，在出现安全事故时提供必要的协助等义务。旅行社没有履行相应的附随义务所应承担的是违约责任。

"法定义务说"认为，安全保障义务是基于旅游活动本身所具有的特性而产生的义务，必须由旅行社承担。这种义务是为保护旅游者的合法权益而存在的，它是由法律直接规定的必须由旅行社承担的主要义务，而不是依附于旅游合同而存在的附随义务。这种学说的合理性来自我国的相关立法。《最高人民法院关于审理旅游纠纷案件适用法律若干问题的规定》第 7 条规定了旅游经营者、旅游辅助服务者的安全保障义务以及相应的损害赔偿责任。2013 年发布的《中华人民共和国旅游法》第 3 条和第 6 条也分别规定了国家和旅游经营者应当保障旅游者的安全。

（四）旅行社安全保障义务的内容

旅行社负有保障旅游者人身、财产安全的义务。这种安全保障义务从文义上说，就是旅行社为旅游者提供的服务应当符合保障旅游者人身、财产安全的需要。鉴于旅游合同的特殊性，我们把旅行社的安全保障义务相应地分为以下两项：

首先，旅游危险预防义务，即旅游危险告知义务。在出游前，旅行社不仅应当向旅游者提供旅游计划所涉及的各种必要的可能威胁旅游者人身、财产安全的信息，如有关交通、餐饮、住宿、游览、购物、娱乐等设施设备的安全状况以及以上各个环节中容易出现的各种安全问题，旅游目的地的风俗习惯、宗教信仰、流行疾病控制预防、社会治安状况等，而且应当做好以上各方面的危险预防准备工作。旅行社导游在引导旅游者旅行、游览过程中，应当就可能发生危及旅游者人身、财产安全的情况，进一步向旅游者作出具体的、真实的说明和明确的警示，并按照旅行社的要求采取恰当的防止危害发生的措施。

其次，危险注意及救助义务，即善良家父义务。善良家父义务出自古罗马法，即如果责任人在应当积极作为时没有作为，则表明其有过错。例如，在旅游过程中，如果旅游者的人身、财产安全可能受到侵害，则旅行社工作人员不仅要提前履行告知义务，还要密切注意，并采取恰当的措施以预防危害的发生；如果旅游者的人身、财产安全正在受到侵害，则旅行社工作人员应当积极协助旅游者，果断采取恰当的措施以制止侵害的继续；如果旅游者的人身、财产安全已经受到了侵害，则旅行社工作人员应当尽快与有关部门或单位取得联系，通过协商、行政或法律等途径采取相应的措施，从而防止旅游者的损失进一步扩大，妥善处理善后事宜。

四、案例研习安排

（一）教学对象及目标

本案例供法学专业本科生、硕士研究生及法律硕士研究生教学使用，其他

专业本科生、硕士研究生也可参酌使用。

本案例需要解决的问题主要有：

（1）旅游经营者对旅游者的人身损害、财产损失是否承担侵权责任？

（2）旅游辅助服务者对旅游者的人身损害、财产损失是否承担侵权责任？

（3）应当如何确定侵权损害赔偿金额的认定标准？

（二）建议课堂计划

本案例可以作为专门的教学案例课进行讲授，建议安排 1 课时（40—45 分钟）。

如下课堂设计，仅供参考：

1. 课前计划

安排学生阅读案例及相关参考资料，熟悉整个案例流程，对案例中提出的问题进行思考。

2. 课中计划

介绍教学目的，明确讨论主题。

分组讨论问题及解决对策，告知发言要求。

小组代表发言，提出争议焦点，并对争议焦点涉及的相关法律法规进行评述。

教师进行引导性分析，并作归纳总结。

3. 课后计划

请学生课后进一步细化了解旅游经营者与旅游辅助服务者的安全保障义务及其适用等相关内容。

五、思考题

1. 本案中，是否能够以我国台湾地区人均所得作为赔偿金额的计算基准？

2. 本案中，如果《陕西中青旅安全旅游注意事项》是受害人亲笔签名的，那么陕西中青旅还需要承担赔偿责任吗？其安全保障义务的范围是否会因此情节的变化而发生改变？

3. 旅行社的安全保障义务究竟是附随义务还是法定义务？

第二节 消费者知情权

案例 十七 肖黎明诉中国南方航空股份有限公司机票超售侵犯消费者知情权案

【摘　要】 本案是全国首例机票超售案。案例分析主要围绕超售行为是否构成欺诈、是否侵犯了消费者知情权等争议焦点展开。通过对案例的研习，我们可以更深层次了解《消费者权益保护法》的具体应用；同时，深入研究法条及相关规定，对保护消费者权益、实现《消费者权益保护法》的基本价值取向具有明确的指导意义。

【关键词】 超售　欺诈　消费者知情权

一、基本案情

2006年7月21日，法制日报社的记者肖黎明以1300元的价格购买了中国南方航空股份有限公司（以下简称"南航"）当日20时10分从北京飞往广州的CZ3112号航班的七折机票。在到机场办理登机手续时，南航地服公司的工作人员告知肖黎明，由于机票超售的原因，CZ3112号航班已经满员，他无法乘坐。南航地服公司安排肖黎明转签中国国际航空股份有限公司（以下简称"国航"）某航班。但是，南航的工作人员随后发现国航航班也发生了延误，便又将肖黎明唤回，将其转签至南航的CZ3110航班，并免费为其升舱至头等舱（机票价格为2300元）。在等候期间，肖黎明被安排在头等舱休息室休息。当日22时39分，原告乘坐CZ3110航班头等舱离港。

2006年9月，肖黎明将南航诉至北京市朝阳区人民法院。肖黎明诉称，自己从来没有听说过超售一事，在买票时也没有人告知自己机票是在超售。被告对机票超售一事进行隐瞒，侵犯了消费者的知情权，并获取多销售机票的利益，因此应当承担相应法律责任，包括：（1）因南航的行为构成欺诈，侵犯了消费者的知情权，应双倍赔偿经济损失即机票款的两倍共计2600元；（2）赔偿原告进行专业诉讼已支付的律师费5000元；（3）在《法制日报》《经济日报》上进行公开赔礼道歉。

被告南航辩称，机票超售是国际通行的做法，能够提高航班的整体出行率，对所有乘客都有利。中国民用航空总局在自己的网站上登载的《航空旅行指南》说明了机票是可以超售的，如果消费者不知道，可能是因为公示的力度不够，但并不是对消费者的欺诈。机票都是在办理登机时才确定座位的。根据这种惯例，航空客运合同在乘客买票时仅是成立而没有生效，只有办理了登机手续，合同才生效。所以，机票上的起飞时间对双方没有约束力。在肖黎明无法登机后，南航为其安排了免费升舱，提高了乘机待遇，延误不过 2 个多小时，原告根本没有损失。另外，航空业有自己的特殊规则，也不能使用《消费者权益保护法》。因此，被告不同意原告的诉讼请求。

北京市朝阳区人民法院在审理后判决：（1）被告南航给付原告肖黎明违约赔偿金 1300 元；（2）驳回原告的其他诉讼请求。

二、法院的观点

北京市朝阳区人民法院认为，航空客运合同是乘客支付运输费用，由航空承运人运输至指定地点的合同。该合同自承运人向乘客出票时起即告成立，并同时生效。乘客因合同生效，负有给付票款义务，并信赖机票上记载的时间和地点，赶赴登机。航空运输固然由于对天气、气候等自然因素和科学手段、技术仪器的高度依赖，导致飞机起飞离港时间、航行路线以及到达时间和地点等合同标的中的相关要素会在合同履行中发生变更，但并不影响航空客运合同的生效。在对航空客运合同进行规范的法律、行政法规中，关于航空客运合同的成立与生效，应适用我国《中华人民共和国民法通则》（以下简称《民法通则》）[①] 和《合同法》。如认为航空客运合同在办理登机手续时才告生效，则乘客在登机手续办理前已经履行的提供身份确认、交纳票款等履行合同义务的行为即失去法律依据，明显与交易习惯相违背。本案争议的产生，并非因为合同的成立与生效问题，而是由于航空合同中个别条款的效力与履行。因此，不能认为机票记载的起飞时间因合同未生效而不具有约束力。

本案原、被告之间的航空客运合同系消费性服务合同，《消费者权益保护法》的规定，除与《中华人民共和国民用航空法》特别规定相冲突的之外，均应当予以适用。

从超售对合同履行的影响来看，它将使所有不特定的购票乘客均面临不能

---

① 该法在《民法典》施行后废止。

登机的风险，导致合同履行障碍。因此，超售行为应当向乘客进行明确告知，不能将其看作航空公司内部的管理手段而不予公示。从社会知晓度来看，超售被引入我国的时间较短，没有在公众中形成广泛认知。因此，航空承运人作为超售行为的实施者，应当向乘客进行全面而充分的告知。从中国民用航空总局关于超售的告知程度来看，要查看超售规则，必须进入中国民用航空总局的网页，再通过两级点击方可进行。相对于机票销售的特殊性和对乘客的影响而言，此种告知方式欠缺普及性和明确性，几乎无法让不特定的社会公众了解。因此，即使存在《航空旅行指南》的超售说明，也不能免除被告对原告的告知义务。据此，可以认定被告未尽到经营者的告知义务，损害了航空客运合同中乘客的知情权。

就被告未尽到告知义务的行为是否构成欺诈，法院认为，应当结合我国航空客运市场的现实情况综合判断。超售行为被引入我国后，行业管理者将其作为行业特殊规则，在向社会公开的网站上予以介绍、认可，不禁止航空承运人使用，但尚未作出必要的规范和管理。航空承运人在此情况下，基于市场竞争、运营成本、客源流失等考虑，未能对航班内全体乘客进行告知，客观上导致超售行为被隐瞒。但是，这并非对原告本人进行虚假宣传或故意隐瞒真实情况，与法律概念上的欺诈存在区别。因此，被告的行为应当被认定为违反合同义务，而不构成对原告的欺诈。

被告虽然在发现原告无法登机后及时安排转乘其他航班，但是原告已被延误近三小时。对此，被告具有可归责的事由，构成合同履行迟延，应当承担违约责任。合同迟延后，被告提高服务标准，仅能视为履行原合同义务，不能免除其本应承担的违约责任。由于合同迟延，导致原告必须重新安排行程、增加候机时间，身体劳顿增加，因此不能认为原告已无损失。

被告应承担的赔偿数额，在双方的客运合同中未予约定。法院应当根据知情权受损害的具体情节，另外安排出行、延长候机承受的身体劳顿、因超售增加客源的收益，酌情判定。

赔礼道歉的民事责任，属于经营者在侵害消费者人格尊严、人身自由，造成消费者精神性人格权利损害时承担的法律责任。但是，在本案的纠纷中，双方的分歧为合同义务的履行是否适当，现没有证据表明合同履行过程中被告侵害了原告的精神性人格权利。因此，被告不应因本案争议承担赔礼道歉的法律责任。

三、教学内容（法律评析）

（一）争议焦点分析

1. 超售行为是否构成欺诈

原告肖黎明诉称：被告对乘客隐瞒机票超售的事实，事后又未妥善安排登机，造成原告在机场滞留长达 3 个小时。此后，原告在接机、住宿、工作安排方面均受到不同程度的影响，严重侵害了原告的合法权益。同时，被告对消费者隐瞒超售事实，售卖机票的行为，构成欺诈，应双倍赔偿原告经济损失即机票款的两倍共计 2600 元（该诉求的依据为 1993 年《消费者权益保护法》，2013 年《消费者权益保护法》已经修改为"退一赔三"）。

被告南航辩称：机票超售是航空公司对机票进行管理的手段，不能作为违约方式。它是目前国际上的一种先进的通行做法。航空公司在合理估计的基础上，实际销售的机票要大于航班座位数，这样可以避免航班座位虚耗，充分利用航空资源。中国民用航空总局曾有过《航空旅游指南》，明示了机票是可能存在超售的，如果乘客不知道，可能是因为公示的力度不够。但是，航空公司不可能在销售机票时再一一告诉乘客机票是超售的，因为那样会有很多人不买票，造成更多的座位虚耗。同时，航空运输与铁路运输、公路运输有很大区别，机票在乘客购买时只是表示运输合同成立，合同还没有生效，只有在办理了登机手续后才开始生效。所以，乘机时间完全可能在最后确认时发生变更。当发现原告购买机票的航班已经没有座位后，被告立即为原告签转了离港时间最早的国航航班。后来发现这架航班发生延误，为了让原告尽快起程，被告又将原告转签回南航，安排在离港时间最早的 CZ3110 号航班，还免费为原告升舱，让原告在头等舱休息室休息。原告原定离港时间是 20 时 10 分，最终离港时间为 22 时 39 分，实际到广州的时间仅比原定航班晚了 2 个多小时。被告已经尽到职责，妥善安排原告登机。

2. 超售行为是否侵犯消费者的知情权

原告肖黎明诉称：自己从来没有听说过超售一事，在买票时也没有人告知自己机票是在超售。被告对机票超售一事进行隐瞒，侵犯了消费者的知情权，并获取多销售机票的利益，因此应当承担相应法律责任。

被告南航辩称：中国民用航空总局有关于超售的网页说明，登载了《航空履行指南》，说明机票是可以超售的；同时，机票超售是国际通行的做法，能够提高航班的整体出行率，对所有乘客有利，所以并没有侵犯消费者的知情权。

（二）法律评析[①]

1. 什么是"超售"

超售，对绝大多数中国消费者来说都是陌生的，它是我国民航企业向国外学习，主动使用的一项特殊的客票销售方法。

超售的特殊性表现为，座位票都是等额发售，有100个座位就卖100张票。但是，在超售方式中，承运人是超额发售，虽然只有100个座位，但是多卖出几张票，如卖103张。如果所有的购票乘客都来登机，就肯定有人因飞机满员而无法登机。那么，为什么航空公司还要多卖票？这是因为飞机票一般都是可以转签、改签的，如果有乘客在买票之后又改签到其他时间，那么原来的那张票对应的航班就要空出一个座位。比如，有3个乘客改签到其他时间，那么即使卖出了103张票，也会人人都有座位；同时，这3个人也被航空公司留在了自己的"门下"。超售能够减少航空公司的空座率，增加客源，对航空公司有极大的好处。所以，事实上，目前我国的航空公司几乎都通过超售方式销售机票。

还有一个问题就是：如果所有人都来登机，谁是那个因航空公司多卖票而被剩下的乘客？因为乘客购买机票时并不确定座位，只有办理登机手续时才被指定座位，所以并不是说在时间上最晚购票的乘客就是被剩下的人。国外的航空公司选择剩下乘客的方法是，征询全部乘客的意见，选出愿意主动留下的乘客。因为航空公司对被改签的乘客有很多的优惠补偿，所以一些不赶时间的乘客愿意主动留下来。在我国，超售被航空公司以一种半秘密的状态使用，也不存在事后补偿措施。所以，航空公司不会主动询问乘客的意见，而是采取"先到先登"的方式，先来的乘客先安排座位，在座位已经排满后才来办理登机手续的乘客自然就没有座位了。

超售虽是国外航空公司普遍使用的机票销售规则，但在我国尚属新生事物。因此，对于超售的法律评价就成为社会关注的焦点。

[①] 参见中国消费者协会：《南方航空公司机票"超售"案》，http://www.cca.org.cn/ztbd/detail/21492.html，2020年3月21日访问。

2. 机票上的起飞时间是否有约束力

对于机票上的起飞时间是否有约束力,有两种完全相反的观点。第一种观点认为,航空客运合同是一种高度专业性、技术性的合同,法律上对其规定适用特殊的规则。《民法典》第814条规定:"客运合同自承运人向旅客交付客票时成立,但是当事人另有约定或者另有交易习惯的除外。"航空客运合同就属于另有交易习惯的情形。通常,航空客运合同是在办理登机手续时才为乘客确定座位,所以机票只是合同成立的初步证据,并不是合同的全部内容。乘客未办理登机手续时,航空客运合同只是成立而未生效,客票上记载的搭乘航班和起飞时间也没有约束力。只有在办理登机手续时,航空公司进行了再次确认,起飞时间和航班才能成为合同的一部分,对航空公司才具有约束力。第二种观点认为,航空客运合同自乘客购票时就告成立并同时生效,因此客票上记载的起飞时间对航空公司有约束力。法院采纳了第二种观点。

首先,《民法典》第814条的但书"当事人另有约定或者另有交易习惯",指的是客运合同成立时间的例外,并不是合同生效时间的例外。比如,在电话订票的情形下,合同成立以乘客实际购票时为准,而不是电话承诺时;而上车后才买票的,以登上车作为合同成立的标志,并不是等到乘客购票时合同才成立。

其次,一些学者在关于客运合同性质的论述中,讲到客运合同的成立和生效时间不一致,合同成立后并不立即生效,而在乘客检票时生效。但是,在车票不记名的情况下,承运人运送的是非特定的人,乘客在检票前可以自由转让债权,在检票后不得再让与。我们不能因为客运合同中债权转让的特殊性,就认为客运合同的成立和生效不一致。

最后,在法律概念上,合同的成立是指合同事实上的存在,而合同的生效则指合同具有法律上的约束力。前者属于事实判断,后者是法律上的价值判断。与合同成立对应的是合同不存在,与合同生效对应的则是合同无效、效力待定、可变更、可撤销。合同的成立只需当事人对合同主要条款在表面上意思表示一致,而不问其意思表示背后的真实性和主要条款的合法性。合同生效的确认则既要审查当事人的主体合法性,即当事人的意思表示是否真实,又要审查合同内容的合法性。因此,原则上,合同一经成立即同时生效。合同成立和生效存在的时间差一般是指这样两种情况:(1)法律、行政法规规定需经特别的批准、登记手续才能生效的,如外资企业合同应当经行政审批机关审批,未经批准的，合同虽成立，但不生效；(2) 当事人对合同效力的特别约定，主要是指附条件合同和附期限合同。

航空客运中的购票过程是，乘客同意飞行目的地、航空公司、起飞时间，提供身份证明并支付票款，航空公司（或其代理人）再向乘客出票。航空客运合同因当事人的意思表示一致而成立。在航空客运合同中，乘客主要履行的义务就是提供身份确认、支付票款，携带符合要求的行李物品，按时登机。在航空公司出票时，乘客提供身份确认、支付票款的合同义务均已履行，如果仍认为合同未生效，而乘客所为的又是履行行为，那么显然是存在矛盾的。

因此，航空客运合同的成立和生效就在航空公司出票时，乘客也正是因为信赖机票上记载的起飞时间才赶赴登机的。如果因为不可抗拒的天气和技术原因导致起飞时间被延误，航空公司也只是不承担违约责任，而不是说机票上的起飞时间对航空公司没有任何约束力。

（三）相关法律问题分析

关于超售是否违反法律规定，侵害了消费者的权益，有完全相反的两种观点。第一种观点认为，超售这种售票方法是国外的通行做法，有经济学上的依据，它对乘客和承运人都是有好处的，能提高乘客的整体出行率，而最终因为超售被剩下的乘客并不多，对社会的影响不大。同时，哪些乘客被剩下完全是随机的，不是航空公司故意在明知没有座位的前提下还卖票。只要航空公司能够安排乘客乘坐其他航班，航空客运合同继续履行，对乘客本人也没有损害。所以，超售并不违法。第二种观点认为，南航的这种超售方式侵害了消费者的知情权。法院采纳了第二种观点。

1. 南航的超售行为损害了消费者的知情权

首先，只要存在超售，就将使所有不特定的购票乘客都面临因飞机满员而无法登机的风险，一旦无法登机，就意味着出现了航空客运合同的履行障碍。因此，超售不属于对乘客个人不产生影响的航空公司内部的管理手段，它完全与乘客对于合同的期待息息相关，应当向乘客进行告知。

其次，从社会知晓度来看，超售被引入我国的时间较短，没有在公众中形成广泛认知。所以，航空公司作为超售行为的实施者，有义务向乘客进行全面而充分的告知。

最后，中国民用航空总局虽然有关于超售的网站说明，但是说明方法缺乏基本的普及性和明确性，必须通过网络进行，还必须知道说明事项的明确位置,否则根本无法看到。因此,即使存在《航空旅行指南》的超售说明,也不能免除航空公司对乘客的告知义务。

2. 超售的法律责任

原告因为超售被延误近三小时,对此被告具有可归责的事由,构成合同履行迟延,应当承担违约责任。对于违约责任的具体赔偿数额,因为在航空客运合同中未予约定,所以法院可以根据实际履行情况进行酌定。对于被告为原告免费升舱的行为,作为迟延后的补救履行,仅能视为履行原合同义务,所以被告不能因为服务标准提高而被免除本应承担的法律责任。

因为超售导致的乘客与航空公司之间的纠纷系合同履行争议,双方的分歧表现为合同义务的履行是否适当。本案中,没有证据表明合同履行过程中被告同时侵害了原告的精神性人格权利。因此,南航不应承担赔礼道歉的法律责任。

四、案例研习安排

(一) 教学对象及目标

本案例供法学专业本科生、硕士研究生及法律硕士研究生教学使用,其他专业本科生、硕士研究生也可参酌使用。

本案例需要解决的问题主要有:

(1) 如何区分合同成立与合同生效?

(2) 超售行为是否构成欺诈?

(3) 超售行为是否侵犯消费者的知情权?

(二) 建议课堂计划

本案例可以作为专门的教学案例进行讲授,建议安排1课时(40—45分钟)。

如下课堂设计,仅供参考:

1. 课前计划

安排学生阅读案例及相关参考资料,熟悉整个案例流程,对案例中提出的问题进行思考。

2. 课中计划

介绍教学目的,明确讨论主题。

分组讨论问题及解决对策,告知发言要求。

小组代表发言,提出争议焦点,并对争议焦点涉及的相关法律法规进行评述。

教师进行引导性分析，并作归纳总结。

3. 课后计划

请学生课后进一步细化了解欺诈的构成要件以及侵犯消费者知情权的相关规定。

五、思考题

1. 欺诈的构成要件有哪些？
2. 对超售行为未进行完全公示，是否构成虚假宣传？

第三节 惩罚性赔偿制度

案例十八 邓美华诉上海永达鑫悦汽车销售服务有限公司买卖合同纠纷案

【摘　要】　本案是一起消费者汽车买卖合同纠纷案，主要涉及经营者告知义务的范围、汽车销售合同的特殊行业惯例、不告知行为能否构成欺诈等问题。本案对其他汽车买卖合同中经营者违反告知义务的案件之审理具有参考意义。

【关键词】　告知义务　不作为欺诈　惩罚性赔偿　"退一赔三"

一、基本案情

2016年8月30日，邓美华至上海永达鑫悦汽车销售服务有限公司（以下简称"永达公司"）下属的永达一汽大众申江店订购CC2.0T豪华型（9912B4）、车身颜色为极地白的轿车一辆。双方当日签订《订单》并约定：车辆价款250000元，预付款5000元。同日，双方还签订《委托服务协议》，约定由永达公司代理邓美华办理金融贷款、车辆保险等事宜，并就各项事宜的相关费用或预估费用作出约定。订购车辆当日，邓美华即按约定支付永达公司5000元购车定金。数日后，系争车辆到位。同年9月27日，邓美华与永达公司推荐的金融公司签署借款合同，并支付车辆余款（包括前述借款），永达公司向邓美华开具了价税合计 250000 元的机动车销售统一发票。嗣后，永达公司为邓美华办理车辆保险业务、贷款业务。同年 10 月 2 日，永达公司向邓美华交付系争车辆以及车辆三包凭证、车辆保单、售前检查证明（落款显示当日出具）等相关材料。同年 10 月 8 日，系争车辆于江苏省盐城市正式注册登记。此外，邓美华支付机动车交通事故责任强制保险及商业第三者责任保险保费共计 21733.26 元，支付车辆装饰费 8500 元。

邓美华于 2016 年 10 月 2 日提车后十天左右，驾驶系争车辆于高速公路上时发现方向盘有抖动现象。10 月中旬，邓美华前去永达一汽大众申江店做了 1500 公里检测及动力平衡。之后几天，邓美华又发现系争车辆在行驶中有车轮跑偏、方向盘往右偏的现象，故又至永达一汽大众申江店反映情况。本次维修中，邓美华发现系争车辆在 2016 年 9 月 12 日已有过维修记录，做过"拆装后保、后保整喷"。邓美华认为永达公司在销售商品过程中，以次充好，隐瞒商品未交付即被使用、维修的记录，侵犯了自己作为消费者的知情权，已构成欺诈。为维护自身合法权益，邓美华向上海市浦东新区人民法院提起诉讼，请求法院：判令被告退还原告购车款 250000 元；判令被告赔偿原告车辆购置税、保险费、代办保险服务费、上牌报备费、贷款服务费、车辆装饰费；判令被告赔偿原告 750000 元。

被告永达公司辩称：被告出售的是质量合格的新车，销售行为不存在欺诈。2016 年 8 月 30 日双方签订的《订单》第 4 条注明"卖方将车辆交予买方前，已根据厂方要求为该车辆做了交车前 PDI① 检测，并根据 PDI 检测结果进行车辆检修、调校，确保该车辆符合厂方新车交付标准"。系争车辆到店后，被告即根据厂方要求对系争车辆进行 PDI 检测，经检测发现车辆后保险杠部位有轻微的外观瑕疵。为保证原告取得符合厂方规定的无瑕疵车辆，被告在与厂方沟通后，对车辆的瑕疵部位进行维护，之后才将车辆交付原告，并向原告出具 PDI 检测合格证明。原告在签署订单及提车时，应已明确系争车辆经过上述检修及调校。原告认为系争车辆在交付前已被使用及维修，并无事实依据。维修记录截图显示，2016 年 9 月 12 日车辆到店时，里程数为 1 公里，即证明系争车辆是未经过使用的新车。记录中的"拆装后保、后保整喷"项目，是被告对车辆进行售前 PDI 检测时所进行的合理维护，所需工时极少，并非

---

① PDI 为 "pre-delivery inspection" 的简称，即交车前检测，一般与"检测"合称。

重大维修。另外，被告所售系争车辆并无重大质量问题。系争车辆经生产厂商检验合格后出厂，已取得《机动车整车出厂合格证》等随车文件，证明系争车辆在投入流通时不存在任何质量问题。被告在销售过程中，客观上不存在告知虚假情况或隐瞒真实情况的行为，同时主观上亦无任何过错，不存在销售欺诈行为。

一审法院依照《消费者权益保护法》第8条之规定作出判决：驳回原告邓美华的全部诉讼请求。邓美华不服一审判决，向上海市第一中级人民法院提起上诉。

二审法院查明，一审庭审中，法官就后保险杠瑕疵问题询问永达公司，永达公司答复：进入4S店就有了瑕疵，车是从长春运过来的，可能系厂方出厂运输到永达公司过程中造成的，具体不清楚。长途运输可能造成瑕疵，所以厂方都会要求出售前对车辆进行PDI检测。

2017年12月4日，上海市第一中级人民法院作出二审判决：(1) 撤销一审判决；(2) 撤销邓美华与永达公司于2016年8月30日达成的车辆买卖合同；(3) 永达公司返还邓美华购车款250000元；(4) 邓美华将涉诉汽车返还永达公司；(5) 永达公司赔偿邓美华损失750000元。

二、法院的观点

（一）一审法院的观点

一审法院认为，消费者的合法权益受法律保护，消费者享有知悉其购买、使用的商品或者接受的服务的真实情况的权利。本案中，双方当事人对于系争车辆于交付前有过维修记录，且交付后亦进行过维修的事实不存在争议。本案争议焦点在于，永达公司是否隐瞒系争车辆未交付即被使用、维修的事实，侵犯邓美华作为消费者的知情权，构成欺诈。

永达公司辩称：2016年9月12日的维修记录，系在根据厂方要求为系争车辆做PDI检测时发现车辆后保险杠部位有轻微的外观瑕疵，对车辆进行的售前修复。

结合向案外人一汽大众销售有限责任公司调查核实的情况，一审法院认为永达公司的辩称具有一定的合理性，予以采信。系争车辆于交付后的两次修理，也系车辆使用人发现故障后进行的常规检查，不能据此证明系争车辆存在重大质量问题。综上，根据现有证据及查明事实，无法认定永达公司的销售行为构成欺诈。

应当指出的是，永达公司确实在履行合同中存在瑕疵，未将完整电脑系统维修记录告知邓美华，以致邓美华产生合理怀疑。但是，邓美华现主张永达公司按《消费者权益保护法》的规定"退一赔三"，并要求永达公司赔偿其车辆购置税、保险费、代办保险服务费、上牌报备费、贷款服务费、车辆装饰费等费用，无事实和法律依据，一审法院不予支持。

(二) 二审法院的观点

二审法院认为，本案的争议焦点为永达公司是否隐瞒系争车辆未交付即被维修或使用的事实，是否构成对消费者的欺诈，是否须承担退款、赔偿相关损失及三倍价款惩罚性赔偿的责任。

1. 关于消费欺诈的认定

所谓欺诈，是指一方当事人故意告知对方虚假情况，或者故意隐瞒真实情况，诱使对方当事人作出错误意思表示的行为。欺诈可以是积极作为，告知虚假情况，也可以是单纯的不作为（沉默），隐瞒真实情况。欺诈行为包括负有告知义务时的不作为。

(1) 永达公司未告知系争车辆发生瑕疵并实施"拆装后保、后保整喷"的维修行为侵犯了邓美华作为消费者的知情权

《消费者权益保护法》规定了消费者的知情权、选择权和经营者的相应义务。该法第8条第1款规定："消费者享有知悉其购买、使用的商品或者接受的服务的真实情况的权利。"第9条规定："消费者享有自主选择商品或者服务的权利。消费者有权自主选择提供商品或者服务的经营者，自主选择商品品种或者服务方式，自主决定购买或者不购买任何一种商品、接受或者不接受任何一项服务。消费者在自主选择商品或者服务时，有权进行比较、鉴别和挑选。"汽车属于比较复杂的商品，涉及大量的专业知识，消费者对相关领域的专业知识和信息知悉有限，在经营者和消费者之间存在严重的信息不对称。在判断需要主动告知消费者知情内容的范围时，一方面，应基于消费者在交易信息不对称中的弱势地位，给予特别保护，经营者不能以行业认知、行业惯例对抗消费者所享有的知情权。另一方面，并非所有信息均应告知消费者。具体到售前质量检测，PDI检测是汽车行业特殊的做法，旨在确保交付的车辆符合安全标准和质量要求，是经营者理应承担的责任。相关PDI维修的内容是否属于消费者知情权的范围，应根据一般消费者的认知能力、消费心理以及对消费者选择

权行使的影响作出判断。直接影响消费者选择权行使和真实意思表示的信息，属于经营者应当主动披露的信息。就本案而言：

第一，系争车辆存在瑕疵。客观上，新车出厂到达4S店的运输途中和销售环节可能因为刮擦、碰撞等各种原因产生瑕疵。《消费者权益保护法》第23条第1款规定："经营者应当保证在正常使用商品或者接受服务的情况下其提供的商品或者服务应当具有的质量、性能、用途和有效期限；但消费者在购买该商品或者接受该服务前已经知道其存在瑕疵，且存在该瑕疵不违反法律强制性规定的除外。"第3款规定："经营者提供的机动车、计算机、电视机、电冰箱、空调器、洗衣机等耐用商品或者装饰装修等服务，消费者自接受商品或者服务之日起六个月内发现瑕疵，发生争议的，由经营者承担有关瑕疵的举证责任。"永达公司承认交付前系争车辆后保险杠存在瑕疵，但辩称可能系厂方出厂运输到4S店过程中形成，且仅为"后保险杠倒车雷达处轻微破损漆面"这一轻微外观瑕疵，对此均未能提供充分证据予以证明。

第二，永达公司实施的维修行为已经超出车辆正常售前检测的合理范畴。二审法院认为，汽车作为涉及消费者人身、财产安全以及社会公共安全的特殊商品，在交付前确实应当进行必要的售前质量检测，其目的在于判断车辆是否符合应有的安全标准和质量要求。因此，只有属于该目的范围内的检测才可以被归于PDI检测，而不能将其范围任意扩大。

第三，经过维修的系争车辆不符合消费者对于"新车"的认知标准。对于新车的解释，按照一般消费者的心理，指的是全新、未经使用、未经维修的车辆。本案中，超出正常维护范围的拆装后保险杠、漆面维修显然不符合上述一般消费者对于新车的认知和理解。永达公司对系争车辆进行的油漆修补与原厂喷漆存在着工艺和质量上的差异，此类维修亦不能使车辆部件和整车外观恢复至原装状态。

根据《消费者权益保护法》关于保护消费者知情权和选择权的有关规定、永达公司交付新车的合同义务以及交易上所要求的信义义务，永达公司理应交付未经维修或使用的无瑕疵新车。一旦其交付的车辆存在瑕疵并经维修，永达公司应负有说明义务，须告知邓美华瑕疵维修的事实。同时，邓美华也有权期待永达公司对维修事实作出说明，因为这些信息会对消费者选择权的行使和真实意思表示产生直接影响。按照一般消费心理，消费者通常会放弃购车或在更有利于自己的价格条件下购车。

（2）永达公司未履行告知义务，侵犯了邓美华作为消费者的选择权，使其陷入错误认识，属于故意隐瞒真实情况，构成欺诈

本案中，永达公司就车辆瑕疵及维修事实应负有告知义务，但纵览全案真实情况，它并未履行该项义务，使邓美华陷入错误认识，构成故意隐瞒。二审法院对此具体分析如下：

第一，订立合同时，虽然永达公司在《订单》上进行了概括性的格式条款告知，但是不能据此认定其履行了事前的说明义务而因之免责。因为永达公司未以消费者能够接受和理解的方式特别提示PDI检测的性质、目的、范围和内容，以及车辆发生质量瑕疵后的修理行为亦包含在PDI检测范围内。同时，双方所签合同约定交付新车。对于新车的标准，《订单》第4条注明"卖方将车辆交予买方前，已根据厂方要求为该车辆做了交车前PDI检测，并根据PDI检测结果进行车辆检修、调校，确保该车辆符合厂方新车交付标准"。从该条约定的意思看，双方对车辆交付时符合厂方新车标准的检验标准和方法作了约定。虽然订单经邓美华签字确认，但是该条款系格式条款，永达公司并未采取合理、显著的方式提请邓美华注意免除或者限制其责任的条款，或按照邓美华的要求，对该条款予以说明。该条款实际上排除了邓美华作为消费者的重要权利，即知情权、选择权。因此，该条款属于无效条款。

第二，维修行为发生后，永达公司明知系争车辆存在瑕疵并作修理处理，却未在该车交付前向消费者主动披露相关维修信息，导致消费者在购买前并不知悉自己购买的新车存在瑕疵。永达公司却可基于前述《订单》中的格式条款，将实质上的维修行为隐藏在正常的检测和维护流程之中，造成消费者无法对商品情况有全面了解，限制其知情权的行使，导致消费者在选择是否进行消费时作出的意思表示不能充分体现其自由意志。

第三，邓美华基于永达公司的行为陷入错误认识。永达公司交付给邓美华的系争车辆在交付前就已经进行过维修，但仍作为新车销售和交付。从车辆销售价格看，邓美华支付对价的前提是永达公司向其交付新车，而非购买存在瑕疵或有维修记录的车辆。然而，永达公司却是以当时同型号新车的正常售价将系争车辆销售给邓美华的。作为从事汽车销售的专门机构，永达公司明知系争车辆经过维修而未履行告知义务，且以概括性的格式条款告知为借口，误导和欺骗消费者，使消费者基于对知名汽车供应商的信任而陷入错误认识，误以为是新车，从而订立买卖合同、受领车辆。永达公司的相关行为违反了民事活动

中的诚实信用原则，限制了消费者知情权和选择权的行使，并使消费者因之蒙受损失，应当于法律上加以惩罚和制裁。

2. 关于永达公司的责任承担

根据《消费者权益保护法》第 55 条的规定，经营者提供商品或者服务有欺诈行为的，应当按照消费者的要求增加赔偿其受到的损失，增加赔偿的金额为消费者购买商品的价款或者接受服务的费用的三倍。永达公司在销售车辆时存在欺诈行为，应当按照邓美华的要求增加赔偿其受到的损失，增加赔偿的金额为购买车辆的价款 250000 元的三倍，即 750000 元。理由如下：

第一，从立法目的看，经营者向消费者提供商品或者服务，应当恪守社会公德，诚信经营，保障消费者的合法权益。对于违反诚信原则的欺诈行为，《消费者权益保护法》明确规定了经营者要向消费者承担三倍价款或者费用的惩罚性赔偿制度。惩罚性赔偿制度设立的目的是，不仅要使受害人所遭受的实际损失得到赔偿和填补，还要让经营者对其欺诈经营行为承担更大的责任，付出更大的代价，从而对其产生惩罚作用，并威慑、警告其他经营者，防止类似或更为严重的商业欺诈行为的发生，从而净化市场环境，保护处于弱势地位的消费者的合法权益。

第二，从法条文义看，只要经营者提供商品或者服务有欺诈行为，就需要按照商品的价款或者接受服务的费用的三倍进行赔偿。该法条未对消费者受到损失的大小进行区分。

三、教学内容（法律评析）

我国学者普遍认为，欺诈具有积极欺诈和消极欺诈两种类型。关于不作为的消极欺诈，王利明认为，单纯的沉默能否构成欺诈涉及表意人对相对人所承担告知义务的范围。一般而言，当事人并无义务事无巨细地对己方的情况进行信息披露。但是，当法律对告知义务有明确的规定，或者依据诚实信用原则有此要求时，违反这一义务时的不作为就可以构成欺诈。[①] 李永军认为，消极欺诈是指行为人根据法律或者诚实信用原则，具有对事实的告知义务，但是行为人违反这种义务，故意不作说明，致使对方认为自己的行为建立在真实的基础上，作出判断并为意思表示。[②]

---

① 参见王利明主编：《民法学》，复旦大学出版社 2011 年版，第 91—92 页。
② 参见李永军：《合同法（第三版）》，法律出版社 2010 年版，第 297 页。

虽然《民法通则》在《民法典》施行后废止，但是通过《最高人民法院关于贯彻执行〈中华人民共和国民法通则〉若干问题的意见（试行）》第66条的规定，"不作为的默示只有在法律有规定或者当事人双方有约定的情况下，才可以视为意思表示"，仍然可以作如下理解：在《消费者权益保护法》的明文规定下，经营者不作为欺诈是指经营者根据法律或者诚实信用原则，具有对事实作出说明的义务，但是经营者违反这种义务，故意不作说明，致使消费者陷入错误，作出意思表示。最高人民法院在指导案例17号"张莉诉北京合力华通汽车服务有限公司买卖合同纠纷案"的裁判要点中明确指出，"销售者不能证明已履行告知义务且得到消费者认可的，构成销售欺诈，消费者要求销售者按照消费者权益保护法赔偿损失的，人民法院应予支持"。

四、案例研习安排

（一）教学对象及目标

本案例供法学专业本科生、硕士研究生及法律硕士研究生教学使用，其他专业本科生、硕士研究生也可参酌使用。

本案例需要解决的问题主要有：

（1）如何确定经营者告知义务的范围？

（2）经营者不履行告知义务是否构成欺诈？

（3）《合同法》与《消费者权益保护法》对经营者告知义务有什么不同要求？

（二）建议课堂计划

本案例可作为专门的教学案例进行讲授，建议安排1课时（40—45分钟）。

如下课堂设计，仅供参考：

1. 课前计划

安排学生阅读案例及相关参考资料，熟悉整个案例流程，对案例中提出的问题进行思考。

2. 课中计划

介绍教学目的，明确讨论主题。

分组讨论问题及解决对策，告知发言要求。

小组代表发言，提出争议焦点，并对争议焦点涉及的相关法律法规进行评述。

教师进行引导性分析，并作归纳总结。

3. 课后计划

请学生课后进一步细化了解在汽车销售以外的活动中，经营者告知义务、其他类同但不同判的案例比较以及销售欺诈行为的要件等相关内容。

五、思考题

1. 在汽车买卖关系中，经营者告知义务的履行要到何种程度才能满足《消费者权益保护法》的要求？
2. 为何消极不履行告知义务的行为可能构成欺诈？
3. 是否只要经营者未履行告知义务就必然构成欺诈？

案例 十九　杨代宝诉贵州新贵兴汽车销售服务有限责任公司买卖合同纠纷案

【摘　要】　本案是一起汽车买卖合同纠纷案，主要涉及《消费者权益保护法》下经营者告知义务的范围、不作为欺诈的构成要件、不告知行为能否构成欺诈、惩罚性赔偿的合理性等问题。本案对其他汽车买卖合同中经营者违反告知义务的案件之审理具有参考意义。

【关键词】　告知义务　不作为欺诈　举证责任　惩罚性赔偿

一、基本案情

2014 年 3 月 20 日，大众汽车（中国）销售有限公司（以下简称"大众汽车销售公司"）从英国进口一辆宾利慕尚汽车。

2014 年 6 月 24 日，杨代宝与贵州新贵兴汽车销售服务有限责任公司（以下简称"新贵兴公司"）签订《销售合同》，约定新贵兴公司向杨代宝销售一台尊贵版宾利慕尚汽车，单价 5500000 元。《销售合同》对所售车辆的发动机号、车架号等未作约定。

新贵兴公司随后从大众汽车销售公司购入前述进口宾利慕尚汽车。2014 年 7 月 30 日，该车辆运抵新贵兴公司，新贵兴公司拟将之交付杨代宝。同日，新贵兴公司进行车辆移交检查时发现车辆左前门下有漆面损伤，通过抛光打蜡清除了漆面损伤，这一处理操作记载于该车辆的维修记录中。2014 年 10 月 8

日，因汽车右后遮阳窗帘有异响，新贵兴公司更换了遮阳窗帘总成，这一处理操作亦记载于车辆的维修记录中。2014年9月26日，新贵兴公司开具发票。2014年10月14日，杨代宝取得《中华人民共和国进口机动车辆检验检疫证明》。2014年10月30日，杨代宝为所购车辆办理了机动车登记手续。

2016年5月31日，杨代宝通过www.chejianding.com即车鉴定网查询所购车辆的维修保养记录时，查询到案涉车辆的前述处理、维修记录，遂以新贵兴公司和大众汽车销售公司在车辆交付之时未向其告知前述情形构成欺诈，给其造成巨大损失为由提起本案诉讼。杨代宝向法院提出诉讼请求：（1）撤销新贵兴公司与杨代宝签订的案涉《销售合同》；（2）新贵兴公司退还杨代宝购车款5500000元、车辆购置税470085.47元，共计5970085.47元；（3）新贵兴公司向杨代宝支付车辆价款三倍的惩罚性赔偿金16500000元；（4）大众汽车销售公司对第二项和第三项诉请承担连带责任；（5）本案涉诉费用由新贵兴公司、大众汽车销售公司承担。

一审法院贵州省高级人民法院认为，因案涉车辆于2014年7月30日和2014年10月8日进行过瑕疵处理和维修，新贵兴公司不能证明其已告知过杨代宝相关情况，可认定新贵兴公司在车辆交付前故意隐瞒了车辆的前述问题，剥夺了杨代宝的知情权和选择权，新贵兴公司的行为构成欺诈，《销售合同》应予撤销。一审法院判决：（1）撤销杨代宝与新贵兴公司2014年6月24日签订的SCG-GZXGX-2014062401号《销售合同》；（2）杨代宝在判决生效之日起十日内，将案涉汽车退还给新贵兴公司；（3）新贵兴公司在判决生效之日起十日内，返还杨代宝购车款3850000元、车辆购置税470085.47元；（4）新贵兴公司在判决生效之日起十日内，支付杨代宝车辆赔偿金16500000元；（5）驳回杨代宝的其他诉讼请求。

后新贵兴公司提出上诉，二审由最高人民法院予以改判。最高人民法院认为原审法院查明事实基本清楚，审判程序合法，但适用法律错误，对此予以纠正，仅判决新贵兴公司赔偿杨代宝110000元。

二、法院的观点

（一）一审法院的观点

1. 关于案涉《销售合同》是否因存在欺诈行为而被撤销的问题

根据《消费者权益保护法》第8条、第16条和第20条的规定，相对于一般的买卖合同，在商品买卖中，消费者在合同缔结和商品销售的整个过程中，都享有知情权等相关权利。经营者理应在缔结合同和商品销售的整个过程中，都负有如实反映商品信息，不能有所隐瞒的义务，以确保消费者享有知情权，从而基于真实意愿作出意思表示，正确行使相关权利。案涉《销售合同》签订时对所购买车辆的发动机号、车架号等信息并没有进行约定，案涉车辆是在销售过程中才特定化的。对于作为消费者的原告杨代宝的真实意愿及其所享有的权利的保护，要延续到案涉车辆销售过程中。因此，本案不能仅限于商品买卖合同缔结阶段对是否存在欺诈情形进行认定，而是要延续到商品销售过程中。

根据原告杨代宝与被告新贵兴公司签订的《销售合同》，案涉车辆的交接以被告新贵兴公司通知为准。在车辆交接时，需满足提供海关单、商检单等文件的条件，被告新贵兴公司要签订车辆交接书，车辆才正式交付。2014年10月14日，贵州出入境检验检疫局出具《中华人民共和国进口机动车辆检验检疫证明》。原告杨代宝表示于当日收到该商检单，案涉车辆交付时间可以认定为2014年10月14日。案涉车辆于2014年7月30日和2014年10月8日，也就是车辆交付前进行过瑕疵处理和维修。原告杨代宝主张在车辆交付前并不知道这一情况，被告新贵兴公司亦未提出任何证据证明其已告知过原告杨代宝存在维修的情况。故可以认定被告新贵兴公司在车辆交付前未告知原告杨代宝车辆的相关维修情况，故意隐瞒了车辆的前述问题，剥夺了原告杨代宝作为消费者应享有的知情权，致使其不能基于真实意愿作出解除合同的意思表示或者行使更换商品或退货的权利。因此，被告新贵兴公司构成欺诈，案涉《销售合同》应予以撤销。《销售合同》撤销后，应发生返还的效果。

2. 关于被告新贵兴公司是否应承担惩罚性赔偿责任的问题

经营者对消费者提供商品或者服务有欺诈行为的，依照《消费者权益保护法》的规定承担损害赔偿责任。根据《消费者权益保护法》第55条，三倍赔偿责任主要是针对经营者的欺诈行为的带有惩罚性质的责任，与消费者所受损失大小没有必然关系，未明确要求损失是由《中华人民共和国产品质量法》（以下简称《产品质量法》）所规定的缺陷产品造成的。本案中，被告新贵兴公司存在欺诈行为，案涉车辆存在漆面损伤、右后窗帘异响的问题。虽然这些问题已由被告新贵兴公司处理，但是案涉车辆不同于一般的汽车商品，其品牌溢价高，价值也高达5500000元，即使比案涉车辆问题更轻微的质量问题亦会严重影响车辆的价值，从而造成原告杨代宝的损失。因此，对于原告杨代宝依据《消费者权益保护法》第55条的规定，要求被告新贵兴公司承担购车款三倍惩罚性赔偿责任的诉讼请求，一审法院予以支持。

3. 关于被告大众汽车销售公司是否承担连带责任的问题

被告大众汽车销售公司不是《销售合同》的销售方，不直接对原告杨代宝进行销售及服务，不能实施欺诈行为。原告杨代宝也未举证证明被告大众汽车销售公司对车辆存在的问题是知悉的。因此，被告大众汽车销售公司不应承担连带责任。

（二）二审法院的观点

1. 关于车辆漆面瑕疵及其处理

最高人民法院认为，对于新车在流通或存储环节产生的此类轻微瑕疵，经营者通过轻微的手段进行消除的行为，属于新车交付前合理的整理行为。此类问题及相应的整理行为显著轻微，不涉及消费者人身健康和安全，几乎不涉及其实质性财产利益。经营者如未将这类信息告知消费者，不构成对法定告知义务的违反，不构成对消费者知情权的侵犯。

2. 关于窗帘问题及其处理

最高人民法院认为，新贵兴公司主张窗帘总成的更换系因杨代宝提车时提出了处理要求，并主张窗帘异响系因车辆到店后长时间停放导致窗帘电机运行不畅所致。但是，新贵兴公司对此均未提交相应证据，而且新车长时间存放不必然导致此类问题的发生。对于新车到店后经营者经检查发现的此类轻微问题，如果一律退运回生产厂家处理，或者由生产厂家、经营者投入更多成本以进一步降低轻微问题出现的概率，必将导致经营成本的增加，进而导致消费者交易成本的增加。对消费者而言，以合理价格购买到从出厂、运输、存放直至交付所有环节均完美无缺的车辆，固然可以最大限度满足其消费体验，但权衡行业现实、相关操作的经济合理性，对新车的此类轻微问题，由获授权的经营者以符合行业操作规范标准的措施进行修复，在轻微问题可以得到消除的前提下，一名理性的消费者应将经营者对新车的修复行为视为生产厂家的修复行为。与此同时，新贵兴公司不能证明此类问题的产生与新车的运输或存储有关，且对右后遮阳窗帘总成的处理涉及配件的更换，所需的材料费及工时费均可独立计价，配件和所耗工时的市场价约4万元，数额并非显著偏低。故最高人民法院认为，新贵兴公司针对右后窗帘总成所采取的并非对新车瑕疵的整理措施，而是对新车局部轻微问题的修复措施。这类信息对消费者的消费心理和财产利益具有一定的影响，经营者应向消费者如实告知，新贵兴公司未予告知,违反了《消费者权益保护法》第 8 条第 1 款和第 20 条第 1 款的规定,侵犯了消费者的知情权。

3. 关于新贵兴公司未将与窗帘有关的问题告知杨代宝是否构成《消费者权益保护法》中的欺诈

最高人民法院认为,应综合考虑以下因素:

(1) 是否影响到消费者缔约的根本目的

首先,合同中是否对此存在专门约定。双方在《销售合同》中对案涉车辆的基本情况如厂商、品牌及型号、颜色、单价、交付方式、付款方式等作了约定;新贵兴公司的义务还包括车辆应商检合格、具有合法手续、质量标准和保修期限应依厂家规定等。双方还对其他事项作了约定。从合同内容来看,《销售合同》并未对与窗帘相关的问题或者类似的问题进行约定。因此,与窗帘相关的问题或者类似的问题并不构成杨代宝缔约的根本目的。杨代宝诉称案涉车辆系经过"大修"的问题车而非新车,该主张与一般公众对于"大修"的合理认知明显不符。在并无证据证明该车交付前即已被他人办理过车辆注册登记,或虽未办理过车辆注册登记,但被他人实质使用过的情况下,新贵兴公司交付的车辆属于合同所约定的新车。

其次,问题是否严重及相应处理措施是否复杂。关于车辆的窗帘问题及相应修复措施,不涉及车辆的动力系统如发动机和变速器等,不涉及车辆的转向系统、制动系统、悬架系统、安全系统,不涉及前后桥的主要零件及全车的主线束,不危及车辆安全性能、主要功能和基本用途。相应修复措施轻微,花费时间较短,与此相关的信息并不属于影响杨代宝缔约根本目的的重要信息。

最后,是否给消费者造成较大不利影响。其一,是否涉及杨代宝的人身健康和安全。《消费者权益保护法》第 51 条规定:"经营者有侮辱诽谤、搜查身体、侵犯人身自由等侵害消费者或者其他受害人人身权益的行为,造成严重精神损害的,受害人可以要求精神损害赔偿。"但是,消费者简单主张没有买到新车对其心理产生影响并不能得到支持。其二,是否影响到杨代宝的日常使用。这一因素与争议发生时汽车的使用时长和运行状态息息相关。其三,是否涉及杨代宝较大的财产利益。一般而言,如果经营者的欺诈行为给消费者造成了损失,通过消费者所遭受损失的严重程度,可合理反推经营者所隐瞒信息对消费者知情权影响的严重程度。对于这一参考因素,所要考虑的是维修、维护所花费的费用相对于车辆购置价而言所占的比例是否明显偏高。一审法院认为，案涉车辆不同于一般的汽车商品，其品牌溢价高，更轻微的质量问题亦会严重影响车辆价值，从而造成消费者的损失。最高人民法院认为，价格高低取决于不同消费者的主观感受，在判断瑕疵或问题对车辆价值的影响时，以车辆市场售价的高低作为一般汽车商品与特殊汽车商品的区分标准，实践中难以掌握。案涉车辆本质上仍属于可依型号、规格、质量等加以确定的具有共同物理属性的物，并非具有独特特征而无法代替的物，一审法院的上述认定并无依据。

（2）新贵兴公司是否存在隐瞒相关信息的主观故意

首先，在车辆交付之前，新贵兴公司将上述两处操作均如实予以记录，并即时上传至消费者可通过一定途径公开查询的网络。信息的录入和上传系经营者自行主动完成，相关信息已在一定程度上进行了披露。虽然中国消费者协会认为经营者记录和上传前述信息的目的是对供应商而非消费者进行告知，但是不论其主观目的如何，既然信息的记录和上传系经营者主动为之，且客观上有助于消费者查询到这类信息，可认定经营者并无刻意隐瞒相关信息的意图。

其次，从案涉车辆的销售流程可见，杨代宝与新贵兴公司签约订购车辆在先，新贵兴公司向大众汽车销售公司订购车辆在后。杨代宝向新贵兴公司订购车辆时，车辆的发动机号和车架号尚未确定，亦即杨代宝与新贵兴公司签约时待购车辆尚未特定，无证据证明新贵兴公司与杨代宝缔约时即已知悉前述问题的存在。因此，在本次销售过程中，新贵兴公司并无隐瞒相关问题及处理记录的主观故意。

综上，新贵兴公司虽未将窗帘问题及其修复情况告知杨代宝，但未予告知的信息并不属于影响杨代宝缔约根本目的的重要信息，无证据证明新贵兴公司存在隐瞒相关信息的主观故意，这类轻微问题也不属于明显超出一般消费者心理所能承受范围之特殊事件，且案涉纠纷的标的物不涉及食品和药品。综合考量上述因素，最高人民法院认为，新贵兴公司未履行告知义务虽一定程度侵犯了杨代宝的知情权，但尚不构成欺诈，故无须承担《消费者权益保护法》第55条所规定的三倍赔偿责任。

三、教学内容（法律评析）

2013年10月25日，第十二届全国人大常委会第五次会议表决通过了《全国人民代表大会常务委员会关于修改〈中华人民共和国消费者权益保护法〉

的决定》。修正后的《消费者权益保护法》第 55 条将经营者欺诈的惩罚性赔偿额度由消费者购买商品的价款或者接受服务的费用的一倍提高到了三倍。该条第 1 款规定:"经营者提供商品或者服务有欺诈行为的,应当按照消费者的要求增加赔偿其受到的损失,增加赔偿的金额为消费者购买商品的价款或者接受服务的费用的三倍;增加赔偿的金额不足五百元的,为五百元。法律另有规定的,依照其规定。"

汽车属于高附加值商品,赔偿额度较高。在消费者购车后经过查询维修记录,发现车辆存在维修、更换部件等交易过程中经营者未告知事项所引起的汽车消费欺诈民事纠纷中,对于销售过程中经营者未告知消费者车辆存在维修、更换部件记录的情况是否构成销售欺诈,从而使消费者获得三倍赔偿款,是这类案件的裁量焦点。

为此,最高人民法院审判委员会于 2013 年 11 月 8 讨论通过并发布了指导案例 17 号"张莉诉北京合力华通汽车服务有限公司买卖合同纠纷案"。在该指导案例发布后,由于赔偿金额成倍增长,加上车辆维修、部件更换以及告知方式等存在多种复杂情况,这类案件的处理仍然具有较大争议。

在指导案例 17 号发布后,最高人民法院仍就类似案件作出过不同判决,而没有参照适用指导案例 17 号。本案就是"类案不同判"的代表之一,由此牵引出的是《消费者权益保护法》何时适用、经营者的何种行为会侵犯消费者的知情权、侵犯知情权的行为何时构成修正后的《消费者权益保护法》第 55 条规定的欺诈等问题。对本案的分析可以帮助我们进一步明确以后这类案件的裁判基准。

(一) 指导案例 17 号与本案的情节异同比较

两案存在以下类似情节:(1) 消费者均在车辆交付后,经查询维修记录发现车辆此前存在补漆的瑕疵、部件更换的事实;(2) 消费者发现上述维修、更换记录时,车辆均已经投入使用;(3) 销售方均没有充分证据证明其已经充分告知消费者相关问题、事实。

同时,两案存在以下相异的情节:(1) 两案分别发生在《消费者权益保护法》修正之前和之后。(2) 两案中车辆修复程度、更换的部件不同。(3) 两案中车辆购置后至消费者发现车辆交付前存在维修、更换记录之间的实际使用时间不同。其中,指导案例 17 号中车辆的使用时间不足 3 个月;本案中消费者已将车辆使用 3 年,并且主要用于商务接待活动。(4) 指导案例 17 号中消费者购车时曾就车辆价格与销售方磋商；本案中消费者未发现修复痕迹，也未提出价格磋商。

2010年11月26日发布的《最高人民法院关于案例指导工作的规定》第7条规定："最高人民法院发布的指导性案例，各级人民法院审判类似案例时应当参照。"在这一制度的实际运行中，有两种参照援引模式：一种是因当事人提出或法官主动参照而在裁判文书中载明的显性参照方式；另一种是虽没有在裁判说理中载明，但实际对裁判结果的作出发生了影响的隐性参照方式。在司法实践中，隐性参照方式的使用非常普遍，并且已经成为主流。指导案例17号的裁判要点为："1. 为家庭生活消费需要购买汽车，发生欺诈纠纷的，可以按照《中华人民共和国消费者权益保护法》处理。2. 汽车销售者承诺向消费者出售没有使用或维修过的新车，消费者购买后发现系使用或维修过的汽车，销售者不能证明已履行告知义务且得到消费者认可的，构成销售欺诈，消费者要求销售者按照消费者权益保护法赔偿损失的，人民法院应予支持。"上述第二项裁判要点虽然明确了由汽车销售者承担已履行告知义务的举证责任，但是实践中对其告知的方式、所告知内容涉及的瑕疵程度等问题的认识仍有许多分歧。

(二)《消费者权益保护法》中的告知义务

在《消费者权益保护法》中，关于经营者的告知义务主要体现在第二章"消费者的权利"和第三章"经营者的义务"中。"消费者的权利"中的第8条和第13条分别规定了消费者的知情权和受教育权。"经营者的义务"中第20条和第21条规定的是经营者的告知义务的一般规则，也是其核心内容。经营者不仅要向消费者提供关于商品或者服务的重要信息，还必须满足信息真实、全面以及不得作虚假或者引人误解的宣传的要求，应当对消费者的询问作出真实、明确的答复。除此之外，第三章还根据不同的交易内容进行了个别的规定。例如，第18条第1款和第19条规定了经营者对可能危及人身、财产安全的商品或者服务的说明和警示义务；第20条规定了经营者对商品或者服务的质量、性能、用途、有效期限等信息的真实、全面告知义务，在被消费者询问情况下对商品或者服务的质量和使用方法的告知义务，以及对商品或者服务明码标价的义务；第21条规定了经营者对真实名称和标记的告知义务；第26条规定了经营者对使用格式条款的告知义务等。

汽车相对于其他商品的主要区别在于：首先，汽车价格昂贵，动辄十几万元，甚至上百万元、上千万元。其次，汽车制造蕴含较为复杂的工艺制造科技。最重要的是，汽车作为交通工具，与使用者的生命安全息息相关。可见，确定汽车销售中经营者的告知义务十分重要。汽车经销商在销售汽车时，应当充分告知消费者汽车产品的真实状态，最大限度地实现消费者的知情权，杜绝以次充好、以旧充新的不诚信欺诈行为。

具体而言，在汽车销售中，经营者的告知义务包括以下几点：

第一，经营者不能向消费者作出错误的意思表示，如不向消费者对汽车真实情况作错误陈述，不欺诈消费者，将所购车辆状况、使用、保养和注意事项等相关信息详尽告知消费者。对于汽车在售前是否经过维修或使用，尤其是涉及汽车性能的，如发动机、操纵杆等核心部件的使用和维修情况，经营者在签订买卖合同时应如实告知消费者。

第二，经营者应当将合同订立的重要事项告知消费者，如汽车的具体车型、总价款的构成、付款方式及期限、驾车时须持有有效驾驶证、需要给车辆上牌和购买车辆保险、合同生效后一方不履行合同时违约责任如何承担等；涉及汽车按揭的，还应明确消费者在按揭期内还款义务的履行及违约责任。尤其应当注意，对于合同中的格式条款，经营者要特别提请消费者注意。

第三，经营者应当主动告知消费者汽车的使用方法，主要可以通过附送使用说明书或直接向消费者说明使用方法等方式。

第四，经营者应当将汽车存在的缺陷和不安全因素如实、全面、及时地告知消费者。

（三）2013年《消费者权益保护法》第55条规定的惩罚性赔偿制度

惩罚性赔偿制度是现代侵权责任法发展的一个趋势。1993年《消费者权益保护法》第49条规定的双倍赔偿规则，是我国第一次规定惩罚性赔偿制度。2009年公布的《中华人民共和国食品安全法》第96条第2款以及《最高人民法院关于审理商品房买卖合同纠纷案件适用法律若干问题的解释》第8条、第9条和第14条都规定了惩罚性赔偿制度。2010年施行的《中华人民共和国侵权责任法》（以下简称《侵权责任法》）[①] 第47条更是第一次使用了"惩罚性赔偿"的表述，宣告我国惩罚性赔偿制度进入一个新的阶段。2013年《消费者权益保护法》第55条延续了《侵权责任法》第47条的这种形式理性，明确使用了"惩罚性赔偿"的表述。

---

① 该法在《民法典》施行后废止。

有学者归纳指出，相比传统的填补性损害赔偿，惩罚性赔偿制度有其独特的优势：其一，补偿功能。传统的损害赔偿以填补损害为目的，却不能真正实现补偿受害人的目的。法官在判决赔偿数额之时，往往会考虑赔偿金支付的时间折旧问题等，受害人拿到手的赔偿金与损害差距较大。在受害人死亡或健康严重受损之时，其损失更是传统的损害赔偿制度难以填补的。比较而言，惩罚性赔偿制度能更好地实现这一功能，给予受害人充分的补偿，填补受害人的损害。其二，惩罚功能。这是惩罚性赔偿制度相比填补性赔偿制度最大的特点。在适用惩罚性赔偿制度之时，侵权人付出的往往是一般侵权赔偿数额的几倍甚至更多，这使得惩罚性赔偿制度的威慑功能巨大。其三，预防功能。尽管传统的损害赔偿也有一定的预防功能，但是其效果并不明显。特别是在产品质量、环境侵权问题不断的今天，侵权者所获利益与付出的侵权成本不成正比，两者之间巨大的"剪刀差"成为侵权者不断出现的内在利益动力。不消除此"剪刀差"，难以达到真正预防之目的，而惩罚性赔偿能达此目的。[①]

也正是 2013 年《消费者权益保护法》第 55 条的惩罚性赔偿性质，决定了其适用的严格性。对于与本案案情类似的汽车买卖合同纠纷，最高人民法院认为，经营者未主动告知消费者相关信息，损害消费者知情权的行为，还应具备故意隐瞒的主观恶意，才能构成欺诈。但是，也有部分法官认为，只要汽车在销售时存在瑕疵，而经营者没有告知，即可认定为消费欺诈行为。我们认为，后一种观点是错误的。惩罚性赔偿不是对被害人实际所受损害的补偿，而是作为一种带有准刑事责任性质的工具，针对加害人恶劣的心理状态和行为进行吓阻、惩戒，抑制此类行为的再次发生。惩罚性赔偿的科处，必须是为了处罚被告的不法行为，或是为了吓阻被告在相同情况下再犯类似不法行为，仅有必须通过惩罚性才能达到目的时才是必要的。所以，就单纯的过失行为，若经营者对于不法行为及其结果在事前并没有任何告知，以补偿性赔偿作为吓阻其不法行为之手段已经足够，此时再采取惩罚性赔偿并无必要。上述要求放在 2013 年《消费者权益保护法》第 55 条第 1 款的适用上便是欺诈、隐瞒的主观恶意。不难发现，上述要求与最高人民法院在本案判决书中的思路是一致的。

按照指导案例 17 号的主旨，就本案中的情形而言，因为新贵兴公司已在杨代宝所能获取信息的网站上录入维修记录，主观上并无隐匿的意思，所以不

---

① 参见郑志峰、苏双：《解读〈新消法〉第 55 条惩罚性赔偿条款》，https://www.chinacourt.org/article/detail/2013/10/id/1116452.shtml，2020 年 3 月 22 日访问。

构成欺诈。同时，在本案的二审判决书中，最高人民法院给出了更多、更具体的判断是否构成欺诈所应考虑的因素：其一，是否影响到消费者缔约的根本目的（合同中是否对此作出专门约定、问题是否严重、相应处理措施是否复杂以及是否给消费者造成较大不利影响）；其二，新贵兴公司是否存在隐瞒相关信息的主观故意。

（四）案件的遗留问题

对于履行告知义务的举证责任，《合同法》和《消费者权益保护法》都没有相关规定。在举证责任上，我国原则上采取"谁主张，谁举证"的责任分配方式。基于消费者在信息不对称情况下的弱势地位，是否发生举证责任的倒置，在理论上存有争议。本案中，判决书并没有交代杨代宝是否提供了相关证据。这个问题在指导案例17号中也未得到解答。

四、案例研习安排

（一）教学对象及目标

本案例供法学专业本科生、硕士研究生及法律硕士研究生教学使用，其他专业本科生、硕士研究生也可酌情使用。

本案例需要解决的问题主要有：

（1）如何确定经营者的告知义务的范围？

（2）不作为欺诈的构成要件有哪些？

（3）惩罚性赔偿制度的适用标准有哪些？

（二）建议课堂计划

本案例可以作为专门的教学案例进行讲授，建议安排1课时（40—45分钟）。

如下课堂设计，仅供参考：

1. 课前计划

安排学生阅读案例及相关参考资料，熟悉整个案例流程，对案例中提出的问题进行思考

2. 课中计划

介绍教学目的，明确讨论主题。

分组讨论问题及解决对策，告知发言要求。

小组代表发言，提出争议焦点，并对争议焦点涉及的相关法律法规进行

评述。

教师进行引导性分析,并作归纳总结。

3. 课后计划

请学生课后进一步细化了解惩罚性赔偿的历史及其合理性、经营者的告知义务的确定、其他类同但不同判的案例比较以及销售欺诈行为的构成要件等相关内容。

五、思考题

1. 《合同法》和《消费者权益保护法》中对告知义务的规定有何不同?
2. 对于经营者是否履行告知义务的举证责任应该如何分配?
3. 汽车销售合同下的告知义务有什么特点?
4. 针对本案的案情,与"邓美华诉上海永达鑫悦汽车销售服务有限公司买卖合同纠纷案"进行情节上的比较和判决理由的分析,对于两案是否构成"同案不同判"作出自己的说理。

案例 二十 王辛诉小米科技有限责任公司网络购物合同纠纷案

【摘 要】 本案是一起关于网络购物合同中消费者欺诈的案件,主要涉及网络购物合同要约与要约邀请的定性以及消费者欺诈的判断等问题。通过对案例的学习,我们可以更深层次了解网络电子合同订立过程中消费者和经营者的权利义务关系。

【关键词】 要约邀请 要约 消费者欺诈 价格欺诈

一、基本案情

2014年4月8日,小米科技有限责任公司(以下简称"小米公司")在其官方网站上发布的广告显示:10400mAh 移动电源,"米粉节"特价49元。当日,王辛在该网站上订购了以下两款移动电源:小米金属移动电源 10400mAh,银色,69元;小米移动电源 5200mAh,银色,39元。王辛提交订单后,于当日通过支付宝向小米公司付款108元。2014年4月12日,王辛收到上述两个移动电源及配套的数据线。

2014年4月17日,王辛发现使用5200mAh移动电源的原配数据线不能给手机充满电,故与小米公司的客服联系,要求调换数据线。小米公司的客服给王辛发送手机短信,载明:请在7个工作日内将需要换货产品的整套以及快递发票邮寄(无须商品发票,快递不支持平邮和到付)至北京市朝阳区望京阜通东大街18号北京市邮政速递物流有限公司2号楼2层小米客服(户)服务中心。(注:快递发票抬头为小米公司,快递面单上需要留下你的手机号码。)

2014年4月21日,王辛将5200mAh移动电源的数据线邮寄给了小米公司。小米公司已经收到。

此后,王辛以小米公司对其实施价格欺诈为由向北京市海淀区人民法院起诉,请求判令撤销双方的网络购物合同,王辛退还小米公司两套涉案移动电源,并请求判令小米公司:(1)赔偿王辛500元;(2)退还王辛购货价款108元;(3)支付王辛快递费15元;(4)赔偿王辛交通费、打印费、复印费预估100元。

一审法院认为,涉案网络购物合同有效,小米公司的行为不构成欺诈,王辛的诉讼请求证据不足,故判决驳回其诉讼请求。

王辛不服,向北京市第一中级人民法院提起上诉称,小米公司提前一周打出原价69元电源"米粉节"卖49元的广告,欺骗消费者进行排队抢购。销售当天,广告还在,商品却卖69元。小米公司为网购设定了定时抢购,抢购时间不到20分钟,其行为已构成价格欺诈。经过审理,二审法院认定小米公司存在欺诈消费者的故意,撤销一审判决,判决王辛退还小米公司上述两个移动电源,小米公司保底赔偿王辛500元,退还王辛货款108元,驳回王辛其他诉讼请求。

二、法院的观点

(一)一审法院的观点

首先,通过王辛提交的订单截图、支付宝付款截图、送货单照片,可以认定王辛与小米公司之间存在网络购物合同关系,且其内容未违反国家法律、行政法规的强制性规定,当属有效。

其次,小米公司在其官网上发布的广告中载明"10400mAh移动电源,'米粉节'特价49元"。但是,该广告只是描述了商品的名称及价格,对数量、质量、履行期限、地点和方式、违约责任、解决争议的方法等要约应该具备的内容均未涉及,其内容并不符合要约的规定。故该商业广告应属于要约邀请,不必然成为合同内容。

最后，王辛提交的订单中明确显示10400mAh移动电源的价格为69元，王辛在庭审中亦认可其在付款前已经知晓该价格。故一审法院认定小米公司在其与王辛之间的合同关系中并不存在欺诈行为。

鉴于以上观点，一审法院判决：驳回王辛的全部诉讼请求。

（二）二审法院的观点

首先，通过王辛提交的订单截图、支付宝付款截图、送货单照片、发票，可以认定王辛与小米公司之间存在网络购物合同关系，且其内容未违反法律、行政法规的强制性规定，应属有效。

其次，小米公司现认可小米商城活动界面显示错误，存在广告价格与实际结算价格不一致之情形，但是解释为电脑后台系统出现错误。由于小米公司事后就其后台出现错误问题并未在网络上向消费者作出声明，且无证据证明"米粉节"当天其电脑后台出现故障，导致其广告价格与实际结算价格不一致，故二审法院认定小米公司对此存在欺诈消费者的故意。

二审审理期间，就5200mAh移动电源，王辛与小米公司均同意解除双方之间的网络购物合同，法院对此予以确认。合同解除后，王辛应退还其购买的小米公司5200mAh移动电源一个，小米公司应退还王辛已支付的两个移动电源款108元。

综上，二审法院判决：撤销一审判决，王辛退还小米公司上述两个移动电源，小米公司保底赔偿王辛500元，退还王辛货款108元，驳回王辛其他诉讼请求。

三、教学内容（法律评析）

（一）争议焦点分析

1. 电子交易合同中含价格的广告属于要约还是要约邀请

（1）王辛的观点

通过对比可以发现，本案中，广告与商品销售页面所含要素均一致，同样仅有商品名称、价款、履行方式，同样均不含商品的数量、质量、履行期限、履行地点、违约责任、解决争议的方法等要素，而所成立的合同也仅多了数量和履行地点而已。一审判决将本案广告认定为要约邀请，却把包含同样要素的商品销售页面认定为要约，是明显错误的。另外，小米公司的电脑网页仅有支付方式、配送方式、售后政策三个与合同内容有关的单方通知，而王辛是从小米公司手机客户端购买的涉案产品，手机页面上并没有上述几项。《合同法》第12条①所规定的是合同内容一般包括的条款，而非必须包括的条款。一审判决依据的法律规定有误。广告作为要约不存在撤回、撤销的法律条件，商家必须履行。

(2) 法院的观点

要约是希望和他人订立合同的意思表示。要约邀请是希望他人向自己发出要约的意思表示。商业广告的内容符合要约规定的，视为要约。本案中，小米公司在其官网上发布的广告中载明"10400mAh 移动电源，'米粉节'特价49元"。但是，该广告只是描述了商品的名称及价格，对数量、质量、履行期限、地点和方式、违约责任、解决争议的方法等要约应该具备的内容均未涉及，并不符合要约的规定。因此，该广告应属于要约邀请，不必然成为合同内容。

2. 小米公司的行为是否构成价格欺诈

(1) 王辛的观点

网络购物的交易习惯就是通过付款作出承诺。小米公司手机客户端当天的广告根本就是广告和抢购按钮合二为一，点击广告画面就直接进入排队抢购，抢到后的价格不管先显示49元，而后变为69元，还是自始至终就是69元，只要小米公司没有相应作出49元的付款页面，小米公司即利用其对付款的实际操控暗中变更了要约。小米公司应兑现广告，按照49元销售，否则即构成欺诈。小米公司提前一周打出"原价69元电源，'米粉节'卖49元"的广告，骗消费者进行排队抢购。销售当天，广告还在，商品却卖69元，已经构成欺诈。

(2) 小米公司的观点

小米公司解释页面显示的价格错误是因为后台系统出现错误，王辛在庭审中也称知道价格是错误的，故并不存在误解行为。本案中不存在可撤销合同的

---

① 《合同法》第12条规定："合同的内容由当事人约定，一般包括以下条款：（一）当事人的名称或者姓名和住所；（二）标的；（三）数量；（四）质量；（五）价款或者报酬；（六）履行期限、地点和方式；（七）违约责任；（八）解决争议的方法。当事人可以参照各类合同的示范文本订立合同。"现为《民法典》第470条，第1款第1项修改为"当事人的姓名或者名称和住所"。

情况。小米公司愿意解除合同,可以退还王辛108元价款及快递费15元。

(3) 法院的观点

由于小米公司所采取网络抢购此种销售方式的特殊性,该广告与商品的抢购界面直接链接,且消费者需在短时间内作出购买的意思表示。王辛由于认同小米公司的广告价格49元,故在"米粉节"当日作出抢购的意思表示,其真实意思表示的价格应为49元。但是,从小米网站订单详情可以看出,王辛4月8日14时30分下单,订单中10400mAh移动电源的价格却为69元,并非49元。小米公司现认可小米商城活动界面显示错误,存在广告价格与实际结算价格不一致之情形,但是解释为电脑后台系统出现错误。由于小米公司事后就其后台出现错误问题并未在网络上向消费者作出声明,且无证据证明"米粉节"当天其电脑后台出现故障,导致其广告价格与实际结算价格不一致,故二审法院认定小米公司对此存在欺诈消费者的故意。小米公司的行为已经构成欺诈消费者。

(二) 法律分析

1. 当事人之间是否以标错的价格订立合同

根据《民法典》的相关规定,本案中的商品广告页面属于要约邀请。因此,广告上标错的价格对经营者没有法律约束力。但是,我们更赞同二审法院以《消费者权益保护法》的相关规定拓展分析思路,打破了传统单一的合同法分析局限。即在某些情况下,确定经营者标错价格的行为对其自身有法律约束力,应当从《消费者权益保护法》的角度对消费者进行保护,以减少经营者利用标错价格达到广告宣传目的,从而侵害消费者权利的可能性。

2013年修正的《消费者权益保护法》增加了一些互联网交易的规定,尤其是第26条对经营者在互联网上发布信息的效力规定了新的义务——特别提示义务和说明义务。有学者指出,这为评判网络交易中错标价格问题提供了新的视角,即保障消费者的利益,而不是平衡合同当事人的关系。法院对于由此所引发纠纷的裁判,仅以民法或合同法关于要约、要约邀请的理论为基础,会存在一定的局限性。申言之,法官以民法的意思自治、诚实信用等原则为基础,以合同法中的缔约过失或违约责任等理论为支撑进行条文和行为的简单对应,可能造成裁判结果的僵化。因此,有必要扩展对以网络交易为基础的错标价格纠纷认识的视角,以多元化的法律思维综合平衡网络交易纠纷当事人之间的关系,以规范并引导网络市场经营者的标价行为。[①]

本案中,小米公司提前一周打出"原价 69 元电源,'米粉节'卖 49 元"的广告,还为网购设定了定时抢购,抢购时间不到 20 分钟。消费者在看到这样的限时抢购广告后,自然会由于其时间的限定性而推定标注价格为商品的真实价格。本案一审、二审法院均认为涉案网购合同有效,主要原因是网络抢购这种销售方式的特殊性:抢购广告与商品的抢购界面直接链接,且消费者需在短时间内作出购买的意思表示。

2. 经营者是否具有欺诈的故意

网站推出"特价""促销"等销售方式,消费者在下单时却以货物原价购买,对此类纠纷,电商通常有两种解释,即客观错误和主观错误。有学者总结指出,客观错误主要包括:(1)电脑程序错误,即由于电脑软件程序问题,导致商品价格发生错误;(2)传达错误,即在信息从发布者到接收者的过程中,由于网络服务提供者(ISP)设备问题,使发布者的意思表示发生变更。在这两种情况下,经营者都可以撤销合同。主观错误主要是工作人员输入错误,即在网站登载商品价格时,工作人员录入价格出错,如误写。在这种情况下,内部管理上的问题不应该转嫁给消费者。[②]

本案中,小米公司无法举证证明价格显示错误是由于系统故障造成的,因此不得主张"重大误解"而撤销合同,其行为被推定为具有欺诈故意。

四、案例研习安排

(一)教学对象及目标

本案例供法学专业本科生、硕士研究生及法律硕士研究生教学使用,其他专业本科生、硕士研究生也可参酌使用。

本案例需要解决的问题主要有:

(1)网络购物合同中含价格的广告属于要约还是要约邀请?

(2)应当如何认定消费者欺诈行为?

(二)建议课堂计划

本案例可以作为专门的教学案例进行讲授,建议安排 1 课时(40—45 分钟)。

[①] 参见刘继峰:《网络交易错标价格问题评判思路的单一性与拓展》,载《学术论坛》2016 年第 12 期。

[②] 同上。

如下课堂设计,仅供参考:

1. 课前计划

学生阅读案例及相关参考资料,熟悉整个案例流程,对案例中提出的问题进行思考。

2. 课中计划

介绍教学目的,明确讨论主题。

分组讨论问题及解决对策,告知发言要求。

小组代表发言,提出争议焦点,并对争议焦点涉及的相关法律法规进行评述。

教师进行引导性分析,并作归纳总结。

3. 课后计划

请学生课后进一步思考网络销售过程中价格欺诈的认定问题。

五、思考题

1. 惩罚性赔偿的规则有哪些?
2. 欺诈认定的因素和方式有哪些?

第四节 消费公益诉讼

案例二十一 中国消费者协会诉山东福田雷沃国际重工股份有限公司案

【摘　要】 本案是一起关于中国消费者协会提起消费民事公益诉讼的案件,主要涉及消费民事公益诉讼中的诉讼请求类型以及以调解方式结案的消费民事公益诉讼的效力等相关问题。通过对案例的学习,我们可以更深层次了解消费民事公益诉讼的基础问题。

【关键词】 确认之诉　禁令之诉　消费民事公益诉讼

一、基本案情

2015年12月,中国消费者协会(以下简称"中消协")接到投诉举报函,反映山东福田雷沃国际重工股份有限公司（2015年11月更名为雷沃重工股份有限公司，总部设在山东潍坊，以下简称"雷沃重工"）生产、销售的"福田五星牌"正三轮摩托车不符合强制性国家标准规定，侵害消费者利益。

中消协成立专门工作组，并委托律师事务所开展调查。同时，中消协组织河北、内蒙古、吉林、黑龙江等省（区）消协进行区域调查，获取了初步证据。为进一步查明事实，中消协还根据《消费者权益保护法》第37条第4项[①]的规定，履行了向工信部、公安部交管局等有关行政部门反映、查询、建议的职责。在查询和调查过程中，中消协得到了工商和市场监管部门、工信部等单位的有力配合。

2016年7月1日，中消协就雷沃重工等四被告违法、违规生产和销售正三轮摩托车提起消费民事公益诉讼。7月25日，北京市第四中级人民法院正式受理本案。经深入调查取证，中消协向法院提交了涉案企业侵害众多不特定消费者合法权益、损害社会公共利益的相关证据二十余份，包括：已获取、查扣和测量的部分实车，均不符合强制性国家标准；工信部有关复函以及对涉案企业违法、违规生产和销售行为作出的行政处罚决定书；有关工商和市场监督管理部门就涉案车辆的执法记录；有关公安局交通警察大队出具的《车辆退办证明》；有关省（区）涉案型号车辆落户情况等。这些证据证明涉案企业生产销售不符合强制性国家标准以及被公告撤销的车型车辆数量大、范围广，对社会危害大。

中消协起诉后，被告雷沃重工多次向法院申请延期举证，并与中消协进行了多次会谈。雷沃重工经自查，共查出生产不符合强制性国家标准的车型车辆31085台，其中已经售出26959台；查出生产被公告撤销的车型车辆909台，其中已经销售870台。

在此期间，雷沃重工先后向法庭提交243份证据，用以反驳中消协的诉讼请求。中消协对此进行了证据固定与充实，先后5次向法院提交证据55份。双方在法庭主持下先后进行了证人质证、两次证据质证，专家辅助人出庭接受问询，就涉案核心问题进行了多轮辩论。

在案件持续过程中，雷沃重工多次要求调解。在雷沃重工同意满足中消协全部诉讼请求的基础上，当事各方于2019年4月26日达成初步调解协议。雷

[①]《消费者权益保护法》第37条规定："消费者协会履行下列公益性职责：……（四）就有关消费者合法权益的问题，向有关部门反映、查询，提出建议；……"

沃重工保证立即停止生产、销售相关产品，并不再恢复生产和销售；承诺自调解书生效之日起六个月内采取召回、修理、更换、退货等方式消除其违法、违规生产和销售的相关车辆的安全风险，并承担因此支出的全部费用以及消费者的必要费用。此外，雷沃重工承认故意生产和销售了不符合强制性国家标准的超长车辆，并出具与车辆实际尺寸不符的虚假车辆合格证，故意隐瞒事实，侵害了众多不特定消费者的合法权益。雷沃重工承诺依法处理消费者诉求，依照《消费者权益保护法》等法律对消费者承担可能发生的以下费用：修理、更换、退货等费用，消费者配合消除车辆安全风险所发生的交通、误工等必要费用，人身、财产损害赔偿费用，精神损害赔偿费用，惩罚性赔偿费用等。

二、案件诉讼情况[①]

为保护众多不特定消费者的合法权益，中消协向法院提出以下诉讼请求：（1）判令被告立即停止生产、销售已被工信部《道路机动车辆生产企业及产品公告》撤销的所有型号产品；（2）判令被告立即停止生产、销售不符合强制性国家标准的所有型号产品；（3）判令被告消除其违法、违规生产和销售的所有型号产品的安全风险；（4）确认被告违法、违规生产和销售的行为对众多不特定消费者构成了《消费者权益保护法》第55条规定的"欺诈行为"；（5）判令被告赔偿原告为公益诉讼支付的费用（包括但不限于：调查取证的费用、鉴定费用、公证费用、采取诉讼保全措施的申请费和实际支出费用、律师代理费用、交通和住宿等其他合理费用等）；（6）本案诉讼费用由被告承担。

中消协经分析论证，从以下几个方面说明对雷沃重工提起公益诉讼十分必要：

第一，这是维护社会公共利益的要求。涉案企业违法、违规生产和销售已被公告撤销的车型车辆，侵害了公众人身安全，污染了生态环境；违反强制性国家标准要求，生产和销售尺寸超长车辆，造成严重安全隐患，不仅威胁到购车消费者的人身、财产安全，也威胁到行人和驾驶其他车辆人员的安全。违法、违规生产和销售的车辆数量庞大，很多车辆因不符合强制性国家标准而无法上牌，发生交通事故后难以追责和索赔，严重影响广大公众的切身利益。就此提起公益诉讼，有助于保护众多不特定消费者的安全权益，维护社会公共安

[①] 参见中国消费者协会：《中消协对雷沃重工提起消费民事公益诉讼》，http://www.cca.org.cn/zxsd/detail/26881.html，2020年3月23日访问。

全秩序,具有重大现实意义。

第二,这是保护农民消费者利益的要求。涉案车辆大多在维权力量薄弱的农村地区使用,使用者多为农民,他们缺乏维权意识和维权能力,难以有效维护自身权益。就此提起公益诉讼,有助于体现对弱势消费群体的关注和帮助,是践行党的为人民服务宗旨,体现全心全意为消费者服务理念的具体举措。

第三,这是规范和治理行业突出问题的要求。违法、违规生产和销售不符合强制性国家标准的正三轮摩托车问题在该行业大量存在,主要生产企业漠视消费者权益,在受到消费者投诉、诉讼甚至有关行政部门处罚后,仍继续违法、违规生产和销售问题产品,且未采取措施消除在用车辆安全风险。这种以不合格产品冒充合格产品,欺诈消费者的行为,严重违背社会诚信,藐视执法权威,挑战法律底线,损害行业长远发展。就此提起公益诉讼,有助于扭转和规范整个行业的问题,保护广大消费者的合法权益。

第四,这是警示和惩戒不法经营行为的要求。本案中,尽管消费者多方反映,有关行政部门也采取了相应执法措施,但是不法经营者并未从中吸取教训,其不法经营行为及后果仍持续存在,未能得到有效遏制和纠正。就此提起公益诉讼,有助于震慑不法经营行为,教育、警示各行业经营者,在社会共同关注下推动问题彻底解决。

第五,这是消协组织依法履职的要求。《消费者权益保护法》赋予中消协和省、自治区、直辖市消费者协会公益诉讼职责,社会各界对此寄予厚望。2016年4月24日,《最高人民法院关于审理消费民事公益诉讼案件适用法律若干问题的解释》发布。广大消费者盼望消协组织在公益诉讼方面有所作为。中消协根据投诉举报线索,在工商和市场监管部门、工信部以及地方消协的大力支持下,深入调查取证,提起公益诉讼,有助于提振消费者信心,提升全民法治意识,辅助国家和社会治理。

三、教学内容(法律评析)

(一)本案亮点

1. 诉讼请求中包含禁令请求和确认请求

根据《最高人民法院关于审理消费民事公益诉讼案件适用法律若干问题的

解释》第 13 条第 1 款①的规定,在这类公益诉讼案件中,原告可以请求被告承担停止侵害、排除妨碍、消除危险、赔礼道歉等民事责任。本案中,中消协的第一到三项诉讼请求都是在法条中明文规定、在案件中也比较常见的禁令请求,而第四项诉讼请求则开创性地提出了确认违法的诉讼请求。

(1) 禁令请求

禁令请求是要求对方不作为的诉讼请求。在消费民事公益诉讼中,禁令请求具体包括:停止正在进行或者将要进行的侵权行为、停止使用不当或者违法的合同或者格式条款、停止不当或者违法的销售或者服务行为等。对比国外比较成熟的公益诉讼制度,不管是在英美法系还是大陆法系的公益诉讼中,禁令请求都是一种特别典型的诉讼请求。有的国家甚至只允许禁令请求这一单一的诉请方式。

禁令请求是让经营者立即停止正在实施的损害广大消费者权益的违法行为,并且制止其继续实施该违法行为,以达到迅速控制事态,有效防止损害的发生或进一步扩大,从而减少消费者损失的目的。在损害消费者权益的案件中,如果经营者已经开始实施某种违法行为,提起禁令请求可以有效地对这种违法行为造成的后果予以遏制,以防其进一步扩大。例如,实践中,可以要求生产者停止生产质量不合格的产品。如果经营者还未开始实施某种违法行为,提起禁令请求可以避免损害的发生。例如,如果发现某格式条款有问题,可以要求经营者取消该条款的使用。在消费者侵权案件中,针对侵权行为,当务之急就是要控制不利影响的范围和程度。通过提出禁令请求,可以对经营者的违法行为予以强行限制,在第一时间控制不利影响的蔓延,这对于保护消费者的社会整体利益具有重大意义。

(2) 确认请求

中消协的第四项诉讼请求,即确认被告违法、违规生产和销售的行为对众多不特定消费者构成了《消费者权益保护法》第 55 条规定的"欺诈行为",开创了新的诉讼请求模式。中消协不仅提出了禁令之诉,即要求企业停止生产、消除风险,也提出了确认之诉,即确认企业违法、违规生产和销售的行为对不特定消费者构成了侵害。确认之诉曾出现在欧洲国家的消费诉讼中,而在我

---

① 《最高人民法院关于审理消费民事公益诉讼案件适用法律若干问题的解释》第 13 条第 1 款规定:"原告在消费民事公益诉讼案件中,请求被告承担停止侵害、排除妨碍、消除危险、赔礼道歉等民事责任的,人民法院可予支持。"

国,本案是首例,开了先河。

确认之诉是一种典型的形成之诉,虽然不能一次性解决纠纷,但是确认请求作为其他诉讼请求的前置主张能很好地降低败诉的成本。当它作为其他法律程序的协助程序时,也能起到很好的辅助作用。确认请求的内容也是多种多样的。比较常见的确认之诉是确认格式条款无效,其目的是消除消费者和经营者之间的不平等关系。在消费民事公益诉讼中,判决结果具有形成效力,因此这将让所有不特定消费者都得到有效的保护。这其中当然还包括本案中要求确认被告构成《消费者权益保护法》第55条规定的"欺诈行为"这种确认违法的诉讼请求。

虽然确认请求无须被告承担履行义务,但是并不代表其会被忽视。恰恰相反,确认违法的诉讼请求在司法实践中的意义非同小可。这一确认将成为消费者进行个体维权的依据,消费者可以按照有关法律规定直接提起"退一赔三"的惩罚性赔偿之诉,维权将更加便利。此外,正在市场中流通的涉案商品不可避免会被某一或者某些不特定消费者购置使用,如果没有这一请求,其维权之路就会比较艰难。如果通过公益诉讼确认某一行为违法,消费者在后续的私益诉讼中的维权之路就会顺畅不少。

本案最后以调解书的形式结案。根据《最高人民法院关于审理消费民事公益诉讼案件适用法律若干问题的解释》第16条①的规定,可以适用于其他个体消费者的是生效裁判。但是,本案调解书在结构上对于原告诉称、被告辩称都有体现,在法院认定事实部分,对中消协通过大量调查取证的相关事实进行了认定,同时也确定了雷沃重工的责任,认定其存在故意违法、违规生产、销售不符合强制性国家标准的产品,并故意隐瞒实情等事实。这些都经过了开庭、审理和质证程序,所以无论是在判决书还是调解协议中认定,对消费者提起的个人民事诉讼都应该是有效力的,消费者可以援引作为证据。②

---

① 《最高人民法院关于审理消费民事公益诉讼案件适用法律若干问题的解释》第16条规定:"已为消费民事公益诉讼生效裁判认定的事实,因同一侵权行为受到损害的消费者根据民事诉讼法第一百一十九条规定提起的诉讼,原告、被告均无需举证证明,但当事人对该事实有异议并有相反证据足以推翻的除外。消费民事公益诉讼生效裁判认定经营者存在不法行为,因同一侵权行为受到损害的消费者根据民事诉讼法第一百一十九条规定提起的诉讼,原告主张适用的,人民法院可予支持,但被告有相反证据足以推翻的除外。被告主张直接适用对其有利认定的,人民法院不予支持,被告仍应承担相应举证证明责任。"

② 参见赵丽、周若虹:《开创消费公益诉讼确认之诉先河》,载《法制日报》2019年7月29日第4版。

2. 本案是首例以调解方式结案的消费民事公益诉讼

有学者分析指出，诉讼纠纷一般有两种结果，即判决和调解。现在，以调解方式化解纠纷，有效避免了二审程序的拖延。虽然本案的整个审理过程花费三年，但是实际上也体现了法院的工匠精神，以及法院推进调解程序的耐心和责任心。此外，如今消费者个体诉讼维权成本高、收益小，而公益诉讼恰恰相反，是一种成本低、效果好的维权方式。[①]

另有学者认为，公益诉讼对于个体维护消费者权益起到了积极保护作用。调解有三项基本原则：一是不能减少或损害对消费者权益的保护；二是需要在法院主持下进行；三是调解方案要公示，得到社会公众广泛认可。坚持这三项基本原则的公益诉讼调解也能对消费者权益起到很好的保护作用。[②]

（二）我国消费民事公益诉讼制度

1. 消费民事公益诉讼的界定

学界普遍将公益诉讼定义为：由特定的国家机关、社会组织以及公民个人依据法律的规定，以维护社会公共利益为目的，针对侵犯社会公共利益的民事违法行为，向法院提起诉讼，由法院通过诉讼程序追究和遏制相关违法行为并借此维护社会公共利益的一项制度。

结合《民事诉讼法》第55条[③]的规定，消费公益诉讼的定义中应当包括三个基本方面，即这类诉讼的保护对象是什么、谁可以提起这类诉讼以及这类诉讼在性质上属于何种类型的诉讼。其一，消费公益诉讼的保护对象是社会公共利益。至于国家利益是否应当被纳入公共利益，或者何种国家利益可以被纳入公共利益，则是解释论的问题。其二，为保证消费公益诉讼的有序开展，有权提起消费公益诉讼的原告限于法律规定的主体。其三，消费公益诉讼的被诉对象一般为企业、商家，因此一般属于民事公益诉讼。

[①] 参见赵丽、周若虹：《开创消费公益诉讼确认之诉先河》，载《法制日报》2019年7月29日第4版。

[②] 同上。

[③] 《民事诉讼法》第55条规定："对污染环境、侵害众多消费者合法权益等损害社会公共利益的行为，法律规定的机关和有关组织可以向人民法院提起诉讼。人民检察院在履行职责中发现破坏生态环境和资源保护、食品药品安全领域侵害众多消费者合法权益等损害社会公共利益的行为，在没有前款规定的机关和组织或者前款规定的机关和组织不提起诉讼的情况下，可以向人民法院提起诉讼。前款规定的机关或者组织提起诉讼的，人民检察院可以支持起诉。"

2. 消费民事公益诉讼的适用范围

根据《民事诉讼法》第 55 条的规定，消费民事公益诉讼针对的是"侵害众多消费者合法权益等损害社会公共利益的行为"。《消费者权益保护法》第 47 条将此规定为"侵害众多消费者合法权益的行为"。

有学者从文字理解的角度认为，只要被侵害合法权益的消费者人数"众多"，就可以成为消费民事公益诉讼的保护对象。另有学者认为，判断是否属于消费民事公益诉讼的适用范围，不仅应以合法权益被侵害的消费者人数"众多"作为形式标准，更应以"损害社会公共利益"作为实质标准。①

3. 消费民事公益诉讼的起诉主体

我国传统民事诉讼理论采取"直接利害关系规则"。在公益诉讼问题上，《民事诉讼法》第 55 条赋予不具有直接利害关系的机关和组织提起公益诉讼的权利。通说认为，该条实质上是概括性、指引性条款，将公益诉讼的原告范围指向其他法律。《消费者权益保护法》第 47 条②进一步明确了中消协以及在省、自治区、直辖市设立的消费者协会属于消费民事公益诉讼中的"法律规定的机关和有关组织"。《最高人民法院关于审理消费民事公益诉讼案件适用法律若干问题的解释》第 1 条③也规定，"法律规定或者全国人大及其常委会授权的机关和社会组织"也可以提起消费民事公益诉讼。

我国 2017 年修正的《民事诉讼法》已经明确了检察机关的起诉主体资格，但是对于社会公益组织的起诉主体资格仍未予确定。具体到我国有权提起消费民事公益诉讼的主体，包括：其一，中消协以及省级以上消费者协会；其二，人民检察院，仅限于生态环境和资源保护、食品药品安全领域侵害众多消费者合法权益的情形。

---

① 参见程新文等：《我国消费民事公益诉讼制度的新发展》，载《法律适用》2016 年第 7 期。

② 《消费者权益保护法》第 47 条规定："对侵害众多消费者合法权益的行为，中国消费者协会以及在省、自治区、直辖市设立的消费者协会，可以向人民法院提起诉讼。"

③ 《最高人民法院关于审理消费民事公益诉讼案件适用法律若干问题的解释》第 1 条规定："中国消费者协会以及在省、自治区、直辖市设立的消费者协会，对经营者侵害众多不特定消费者合法权益或者具有危及消费者人身、财产安全危险等损害社会公共利益的行为提起消费民事公益诉讼的，适用本解释。法律规定或者全国人大及其常委会授权的机关和社会组织提起的消费民事公益诉讼，适用本解释。"

四、案例研习安排

(一) 教学对象及目标

本案例供法学专业本科生、硕士研究生及法律硕士研究生教学使用,其他专业本科生、硕士研究生也可参酌使用。

本案例需要解决的问题主要有:

(1) 消费民事公益诉讼中的诉讼请求有哪些类型?

(2) 以调解方式结案的消费民事公益诉讼有何效力?

(二) 建议课堂计划

本案例可以作为专门的教学案例进行讲授,建议安排1课时(40—45分钟)。如下课堂设计,仅供参考:

1. 课前计划

安排学生阅读案例及相关参考资料,熟悉整个案例流程,对案例中提出的问题进行思考。

2. 课中计划

介绍教学目的,明确讨论主题。

分组讨论问题及解决对策,告知发言要求。

小组代表发言,提出争议焦点,并对争议焦点涉及的相关法律法规进行评述。

教师进行引导性分析,并作归纳总结。

3. 课后计划

请学生课后进一步细化了解消费民事公益诉讼的流程和相关法律法规。

五、思考题

1. 根据我国相关法律法规,可以提起消费民事公益诉讼的主体有哪些?

2. 本案中,中消协提起确认之诉是否有法律依据?

3. 对于本案最后以调解方式结案,你有什么看法?

案例 二十二 广东省消费者委员会"毒猪肉"公益诉讼案

【摘　要】　本案是一起关于食品安全的消费民事公益诉讼案件，主要涉及消费民事公益诉讼是否可以主张惩罚性赔偿、消费者协会能否作为赔偿请求权的主体等问题。通过对案例的学习，我们可以更深层次了解消费民事公益诉讼的基础概念、惩罚性赔偿制度在消费民事公益诉讼中的应用以及惩罚性赔偿金数额的确定和分配等问题。

【关键词】　惩罚性赔偿　消费民事公益诉讼　消费者协会

一、基本案情

2016年11月，深圳市人民检察院向广东省消费者委员会（以下简称"广东消委会"）发出《检察建议书》，建议广东消委会就深圳市龙岗区人民检察院立案调查的一宗食品犯罪案提起消费民事公益诉讼。

经深入了解相关情况并研究，广东消委会指出：惠州市惠阳区沙田屠宰场相关涉案人员，放任无检疫合格证的病猪、死猪入场屠宰，并将检疫合格证发放给前往屠宰生猪的客户，致使问题猪肉最终流入市场；周某光、周某星、柯某超、冯某钦等一干人通过不正规渠道屠宰或购买猪肉，并在对猪肉喷洒或将猪肉浸泡于有毒有害液体后进行销售。经深圳市公安、市场监管等部门前期执法取证，以上事实证据确凿，性质恶劣，影响深远，并且符合消协组织提起公益诉讼的有关规定。因此，广东消委会决定采纳深圳检察机关的建议，就本案提起消费民事公益诉讼，希望通过公益诉讼这一有力的司法武器，为受伤害的消费者维护合法权益，伸张社会公平正义。

2017年3月8日，国际消费者权益日到来前夕，广东消委会就李某文、陈某财、周某光、周某星等20名被告违法生产、销售病猪、死猪，并对售卖的猪肉喷洒有毒有害液体进行保鲜等性质恶劣、严重侵害消费者权益、损害社会公共利益的行为，代表消费者向深圳市中级人民法院提起消费民事公益诉讼，请求法院判令被告承担赔偿金1006.2万元，在省级以上新闻媒体公开赔礼道歉，并承担律师费及诉讼费用。

2017年12月19日，深圳市中级人民法院就本案作出判决，支持广东消保委提出的赔礼道歉与 20 名被告各承担 500 元律师费两项诉讼请求。但是，深圳市中级人民法院以《最高人民法院关于审理消费民事公益诉讼案件适用法律若干问题的解释》第 13 条[①]未明确规定惩罚性赔偿责任为由，不支持广东消委会提出的惩罚性赔偿诉讼请求。

二、法院的观点

（一）被告是否应当承担惩罚性赔偿责任

深圳市中级人民法院认为，根据《最高人民法院关于审理消费民事公益诉讼案件适用法律若干问题的解释》第 13 条的规定，消费民事公益诉讼案件的诉请应当包含在停止侵害、排除妨碍、消除危险、赔礼道歉的范围中。本案中，广东消委会提出的高达 1000 多万元的惩罚性赔偿在消费民事公益诉讼案件中不得适用。

（二）原告广东消委会是否能作为赔偿请求权主体

本案原告广东消委会依据《食品安全法》第 148 条[②]的规定，提出惩罚性赔偿的诉讼请求。但是，广东消委会并不是消费者，不享有《食品安全法》第 148 条规定的权利。深圳市中级人民法院驳回广东消委会的诉讼请求。

三、教学内容（法律评析）

值得探讨的是，2017 年，在同样以广东消委会为原告的一系列假盐公益诉讼案件[③]中，广州市中级人民法院主张这样的观点：消费民事公益诉讼具有

[①] 《最高人民法院关于审理消费民事公益诉讼案件适用法律若干问题的解释》第 13 条规定："原告在消费民事公益诉讼案件中，请求被告承担停止侵害、排除妨碍、消除危险、赔礼道歉等民事责任的，人民法院可予支持。经营者利用格式条款或者通知、声明、店堂告示等，排除或者限制消费者权利、减轻或者免除经营者责任、加重消费者责任，原告认为对消费者不公平、不合理主张无效的，人民法院可予支持。"

[②] 本案所涉为 2015 年修订的《食品安全法》。该法第 148 条规定："消费者因不符合食品安全标准的食品受到损害的，可以向经营者要求赔偿损失，也可以向生产者要求赔偿损失。接到消费者赔偿要求的生产经营者，应当实行首负责任制，先行赔付，不得推诿；属于生产者责任的，经营者赔偿后有权向生产者追偿；属于经营者责任的，生产者赔偿后有权向经营者追偿。生产不符合食品安全标准的食品或者经营明知是不符合食品安全标准的食品，消费者除要求赔偿损失外，还可以向生产者或者经营者要求支付价款十倍或者损失三倍的赔偿金；增加赔偿的金额不足一千元的，为一千元。但是，食品的标签、说明书存在不影响食品安全且不会对消费者造成误导的瑕疵的除外。"

[③] 参见广州市中级人民法院（2017）粤 01 民初 384 号民事判决书、广州市中级人民法院（2017）粤 01 民初 386 号民事判决书、广州市中级人民法院（2017）粤 01 民初 387 号民事判决书。

替代性和补充性,是为了保护众多不特定消费者的合法权益,同时避免消费侵权者的民事侵权责任落空,不因至今没有消费者向两被告主张权利而无视损害的客观存在,并由此判决:支持原告针对被告生产、销售假冒伪劣食盐产品,侵害社会公共利益的事实所主张的十倍惩罚性赔偿。

两个法院对于消费民事公益诉讼案件在惩罚性赔偿的适用上展现了截然不同的立场。这也体现出我国司法实践中对该问题的困扰。由该问题引申出来的如何确定公共利益损害、惩罚金额的计算方式以及赔偿金的归属等问题都需要进一步讨论。

(一) 消费民事公益诉讼是否可以主张惩罚性赔偿

《最高人民法院关于审理消费民事公益诉讼案件适用法律若干问题的解释》第 13 条第 1 款列举的请求权中,缺少了侵权责任体系的重要组成部分"赔偿损失"。最高人民法院民事审判第一庭的法官们对此作出解释:"至于其他责任承担方式,在明确列举请求权类型后面加一个'等'字作为保留,为将来法律修改及司法实践进一步发展后,消费民事公益诉讼的请求权类型扩展预留空间。"① 但是,这在实践中导致损害赔偿请求权的适用困难。关于消费民事公益诉讼是否可以主张惩罚性赔偿的问题,目前学界的主流观点是持肯定态度。但是,在实务界,正如上述案例所示,存在非常明显的两种不同的态度。

1. 否定消费公益诉讼损害赔偿请求权的主要原因

(1) 公益诉讼与私益诉讼存在区别

法律规范反映的是社会现状,因此消费民事公益诉讼法律制度的形成也会受到社会客观情况的影响。《最高人民法院关于审理消费民事公益诉讼案件适用法律若干问题的解释》将消费民事公益诉讼的起诉条件限定于保护"不特定消费者合法权益"以及"社会公共利益"。这种规定让许多人认为消费民事公益诉讼保护的是非特定的"超个人利益",而非单纯的或相互叠加的个体利益。

由此可见,消费民事诉讼是公益和私益两种类型的诉讼并行存在的。惩罚性赔偿请求权是法律赋予消费者进行主张的。如果同时赋予采取公益诉讼的消费者协会一样的惩罚性赔偿请求权,一方面,可能造成同一侵权行为的重复求偿;另一方面,公益诉讼中惩罚性赔偿请求的实现很可能影响不法经营者对消

---

① 杜万华主编:《最高人民法院消费民事公益诉讼司法解释理解与适用》,人民法院出版社 2016 年版,第 33 页。

费者私益损害赔偿的给付。

(2) 消费者协会主张惩罚性赔偿请求权的资格存在争议

惩罚性赔偿又称"示范性赔偿"或"报复性赔偿",是指赔偿数额超出实际损害数额的赔偿。惩罚性赔偿是加重赔偿的一种原则,目的是在针对被告过去故意的侵权行为造成的损失进行弥补之外,对被告进行处罚以防止其将来重犯,同时也达到惩戒他人的目的。我国民事侵权损害赔偿责任的承担以填补性赔偿为原则,以惩罚性赔偿为例外。民法中惩罚性赔偿的规定主要在产品责任、商品服务欺诈、商品房买卖合同等领域适用。这些法律明确规定将惩罚性赔偿请求权赋予消费者。换言之,只有合同关系中的消费者一方当事人可以侵权责任为依据,请求对方当事人承担惩罚性赔偿责任。因此,本案中,深圳市中级人民法院以原告广东消委会并非消费者为由,驳回了其所主张的惩罚性赔偿请求。

在消费民事公益诉讼中,消费者协会并非侵权行为的实际受害人,因此缺乏提起惩罚性赔偿诉讼请求的正当当事人地位。消费者协会的请求权来源于法律对私人消费者请求权的保留。许多学者担心将惩罚性赔偿请求权赋予消费者协会后,会剥夺与侵害消费者的诉权。

(3) 惩罚性赔偿金的具体支付方式不明确

在民事消费私益诉讼中,法院判处不法经营者应当支付的惩罚性赔偿金直接归属于消费者所有,惩罚性赔偿金数额由法律直接规定,而具体的支付方式则可由双方当事人自行约定。相较于消费民事私益诉讼中惩罚性赔偿已有较为成熟的制度,消费民事公益诉讼若也适用惩罚性赔偿制度,则不可避免地要面对惩罚性赔偿金的计算、归属、分配等难题。换言之,即使将惩罚性赔偿责任在《最高人民法院关于审理消费民事公益诉讼案件适用法律若干问题的解释》中列明,要想在实务中广泛适用惩罚性赔偿制度,仍需要消费民事公益诉讼中惩罚性赔偿制度适用的具体规则予以支撑。在这些规则出台前,惩罚性赔偿责任是缺乏实际操作性的。这是阻碍消费民事公益诉讼立法中引入惩罚性赔偿责任又一重要原因。

在"假盐系列案"中,法院判决载明由其代为将惩罚性赔偿金交付国库。这一行为实质上与惩罚性赔偿的目的和价值取向是不相符合的。惩罚性赔偿是建立在损害填补之上的超额赔偿。在消费民事公益诉讼中,损害填补应当是对消费安全与销售管理秩序的公共资源投入。如果将惩罚性赔偿金交付国库,就无法达到对消费安全与销售管理秩序的公共资源投入进行弥补的目的。在超额赔偿金的数额计算中，按照上述理论，消费者协会应当根据消费安全与销售管理秩序的损失进行计算。但是，实践中，该损失往往是很难估量的。消费者协会往往会按消费者私益的损失，根据法律规定的倍数提出主张。这种主张方式不具备切实保护社会公共利益的说服性，也不能使不法经营者公平地为其侵权行为承担责任。

进一步而言，在由广东省消委会提起诉讼的"毒猪肉案"与"假盐系列案"中，法院之所以就惩罚性赔偿诉讼请求得出截然相反的裁判结果，其深层次的原因在于立法对消费民事公益诉讼将来发展方向的犹疑：如果仅坚持法条中列举的诉请以及禁令诉请，则公益诉讼的威慑力无法得到很好的体现，进而阻碍消费民事公益诉讼制度的实践激活进度，且明显与司法实践的需求相背离；如果在这类案件中引入损害赔偿之诉，则可能造成公益、私益诉讼的混同，不仅会对当前的诉讼机制造成冲击，更可能对传统法律理论与观念发起挑战。从宏观角度看，除了民事公益诉讼外，还有刑事惩戒、行政处罚等其他方法对违法经营者进行处罚。相较于公益诉讼的个案追究模式，行政手段的运用更易形成规模效应，对恢复市场秩序、维护社会公共利益与消费者权益而言，效率更高。

总之，惩罚性赔偿制度与消费民事公益诉讼的龃龉，以及宏观上规制消费民事侵权行为手段的多元化，均影响了立法对消费民事公益诉讼发展方向的判断，进而导致惩罚性赔偿责任的立法缺位。由此产生的将惩罚性赔偿责任引入消费民事公益诉讼之可行性的质疑，是惩罚性赔偿制度规范化适用所必须回应的问题。

2. 消费民事公益诉讼中惩罚性赔偿制度适用的可行性

（1）惩罚性赔偿制度与消费民事公益诉讼的功能定位一致

惩罚性赔偿制度的原理在于，如果侵权行为人的行为具有诸如轻率、恶意、欺诈等道德上的可谴责性，除了填补损害之外，还应该通过剥夺侵权行为人利益的手段对其进行惩罚，以遏制其再犯之可能。惩罚性赔偿制度的三大功能可以归纳为：填补、惩罚与威慑。

消费民事公益诉讼的首要功能是威慑功能。有学者指出消费民事公益诉讼制度是因应传统私益诉讼制度已经难以适应新的社会背景下消费者权益保护需要这一亟待解决的问题而形成的。在新的社会背景下，人们越来越被置于大规模侵害事件之中。面对此种情形，囿于匮乏的信息与高昂的救济成本，人们在寻求法律救济时往往陷入困境。若由每个人独自救济其权利，那么这种维权机制将会呈现出任意性和碎片化的特征。此种结果不仅是个案的不幸，而且会严重削弱法律的威慑效果。当众多消费者的权利受到某一被告同一行为侵害时，尤其是当消费者的经济损失较小时，消费集团诉讼则是一种威慑，将使得被告不敢再去侵犯消费者权益。与私益诉讼注重对受害人的补偿不同，消费民事公益诉讼的填补功能体现在对社会公共利益的保护上。因此，最高人民法院的司法解释中没有将填补功能明文列入。但是，这并不代表最高人民法院舍弃了公益诉讼的填补功能。在应然层面，最高人民法院的法官们认为消费民事公益诉讼的确应当包含填补由于此种不当行为而受到损害的众多消费者之合法利益的功能，只是消费民事公益诉讼的原告往往不是与该侵权行为有直接利害关系的主体。我国在诉讼程序上，对于此种损害赔偿的求偿及判决等仍有很大的空白。所以，最高人民法院暂时未将填补功能列入条文内。①

我国民事公益诉讼在社会生活中应当承担预防、保护与监督功能，其作用在于弥补法律保护体系的缺失，并最终促进有效适用法律这一公共利益的实现。但是，如果消费者协会只能通过提起排除妨碍等不作为请求进行诉讼，则难以全面落实预防、保护与监督功能。这样，对于消费侵权行为已然造成的社会公共利益损害，既无法通过公益诉讼进行填补性损害赔偿，亦无法改变侵权行为人对不法利润的保有。从长远来看，仅以不作为之诉为内容的消费民事公益诉讼虽能在一定程度上遏制与监督消费侵权行为，但由于惩戒功能的缺位，难以预防不法行为的再次发生。

综上所述，惩罚性赔偿制度所具有的填补、惩罚与威慑三大功能与消费民事公益诉讼的预防、保护与监督功能相互契合，能很好地实现消费民事公益诉讼的目标。只有在诉讼请求中加入惩罚性赔偿后，消费民事公益诉讼才具有立法者希望赋予它的使命。

(2) 消费者协会主张惩罚性赔偿请求

作为经过本土化的"舶来制度"，传统的惩罚性赔偿制度主要适用于合同欺诈等特定情形。中国法律背景下的惩罚性赔偿制度具有强烈的合同责任色彩。特别是在实践中，不同的法院对社会组织是否可以在消费民事公益诉讼中

---

① 参见杜乐其：《消费民事公益诉讼损害赔偿请求权研究》，载《法律科学（西北政法大学学报）》2017年第6期。

提起损害赔偿请求持不同的意见。这在一定程度上是因为个别法院错误地认为社会组织不是合同的当事人（消费者），消费者协会没有要求惩罚性赔偿的法律依据。在我国，消费公益诉讼规则中尚未明确规定损害赔偿责任，同时民事实体法中规定惩罚性赔偿的权利只能归属于消费者。本案中，法院即在判决中同时阐明以上两种理由，驳回了原告的诉请。

如今，惩罚性赔偿制度的适用不再局限于合同责任。随着《消费者权益保护法》和《食品安全法》的修正，基于侵权责任的惩罚性赔偿规则得以明确建立。这为消费民事公益诉讼适用惩罚性赔偿制度提供了解释空间。首先，《民事诉讼法》与《消费者权益保护法》本就将消费者的侵权责任请求权赋予消费者协会，根据侵权责任要求惩罚性赔偿并无不妥。其次，《最高人民法院关于审理消费民事公益诉讼案件适用法律若干问题的解释》第13条中的"等"本就为更多合理的民事责任承担方式留有解释空间，给法官一个自由裁量的空间。

总之，消费者协会主张的惩罚性赔偿诉讼请求既有理论基础作为支撑，又符合司法解释的精神。法院应当从保护社会公共利益的角度出发，结合个案对其进行合理性与必要性的审查，而非以原告"非为消费者"为由一概驳回这类诉讼请求，致使被告应承担的法律责任落空。

（二）消费民事公益诉讼惩罚性赔偿金数额的确定和分配

除了惩罚性赔偿制度适用是否具有法律上及理论上的支持之外，影响实践中法官适用惩罚性赔偿制度的重要程序问题是惩罚性赔偿金数额的确定和分配问题。

1. 惩罚性赔偿金数额的确定

很多人以私益诉讼的眼光看待消费民事公益诉讼赔偿金的计算问题，因此会认为受害的消费者人数众多且不确定，损害赔偿金的计算难度极高，要耗费大量人力、精力。但是，这种担忧充其量是主观假设。因为对于公益诉讼，不能仅通过将每个受害消费者的实际损失加在一起计算损害赔偿金。这种方式将大大增加系统运行的成本，从而削弱消费民事公益诉讼制度的功能。

当我们更加关注消费民事公益诉讼制度的威慑功能时，民事法律责任的确定和法院对损害赔偿的估计与受害人能否获得损害赔偿并无直接关系。有学者指出，从一般的生活经验来看，通过强有力的证据证明每一个受害人的损失是不可行的。因为受害人个人所受到的损害数额通常很小,使用传统的证明方法和消费者个人的成本效益结构是不合适的。基于此,在计算损害赔偿金额时,应遵循一个基本原则:让违法经营者承担举证责任,为计算损害赔偿金额提供依据。①

2. 惩罚性赔偿金的分配

对于消费民事公益诉讼中原告胜诉后损害赔偿金如何分配的问题,有学者指出,原告提起消费公益诉讼,并非绝对不能请求赔偿,而是若允许请求赔偿,需要搞清楚赔偿所得归属于谁以及赔偿的目的是什么。② 从制度的功能来看,如何在受害者之间分配赔偿与威慑功能无关。以威慑为目的的消费民事公益诉讼或许并不关心被告是向被害人支付了损害赔偿金,还是向无利害关系的第三人支付了损害赔偿金。但是,从补偿功能出发,即使分配损害赔偿金的成本可能很高,最大限度地赔偿受害的消费者仍然是重要的。③

有学者分析指出,通过建设消费者基金的方式,间接地向众多不特定消费者进行补偿,即将违法经营者因公益诉讼所缴纳的赔偿款都交给消费者基金保管,不仅能有效实现威慑功能,而且能最大限度地实现补偿功能。除此之外,将建设消费者基金作为间接补偿的方式,也能很好地解决直接补偿成本过高的问题。不过,在这种分配方式之下,受益的消费者与受损害的消费者无法一一对应。因此,在建设消费者基金这一方案的基础上,可以"将其在每个案件中的胜诉利益设立若干项具有信托财产性质的赔偿基金,由被代表的受害消费者按照法院确认的赔偿标准,凭自己的身份证明,随时领取归属自己的财产利益"④;当损害赔偿金未能被完全领取而出现剩余时,用剩余损害赔偿金设立消费者基金。⑤

---

① 参见杜乐其:《消费民事公益诉讼损害赔偿请求权研究》,载《法律科学(西北政法大学学报)》2017年第6期。
② 参见赵红梅:《有关消费者公益诉讼的三个关键性问题》,载《中国审判》2013年第6期。
③ 参见杜乐其:《消费民事公益诉讼损害赔偿请求权研究》,载《法律科学(西北政法大学学报)》2017年第6期。
④ 徐海燕:《〈消费者权益保护法〉修改中的若干争议问题研究》,载《法学论坛》2013年第4期。
⑤ 参见杜乐其:《消费民事公益诉讼损害赔偿请求权研究》,载《法律科学(西北政法大学学报)》2017年第6期。

四、案例研习安排

（一）教学对象及目标

本案例供法学专业本科生、硕士研究生及法律硕士研究生教学使用，其他专业本科生、硕士研究生也可参酌使用。

本案例需要解决的问题主要有：

（1）消费民事公益诉讼是否可以主张惩罚性赔偿？

（2）消费民事公益诉讼惩罚性赔偿金应当如何确定数额和分配？

（二）建议课堂计划

本案例可以作为专门的教学案例进行讲授，建议安排 1 课时（40—45 分钟）。如下课堂设计，仅供参考：

1. 课前计划

安排学生阅读案例及相关参考资料，熟悉整个案例流程，对案例中提出的问题进行思考。

2. 课中计划

介绍教学目的，明确讨论主题。

分组讨论问题及解决对策，告知发言要求。

小组代表发言，提出争议焦点，并对争议焦点涉及的相关法律法规进行评述。

教师进行引导性分析，并作归纳总结。

3. 课后计划

请学生课后进一步细化了解消费民事公益诉讼的流程和惩罚性赔偿制度，思考惩罚性赔偿制度在公益诉讼中的适用性。

五、思考题

1. 损害赔偿请求是否包含在我国消费民事公益诉讼请求之中？
2. 惩罚性赔偿制度在公益诉讼中如何与行政处罚相衔接？

Chapter 5 产品质量法

第一节 产品责任的承担者

案例 二十三　袁华法、陈锦峰等与陕西恒田化工有限公司产品生产者责任纠纷案

【摘　要】　本案是一起关于产品责任纠纷中生产者责任的案件，主要涉及是否构成产品缺陷、产品缺陷与消费者损失的因果关系、生产者就缺陷产品应承担的生产者责任等问题。通过对案例的学习，我们可以更深刻了解产品缺陷与产品瑕疵的关系、生产者责任与销售者责任的区分和承担等问题。

【关键词】　产品缺陷　产品瑕疵　生产者责任　销售者责任

一、基本案情

2014年7月，在水稻栽种季节前，陕西恒田化工有限公司（以下简称"恒田公司"）生产的水稻用药套餐产品经由经销商魏承华，销售给农药零售商陈锦祥，然后再由陈锦祥分期、分批销售给袁华法等69名江苏省盐城市大丰区草堰镇农户。这69名农户在使用上述水稻用药套餐产品后，未能有效防治稻瘟病，造成水稻严重减产或绝收。

2014年9月底10月初，袁华法等人向所在村民委员会、草堰镇政府和盐城市大丰区政府相关部门反映情况并上访，要求调查处理。

2014年10月20日，袁华法等69人的委托代理人江苏涤非律师事务所律师张桂江、任进勇向恒田公司和第三人魏承华邮寄律师函，向其告知在使用恒田公司生产并由经销商魏承华和零售商陈锦祥销售的水稻套餐农药后，造成水

稻大面积减产，有些甚至绝收。他们要求恒田公司在接函后，立即派人前来参与核实减产损失并予以赔偿。他们也要求魏承华立即前来参与查处灾情并核实减产面积。否则，该律师事务所将受委托依法维权。恒田公司于 2014 年 10 月 22 日收到上述律师函，一直没有派人到盐城市大丰区核实袁华法等 69 名农户的减产损失。

2014 年 10 月 25 日，盐城市大丰区种植业生产事故技术鉴定工作办公室出具《关于草堰镇合新村部分农户水稻稻瘟病受害情况的调查意见》。该调查意见对田间情况、用药情况及损失原因作了说明，并对损失作出评估。调查意见的结论为：(1) 长期低温阴雨的气候条件是导致穗颈瘟严重发生及防治效果差的外界因素；(2) 用药面面俱到、用药配方不尽合理、穗颈瘟防病有效用量不足、穗颈瘟重发年份用药未能及时调整、防治次数偏少等是导致防治效果差的主观因素。盐城市统计局提供的统计资料表明，盐城市全市 2011—2013 年水稻单产分别为 615 公斤、622 公斤、617 公斤，上三年平均单产为 618 公斤，合新村袁荣桂等使用用药套餐农户亩产平均损失为 534.875 公斤，国务院公布的 2014 年粳稻最低收购保护价为每 50 公斤 155 元，每亩平均损失评估为 1658.11 元。

袁华法等 69 名农户遂诉至法院，根据《消费者权益保护法》《产品质量法》及《农药管理条例》等有关规定，请求法院判令被告赔偿原告水稻减产损失 558451.45 元。一审法院判决被告恒田公司赔偿 69 名原告合计 372648.15 元。

其他案件事实还有，恒田公司生产的水稻用药套餐产品是装在白色塑料桶内的，桶面上有"水稻用药套餐"以及"恒田科技、综合配伍、提高药效、丰产增收"字样。每桶内有四套内包装，每套内包装喷施一亩水稻，每套内包装含四个小包装，每个小包装对应一个水稻生长周期。在四个小包装内，各有一个说明书，分别载明：(1) 苗期、返青分蘖期；(2) 返青分蘖期；(3) 破口期；(4) 齐穗期。每个说明书上均有"恒田科技、综合配伍、提高药效、丰产增收"以及"本技术指南是依据水稻病虫常年的发生规律制订，具体防治适期建议以当地植保站病虫情报为准，结合田间具体情况灵活选用防治方案"。上述水稻用药套餐产品内的单个农药均为恒田公司生产，经工业和信息化部批准生产，农业部进行农药登记，并经质量监督部门检验合格。但是，水稻用药套餐产品的方案未经国家有关部门审批。

鉴于 2014 年下半年长期低温多雨，稻瘟病、稻飞虱等水稻病虫害重发，盐城市大丰区植保植检站分别于 2014 年 8 月 20 日、8 月 28 日、9 月 7 日、9 月 15 日先后四次发出病虫害警报，说明水稻病虫发生趋势，并提出防治技术意见，同时通过电视台、广播、手机短信以及召开会议等方式进行全方位立体宣传，指导水稻病虫害防治工作。经盐城市大丰区统计局统计，2014 年盐城市大丰区稻谷单产平均 610 千克/亩。当年稻谷市场单价为 3 元/千克。

二、法院的观点

（一）一审法院的观点

第一，本案应被定性为缺陷产品生产者责任纠纷。因产品存在缺陷造成他人损害的，生产者应当承担侵权责任。

第二，法院分析了原、被告的证据，认定水稻套餐产品存在产品缺陷，并依原、被告的过错程度对责任进行了分摊。

第三，依照《侵权责任法》的相关规定，判决被告恒田公司赔偿袁华法等 69 名原告合计 372648.15 元。

（二）二审法院的观点

第一，盐城市大丰区种植业生产事故技术鉴定工作办公室出具的调查意见系国家机关或者其他依法具有社会管理职能的组织，在其职权范围内制作的文书，应推定为真实。恒田公司亦没有相反证据推翻文书中所记载的事项。故原审法院对该调查意见予以采信，符合法律规定，并无不当。

第二，恒田公司生产的水稻用药套餐作为一个产品的方案系恒田公司自行决定，未经国家有关部门批准认可并取得相应的产品质量合格证。恒田公司亦未举证证实该产品已经过相关部门进行科学试验，可以向市场推广使用。故原审法院认定涉案产品存在缺陷正确，并无不当。

第三，原审法院在综合分析当事人各方的过错、损失产生的主客观因素基础上，确定的赔偿责任比例适当，符合法律规定，并无不当。

三、教学内容（法律评析）

（一）争议焦点分析

1.《关于草堰镇合新村部分农户水稻稻瘟病受害情况的调查意见》能否采信

《最高人民法院关于适用〈中华人民共和国民事诉讼法〉的解释》第 114 条规定："国家机关或者其他依法具有社会管理职能的组织，在其职权范围内制作的文书所记载的事项推定为真实，但有相反证据足以推翻的除外。必要时，人民法院可以要求制作文书的机关或者组织对文书的真实性予以说明。"本案中，恒田公司在收到律师函后，一直没有派人到大丰区核实69名农户的减产损失，视为其对自身权利的放弃。盐城市大丰区种植业生产事故技术鉴定工作办公室依法组成调查组，经过田间调查、用药调查、原因分析、损失评估等程序后，在其职权范围内出具《关于草堰镇合新村部分农户水稻稻瘟病受害情况的调查意见》。虽然被告恒田公司对该调查意见所记载的事项持有异议，但是未能提交相反证据予以推翻，故法院对该调查意见予以采信。

2. 涉案水稻用药套餐是否存在产品缺陷，以及该缺陷与原告的财产损害有无因果关系

(1) 一审法院的观点

被告恒田公司认为其生产的农药套餐内所有产品均获得了农业部颁发的农药登记证书，亦取得了该产品的生产证书，故产品不存在质量问题。一审法院认定，在被告恒田公司生产的水稻用药套餐产品中，虽然套餐产品内单个农药均为经依法批准生产并检验合格，但是该水稻用药套餐作为一个产品的方案系恒田公司自行决定，未经国家有关部门批准认可并取得相应的产品质量合格证。恒田公司将本公司自己生产的，且登记作物为非水稻农作物的部分农药，掺杂在水稻用药套餐产品中，形成水稻病虫害防治农药。依照我国2001年修订的《农药管理条例》第31条的规定，"禁止生产、经营和使用假农药"，"以此种农药冒充他种农药的"为假农药。该水稻用药套餐产品的配方固定，以非水稻用药配合形成水稻用药，未经相关部门审批，且被告恒田公司亦未举证证实该产品已经过相关部门进行科学试验，可以向市场推广使用，故法院认定该用药套餐产品适用于水稻作物存在缺陷。

在水稻病虫害防治过程中，普通农户作为消费者，其对水稻用药的主要需求是选药、用药方便，劳动量较小，经济成本较低。恒田公司夸大水稻用药套餐产品的性能，并刻意向消费者宣传，使用该水稻用药套装产品，"水稻一生只用四次药"。恒田公司利用这种与消费者有重大利害关系的、虚假和引人误导的信息，并以"水稻用药套餐"以及"恒田科技、综合配伍、提高药效、丰产增收"的名义进行宣传，这种虚假和引人误解的宣传是一种欺诈行为，容易误导消费者。原告在使用恒田公司生产的水稻用药套餐产品后，由于用药配方不合理，有效用量不足，防治次数偏少，未能有效防治水稻稻瘟病，造成水稻

严重减产或绝收,故法院认定恒田公司的水稻用药套餐产品的缺陷与原告的财产损害之间存在因果关系。

(2) 二审法院的观点

恒田公司生产的水稻用药套餐产品中,虽然套餐产品内单个农药均为经依法批准生产并检验合格,但是该水稻用药套餐作为一个产品的方案系恒田公司自行决定,未经国家有关部门批准认可,并取得相应的产品质量合格证。恒田公司将自己生产的且登记作物为非水稻农作物的部分农药,掺杂在水稻用药套餐产品中,形成水稻病虫害防治农药。该水稻用药套餐产品的配方固定,以非水稻用药配合形成水稻用药,未经相关部门审批,且恒田公司亦未举证证实该产品已经过相关部门进行科学试验,可以向市场推广使用。故一审法院认定涉案产品存在缺陷正确,并无不当。恒田公司存在虚假和引人误解的宣传行为,袁华法等 69 人在使用恒田公司生产的水稻用药套餐产品后,由于用药配方不合理,有效用量不足,防治次数偏少,造成水稻严重减产或绝收。故一审法院认定涉案产品的缺陷与袁华法等 69 人的财产损害之间存在因果关系正确,并无不当。

3. 袁华法等 69 人损失数额认定,以及当事人双方的过错责任如何划分

根据调查组的随机抽样调查,平均理论产量为 83.125 千克/亩。根据盐城市大丰区统计局统计,2014 年,全区稻谷平均产量为 610 千克/亩,即每亩水稻的产量损失 526.875 千克。袁华法等 69 人使用水稻用药套餐的水稻面积合计 336.8 亩,产量总损失为 177451.5 千克。2014 年,盐城市大丰区稻谷的市场单价为 3 元/千克,故袁华法等 69 人的经济损失总计为 532354.5 元。

恒田公司在水稻用药套餐的内包装上附有提示说明:"本技术指南是依据水稻病虫常年的发生规律制订,具体防治适期建议以当地植保站病虫情报为准,结合田间具体情况灵活选用防治方案。"但是,恒田公司为谋取额外经济利益,在水稻用药套餐产品内掺杂、搭售本公司生产的、登记作物为非水稻的其他农药,形成水稻农药,从而导致用药配方不尽合理;针对水稻病虫害防治的有效药量不足,同时又以"恒田科技、综合配伍、提高药效、丰产增收"以及"使用水稻用药套餐,水稻一生只用四次药"进行引人误解的虚假宣传,构成对消费者的欺诈,致使袁华法等 69 人未能及时调整用药,增加喷施次数。此外,由于水稻用药套餐产品的配方预先固定,客观上也在一定程度上剥夺了农户对其他农药产品的选择权,排除了农户因地制宜、因时制宜选用农药的可

能性，故恒田公司对本起纠纷的发生存在过错。法院酌定恒田公司应当对袁华法等 69 人的损失承担 70% 的赔偿责任，即 372648.15 元。

2014 年下半年，盐城市大丰区水稻生长周期适逢连续低温、阴雨的反常气候。但是，盐城市大丰区统计局统计的 2014 年全区稻谷平均产量为 610 千克/亩。此数据与往年相比，并没有因当年气候反常而造成产量大幅度降低。在此期间，大丰区植保植检站多次发布病虫害预警预报，并指导病虫害防治工作。由此可见，如果防治措施得力，农户的损失是可以适当避免的。袁华法等 69 人作为有多年种植经验的农户，在使用水稻用药套餐产品过程中，在连续低温、阴雨的反常气候情况下，未能认真听取当地植保部门的预警预报，灵活选用防治方案，及时调整用药配方，合理加大用药剂量，适当增加喷施次数，以有效防止水稻病虫害发生或者遏制其蔓延。故袁华法等 69 人对其损害的发生也有一定过错，可以适当减轻恒田公司的赔偿责任。法院酌定袁华法等 69 人对其损失自行承担 30%。

依照《侵权责任法》的规定，因产品存在缺陷造成损害的，被侵权人可以向产品的生产者请求赔偿，也可以向产品的销售者请求赔偿。本案中，袁华法等 69 人没有向第三人魏承华、陈锦祥主张权利，且当事人双方在本案中均未举证证明第三人魏承华、陈锦祥存在过错，故第三人魏承华、陈锦祥在本案中不承担民事赔偿责任。

据此，一审法院判决恒田公司于判决发生法律效力之日起 10 日内赔偿袁华法等 69 人合计 372648.15 元；驳回袁华法等 69 人的其他诉讼请求。案件受理费 9385 元，由袁华法等 69 人共同负担 3122.5 元，由恒田公司负担 6262.5 元。

（二）法律分析

1. 产品责任的构成要件

（1）产品存在缺陷

日本学者植木哲认为，瑕疵不同于缺陷，是指买卖合同的标的物不符合其使用性质，使得其存在价值低落的情况；而缺陷意味着产品不安全，可能对身体、生命造成主动性的侵害。[①] 但是，他也认为，产品责任中的产品瑕疵与产品缺陷不再具有实质的差异，指的都是产品缺乏安全性的状态。

---

① 参见何新容：《产品质量不合格、产品缺陷、产品瑕疵之法律辨析》，载《当代法学》2003 年第 1 期。

有学者认为，瑕疵的概念大于缺陷，缺陷只是瑕疵的一部分。[①] 关于产品瑕疵，将在下文中详细论述。产品存在缺陷由受害人证明，且需证明该缺陷在产品销售时就已经存在。

（2）人身、财产受到损害

缺陷产品致人损害具有自身的特殊性，表现为：第一，某些缺陷产品的受害人多，造成的损失严重，具有设计缺陷的产品尤为如此；第二，损害后果出现的时间长短不一，部分损害后果可能在受害时或者受害后短时间内即可发现，而另一些损害后果往往要经过长时间才能发现，甚至会在受害者的后代身上显现出来；第三，缺陷产品致人损害，既包括人身方面的损害，也包括财产方面的损害。[②] 另外，有学者指出，产品责任中的损害事实包括人身损害、精神损害和财产损害。人身损害包括致人死亡和致人伤残。精神损害是指缺陷产品致人损害，给受害人所造成的精神痛苦和感情创伤。[③] 财产损害包括使用缺陷产品的直接损失和间接损失，受害人应对损失的存在和范围负举证责任。

（3）因果关系

产品责任中的因果关系，是指产品的缺陷与受害人的损害事实直接存在的引起与被引起的关系。产品缺陷是原因，损害事实是结果。因果关系亦由受害人证明。受害人要证明曾经使用过该缺陷产品，且使用该缺陷产品是损害发生的原因。除了因果关系认定外，还可以通过因果关系推定实现因果关系的确定。即受害人证明使用或消费某产品后即发生某种损害，且这种缺陷产品通常可以造成这种损害，可以推定因果关系成立，转由侵权人举证证明因果关系不成立。[④]

2. 产品缺陷

（1）产品的概念

《产品质量法》[⑤] 第 2 条第 2 款规定："本法所称产品是指经过加工、制作，用于销售的产品。"产品需具备两个条件：一是经过加工、制作，未经过加工、制作的自然物不是产品；二是用于销售，因而是可以进入流通领域的物。根据

---

① 参见徐忠兴：《产品责任纠纷裁判规则与适用指引 15 条》，http://pkulaw.cn/fulltext_form.aspx?Gid=1895922302，2020 年 3 月 21 日访问。
② 参见杨立新：《侵权责任法（第三版）》，法律出版社 2018 年版，第 329 页。
③ 同上书，第 499 页。
④ 同上书，第 330 页。
⑤ 如无特别说明，以下均指本案所涉 2009 年《产品质量法》。

该法第 41 条的规定，生产者能够证明未将产品投入流通的，不承担赔偿责任。产品的生产、制造目的是用于销售，产品未进入流通领域是免责条款。

(2) 产品缺陷的概念

在明确了产品的概念后，还应对"产品存在缺陷"进行认定。对于"缺陷"的定义，在比较法上的规定可以概括如下：①

《欧共体产品责任指令》第 6 条：其一，考虑到相关情况，如果产品不能提供人们有权期待的安全，即属于缺陷产品；其二，不得以后来投入流通的产品更好为由认为以前的产品有缺陷。

《丹麦产品责任法》第 5 条：产品不具备合理要求的安全性为有缺陷。确定产品的缺陷必须考虑以下所有情况：其一，产品的市场适应性；其二，对产品合理指望的用途；其三，产品投入流通的时间。一项产品不能仅因为其后有更好的产品投入流通而被认为具有缺陷。

《德国有缺陷产品责任法》第 3 条：其一，产品未能在所有情况下，特别是在产品上市时、在合理情况下可供使用时以及产品进入流通时，不具备为人所合理要求的安全性能，即为有缺陷；其二，产品不能仅仅因为有了一种更新产品后来进入流通而不再具有缺陷。

《日本制造物责任法》第 2 条第 2 款：缺陷是指考虑该制作物的特性、其通常预见的使用形态、其制造业者等交付该制造物时其他与该制造物有关的事项，该制造物欠缺通常应有的安全性。

我国《产品质量法》第 46 条规定了产品缺陷的定义，"是指产品存在危及人身、他人财产安全的不合理的危险；产品有保障人体健康和人身、财产安全的国家标准、行业标准的，是指不符合该标准"。根据该法的规定，判断某一产品是否具有产品缺陷有两个依据：其一，该产品存在"不合理的危险"；其二，该产品不符合国家安全标准或行业安全标准。某一产品只要满足其中之一，就可认定其存在产品缺陷。

(3) 产品缺陷的种类

在欧盟产品责任中，产品瑕疵分为生产瑕疵、设计瑕疵和疏于告知义务的瑕疵。②《美国标准统一产品责任法》第 104 条将缺陷分为结构缺陷、设计缺陷、警示说明缺陷和发展缺陷。美国《侵权法第三次重述：产品责任》将缺陷

---

① 参见杨立新：《侵权责任法（第三版）》，法律出版社 2018 年版，第 318—319 页。
② 参见〔美〕玛格丽特·格里菲斯：《欧洲经济共同体产品责任中的瑕疵问题》，张新宝译，刘慈忠校，载《法学译丛》1990 年第 1 期。

分为制造缺陷、设计缺陷和警示缺陷。

国内学界对产品缺陷的种类存在诸多不同意见。有学者将产品缺陷分为四类：制造缺陷、设计缺陷、警示说明缺陷和跟踪观察缺陷。制造缺陷，是指产品在制造过程中产生的不合理的危险。导致危险的原因多种多样，包括质量管理不善、技术水平差等。制造缺陷可能发生在生产的各个环节。设计缺陷，是指产品的设计如产品结构、配方等存在不合理的危险。[1] 警示说明缺陷，是指对产品存在的不合理危险，销售产品时没有适当的警示与说明。《产品质量法》第 27 条第 1 款规定了产品或者其包装应符合的要求。跟踪观察缺陷，是指生产者将新产品投放至市场后，应尽到跟踪观察义务，违反该义务致使该产品造成使用人的人身损害或者财产损害的不合理危险，应当承担侵权责任。

3. 缺陷产品的归责原则

(1) 生产者适用严格责任归责原则

《产品质量法》第 41 条、第 42 条明确规定，生产者对于缺陷产品致人损害承担赔偿责任；销售者对于缺陷产品致人损害，根据不同情形承担过错责任和无过错责任。就生产者而言，除非有《产品质量法》第 41 条第 2 款[2]规定的免责事由，否则不可以免责，而无过错并非免责事由之一。

(2) 销售者适用二元归责原则

销售者应当适用二元归责原则，即根据销售者面对的主体不同，分为两种情况：面对受害消费者时，适用无过错责任原则，销售者承担首负赔偿责任；在销售者承担首负赔偿责任后，面向生产者追偿时，对销售者与生产者之间如何承担责任，适用过错责任原则。[3] "首负责任制"的确立进一步明确了销售者对于受害消费者的责任，也印证了二元归责原则的适用。如果缺陷产品的责任主体是生产者和销售者，那么在外部受害消费者请求赔偿时，生产者和销售者所承担的是直接责任，适用的是无过错责任原则。如果责任主体是生产者，在生产者与销售者之间清算内部责任时，生产者和销售者所承担的是最终责任，适用的是过错责任原则。

---

[1] 参见张新宝：《中国侵权行为法（第二版）》，中国社会科学出版社 1998 年版，第 493 页。

[2] 《产品质量法》第 41 条第 2 款规定："生产者能够证明有下列情形之一的，不承担赔偿责任：（一）未将产品投入流通的；（二）产品投入流通时，引起损害的缺陷尚不存在的；（三）将产品投入流通时的科学技术水平尚不能发现缺陷的存在的。"

[3] 参见钱玉文：《论我国产品责任归责原则的完善》，载《中国政法大学学报》2017 年第 2 期。

从文义解释的角度出发，对《产品质量法》第42条[①]的规定，有两种理解方式：(1) 产品缺陷造成损害是由销售者过错引起的，销售者向受害者承担最终的侵权责任；(2) 产品缺陷造成损害是由生产者过错引起的，生产者承担最终责任。这正好符合二元归责原则的文义解释。从目的解释的角度出发，当对法条的理解出现分歧，法条之间有矛盾时，自然应当选择有利于保护消费者的解释。

四、案例研习安排

(一) 教学对象及目标

本案例供法学专业本科生、硕士研究生及法律硕士研究生教学使用，其他专业本科生、硕士研究生也可参酌使用。

本案例需要解决的问题主要有：

(1) 涉案水稻用药套餐是否构成缺陷产品？

(2) 生产者和消费者如何依据各自的过错承担责任？

(二) 建议课堂计划

本案例可以作为专门的教学案例进行讲授，建议安排1课时（40—45分钟）。如下课堂设计，仅供参考：

1. 课前计划

安排学生阅读案例及相关参考资料，熟悉整个案例流程，对案例中提出的问题进行思考。

2. 课中计划

介绍教学目的，明确讨论主题。

分组讨论问题及解决对策，告知发言要求。

小组代表发言，提出解决方案，并对其他小组提出的方案进行评述。

教师进行引导性分析，并作归纳总结。

3. 课后计划

请学生课后进一步细化了解缺陷产品的构成、何为"产品缺陷"以及缺陷产品的归责原则等相关内容。

[①] 《产品质量法》第42条规定："由于销售者的过错使产品存在缺陷，造成人身、他人财产损害的，销售者应当承担赔偿责任。销售者不能指明缺陷产品的生产者也不能指明缺陷产品的供货者的，销售者应当承担赔偿责任。"

五、思考题

1. 何为"产品缺陷"?
2. 当生产者、销售者和受害消费者都有过错时,应该如何划分各方的责任?

案例 二十四　高松与昆明百货大楼(集团)超市有限公司、昆明百货大楼(集团)超市有限公司百大店、云南高度生物科技有限公司产品责任纠纷案

【摘　要】　本案是一起关于产品责任纠纷中销售者责任的案件,主要涉及销售者的认定、食品安全标准的认定、知假买假行为能否获得惩罚性赔偿等问题。通过对案例的学习,我们可以更深刻了解知假买假行为与惩罚性赔偿的关系等问题。

【关键词】　销售者责任　知假买假　惩罚性赔偿

一、基本案情

2015年12月12日,高松在昆明百货大楼(集团)超市有限公司百大店(以下简称"百大店")处购买了由云南高度生物科技有限公司(以下简称"高度公司")委托香格里拉县达瓦青稞窖酒厂生产的"石运来"玛咖酒164瓶,单价每瓶198元,共计32472元。高松事后发现,涉案的玛咖酒严重不符合食品安全国家标准,于是向昆明市五华区食品药品监督管理局投诉并举报。

2016年1月20日,昆明市五华区食品药品监督管理局对销售企业进行了行政处罚。2016年3月10日,香格里拉市市场监督管理局对生产企业香格里拉县达瓦青稞窖酒厂进行了行政处罚。

高松认为,销售企业在销售过程中严重违反了《食品安全法》[①] 和《工业产品生产许可证管理条例》的相关规定,对消费者人身安全构成严重威胁,应当承担相应的法律责任,于是起诉至云南省昆明市五华区人民法院。

---

① 如无特别说明,以下均指本案所涉 2015 年《食品安全法》。

被告昆明百货大楼（集团）超市有限公司（以下简称"百大超市公司"）和百大店辩称：首先，两被告并不是销售方，仅是给销售方提供柜台，本案的被告不应承担责任。其次，即便被告是真的销售者，销售者承担责任的前提是明知产品不符合安全标准而销售。再次，本案的涉案产品只是属于不具备生产许可的产品，并不是不符合安全标准的食品。最后，本案的原告是职业打假人，不应该简单地按照《最高人民法院关于审理食品药品纠纷案件适用法律若干问题的规定》裁判。

被告高度公司辩称：我方属于销售方，不属于生产方，并且本案涉案产品属于不具备生产许可的产品，并不是不符合安全标准的食品，故我方并不应该承担责任。

最终，一审法院昆明市五华区人民法院判决原告高松胜诉，判决：（1）被告百大超市公司、被告高度公司于本判决生效之日起十日内退还原告高松货款 32472 元；（2）被告百大超市公司、被告高度公司于本判决生效之日起十日内支付原告高松价款十倍 324720 元。案件受理费 6658 元，由被告百大超市公司、被告高度公司负担。

百大超市公司、高度公司不服一审判决，向昆明市中级人民法院提起上诉。

上诉人百大超市公司诉称一审判决错误，理由如下：（1）百大超市公司是超市的开办经营方，并非涉案产品的销售商。上诉人的审查义务只能做到形式审查，不可能在实质上对产品的相关信息进行审查。另外，涉案产品并未发生安全事故及造成人身损害，百大店不应承担连带责任。（2）一审认定涉案产品未取得食品生产许可证，不符合食品安全国家标准错误。一审中，高度公司提交了由云南云测质量检验有限公司对涉案产品的检测报告，检验结果为合格。因此，涉案产品形式上虽不具有露酒类产品的生产许可，但实质上经有资质检测单位检测已确定为合格产品，并不存在危害人体健康安全的成分，因此并非不安全的食品。（3）高松系职业打假人，他恶意购买存在瑕疵的产品，以索赔为业，不应作为消费者予以保护。

另一上诉人高度公司诉请撤销一审判决，理由如下：（1）一审中，上诉人已提交了由云南云测质量检验有限公司对涉案产品的检测报告，检测结果为合格。因此，涉案产品形式上虽不具备露酒类产品的生产许可证，但实质上已经被检测为合格产品，并不存在危害人体健康安全的成分，并非不安全的食品。

《食品安全法》第148条规定，消费者因不符合食品安全标准的食品受到损害的，可以向经营者要求赔偿损失，也可以向生产者要求赔偿损失。接到消费者赔偿要求的生产经营者，应当实行首付责任制，先行赔付，不得推诿。因此，只有消费者食用了不符合食品安全标准的食品受到损害的，才可以要求经营者或者生产者赔偿。本案中，高松不仅没有食用涉案产品，没有受到任何的损害，并且涉案产品也并非不符合安全标准。故一审法院认定涉案产品不符合国家标准错误。（2）高松并非消费者，他恶意购买存在瑕疵的产品，以索赔为业，给正常的市场交易秩序及行政管理资源造成极大的不利影响。高松不应被认定为消费者，不应享有消费者的权利。

被上诉人高松辩称，百大超市公司认为其不是涉案产品销售商无事实依据，涉案产品的发票上面加盖了百大超市公司的印章。涉案产品没有取得食品安全生产许可证，标签上有虚假的内容，不符合国家标准。此外，达瓦青稞窖酒厂生产玛咖酒时，其生产白酒的许可也已过期。销售者应按法律规定对产品进行审查，对产品严格把关，且应优先进行赔付，不能推诿。

最终，二审法院认为一审判决认定事实清楚，适用法律正确，维持了一审判决。

二、法院的观点

（一）一审法院的观点

一审法院认为，依法成立的合同，受法律保护，当事人应当按照约定全面履行自己的义务。本案中，原告高松购买了被告百大店销售的"石运来"玛咖酒164瓶，双方据此建立了买卖合同关系并已实际履行。被告高度公司对原告在被告百大店所购164瓶"石运来"玛咖酒系其经销也无异议。本案争议的焦点是：（1）原告所购涉案164瓶"石运来"玛咖酒是否符合食品安全标准？（2）原告主张的价款十倍赔偿是否有法律依据？被告是否应对原告承担退还货款以及赔偿十倍货款赔偿金的民事责任？

针对第一项争议焦点，根据《食品安全法》第35条第1款之规定，国家对食品生产经营实行许可制度。从事食品生产、食品销售、餐饮服务，应当依法取得许可。本案中涉案164瓶"石运来"玛咖酒，外包装标识生产许可证QS530015015596的许可范围并未包括玛咖酒。因此，涉案产品未取得食品生产许可证。同时，涉案的玛咖酒属于直接提供给消费者的预包装食品。根据食品安全国家标准《预包装食品标签通则》(GB 7718-2011) 之规定，预包装食品标签应标示食品生产许可证编号的，标示形式按照相关规定执行。根据《食品安全法》第 26 条的规定，食品安全标准应当包括对与卫生、营养等食品安全要求有关的标签、标志、说明书的要求。根据该法第 67 条的规定，预包装食品的包装上应当有标签。标签应当标明生产许可证编号。本案中，被告销售的玛咖酒食品标签上含有虚假内容，不符合预包装食品关于包装上的标签的强制性规定，即不符合食品安全国家标准。

针对第二项争议焦点，根据《食品安全法》第 148 条第 1 款，消费者因不符合食品安全标准的食品受到损害的，可以向经营者要求赔偿损失，也可以向生产者要求赔偿损失。《最高人民法院关于审理食品药品纠纷案件适用法律若干问题的规定》第 15 条规定："生产不符合安全标准的食品或者销售明知是不符合安全标准的食品，消费者除要求赔偿损失外，向生产者、销售者主张支付价款十倍赔偿金或者依照法律规定的其他标准要求赔偿的，人民法院应予支持。"本案中，被告百大店、高度公司作为涉案 164 瓶"石运来"玛咖酒的销售者，应当建立并严格执行进货检查验收制度，严格审查其所销售的食品是否符合对与卫生、营养等食品安全要求有关的标签、标志、说明书的要求，依照法律、法规和食品安全标准从事经营活动。但是，它们在涉案 164 瓶"石运来"玛咖酒外包装上标识的生产许可证存在虚假内容，该 164 瓶"石运来"玛咖酒已明显不符合食品安全标准的情况下仍继续销售，应当认定其销售行为系明知，依法亦应承担赔偿责任。一审法院在庭审中查明百大店系有限责任公司分公司，没有独立法人资格，隶属于百大超市公司。故被告百大店的民事责任依法应由被告百大超市公司承担。综上，原告要求被告退还货款并支付十倍货款赔偿金的诉请于法有据，应当予以支持。

（二）二审法院的观点

二审法院仅将百大超市公司、高度公司是否应向高松赔偿十倍货款作为争议焦点。

《食品安全法》第 26 条规定："食品安全标准应当包括下列内容：（一）食品、食品添加剂、食品相关产品中的致病性微生物，农药残留、兽药残留、生物毒素、重金属等污染物质以及其他危害人体健康物质的限量规定；（二）食品添加剂的品种、使用范围、用量；（三）专供婴幼儿和其他特定人群的主辅食品的营养成分要求；（四）对与卫生、营养等食品安全要求有关的标签、标志、说明书的要求；（五）食品生产经营过程的卫生要求；（六）与食品安全有关的质量要求；（七）与食品安全有关的食品检验方法与规程；（八）其他需要制定为食品安全标准的内容。"第67条规定："预包装食品的包装上应当有标签。标签应当标明下列事项：（一）名称、规格、净含量、生产日期；（二）成分或者配料表；（三）生产者的名称、地址、联系方式；（四）保质期；（五）产品标准代号；（六）贮存条件；（七）所使用的食品添加剂在国家标准中的通用名称；（八）生产许可证编号；（九）法律、法规或者食品安全标准规定应当标明的其他事项。专供婴幼儿和其他特定人群的主辅食品，其标签还应当标明主要营养成分及其含量。食品安全国家标准对标签标注事项另有规定的，从其规定。"

本案中，涉案产品所标注的生产许可证产品名称仅为"白酒"，并未包含涉案产品在内，故涉案产品并未取得生产许可，已违反了我国《食品安全法》关于食品生产应当获得生产许可证、食品应当标注生产许可证编号的规定。生产许可证是食品生产和流通的前提，是食品符合食品安全标准的一项重要表征。即使涉案产品为合格产品，未对消费者造成损害，在预包装食品标签上未标注生产许可证编号的行为也可能对消费者造成误导，进而影响消费者对食品安全的判断。因此，生产者生产、经营者销售未取得生产许可的食品，应认定为实施明知是不符合食品安全标准的行为。

《最高人民法院关于审理食品药品纠纷案件适用法律若干问题的规定》第15条规定："生产不符合安全标准的食品或者销售明知是不符合安全标准的食品，消费者除要求赔偿损失外，向生产者、销售者主张支付价款十倍赔偿金或者依照法律规定的其他赔偿标准要求赔偿的，人民法院应予支持。"高度公司作为生产者，百大超市公司作为销售者，在明知涉案产品未取得生产许可的情形下仍生产、销售涉案产品，且相关行政部门对涉案产品未取得生产许可对生产者、销售者进行了行政处罚，亦能够确认涉案产品不符合食品安全标准。关于高度公司、百大超市公司所提高松并非消费者的上诉主张，《最高人民法院关于审理食品药品纠纷案件适用法律若干问题的规定》第3条规定："因食品、药品质量问题发生纠纷，购买者向生产者、销售者主张权利，生产者、销售者以购买者明知食品、药品存在质量问题而仍然购买为由进行抗辩的，人民法院不予支持。"高松购买了涉案产品，是否明知涉案产品存在质量问题并不影响其消费者的身份，他作为消费者有权提起本案诉讼。二审法院对高度公司、百大超市公司的该项上诉主张不予采信。

因此，高松作为消费者有权依据上述法律规定向高度公司、百大超市公司主张涉案产品价款的十倍赔偿。二审法院对高度公司所提事实补充不予确认，对高度公司、百大超市公司所提上诉请求不予支持。

三、教学内容（法律评析）

（一）争议焦点分析

1. 百大超市公司是否为涉案产品的销售者

涉案"石运来"玛咖酒由高松购于百大店，后者系有限责任公司分公司，没有独立法人资格，隶属于百大超市公司。

高松在一审中出具了涉案产品的发票，上面加盖了百大超市公司的印章，用以证明百大超市公司是涉案商品的销售商。

百大店及百大超市公司认为百大店仅是涉案产品的集中交易市场的开办方，仅在超市内出租柜台给高度公司用于销售涉案的玛咖酒；涉案商品系高度公司委托生产并经营的产品，销售人员并非百大店工作人员；因为柜台租金按照产品的销售额度计提，为便于确定租金金额，由百大店统一收取产品的销售款项。高度公司系涉案产品的委托生产方及销售方，它对此予以确认，足以证实百大店并非涉案产品的销售商。

本案中，二审法院在判决书中直接认定百大店是涉案产品的销售商，未对此进行说理，直接维持百大超市公司、高度公司对高松返还货款并进行十倍赔偿的原判。

本案中，高松在百大店处购买了涉案"石运来"玛咖酒，高松出具的购物小票、购物发票等文件可以证明双方当事人之间存在着买卖合同关系。购物发票由百大超市公司出具，上面加盖了百大超市公司的印章，可以认定双方当事人之间具有直接的法律关系，是权利义务双方。2010年修订的《中华人民共和国发票管理办法》第3条规定："本办法所称发票，是指在购销商品、提供或者接受服务以及从事其他经营活动中，开具、收取的收付款凭证。"2014年修正的《中华人民共和国发票管理办法实施细则》第26条规定："填开发票的单位和个人必须在发生经营业务确认营业收入时开具发票。未发生经营业务一律不准开具发票。"因此，可以认定百大店是直接销售涉案"石运来"玛咖酒的一方，是销售行为的利益归属方。同时，根据《消费者权益保护法》第35

条的规定,高松可以要求百大超市公司、高度公司承担损害赔偿责任。

2. 涉案 164 瓶 "石运来" 玛咖酒是否符合食品安全标准

高度公司在一审中提交了由云南云测质量检验有限公司对涉案产品的检测报告,检验结果为合格。高度公司认为,涉案产品形式上虽不具有露酒类产品的生产许可,但实质上经有资质检测单位检测已确定为合格产品,并不存在危害人体健康安全的成分,因此并非不安全的食品。

《食品安全法》第 35 条第 1 款规定:"国家对食品生产经营实行许可制度。从事食品生产、食品销售、餐饮服务,应当依法取得许可。但是,销售食用农产品,不需要取得许可。"本案中,涉案 164 瓶 "石运来" 玛咖酒外包装标识生产许可证 QS530015015596 的许可范围并未包括玛咖酒。因此,涉案产品未取得食品生产许可证。

本案中,涉案的玛咖酒属于直接提供给消费者的预包装食品。根据食品安全国家标准《预包装食品标签通则》(GB 7718-2011)之规定,"预包装食品标签应标示食品生产许可证编号的,标示形式按照相关规定执行"。根据《食品安全法》第 26 条第 4 项的规定,食品安全标准应当包括对与卫生、营养等食品安全要求有关的标签、标志、说明书的要求。根据该法第 67 条第 8 项的规定,预包装食品的包装上应当有标签。标签应当标明生产许可证编号。

本案中,涉案产品所标注的生产许可证产品名称仅为"白酒",并未包含涉案产品在内,故涉案产品并未取得生产许可,已违反了《食品安全法》关于食品生产应当获得生产许可证、食品应当标注生产许可证编号的规定。生产许可证是食品生产和流通的前提,是食品符合食品安全标准的一项重要表征。即使涉案产品为合格产品,未对消费者造成损害,在预包装食品标签上未标注生产许可证编号的行为也可能对消费者造成误导,进而影响消费者对食品安全的判断。因此,生产者生产、经营者销售未取得生产许可的食品,应认定为实施明知是不符合食品安全标准的行为。

3. 原告主张的价款十倍赔偿是否有法律依据

根据《食品安全法》第 148 条第 1 款的规定,消费者因不符合食品安全标准的食品受到损害的,可以向经营者要求赔偿损失,也可以向生产者要求赔偿损失。《最高人民法院关于审理食品药品纠纷案件适用法律若干问题的规定》第 15 条规定:"生产不符合安全标准的食品或者销售明知是不符合安全标准的食品,消费者除要求赔偿损失外,向生产者、销售者主张支付价款十倍赔偿金或者依照法律规定的其他赔偿标准要求赔偿的,人民法院应予支持。"

本案中,一审法院判决两被告返还原告货款并支付十倍赔偿金,二审法院维持原判。两级法院均依照《食品安全法》第148条的规定,认定涉案"石运来"玛咖酒不符合食品安全标准,判决支持高松主张的十倍赔偿,未对该惩罚性赔偿的构成要件进行说理,也未针对是否需要发生安全事故以及造成人身损害作出说明。我们将在下文详细论述惩罚性赔偿制度的适用条件。

(二)相关法律知识

1. 食品安全法律责任

(1)行政处罚

第一,针对市场主体的行政处罚。根据《食品安全法》第120—140条的规定,对市场主体的行政处罚的具体形式包括责令改正、警告、责令停产停业、没收、罚款、吊销许可证、拘留等。本案中,高松在发现所购买的"石运来"玛咖酒不符合食品安全标准后向相关部门举报,昆明市五华区食品药品监督管理局对销售企业进行了行政处罚,香格里拉市市场监督管理局对生产企业香格里拉县达瓦青稞窖酒厂进行了行政处罚。

第二,针对监管主体的行政处罚。这主要针对监管主体失职或者属于监管以及滥用职权、徇私舞弊的违法行政行为,处罚形式主要有记大过、降级、撤职或者开除、引咎辞职等。

(2)损害赔偿

民事责任是食品生产经营者由于民事违法行为而应当承担的不利后果。《食品安全法》第148条规定了首负责任制和惩罚性赔偿。该条第1款是关于首负责任制的规定:"消费者因不符合食品安全标准的食品受到损害的,可以向经营者要求赔偿损失,也可以向生产者要求赔偿损失。接到消费者赔偿要求的生产经营者,应当实行首负责任制,先行赔付,不得推诿;属于生产者责任的,经营者赔偿后有权向生产者追偿;属于经营者责任的,生产者赔偿后有权向经营者追偿。"

2. 惩罚性赔偿条款的适用

《食品安全法》第148条第2款规定了惩罚性赔偿:"生产不符合食品安全标准的食品或者经营明知是不符合食品安全标准的食品,消费者除要求赔偿损失外,还可以向生产者或者经营者要求支付价款十倍或者损失三倍的赔偿金;增加赔偿的金额不足一千元的,为一千元。但是,食品的标签、说明书存在不影响食品安全且不会对消费者造成误导的瑕疵的除外。"对该款的理解主要包括以下两点：其一，惩罚性赔偿条款的判赔依据是"不符合食品安全标准"。其二，对经营者"明知"的判断。"明知"通常是指主观上知道或者应当知道。常见的情况是：生产者在其生产的食品中添加了非食用性化学物质，或者经营者从非正规渠道采购商品，明知供货者是无任何证照的黑加工点，却仍然采购进货，可以认定其为"明知"；经营者虽然从正规渠道采购食品，但是如果标签、说明书存在不符合国家标准的情况，则应属于主观上的"应当知道"。食品经营者或销售者应当主动研究、学习和掌握国家食品安全标准，从而保护消费者的知情权与生命健康权。

本案中，百大店、高度公司作为涉案 164 瓶"石运来"玛咖酒的销售者，应当建立并严格执行进货检查验收制度，严格审查其所销售的食品是否符合对与卫生、营养等食品安全要求有关的标签、标志、说明书的要求，依照法律、法规和食品安全标准从事经营活动。但是，它们在涉案 164 瓶"石运来"玛咖酒外包装上标识的生产许可证存在虚假内容，该 164 瓶"石运来"玛咖酒已明显不符合食品安全标准的情况下仍继续销售，应当认定其销售行为系明知，依法亦应承担惩罚性赔偿责任。

四、案例研习安排

（一）教学对象及目标

本案例供法学专业本科生、硕士研究生及法律硕士研究生教学使用，其他专业本科生、硕士研究生也可参酌使用。

本案例需要解决的问题主要有：

（1）百大超市公司是不是涉案产品的销售者？

（2）涉案产品是否符合国家标准？

（3）原告主张的价款十倍赔偿是否有法律依据？

（4）销售者责任有哪些构成要件？

（二）建议课堂计划

本案例可以作为专门的教学案例进行讲授，建议安排 1 课时（40—45 分钟）。如下课堂设计，仅供参考：

1. 课前计划

安排学生阅读案例及相关参考资料，熟悉整个案例流程，对案例中提出的问题进行思考。

2. 课中计划

介绍教学目的，明确讨论主题。

分组讨论问题及解决对策，告知发言要求。

小组代表发言，提出争议焦点，并对争议焦点涉及的相关法律法规进行评述。

教师进行引导性分析，并作归纳总结。

3. 课后计划

请学生课后进一步细化了解产品责任中的生产者责任与消费者责任以及两者之间的差别。

五、思考题

1. 生产者的产品责任有哪些？
2. 销售者的产品责任有哪些？
3. 生产者与销售者之间的责任有什么区别？
4. 商品柜台提供者等销售场地提供者是否应当被认定为销售者？

第二节 产品责任的范围

案例 二十五 罗自灼与佛山市强劲丰田汽车销售服务有限公司、天津一汽丰田汽车有限公司产品责任纠纷案

【摘 要】 本案是一起关于产品责任的案件，主要涉及产品责任的构成要件、举证责任等问题。通过对案例的学习，我们可以更深刻了解产品缺陷举证责任、产品缺陷责任承担、举证责任缓和等问题。

【关键词】 产品缺陷 举证责任 举证责任缓和 产品责任范围

一、基本案情

罗自灼于 2011 年 4 月 26 日从佛山市强劲丰田汽车销售服务有限公司（以

下简称"佛山强劲丰田公司")处购得由天津一汽丰田汽车有限公司(以下简称"天津一汽丰田公司")生产的丰田牌多用途乘用车一辆,支付购车款196300元,并于4月29日进行了机动车注册登记。

2013年10月21日1时许,罗自灼停在道路上的汽车发生火灾,造成该车车头部位烧损,无人员伤亡。2013年11月15日,佛山市公安消防支队禅城区大队对该起火灾事故出具《火灾事故认定书》,认定上述火灾是因该车发动机舱内电池电源线路故障引起。

罗自灼向广东省佛山市禅城区人民法院起诉称:根据《火灾事故认定书》可证实,事故车辆存在质量缺陷是事故发生的根本原因,两被告分别作为事故车辆的生产者以及销售者,依法应承担事故损失的全部赔偿责任。被告生产、销售的汽车存在严重质量问题,导致原告重大经济损失。原告请求法院判令两被告赔偿经济损失。

被告佛山强劲丰田公司辩称:本案案由为产品责任纠纷,原告明确以涉案车辆存在产品缺陷为由,要求被告承担相关赔偿责任。但是,原告主张涉案车辆存在产品缺陷明显缺乏依据,未完成其举证责任,法院应依法驳回原告的诉讼请求。理由如下:第一,从法律规定的举证责任来分析,根据《产品质量法》《侵权责任法》及《最高人民法院关于民事诉讼证据的若干规定》等相关规定,原告应当举证证实涉案车辆存在产品缺陷,且该产品缺陷与涉案车辆的毁损存在因果关系。原告提供的有关涉案车辆毁损的证据仅有消防部门出具的《火灾事故认定书》,该认定书的制作主体消防部门不具备产品质量缺陷鉴定的资质。该认定书仅仅是消防部门依据《中华人民共和国消防法》规定作出的行政法律文书,缺乏等同于司法鉴定书的法律效力,更何况其中并未详细说明事故的发生是否与产品缺陷相关。因此,《火灾事故认定书》不能证实涉案车辆存在原告所主张的产品缺陷,缺乏证明力,原告并未完成其举证责任。第二,从现有证据来分析,涉案车辆并不存在产品缺陷,是通过严格检验的质量合格产品。对此,在车辆销售和车辆年检中,行政部门皆予以认可。由此足以证实,涉案车辆不存在任何质量问题,更不存在产品缺陷。综上,被告认为,原告的主张缺乏事实和法律依据,原告要求赔偿不应得到法院支持。

被告天津一汽丰田公司辩称:第一,原告在本案中提供的所有证据既不能证实被告生产的车辆存在质量缺陷,也不能证实是因涉案车辆的质量问题导致了火灾的发生,原告应当承担举证不能的不利法律后果。第二,涉案车辆已通过各项检验，在投入市场流通时不存在任何质量缺陷。第三，根据一汽丰田汽车销售有限公司服务技术室对本案所涉火灾进行现场勘验所作出的《车辆技术报告》，通过对引起汽车火灾的四大系统（燃油、润滑、电气、排气）常见原因进行排查确认，从技术层面可以排除系车辆自身品质引发的火灾。第四，引起涉案车辆发生火灾的原因与车辆自身质量不存在任何因果关系，被告不是法律上的赔偿义务人。综上，原告主张的其他诉讼请求同样没有事实和法律依据，对其诉请应当予以驳回。

二、法院的观点

本案为产品责任纠纷。根据《产品质量法》①第41条关于"因产品存在缺陷造成人身、缺陷产品以外的其他财产（以下简称他人财产）损害的，生产者应当承担赔偿责任。生产者能够证明有下列情形之一的，不承担赔偿责任：（一）未将产品投入流通的；（二）产品投入流通时，引起损害的缺陷尚不存在的；（三）将产品投入流通时的科学技术水平尚不能发现缺陷的存在的"的规定，以及2001年《最高人民法院关于民事诉讼证据的若干规定》第4条第6项关于"因缺陷产品致人损害的侵权诉讼，由产品的生产者就法律规定的免责事由承担举证责任"的规定，判断产品责任是否成立，应从产品存在缺陷、使用缺陷产品导致损害以及产品缺陷与损害之间存在法律上的因果关系三方面进行审查。其中，受害人就产品缺陷、损害事实和两者之间的因果关系承担举证责任，生产者就上述法定免责事由承担举证责任。

本案中，涉案车辆发生火灾，经当地公安消防分局认定，系该车发动机舱内电池电源线路故障引起。车辆已使用两年多，导致"电池电源线路故障"的原因有多种，既可能是产品质量问题引起，也可能是改装或维护及使用不当引起。从证据效力来看，消防部门所作的《火灾事故认定书》仅能对火灾事实和原因产生证明力，并不能对车辆质量状况产生证明力，且火灾原因与产品质量也不存在必然的逻辑关系，故凭《火灾事故认定书》不能视为原告已完成举证责任。原告虽然申请对"发动机舱内电池电源线路"是否存在质量问题以及该质量问题是否为引起火灾的原因进行鉴定，但是又以鉴定费用高昂为由撤销鉴

---

① 如无特别说明，以下均指本案所涉2009年《产品质量法》。

定申请。2001年《最高人民法院关于民事诉讼证据的若干规定》第25条第2款规定："对需要鉴定的事项负有举证责任的当事人，在人民法院指定的期限内无正当理由不提出鉴定申请或者不预交鉴定费用或者拒不提供相关材料，致使对案件争议的事实无法通过鉴定结论予以认定的，应当对该事实承担举证不能的法律后果。"原告未能向法院充分举证涉案车辆燃烧系车辆本身质量问题所致，应承担举证不能的法律后果，故其要求赔偿损失的请求，事实和法律依据不足，法院不予支持。

三、教学内容（法律评析）

（一）争议焦点分析

1. 原告是否已经完成其举证责任

根据《民法典》第1203条[①]的规定，产品责任纠纷中的被告是产品生产者和销售者。如前所述，根据《产品质量法》第41条和2001年《最高人民法院关于民事诉讼证据的若干规定》第4条第6项的规定，判断产品责任是否成立，应从产品存在缺陷、使用缺陷产品导致损害以及产品缺陷与损害之间存在法律上的因果关系三方面进行审查。作为受害人，应当就产品存在缺陷以及产品缺陷与损害结果之间存在因果关系这两个权利主张构成要件承担相应的举证责任。这种举证责任的确定是正常的举证责任分配，而不是举证责任倒置。在受害人有充分证据证实涉案车辆存在产品缺陷的情况下，产品生产者和销售者才承担法律规定的对存在免责事由的举证责任。

本案中，原告提交了佛山市公安消防支队禅城区大队对该起火灾事故出具的《火灾事故认定书》，拟证明涉案车辆发生火灾的原因，即涉案车辆存在质量问题，且事故车辆存在质量缺陷是事故发生的根本原因。另外，在诉讼中，依原告申请，法院依法委托广东产品质量监督检验研究院对涉案车辆发动机舱内电池电源线路是否存在质量问题以及该质量问题是否为引起火灾的原因进行鉴定。在鉴定过程中，原告以鉴定费用高昂为由，明确表示不缴纳高额鉴定费并申请撤销鉴定。

---

① 《民法典》第1203条规定："因产品存在缺陷造成他人损害的，被侵权人可以向产品的生产者请求赔偿，也可以向产品的销售者请求赔偿。产品缺陷由生产者造成的，销售者赔偿后，有权向生产者追偿。因销售者的过错使产品存在缺陷的，生产者赔偿后，有权向销售者追偿。"

如前所述，法院认定原告未能充分举证涉案车辆燃烧系车辆本身质量问题所致，应承担举证不能的法律后果，其要求赔偿损失的请求之事实和法律依据不足，未获法院支持。

2. 原告损失金额应如何认定

原告主张的损失有：购车费196300元、商业险保险费3969.71元、交强险保险费760元、车船税420元、路桥费910元、律师费10000元，共计212359.71元。

被告佛山强劲丰田公司称原告主张的各项损失缺乏依据。

第一，关于涉案车辆的损失价值。涉案车辆发生火灾事故以后，是否已达到报废状态，目前没有相关证据予以反映。即使涉案车辆达到报废状态，其在事故发生时的价值也不能等同于原告在2011年4月26日购买该车时的价值。因为涉案车辆已使用两年多，其价值明显存在正常的折旧。原告在没有相关专业机构的评估报告等证据证实涉案车辆损失价值的情况下，仅以购车发票证实该车在事故发生时的价值，明显证据不足。

第二，关于涉案车辆的商业险保险费、交强险保险费、车船税、路桥费等费用。无论涉案车辆是否发生本次事故，上述费用都应当由原告支付和承担，原告将上述费用列入事故损失缺乏依据。

第三，关于律师费。原告主张该项费用没有法律依据，而且该项费用并非本次事故或诉讼必然产生的费用，不应得到支持。

被告天津一汽丰田公司辩称：购车款损失应以涉案车辆在未发生火灾的情况下作为二手车的价值为基数。原告以购车款196300元作为车辆损失没有事实和法律依据。

本案中，由于原告无法举证证明涉案汽车具有产品缺陷，也无法证明产品缺陷与原告损失之间具有因果关系，因而不涉及损失数额的认定问题。关于损失数额的认定问题，将在下文详细论述。

(二) 法律分析

1. 产品缺陷举证责任的承担

(1) 产品缺陷举证责任承担的司法实践割裂

对于产品缺陷举证责任，有学者归纳指出，在司法实践中存在两种不同的裁判思维，造成司法割裂：一种严格适用"谁主张，谁举证"规则，将产品具有缺陷作为消费者必须证明的事实之一；另一种则根据《产品质量法》以及

2001年《最高人民法院关于民事诉讼证据的若干规定》,认为"举证责任的分配应当是生产者须证明产品不存在缺陷,方可免责"。①

（2）举证责任缓和：产品缺陷举证责任的一个可能改进方向

在现行法律未作出明确规定的前提下,消费者关于"产品存在缺陷"以及"损害与缺陷之间因果关系"的举证义务需证明到何种程度是值得讨论的。

有学者认为,可以引入"举证责任缓和"的概念,即介于一般举证责任规则与举证责任倒置规则之间的一种缓和举证制度。按照举证规则,应由原告承担举证责任,在原告举证困难或者举证不能的情况下,为了保护弱势者的合法权益,缓和举证责任由原告承担的严峻形势,而确定由原告承担一定的举证责任,证明达到一定程度时,实行有条件的事实推定,转由被告承担举证责任,能够证明的,推翻推定;不能证明的,推定的事实成立。是否适用举证责任缓和规则由法官决定,在法官根据案情判断,消费者承担了一定的举证责任之后,待证事实仍然不清楚,而又有必要让经营者对待证事实是否存在进行举证证明的情况下,才能够适用。②

举证责任缓和在产品缺陷举证责任分配中,应被严格限定在现有技术无法鉴定或产品灭失的情况下。在产品缺陷举证责任分配中适用举证责任缓和,在平衡消费者和经营者两个群体利益的基础上,秉持平等保护的理念,引入举证责任缓和规则是有益的探索。同时,举证责任缓和有利于弥补产品缺陷举证责任制度的不足。采用举证责任缓和规则,法官可以允许消费者采取一些灵活的证明方法,如实验室检验、化验、检测、数理统计以及间接反证等方法。当受害人证明到一定程度时,法官可以根据案件的具体情况进行事实推定,认定产品具有缺陷。关于因果关系的证明亦是如此。当确认产品存在缺陷,且消费者能够初步证明其损害与缺陷产品之间存在关联性时,法官即可推定该因果关系存在。生产者、销售者此时必须举证,推翻此种推定,方能免责。③

从某种角度而言,举证责任的分配就是在不同群体之间进行利益平衡的结果。对于产品缺陷举证责任的分配,要平衡消费者和经营者两个群体的关系,既要考虑消费者举证能力弱的实际情况,也要保障经营者合法的诉讼权利,根

---

① 参见宁韬:《产品缺陷举证责任的承担》,载《人民法院报》2016年12月21日第7版。
② 同上。
③ 同上。

据实际情况分配产品缺陷的举证责任。①

2. 产品责任范围认定

(1) 人身伤害

根据《产品质量法》第 44 条的规定，因产品存在缺陷造成受害人人身伤害的，侵害人应当赔偿医疗费、治疗期间的护理费、因误工减少的收入等费用。其中，直接损失主要表现为受害人的医疗费、护理费及其他费用；间接损失主要表现为受害人的收入损失，即可得利益的损失。可见，这是赔偿因产品缺陷对他人生命、身体、健康所造成的损害，具体包括生命的丧失、肢体伤残以及健康受损。各国在有关人身伤害的产品责任损害赔偿方面，通常适用的是侵权责任赔偿原则。因产品缺陷致残的，侵害人还应当支付残疾者生活自助具费、生活补助费、残疾赔偿金以及由其扶养的人所必需的生活费等费用。其中，残疾者生活自助具费、生活补助费属于对人身损害直接损失的赔偿；由残疾者扶养的人所必需的生活费等费用属于间接损失，即对可得利益的赔偿。造成受害人死亡的，侵害人应支付死亡赔偿金。残疾赔偿金和死亡赔偿金的实质是对受害人可得财产利益的一种补偿。②

在司法审判中，除了依照《产品质量法》第 44 条的规定确定损害赔偿范围之外，产品侵权案件也可以请求精神损害赔偿。

(2) 财产损失

《产品质量法》第 44 条第 2 款规定："因产品存在缺陷造成受害人财产损失的，侵害人应当恢复原状或者折价赔偿。受害人因此遭受其他重大损失的，侵害人应当赔偿损失。"财产损失赔偿的范围也包含直接损失和间接损失。财产损失通常包括直接的物质损失和伴随物质损失而产生的间接的资金损失。因产品存在缺陷造成的直接的物质损失是显而易见的，往往在损害事故发生后即表现出来，是一种实际损失，可以用货币的形式加以计算。因产品存在缺陷造成的间接损失则相对模糊，需要在具体个案中判断是否构成"重大损失"。③

本案中，法院虽然没有也不需要对原告的实际损失进行认定，但是按照财产损失的补偿性原则，赔偿实际损失应当考虑到财产的折旧情况，以财产的当下价值为赔偿数额的计算基准。

---

① 参见宁韬：《产品缺陷举证责任的承担》，载《人民法院报》2016 年 12 月 21 日第 7 版。
② 参见程南、杨敏：《经济法案例法律适用研究》，法律出版社 2016 年版，第 256—258 页。
③ 同上书，第 258 页。

四、案例研习安排

（一）教学对象及目标

本案例供法学专业本科生、硕士研究生及法律硕士研究生教学使用，其他专业本科生、硕士研究生也可参酌使用。

本案例需要解决的问题主要有：

(1) 产品责任中的举证责任是如何分配的？

(2) 应当如何认定产品责任范围？

（二）建议课堂计划

本案例可以作为专门的教学案例进行讲授，建议安排1课时（40—45分钟）。如下课堂设计，仅供参考：

1. 课前计划

安排学生阅读案例及相关参考资料，熟悉整个案例流程，对案例中提出的问题进行思考。

2. 课中计划

介绍教学目的，明确讨论主题。

分组讨论问题及解决对策，告知发言要求。

小组代表发言，提出争议焦点，并对争议焦点涉及的相关法律法规进行评述。

教师进行引导性分析，并作归纳总结。

3. 课后计划

请学生课后进一步细化了解产品缺陷举证责任司法实践现状、域外制度等相关内容。

五、思考题

1. 火灾事故认定书、交通事故责任认定书等行政文书作为证据在司法裁判中具有什么样的效力？

2. 搜索相关司法判例，概括总结司法判例中汽车产品责任纠纷的普遍性规律，思考缺陷产品举证责任的一般性规定是否应该在此类案件中适用以及是否存在不足。

第六章 金融调控与监管法律制度

第一节 银行业监管法律制度

案例 二十六 陕西海正实业发展有限责任公司与兴业银行股份有限公司、兴业银行股份有限公司西安分行、中国银行业监督管理委员会陕西监管局名誉权纠纷案

【摘 要】 本案是一起名誉权纠纷案件,主要涉及银行调整公司贷款风险等级的法律依据、名誉权侵权的构成要件以及银行业有关贷款风险分类和审慎经营规则的相关内容等问题。

【关键词】 贷款风险等级 名誉权侵权 审慎经营规则

一、基本案情

2016年6月28日,陕西海正实业发展有限责任公司(以下简称"海正公司")与兴业银行股份有限公司西安分行(以下简称"兴业银行西安分行")签订《流动资金借款合同》[编号为:兴银陕城南小流借字(2016)第061501号],约定贷款人兴业银行西安分行给予借款人海正公司借款1950万元,借款期限为12个月,即2016年6月30日至2017年6月29日。双方约定每月20日为结息日,借款人应在结息日次日向贷款人支付当期借款利息,在借款到期日结清其余本息。双方按照流程办理了相关抵押担保以及对相关合同的公证手续。合同签订后,海正公司从2016年7月21日至2017年1月21日按月向兴业银行西安分行偿还利息,并分别于2016年8月5日、2017年1月20日提前归还本金共计100万元。该笔贷款于2017年2月利息开始逾期,2017年6月

29 日贷款到期未还本息。

2016 年 10 月,兴业银行西安分行贷后检查发现,海正公司四个零售专卖店撤店,网上销售不佳,并且海正公司结算账户银行流水显示的交易额远低于其申请贷款时承诺的业绩预期。

2016 年 12 月 30 日,兴业银行西安分行将海正公司贷款风险分类由"正常类"下调为"关注类",并按照《征信业管理条例》的规定提交中国人民银行金融信用信息基础数据库。

后来,海正公司向西安市雁塔区人民法院起诉,称兴业银行股份有限公司(以下简称"兴业银行")和兴业银行西安分行滥用权力下调原告贷款风险分类,严重违反了中国银行业监督管理委员会(以下简称"中国银监会")的多项规定,严重降低了公众对原告以及关联企业和相关个人的社会评价,严重影响了原告以及关联企业和相关个人开展融资,最终导致原告资金链断裂、新产品上市搁浅。兴业银行和兴业银行西安分行二被告下调原告贷款风险分类,严重侵害了原告的名誉权。被告中国银行业监督管理委员会陕西监管局(以下简称"银监会陕西监管局")放任兴业银行和兴业银行西安分行二被告的违法违规行为,负有不可推卸的责任。原告请求法院依法判令被告兴业银行、兴业银行西安分行停止对原告的名誉权的侵害;判令被告兴业银行、兴业银行西安分行、银监会陕西监管局在陕西省境内不少于五家知名报刊媒体上公开发表对原告的赔礼道歉函;判令本案诉讼费由被告承担。西安市雁塔区人民法院一审判决支持海正公司关于判令兴业银行西安分行赔礼道歉的请求,驳回海正公司的其他请求。

兴业银行西安分行不服一审法院的判决,向西安市中级人民法院提起上诉,请求撤销一审判决。西安市中级人民法院经审理,判决撤销一审判决,驳回海正公司的诉讼请求。

二、法院的观点

(一)兴业银行西安分行调整海正公司贷款风险分类为"关注类"是否构成对海正公司名誉权的侵害

1. 兴业银行西安分行的行为符合金融法律和金融监管机构的部门规章的要求

首先,兴业银行西安分行的贷款调级行为符合《中华人民共和国商业银行法》(以下简称《商业银行法》)、《中华人民共和国银行业监督管理法》(以下简称《银行业监督管理法》)的规定。《商业银行法》第 4 条规定了商业银行必须遵守的经营原则：安全性、流动性、效益性。《银行业监督管理法》第 21 条规定："银行业金融机构的审慎经营规则，由法律、行政法规规定，也可以由国务院银行业监督管理机构依照法律、行政法规制定。前款规定的审慎经营规则，包括风险管理、内部控制、资本充足率、资产质量、损失准备金、风险集中、关联交易、资产流动性等内容。银行业金融机构应当严格遵守审慎经营规则。"本案中，海正公司撤店、现金流不佳等经营情况导致资信状况发生变化时，兴业银行西安分行下调其贷款风险分类，符合《商业银行法》规定的安全性原则和《银行业监督管理法》规定的审慎经营规则的要求，是履行安全经营原则和审慎经营规则义务的合法行为。

其次，《贷款风险分类指引》第 5 条是关于各类贷款基本内涵的规定，是认定贷款风险类型的基本依据。其中，"关注：尽管借款人目前有能力偿还贷款本息，但存在一些可能对偿还产生不利影响的因素"。可见，适用"关注"的基本条件是"存在一些可能对偿还产生不利影响的因素"。故兴业银行西安分行的贷款调级行为符合《贷款风险分类指引》第 5 条关于"关注类"贷款基本内涵的规定，未违反该指引第 10 条的规定，也不违反《小企业贷款风险分类办法（试行）》第 5 条的规定。

最后，兴业银行西安分行将贷款调级上传中国人民银行征信系统的行为符合国务院《征信业管理条例》和中国人民银行《银行信贷登记咨询管理办法（试行）》的规定。中国人民银行征信系统即《征信业管理条例》所述金融信用信息基础数据库。《征信业管理条例》第 29 条规定："从事信贷业务的机构应当按照规定向金融信用信息基础数据库提供信贷信息。从事信贷业务的机构向金融信用信息基础数据库或者其他主体提供信贷信息，应当事先取得信息主体的书面同意，并适用本条例关于信息提供者的规定。"《银行信贷登记咨询管理办法（试行）》第 15 条规定："金融机构对所办理的信贷业务，应及时、完整地在银行信贷登记咨询系统内登录有关要素、数据。对中国人民银行规定须登记的其他情况的发生、变化，金融机构应及时、完整地在银行信贷登记咨询系统中登录有关要素、数据。"第 16 条规定："借款人的贷款性质和风险度发生变化时，金融机构应及时在银行信贷登记咨询系统中对该借款人的贷款分类作相应调整。金融机构核销呆账贷款时，应及时在银行信贷登记咨询系统中作呆账冲销的登录。"

2. 兴业银行西安分行的贷款调级行为不构成对海正公司名誉权的侵害

侵害法人名誉权是侵害法人人格权的一种，属于一般侵权，其构成需具备不法侵害行为、过错、因果关系以及损害后果四个要件。关于侵害名誉权责任应如何认定，《最高人民法院关于审理名誉权案件若干问题的解答》第7条作出解答，"是否构成侵害名誉权的责任，应当根据受害人确有名誉被损害的事实、行为人行为违法、违法行为与损害后果之间有因果关系、行为人主观上有过错来认定。以书面或者口头形式侮辱或者诽谤他人，损害他人名誉的，应认定为侵害他人名誉权"。

首先，兴业银行正常的贷款调级行为不属于侵害海正公司法人名誉权的行为。《民法通则》第101条规定："公民、法人享有名誉权，公民的人格尊严受法律保护，禁止用侮辱、诽谤等方式损害公民、法人的名誉。"《最高人民法院关于贯彻执行〈中华人民共和国民法通则〉若干问题的意见（试行）》第140条第2款规定："以书面、口头等形式诋毁、诽谤法人名誉，给法人造成损害的，应当认定为侵害法人名誉权的行为。"据此，"诋毁、诽谤"等积极加害行为才构成对法人名誉权的侵害。兴业银行西安分行进行贷款调级符合法律和监管规则。兴业银行根据海正公司出现的可能影响其还款能力的客观情况，依法、依规调低其贷款风险类别，并不构成对海正公司的"诋毁、诽谤"，不属于侵权行为构成要件中的"不法侵害法人名誉权"。

其次，兴业银行不存在侵害海正公司名誉权的"过错"。本案中，兴业银行西安分行合法合规调低海正公司贷款风险类别，是遵守安全性原则和审慎经营规则，依法实施法定风险管理行为，主观上应无"过错"。

再次，本案不存在海正公司名誉权受损的后果。法人名誉权是法人的人格权，属于民法中的绝对权，其相对人是不特定的社会公众。侵害法人名誉权的方式应是捏造、散布虚伪事实，后果则是导致社会公众对该法人社会评价的降低。本案中，兴业银行西安分行依据国务院《征信业管理条例》和中国人民银行《银行信贷登记咨询管理办法（试行）》的规定，将海正公司贷款信息向中国人民银行金融信用基础数据库提交，社会公众未经授权不能获取此信息。中国人民银行征信系统是一个相对封闭的系统，具有一定保密性。只有本人或金融机构获得本人书面同意，或者相关政府部门因法定事由才能对该系统内的记录进行查询，这些记录并未在不特定的人群中进行传播，不会造成海正公司的社会评价降低,故不能认定存在海正公司名誉权受损的后果。一审法院认定兴业银行的行为"属于向不特定金融机构公开发布信息""致使金融系统内对海正公司的公众评价降低",而"不特定金融机构""金融系统内的公众评价"均指向"金融机构"及评价;相对于社会公众,金融机构仍是特定的主体。

最后,本案不存在侵害行为与损害后果的因果关系。作为侵权行为构成要件的因果关系,是不法侵害行为与损害后果之间存在的、前者引起后者发生的客观联系。兴业银行西安分行不存在侵害海正公司名誉权的不法行为,该因果关系要件当然也就不存在。

另外,"关注类"并不属于不良贷款。《企业信用报告》(自主查询版)首页中亦明确说明,本报告仅向信息主体提供,不得作为金融机构的授信依据。同时,我国目前尚无法律、法规规定商业银行不得向在中国人民银行征信系统中存在"关注、次级、可疑或损失"记录的客户发放贷款。各商业银行可根据风险偏好及行内制度确定贷款对象、贷款额度等。其他银行根据对海正公司进行贷前尽职调查的情况决定是否发放贷款,并不会依据兴业银行西安分行对海正公司的贷款风险分类而决定是否授信放贷。故其他银行对海正公司的贷款是否发放,与兴业银行西安分行将海正公司的贷款风险调整为"关注类"并报送中国人民银行征信系统的行为并无必然的因果关系。兴业银行西安分行依据海正公司存在的"可能对偿还产生不利影响的因素"作出调整,并无"诋毁、诽谤",造成海正公司"资金链断裂、新产品上市搁浅"的真正原因应是其经营行为或市场因素,贷款信息被上传征信系统与海正公司"资金链断裂、新产品上市搁浅"亦无因果关系。

(二)兴业银行和银监会陕西监管局是否应当承担连带责任

兴业银行和银监会陕西监管局未对海正公司实施侵权行为,故该项诉请无事实和法律依据,法院亦不予支持。

三、教学内容(法律评析)

(一)争议焦点分析

本案的争议焦点在于兴业银行西安分行调整海正公司贷款风险分类为"关注类"是否构成对海正公司名誉权的侵害。

海正公司表示其为生产性企业,产品正在研发之际,流水与2015年相比并无减少,兴业银行西安分行以此为由降低信用等级并无依据。海正公司诉称兴业银行和兴业银行西安分行滥用权力下调海正公司贷款风险分类，严重违反了中国银监会的多项规定，严重降低了公众对海正公司以及关联企业和相关个人的社会评价，严重影响了海正公司以及关联企业和相关个人开展融资，最终导致海正公司资金链断裂、新产品上市搁浅，严重侵害了海正公司的名誉权。

兴业银行西安分行辩称：

首先，海正公司所述情况与事实不符。兴业银行调整涉案贷款风险类别符合合同约定，合规合法，且是被迫做出的。兴业银行调整贷款风险类别有事实依据。因海正公司贷款后经营情况发生变化，兴业银行根据中国银监会《贷款风险分类指引》以及本行实施办法等规章制度，结合海正公司经营情况的客观实际，将涉案贷款风险类别调整为"关注类"。据兴业银行对海正公司结算账户的银行流水进行统计，从 2016 年 6 月 30 日至 2017 年 3 月 21 日的交易金额中，除去海正公司与关联交易人的交易金额之外，实际仅有 1646292.94 元的交易额。2016 年 10 月，兴业银行在对海正公司进行现场检查时发现其三个零售专卖店面已撤店，后第四家也撤店，网上销售情况亦不理想。海正公司产品线下线上销售均不理想，充分表明其整体经营情况不佳。兴业银行在海正公司申请贷款时对其情况进行了详细了解，在贷款之后进行了贷款存续期检查。存续期检查对象不仅包括海正公司，另外还有多家企业，其中三家企业情况正常，只有海正公司及其关联企业显示异常。兴业银行风险管理部给城南业务总部通过邮件发出《风险提示》，显示兴业银行对金融风险的管控是科学严谨的，内部存在严格规范的业务流程。兴业银行按照双方合同约定，核查了指定账户的交易流水，对现场销售门店、网上销售情况进行了检查，对相关业务情况进行了充分了解。调低客户贷款等级亦影响银行利益，银行主观上不存在调低客户贷款类别的动机。根据《银行贷款损失准备计提指引》（银发〔2002〕98号），调低客户贷款等级，就要提高计提专项准备。"关注类"最低计提比例为 2%，而兴业银行计提比例高达 3%—10%。海正公司第一次以名誉权受侵害为由起诉时，法院于 2017 年 6 月 12 日专门前往中国人民银行西安分行营业管理部调查了解相关情况。中国人民银行的工作人员的回答亦肯定"信用等级被降为'关注类'肯定是该客户有问题或有一定原因"。

其次，海正公司起诉状所述的所谓"损害结果"完全是自己造成的，与本案亦无关联性。海正公司主观上没有采取积极行为改善自身信用等级，客观上经营情况持续恶化，导致自己信用等级无法调整。关于海正公司在其他银行贷款出现问题,是因为其不满足各行贷款发放条件所致,与兴业银行西安分行无关。

最后,本案不符合侵害名誉权的构成条件,对海正公司的诉讼请求应予以驳回。本案中,兴业银行调整海正公司的债务类别以及其他银行决定是否给海正公司发放贷款,均是银行管理信贷业务的需要。其一,双方借款合同约定了海正公司销售收入的结算账户,海正公司结算账户显示的交易情况不佳属实,海正公司销售门店关闭、网上销售情况不好等情况均属实,兴业银行并没有虚构、捏造事实。兴业银行按照中国银监会《贷款风险分类指引》,根据调查掌握的事实情况,将海正公司列为"关注类"并上报,主观上并无任何过错。其二,兴业银行并没有采取侮辱、诽谤等形式宣传海正公司的经营情况,也没有以书面、口头等形式诋毁、诽谤海正公司名誉。兴业银行将海正公司的信用情况如实反馈到中国人民银行相对封闭的征信系统,完全符合国家的法律法规和监管要求,主观上没有恶意,行为上也不存在过错。其三,海正公司是否存在名誉受损的后果不能确定,其诉请不应得到支持。

(二) 相关法律知识

1. 贷款风险分类

贷款风险分类,是指商业银行按照风险程度将贷款划分为不同档次的过程,其实质是判断债务人及时足额偿还贷款本息的可能性。商业银行至少将贷款划分为正常、关注、次级、可疑、损失五类。

1998年以前,我国商业银行的贷款分类办法基本上沿袭财政部1993年颁布的《金融保险企业财务制度》中的规定,把贷款划分为正常、逾期、呆滞、呆账四种类型,后三种合称"不良贷款"。逾期贷款,是指借款合同约定到期(含展期后到期)未归还的贷款(不含呆滞贷款和呆账贷款)。呆滞贷款,是指逾期(含展期后到期)超过规定年限以上仍未归还的贷款,或虽未逾期或逾期不满规定年限,但生产经营已终止,项目已停建的贷款(不含呆账贷款)。呆账贷款,是指逾期(含展期)三年以上(含三年),作为催收贷款管理、按规定条件确认为呆账损失、尚未批准、准备核销的贷款。这种分类方法简单易行,在当时的企业制度和财务制度下的确发挥了重要作用。但是,随着经济改革的逐步深入,这种分类办法的弊端逐渐显露,已经不能适应经济发展和金融改革的需要了。"一逾两呆"分类法把未到期的贷款(无论事实上是否有问题)都视为正常,无法及时发现贷款放出后出现的问题,也无法准确识别贷款的内在风险。

1998年，中国人民银行参照国际惯例，结合中国国情，制定了《贷款风险分类指导原则（试行）》。2001年，中国人民银行在1998年广东试点和近三年试运行的基础上，对《贷款风险分类指导原则（试行）》的个别条款进行了修订，制定了《贷款风险分类指导原则》。2001年，我国开始全面实施贷款分类工作。至2004年年底，全部金融机构都已实行贷款五级分类。为促进商业银行完善信贷管理，科学评估信贷资产质量，2007年，中国银监会印发了《贷款风险分类指引》（银监发〔2007〕54号）和《小企业贷款风险分类办法（试行）》（银监发〔2007〕63号），较原有规定，允许对零售贷款使用脱期法进行分类，增加了审慎性原则，强化了内控管理要求，扩大了风险分类的覆盖范围。[①] 商业银行全面推行贷款风险分类管理，既是我国经济和金融发展的客观要求，也是加入世界贸易组织后的必然选择。实行贷款风险分类管理，有利于商业银行有效地跟踪贷款质量，便于商业银行及时采取有效措施，提高信贷资产质量。[②]

有学者将贷款风险分类的意义归纳如下：（1）有助于中央银行和商业银行更为系统、全面地评估和把握贷款质量。贷款风险分类法运用多维标准，对借款人的状况进行全面、系统的分析。（2）有助于商业银行建立符合审慎会计原则[③]的呆账准备金计提和冲销制度，保证贷款收益的确认和贷款损失的确认互相匹配。（3）有助于贷款质量的改善、提高和信贷管理制度的进一步完善。贷款风险分类法运用多组标准评估贷款质量，强调对借款人的追踪了解，包括借款人的财务状况和偿债能力、主营业务的收入、现金流量、还款意愿和长期信用。（4）有助于我国银行贷款监管模式与国际惯例接轨。实行科学合理的贷款风险分类法，及时准确地反映商业银行的盈亏状况，是国际公认的对银行业审慎监管的做法。按照国际通行的做法和标准，对贷款质量进行五级分类和披露，有利于我国银行业更好地参与国际竞争和合作。[④]

---

① 参见张文锋、张勇：《商业银行贷款质量分类方法再反思》，载《上海金融》2015年第9期。
② 参见杨有振主编：《商业银行经营管理》，中国金融出版社2003年版，第296页。
③ 审慎会计原则，又称"谨慎会计原则"或"保守会计原则"，是指对具有估计性的会计事项，应当谨慎从事，合理预计可能发生的损失和费用，但不预计或少预计可能带来的利润。其核心内容是，对利润的估计和记载要谨慎或保守，对损失的估计和记载要充分，同时要保持充足的准备金以弥补损失。
④ 参见杨有振主编：《商业银行经营管理》，中国金融出版社2003年版，第296—299页。

2. 审慎经营规则

"审慎"意为谨慎从事，以避免风险和不良后果。随着经济金融化和全球金融一体化程度的加深，金融市场的失灵会导致极为严重的后果。因此，金融业应当坚持审慎原则，即金融机构要审慎经营，监管部门要审慎规制和监管。我国《银行业监督管理法》第21条第3款规定："银行业金融机构应当严格遵守审慎经营规则。"审慎经营规则包括但不限于：

第一，风险管理。这是指银行业金融机构识别、计量、监测和控制所承担的信用风险、市场风险、流动性风险、操作风险、法律风险和声誉风险等各类风险的全过程。银行业金融机构的风险管理体系应当包括以下四个基本要素：（1）董事会和高级管理层的有效监控；（2）完善的风险管理政策和程序；（3）有效的风险识别、计量、监测和控制程序；（4）完善的内部控制和独立的外部审计。

第二，内部控制。这是银行业金融机构为实现经营目标，通过制定和实施一系列的制度、程序和方法，对风险进行事前防范、事中控制、事后监督和纠正的动态过程和机制。内部控制通常包含以下五个要素：（1）内部控制环境；（2）风险识别与评估；（3）内部控制措施；（4）信息交流与反馈；（5）监督评价与纠正。

第三，资本充足率。这是指银行业金融机构持有的、符合监管机构规定的资本与风险加权资产之间的比率，用以衡量其资本充足程度。资本作为一种风险缓冲剂，具有承担风险、吸收损失、保护银行业金融机构抵御意外冲击的作用，是保障银行业金融机构安全的最后一道防线。资本充足程度直接决定银行业金融机构最终清偿能力和抵御各类风险的能力。《商业银行法》第39条第1款第1项规定，商业银行"资本充足率不得低于百分之八"。

第四，资产质量。银行业金融机构应当根据审慎经营和风险管理的要求，建立完善的资产分类政策和程序，对贷款和其他表内外资产定期进行审查，并进行分类，以揭示资产的实际价值和风险程度，真实、全面、动态地反映资产质量。银行业金融机构应当对有问题资产进行严密监控，加大回收力度，减少资产损失。

第五，损失准备金。银行业金融机构应当根据审慎会计原则，合理估计资产损失，对可能发生的各项资产损失及时计提足额的损失准备，以提高抵御风险的能力。这是银行除资本金外避免损失的又一道防线。我国商业银行按照贷款余额1%计提贷款呆账准备金,并且根据《财政部 税务总局关于金融企业贷款损失准备金企业所得税税前扣除有关政策的公告》(财政部 税务总局公告2019年第86号)第2条[①]的规定,准许金融企业税前扣除贷款损失准备金。

第六,风险集中。银行业金融机构应当限制对单一交易对手或一组关联交易对手的风险集中,并控制对某一行业或地域的风险集中。银行监管机构应当对银行业金融机构管理风险集中的情况进行监督管理,并制定审慎监管限额。特别是对单一交易对手或一组关联交易对手风险集中的审慎限额,促使其在经营过程中适当地分散风险,防止因风险过度集中而遭受损失。《商业银行法》第39条第1款第3项规定,商业银行"对同一借款人的贷款余额与商业银行资本余额的比例不得超过百分之十"。

第七,关联交易。这是指银行业金融机构与其关联方之间发生的转移资源或义务的事项,包括授信、租赁、资产转移、提供劳务、研究与开发项目技术和产品的转移等。其中,关联授信包括银行业金融机构向关联方提供的贷款、贷款承诺、承兑、贴现、贸易融资、信用证、保函、透支、同业拆借、担保等。银行业金融机构应当制定关联交易管理制度,对关联交易进行内部授权管理,确保关联交易按照商业原则,以不优于对非关联方同类交易的条件进行,并将关联交易限制在监管机构和自身规定的审慎限额内。

第八,资产流动性。银行业金融机构应当持续、有效地管理资产、负债和表外业务,具备多样化的融资渠道和充足的流动性资产,以有效地监测和控制流动性风险,保持充足的流动性。《商业银行法》第39条第1款第2项规定,商业银行"流动性资产余额与流动性负债余额的比例不得低于百分之二十五"。

(三)法律分析

1. 侵害法人名誉权的构成要件

(1)存在法人名誉损害事实

侵害法人名誉权的损害后果,是指行为人捏造并散布虚伪事实,诋毁、诽谤法人名誉,导致法人社会评价降低以及由此衍生的损失。认定行为人的行为是否造成法人名誉受损的事实,应当以行为人是否确实造成了法人名誉客观受

---

① 《财政部 税务总局关于金融企业贷款损失准备金企业所得税税前扣除有关政策的公告》第2条规定:"金融企业准予当年税前扣除的贷款损失准备金计算公式如下:
准予当年税前扣除的贷款损失准备金=本年末准予提取贷款损失准备金的贷款资产余额×1%-截至上年末已在税前扣除的贷款损失准备金的余额
金融企业按上述公式计算的数额如为负数,应当相应调增当年应纳税所得额。"

损,即以法人社会评价的降低为判定依据,而非法人的主观感受。司法实践中,对于法人名誉损害的认定采用"公布加推定"标准,只要贬损法人名誉的言论为社会公众所知悉,就推定构成对法人名誉的损害。至于知悉人的数量、知悉后是否向其他人公开传播、行为人实施侵权行为的场合,不影响法人名誉损害事实的认定,只是关涉侵权行为人的责任承担。与构成自然人名誉权损害的"公布标准"不同,对法人名誉的损害应有损害事实。由于在诉讼过程中对损害事实的证明实行推定,即举证责任倒置给被告,因此行为人对"虽有贬损法人名誉的言论,但未造成损害"负举证责任,若不能成功举证,则需承担侵权责任。受害人若主张损害赔偿,则需进一步证明存在名誉利益受损及其衍生的损害。[1]

(2) 侵害法人名誉权的行为违法

如果行为人实施了诋毁、诽谤法人的行为,使法人的名誉受到了损害,即违反了相关法律规定,则可认定该行为具有违法性。如果行为人正当行使言论自由、批评建议、舆论监督等合法权利,或者为维护自己的合法权利而在客观上对法人的名誉造成影响,则其行为不具有贬损法人名誉的违法性,不构成侵害法人名誉权的违法行为。[2]

(3) 侵害法人名誉权的行为与法人名誉受损之间存在因果关系

侵害法人名誉权的因果关系,并不仅仅是某一违法行为直接造成损害后果的直接、单一的因果关系,而往往是相关言论或信息借助某些载体或媒介进行传播等多种原因共同导致了损害后果的发生。我国司法实践中采用相当因果关系说,通常以推定方式证明侵权行为与损害后果之间的因果关系,即根据社会公众的评价或新闻媒体的不当言论传播范围、影响程度等作出具体的认定。[3]

(4) 侵害法人名誉权的行为人主观上有过错

在侵害法人名誉权的案件中,行为人的主观动机是多样的,可因泄私愤、报复、妒忌等而对法人进行诋毁、诽谤。在司法实践中,无论行为人主观上是故意还是过失,都构成侵害法人名誉权的过错,都满足侵害法人名誉权的主观要件;当满足其他构成要件时,法人名誉侵权责任成立。[4]

---

[1] 参见蔡立东:《法人名誉权侵权法保护的实证研究》,载《社会科学辑刊》2012年第4期。
[2] 同上。
[3] 同上。
[4] 同上。

2. 兴业银行的行为是否构成对海正公司名誉权的侵犯

本案中，海正公司认为，根据《小企业贷款风险分类办法（试行）》第5条①以及《贷款风险分类指引》第10条②，兴业银行在海正公司的贷款未逾期的情形下，将海正公司的贷款风险分类调整为"关注类"并将该信息报送中国人民银行征信系统，致使金融系统内对海正公司的公众评价降低，给其企业形象造成了一定的影响。但是，《贷款风险分类指引》第17条规定，"本指引规定的贷款分类方式是贷款风险分类的最低要求，各商业银行可根据自身实际制定贷款分类制度，细化分类方法"。兴业银行有权根据内部制定的更加严格的贷款风险分类制度，调整贷款的风险等级。2014年7月9日发布的《兴业银行企业金融类资产风险分类实施细则》第18条规定："借款人出现生产或经营环节出现明显问题、现金流紧张、经营性现金流异常减少等情况时，信贷资产应至少列为关注类。"兴业银行西安分行基于海正公司整体经营情况不佳，银行流水显示的交易额远低于其申请贷款时承诺的业绩预期，将海正公司贷款风险分类由"正常类"调整为"关注类"，不构成对海正公司名誉的诋毁、诽谤。兴业银行调整海正公司的贷款风险等级，符合法律规定的安全性经营原则和审慎性经营原则，因此不构成对海正公司名誉权的侵犯。

四、案例研习安排

（一）教学对象及目标

本案例供法学专业本科生、硕士研究生及法律硕士研究生教学使用，其他专业本科生、硕士研究生也可参酌使用。

本案例需要解决的问题主要有：

（1）侵害法人名誉权有哪些构成要件？

（2）兴业银行西安分行调整海正公司贷款风险分类为"关注类"是否构成对海正公司名誉权的侵害？

---

① 《小企业贷款风险分类办法（试行）》第5条规定："银行业金融机构可根据贷款逾期时间，同时考虑借款人的风险特征和担保因素，参照小企业贷款逾期天数风险分类矩阵（见附件）对小企业贷款进行分类。"

② 《贷款风险分类指引》第10条规定："下列贷款应至少归为关注类：（一）本金和利息虽尚未逾期，但借款人有利用兼并、重组、分立等形式恶意逃废银行债务的嫌疑。（二）借新还旧，或者需通过其他融资方式偿还。（三）改变贷款用途。（四）本金或者利息逾期。（五）同一借款人对本行或其他银行的部分债务已经不良。（六）违反国家有关法律和法规发放的贷款。"

(二）建议课堂计划

本案例可以作为专门的教学案例进行讲授，建议安排 1 课时（40—45 分钟）。

如下课堂设计，仅供参考：

1. 课前计划

安排学生阅读案例及相关参考资料，熟悉整个案例流程，对案例中提出的问题进行思考。

2. 课中计划

介绍教学目的，明确讨论主题。

分组讨论问题及解决对策，告知发言要求。

小组代表发言，提出争议焦点，并对争议焦点涉及的相关法律法规进行评述。

教师进行引导性分析，并作归纳总结。

3. 课后计划

请学生课后进一步细化了解商业银行风险控制、审慎经营的相关内容。

五、思考题

1. 《贷款风险分类指引》规定的是商业银行进行贷款等级分类的最低标准，允许商业银行制定更加严格的贷款风险分类标准是否存在问题？

2. 兴业银行根据《兴业银行企业金融类资产风险分类实施细则》的规定，基于海正公司的整体经营情况以及银行流水调整其贷款风险等级，是否符合《贷款风险分类指引》第 6 条的规定？

第二节 证券业监管法律制度

案例 二十七 杨剑波诉中国证券监督管理委员会行政处罚及市场禁入决定案

【摘 要】 本案的起因是发生在我国 A 股交易市场中的一次交易失误事件——"光大乌龙指"事件。案例围绕内幕交易的构成要件，对"光大乌龙指"事件中证券公司是否构成内幕交易进行讨论。本案在我国证券期货市场没有先例，涉及跨市场交易，属新型案件，对于完善监管制度规则、维护市场安全、加强市场监管、做好风险内控具有重大意义。

【关键词】　光大乌龙指　内幕交易　内幕信息　内幕人员

一、基本案情

2013年8月16日11时05分，光大证券股份有限公司（以下简称"光大证券"）在进行交易型开放式指数基金（ETF）申赎套利交易时，因程序错误，其所使用的策略交易系统以234亿元的巨量资金申购180ETF成分股，实际成交72.7亿元。

2013年8月16日不晚于11时40分，光大证券时任法定代表人、总裁徐浩明召集时任助理总裁杨赤忠、时任计划财务部总经理兼办公室主任沈诗光和时任策略投资部总经理杨剑波开会，达成通过做空股指期货、卖出ETF对冲风险的意见，并让杨剑波负责实施。当日13时开市后，光大证券称因重大事项停牌，通过卖空股指期货、卖出ETF对冲风险。至14时22分，光大证券卖出股指期货空头合约IF1309、IF1312共计6240张，合约价值43.8亿元；卖出180ETF共计2.63亿份，价值1.35亿元；卖出50ETF共计6.89亿份，价值12.8亿元。14时22分，光大证券发布公告，称其"策略投资部门自营业务在使用其独立的套利系统时出现问题，公司正在进行相关核查和处置工作。公司其他经营活动保持正常"。

2013年8月18日，中国证券监督管理委员会（以下简称"证监会"）向光大证券作出调查通知书，告知光大证券因其涉嫌违反证券期货法律法规相关规定，决定对光大证券立案调查。

2013年8月19日，证监会向杨剑波作出调查通知书，告知因工作需要，决定向其调查取证。证监会向徐浩明、杨赤忠、沈诗光亦作出了调查通知书。

2013年8月30日，证监会发布《光大证券异常交易事件的调查处理情况》，告知光大证券涉嫌内幕交易一案已调查完毕，证监会拟对光大证券作出行政处罚。《光大证券异常交易事件的调查处理情况》认定光大证券构成内幕交易、信息误导、违反证券公司内控管理规定等多项违法违规行为，决定没收其违法所得8721万元，并处以5倍罚款，罚没款金额总计5.2亿元；对从事对冲交易的四名高管徐浩明、杨赤忠、沈诗光、杨剑波分别给予警告，罚款

60万元，同时宣布四人终身禁入证券和期货市场；停止光大证券从事证券自营业务（固定收益证券除外），暂停审批光大证券新业务，责令光大证券整改并处分有关责任人员。

2013年9月1日、9月3日，杨剑波及光大证券分别在行政处罚及市场禁入事先告知书回执上签字，均表示需要陈述和申辩，但不要求举行听证会。后光大证券、徐浩明、杨赤忠、沈诗光及杨剑波针对证监会拟作出的行政处罚决定向证监会提出了陈述申辩意见。

2013年11月1日，证监会对光大证券、徐浩明、杨赤忠、沈诗光及杨剑波的陈述申辩意见进行复核后，对光大证券、徐浩明、杨赤忠、沈诗光及杨剑波作出（2013）59号《行政处罚决定书》，认定：(1)"光大证券在进行ETF套利交易时，因程序错误，其所使用的策略交易系统以234亿元的巨量资金申购180ETF成分股，实际成交72.7亿元"（以下简称"错单交易信息"）为内幕信息；(2)光大证券是《证券法》①第202条和《期货交易管理条例》②第70条所规定的内幕信息知情人；(3)光大证券在内幕信息公开前将所持股票转换为ETF卖出和卖出股指期货空头合约的交易，构成《证券法》第202条和《期货交易管理条例》第70条所述内幕交易行为；(4)徐浩明为直接负责的主管人员，杨赤忠、沈诗光、杨剑波为其他直接责任人员。证监会根据《证券法》第233条、《期货交易管理条例》第78条、《证券市场禁入规定》第5条之规定，决定如下：(1)认定徐浩明、杨赤忠、沈诗光、杨剑波为终身证券市场禁入者，自证监会宣布决定之日起，终身不得从事证券业务或者担任上市公司董事、监事、高级管理人员职务；(2)宣布徐浩明、杨赤忠、沈诗光、杨剑波为期货市场禁入者。

2014年2月8日，杨剑波因不服证监会作出的行政处罚决定和市场禁入决定，向北京市第一中级人民法院提起行政诉讼，请求法院撤销证监会对其作出的行政处罚。

2014年12月26日，北京市第一中级人民法院判决驳回原告杨剑波的诉讼请求。杨剑波不服一审法院的判决，向北京市高级人民法院提起上诉。

2015年5月4日，北京市高级人民法院对杨剑波因"光大乌龙指"事件不服证监会行政处罚决定和市场禁入决定两上诉案作出判决：驳回上诉，维持

---

① 该决定书所涉为2013年第二次修正的《证券法》。
② 该决定书所涉为2013年第二次修订的《期货交易管理条例》。

一审判决。

2017年8月24日,杨剑波不服北京市高级人民法院的二审判决,向北京市高级人民法院申请再审。北京市高级人民法院裁定驳回杨剑波的再审申请。

二、法院的观点

(一)证监会是否有作出被诉行政处罚决定的法定职权,以及处罚程序是否合法

根据2014年《证券法》第179条第1款第7项的规定,国务院证券监督管理机构依法对违反证券市场监督管理法律、行政法规的行为进行查处。2013年《期货交易管理条例》第47条第7项规定,国务院期货监督管理机构对违反期货市场监督管理法律、行政法规的行为进行查处。因此,证监会具有作出被诉处罚决定的法定职权。根据2014年《证券法》第202条以及2013年《期货交易管理条例》第70条的规定,证监会对于内幕交易予以行政处罚亦有明确法律依据。

杨剑波对被诉处罚决定认定的基本事实以及作出程序的合法性未持异议。经审查,被诉处罚决定认定事实清楚,证监会作出被诉处罚决定的程序亦无违法之处。

(二)错单交易信息是否构成内幕信息

本案中,错单交易信息产生于证券市场。虽然2014年《证券法》第75条第2款明确列举的内幕信息主要是与发行人自身相关的信息,但是该款第8项规定,内幕信息包括"国务院证券监督管理机构认定的对证券交易价格有显著影响的其他重要信息"。该条第1款规定:"证券交易活动中,涉及公司的经营、财务或者对该公司证券的市场价格有重大影响的尚未公开的信息,为内幕信息。"因此,内幕信息并不限于与发行人自身相关的信息,也应包括对公司证券的市场价格有重大影响的交易信息。进一步考虑到大盘指数与公司证券价格之间的紧密关联性,对大盘指数产生重大影响的交易信息亦应属于《证券法》所指对公司证券的市场价格有重大影响的内幕信息范畴。

就期货市场而言,虽然2013年《期货交易管理条例》第82条第11项中列举的内幕信息并未明确包含期货市场以外的交易信息,但是该条规定,期货市场的内幕信息也包括"国务院期货监督管理机构认定的对期货交易价格有显著影响的其他重要信息"。该条对内幕信息下了明确的定义,即"可能对期货

交易价格产生重大影响的尚未公开的信息"。考虑到证券市场与期货市场的关联性，证券市场上形成的内幕信息如对期货市场的波动可能产生重大影响，亦应属于期货市场内幕信息的范畴。

本案中，光大证券在2013年8月16日上午的错单交易对沪深300指数、180ETF、50ETF和股指期货合约价格均产生重大影响。证监会据此将错单交易信息认定为内幕信息，并未超出《证券法》《期货交易管理条例》对内幕信息定义的范畴。杨剑波认为证监会将错单交易信息认定为内幕信息违反《中华人民共和国立法法》，超越其法定解释权限，以及违反《中华人民共和国行政处罚法》（以下简称《行政处罚法》）关于行政处罚法定及公开原则的主张，均不能成立。

杨剑波主张，本案错单交易信息在案发当日下午对冲交易开始之前已经被媒体揭露，从而处于公开状态。一审法院认为，内幕信息以媒体揭露的方式公开应至少满足三个要件：第一，相关媒体报道能够为市场主体所广泛周知；第二，媒体所揭露的信息具有完整性，即已经包含内幕信息的主要内容，从而使理性的市场主体能够就其可能产生的市场影响进行综合判断；第三，理性的市场主体能够相信相关媒体揭露的信息具有可靠性。本案中，杨剑波所主张的相关网络媒体关于错单交易信息的报道对市场主体来说不能满足可靠性的要求。首先，杨剑波所举21世纪网的报道中并未准确指明其报道的信息来源，市场主体无法确信该报道来自可靠的信息源。其次，杨剑波提交的其他网站对于错单交易信息的报道均是对21世纪网报道的转载，并非基于各自独立调查而进行的报道，不能形成相互佐证的关系，从而使市场主体相信其内容真实可靠。最后，在光大证券于当日下午发布公告之前，相关媒体对当日上午大盘指数大幅上涨的原因还有诸多其他推测和报道，市场主体无法仅仅基于21世纪网的报道而相信其内容真实可靠。因此，杨剑波主张错单交易信息在光大证券当日下午对冲交易开始之前已经公开的主张不能成立。

（三）光大证券案发当日下午的对冲交易是否构成基于既定投资计划、指令所做出的交易行为，是否构成对内幕信息的利用，以及是否构成内幕交易

在内幕交易案件中，交易者知悉内幕信息后实施了相关的证券期货交易行为，原则上即应推定其利用了内幕信息，从而具有内幕交易的主观故意。如果该交易行为系基于内幕信息形成以前即已经制订的投资计划和指令所作出，足

以证明其实施的交易行为确与内幕信息无关,可以作为内幕交易的抗辩事由。

但是,能够作为抗辩事由的既定投资计划和指令,应当是在内幕信息形成以前已经制订,并包含交易时间、交易数量等具体交易内容,且在实施的过程中没有发生变更,方能体现其交易行为没有对内幕信息加以利用。在本案错单交易发生之前,光大证券《策略投资部业务管理制度》规定,当出现因系统故障等原因而导致交易异常时,应考虑采用合适的对冲工具(包括但不限于股指期货、ETF等),及时控制风险,进行对冲交易,以保证部门整体风险敞口处于可控范围,保持市场中性。但是,上述规定并无具体的交易内容,不足以构成既定投资计划和指令。

本案中,光大证券当日下午实施的对冲交易,是在错单交易信息形成之后,光大证券直接针对错单交易而采取的对冲风险行为,而非基于内幕信息形成之前已经制订的投资计划和指令所做出的交易行为。

至于杨剑波认为对冲交易是基于既定的市场中性投资策略所做出,一审法院认为,市场中性投资策略的目标是保证投资组合中多空双边头寸的平衡,不留风险敞口,从而实现投资收益与市场整体波动无关。但是,交易者在实施市场中性投资策略并根据市场变化进行动态调整的过程中,仍然可能利用内幕信息对市场波动的单边影响,从而构成内幕交易。本案中,光大证券案发当日下午的对冲交易是在其因错单而建立了巨额多头头寸的情况下,同时在证券市场卖出和在期货市场做空的单边对冲交易,利用了内幕信息对市场可能产生的单边影响,不能构成内幕交易的抗辩事由。因此,法院认为杨剑波所持光大证券案发当日下午的对冲交易系基于市场中性投资策略这一既定投资计划和指令所做出,并未利用内幕信息之主张不能成立。光大证券案发当日下午实施的对冲交易行为构成内幕交易。

(四)杨剑波是否构成其他直接责任人员,以及是否属适格处罚对象

2014年《证券法》第202条规定,"单位从事内幕交易的,还应当对直接负责的主管人员和其他直接责任人员给予警告,并处以三万元以上三十万元以下的罚款"。一审法院认为,本案错单交易发生于光大证券策略投资部,而杨剑波作为光大证券时任策略投资部总经理,参与了光大证券决定实施对冲交易的相关会议,且是负责执行当日下午对冲交易的人员,故证监会认定其为其他直接责任人员并无不当。

北京市高级人民法院认为，2014年《证券法》第233条规定："违反法律、行政法规或者国务院证券监督管理机构的有关规定，情节严重的，国务院证券监督管理机构可以对有关责任人员采取证券市场禁入的措施。前款所称证券市场禁入，是指在一定期限内直至终身不得从事证券业务或者不得担任上市公司董事、监事、高级管理人员的制度。"2013年《期货交易管理条例》第78条规定："任何单位或者个人违反本条例规定，情节严重的，由国务院期货监督管理机构宣布该个人、该单位或者该单位的直接责任人员为期货市场禁止进入者。"本案中，再审申请人杨剑波作为时任光大证券策略投资部总经理，参与了光大证券决定实施对冲交易的相关会议，并负责执行案发下午的对冲交易。因此，证监会将杨剑波作为相关直接责任人员进行处罚亦无不妥。

三、教学内容（法律评析）

（一）争议焦点分析

表 6-1

序号	争议点	一审原告杨剑波		一审被告证监会	
		主张	理由	主张	理由
1	错单交易信息是否构成内幕信息	不构成	1. 错单交易信息并非与发行人自身相关的信息，不属于内幕信息范畴，不属于2014年《证券法》第75条和2013年《期货交易管理条例》第82条第11项规定的发行人自身的有关信息或者相关部门制定的政策等影响发行人股票或期货交易价格的信息。 2. 光大证券错单交易出现后，即有诸多媒体及记者获得了该信息，并通过多种方式或渠道予以公开，不满足内幕信息非公开性的要求。	构成	1. 根据2014年《证券法》第75条第2款第8项和2013年《期货交易管理条例》第82条第11项的规定，证监会有权就具体信息是否属于内幕信息进行认定。本案中，错单交易信息在一段时间内处于未公布状态，满足内幕信息重大性和未公开性的构成要件。因此，证监会认定上述信息为内幕信息。 2. 依法披露信息应于指定媒体发布，同时置备于公司住所、证券交易所以供查阅，以传闻及相关新闻报道认定内幕信息已公开，不符合相关法律规范的要求。

（续表）

序号	争议点	一审原告杨剑波		一审被告证监会	
		主张	理由	主张	理由
2	光大证券所做的对冲交易是否构成对内幕信息的利用，是否构成内幕交易	不构成	1. 依据2014年《证券法》第73条和2013年《期货交易管理条例》第70条的规定，内幕信息知情人只有利用内幕信息从事证券或期货交易，方构成内幕交易行为。 2. 光大证券采取的对冲措施是按照光大证券《策略投资部业务管理制度》的规定和策略投资的原理，按照既定计划进行的必然性和常识性操作，属于基于市场中性策略型投资的交易，具有合规性和正当性，符合业内操作惯例。 3. 股指期货部分实际亏损四百余万元，光大证券做空股指期货的行为不具有营利目的。	构成	1. 中性策略的执行应当遵守相关法律法规、监管要求及自律组织的业务规则。 2. 光大证券可以按照其《策略投资部业务管理制度》进行正常的对冲交易，但其本身是本案内幕信息产生的主体，应当在内幕信息公开前戒绝交易，可在信息公开后再进行合法的风险处置，而不应利用内幕信息进行交易。 3. 光大证券在内幕信息公开前实施交易，违反了《证券法》和《期货交易管理条例》的相关规定，应当认定为内幕交易。 4. 光大证券做空股指期货的行为是否实际获利，不影响内幕交易的认定。
3	杨剑波是否构成其他直接责任人员	不构成	1. 依据证监会的规定，"具体实施"和"起较大作用"是构成"其他直接责任人员"的两个要件。 2. 杨剑波依照当日中午会议决策的内容向交易员传达了实施对冲交易的指令，既非会议的决策者，也非对冲交易的具体实施者。	构成	1. 2013年8月16日异常交易发生后，徐浩明召集杨赤忠、沈诗光和杨剑波开会，达成通过做空股指期货、卖出ETF对冲风险的意见，并让杨剑波负责实施。 2. 杨剑波作为策略投资部的负责人，参与了上述会议，并作为执行部门的负责人安排执行了内幕交易，在本案中起到较大作用。
4	被诉行政处罚决定对光大证券做空股指期货部分的违法所得数额认定是否正确	错误	光大证券案发当日下午卖空的股指期货合约未交割，实际交割之后，光大证券在股指期货部分实际亏损四百余万元，而被诉处罚决定以2013年8月16日当日收盘后的价格，即所谓"盯市盈利"计算违法所得，认定光大证券获利七千余万元，违反《会计准则》的相关规定。	正确	《会计准则》是用以规范企业收入的计算标准，而本案是基于《期货交易管理条例》的规定，对内幕交易的违法所得进行计算，并不适用《会计准则》。

(二) 相关法律知识

1. ETF

ETF，英文全称为"Exchange Traded Funds"，即交易型开放式指数基金，又称"交易所交易基金"，是一种在证券交易所交易，提供投资者参与指数表现的指数基金。投资者不以传统方式直接购买一篮子股票，而是通过持有表彰指数标的证券权益的受益凭证间接投资。投资者买卖一只ETF，就等同于买卖其所所跟踪的指数，可取得与该指数基本一致的收益。ETF将指数的价值由传统的证券市场涨跌指标转变成具有流动性的资本证券。对于投资者来说，ETF的交易费用和管理费用都很低廉。

ETF属于开放式基金的一种特殊类型。投资者可以通过两种方式购买ETF：可以在证券市场收盘之后，按照当天的基金净值向基金发行商购买；也可以在证券市场上直接从其他投资者那里购买。不过，申购赎回必须以一篮子股票换取基金份额，或者以基金份额换回一篮子股票。由于同时存在二级市场交易和申购赎回机制，因此投资者可以在ETF市场价格与股票净值之间存在差价时进行套利交易。套利机制的存在，使得ETF避免了封闭式基金普遍存在的折价问题。本案中，光大证券的错单交易就发生在其在进行ETF申赎套利交易时。当日下午开市后，为了对冲风险，光大证券将所持股票转换为180ETF和50ETF卖出。

2. 对冲交易

简言之，对冲交易就是盈亏相抵的交易。"对冲"的英文"hedge"包含避险、套期保值的含义。更完整地表达，对冲交易就是同时进行两笔行情相关、方向相反、数量相当、盈亏相抵的交易。可以做对冲的交易有很多种，如外汇对冲、期权对冲等，而最适宜的还是期货交易。股指期货对冲交易的基本做法就是，买进或卖出与现货市场交易数量相当、方向相反的商品期货合约，以期在未来某一时间通过卖出或买进相同的期货合约，对冲平仓，结清期货交易带来的盈利或亏损，以此补偿或抵消现货市场价格变动所带来的实际价格风险或利益，使交易者的经济收益稳定在一定的水平。以利用股指期货进行对冲交易为例，在风险普遍偏高的情况下，交易者买入现货，做空股指期货，使其在风险较高时不赔不赚，从而有效地化解风险。当市场风险逐渐减弱、股票走势明确时，迅速加大股指期货持仓，抛出现货，从而获得收益（至少不会承担损失）。本案中，光大证券因为错单交易而拥有大量股票现货，此时做空股指期货,可以避免因股票价格整体下跌带来的风险。

(三) 法律分析

2014年《证券法》第2条第3款规定:"证券衍生品种发行、交易的管理办法,由国务院依照本法的原则规定。"《期货交易管理条例》是国务院依据《证券法》的明确授权制定的行政法规,适用于《证券法》所没有规定的证券衍生品市场。因此,在认定光大证券在股指期货市场上的对冲交易是否构成内幕交易时,《期货交易管理条例》是特别法。如果《期货交易管理条例》对此有规定,应该优先于《证券法》适用;《期货交易管理条例》没有规定或规定不明的,应参考适用《证券法》的相关规定。

2014年《证券法》第73条规定:"禁止证券交易内幕信息的知情人和非法获取内幕信息的人利用内幕信息从事证券交易活动。"可见,内幕交易行为包含四个构成要件:内幕信息的知情人、内幕信息、内幕人(内幕交易的行为主体)以及内幕交易行为。2014年《证券法》第74条、第75条、第76条明确了相应要件的内涵,第202条规定了内幕交易的法律责任。

2013年《期货交易管理条例》第70条规定了期货市场内幕交易的构成要件:其一,期货交易内幕信息的知情人或者非法获取期货交易内幕信息的人;其二,在对期货交易价格有重大影响的信息尚未公开前;其三,利用内幕信息从事期货交易,或者向他人泄露内幕信息,使他人利用内幕信息进行期货交易。第82条规定了该条例中"内幕信息"的含义。

1. 内幕信息

2014年《证券法》第75条第1款规定:"证券交易活动中,涉及公司的经营、财务或者对该公司证券的市场价格有重大影响的尚未公开的信息,为内幕信息。"2013年《期货交易管理条例》第82条第11项规定:"内幕信息,是指可能对期货交易价格产生重大影响的尚未公开的信息,包括:国务院期货监督管理机构以及其他相关部门制定的对期货交易价格可能发生重大影响的政策,期货交易所作出的可能对期货交易价格发生重大影响的决定,期货交易所会员、客户的资金和交易动向以及国务院期货监督管理机构认定的对期货交易价格有显著影响的其他重要信息。"因此,认定内幕信息需要符合重大性与非公开性两个要素。

第一,重大性。重大性判断是个案问题,需要借助于个案事实。因此,证监会可以基于个案事实"认定",并不需要事前"规定",而且事前也是无法穷尽列举的。① 本案中，光大证券巨额资金的投入以及市场对于利好消息的错误判断导致沪深 300、上证综指等大盘指数和多只权重股短时间内大幅波动。光大证券异常交易直接影响了证券市场的正常秩序，造成了股票价格的大幅波动，影响了投资者对权重股票、ETF 和股指期货的投资决策。因此，错单交易信息符合重大性的要求。

第二，非公开性。2014 年《证券法》第 70 条规定："依法必须披露的信息，应当在国务院证券监督管理机构指定的媒体发布，同时将其置备于公司住所、证券交易所，供社会公众查阅。"但是，光大证券是投资者而非上市公司，错单交易信息也不是与发行人相关的信息。一审法院认为，内幕信息以媒体揭露的方式公开应至少满足三个要件：第一，相关媒体报道能够为市场主体所广泛周知；第二，媒体所揭露的信息具有完整性，即已经包含内幕信息的主要内容，从而使理性的市场主体能够就其可能产生的市场影响进行综合判断；第三，理性的市场主体能够相信相关媒体揭露的信息具有可靠性。其实，证监会 2007 年发布的《证券市场内幕交易行为认定指引（试行）》第 11 条就规定："本指引所称的内幕信息公开，是指内幕信息在中国证监会指定的报刊、网站等媒体披露，或者被一般投资者能够接触到的全国性报刊、网站等媒体揭露，或者被一般投资者广泛知悉和理解。"错单交易发生当日 11 时 05 分左右，光大证券董事会秘书梅键在对事件情况和原因并不了解的情况下，轻率地向记者否认市场上"光大证券自营盘 70 亿元乌龙指"的传闻。误导信息在当日 12 时 47 分发布并被各大门户网站转载。杨剑波关于"错单交易信息已被媒体披露，已处于公开状态"的主张不能成立。

在交易信息可以作为内幕信息之后，信息的公开方式就不可能仅限于在法定披露平台公开，而必须包含媒体揭露等客观方式的事实公开。

从法律的文义解释角度分析，2014 年《证券法》第 75 条对于内幕信息的界定采取的是"概括＋列举"的方式，第 2 款也没有对内幕信息进行穷尽式列举，并且有第 8 项作为兜底条款。虽然交易信息没有被包含在第 2 款明确列举的内幕信息情形之中，但是并不能反推出交易信息就不能被纳入内幕信息的范

---

① 参见刘东辉：《论"光大证券事件"中的期货内幕交易》，载《西南政法大学学报》2014 年第 5 期。

畴，核心的依据仍然在于第 1 款的界定。① 本案中的交易信息符合内幕信息的重大性和非公开性要素，将其认定为内幕信息符合法律文义。

2. 内幕人员

2014 年《证券法》第 73 条规定："禁止证券交易内幕信息的知情人和非法获取内幕信息的人利用内幕信息从事证券交易活动。"第 74 条规定："证券交易内幕信息的知情人包括：（一）发行人的董事、监事、高级管理人员；（二）持有公司百分之五以上股份的股东及其董事、监事、高级管理人员，公司的实际控制人及其董事、监事、高级管理人员；（三）发行人控股的公司及其董事、监事、高级管理人员；（四）由于所任公司职务可以获取公司有关内幕信息的人员；（五）证券监督管理机构工作人员以及由于法定职责对证券的发行、交易进行管理的其他人员；（六）保荐人、承销的证券公司、证券交易所、证券登记结算机构、证券服务机构的有关人员；（七）国务院证券监督管理机构规定的其他人。"《证券市场内幕交易行为认定指引（试行）》第 6 条第 2 项规定，"中国证监会根据《证券法》第七十四条第（七）项授权而规定的其他证券交易内幕信息知情人，包括：1. 发行人、上市公司；2. 发行人、上市公司的控股股东、实际控制人控制的其他公司及其董事、监事、高级管理人员；3. 上市公司并购重组参与方及其有关人员；4. 因履行工作职责获取内幕信息的人；5. 本条第（一）项及本项所规定的自然人的配偶。"

2013 年《期货交易管理条例》第 82 条第 12 项规定："内幕信息的知情人员，是指由于其管理地位、监督地位或者职业地位，或者作为雇员、专业顾问履行职务，能够接触或者获得内幕信息的人员，包括：期货交易所的管理人员以及其他由于任职可获取内幕信息的从业人员，国务院期货监督管理机构和其他有关部门的工作人员以及国务院期货监督管理机构规定的其他人员。"

3. 利用内幕信息进行交易

由于"利用内幕信息"难以证明，因此内幕人员进行交易就推定其购买或者出售证券的行为构成利用内幕进行交易，除非内幕人员能举证推翻。《最高人民法院关于审理证券行政处罚案件证据若干问题的座谈会纪要》指出，监管机构提供的证据能够证明"证券交易内幕信息知情人，进行了与该内幕信息有关的证券交易活动"，"且被处罚人不能作出合理说明或者提供证据排除其存在

---

① 参见龙非：《未公开重大交易信息应当作为内幕信息——光大证券"乌龙指"事件处罚案分析》，载《法律适用》2018 年第 10 期。

利用内幕信息从事相关证券交易活动的,人民法院可以确认被诉处罚决定认定的内幕交易行为成立"。

《证券市场内幕交易行为认定指引(试行)》第 19 条①、第 20 条②以及《最高人民法院、最高人民检察院关于办理内幕交易、泄露内幕信息刑事案件具体应用法律若干问题的解释》第 4 条③,规定了不构成内幕交易行为的抗辩事由。

一审法院认为,光大证券《策略投资部业务管理制度》中有关对冲交易的规定不足以构成《最高人民法院、最高人民检察院关于办理内幕交易、泄露内幕信息刑事案件具体应用法律若干问题的解释》第 4 条第 2 项规定的既定投资计划和指令。既定计划应该是一个具有交易内容的可执行计划。光大证券的内部规定仅仅是一个预防计划,对于交易标的、数量、价格等没有任何规定。光大证券从事期货交易符合"利用内幕消息进行交易"这一要件。

四、案例研习安排

(一) 教学对象及目标

本案例供法学专业本科生、硕士研究生及法律硕士研究生教学使用,其他专业本科生、硕士研究生也可参酌使用。

本案例需要解决的问题主要有:

(1) 错单交易信息能否构成《证券法》及《期货交易管理条例》所规定的内幕信息?

(2) 光大证券案发当日下午的对冲交易是否构成基于既定投资计划、指令

---

① 《证券市场内幕交易行为认定指引(试行)》第 19 条规定:"上市公司、上市公司控股股东或其他市场参与人,依据法律、行政法规和规章的规定,进行下列市场操作的,不构成内幕交易行为:(一) 上市公司回购股份;(二) 上市公司控股股东及相关股东行为履行法定或约定的义务而交易上市公司股份;(三) 经中国证监会许可的其他市场操作。"

② 《证券市场内幕交易行为认定指引(试行)》第 20 条规定:"有下列情形之一的,行为人的证券交易活动不构成内幕交易行为:(一) 证券买卖行为与内幕信息无关;(二) 行为人有正当理由相信内幕信息已公开;(三) 为收购公司股份而依法进行的正当交易行为;(四) 事先不知道泄露内幕信息的人是内幕人或泄露的信息为内幕系信息;(五) 中国证监会认定的其他正当交易行为。"

③ 《最高人民法院、最高人民检察院关于办理内幕交易、泄露内幕信息刑事案件具体应用法律若干问题的解释》第 4 条规定:"具有下列情形之一的,不属于刑法第一百八十条第一款规定的从事与内幕信息有关的证券、期货交易:(一) 持有或者通过协议、其他安排与他人共同持有上市公司百分之五以上股份的自然人、法人或者其他组织收购该上市公司股份的;(二) 按照事先订立的书面合同、指令、计划从事相关证券、期货交易的;(三) 依据已被他人披露的信息而交易的;(四) 交易具有其他正当理由或者正当信息来源的。"

所做出的交易行为？是否构成对内幕信息的利用？

（3）杨剑波是否构成"其他直接责任人员"？

（二）建议课堂计划

本案例可以作为专门的教学案例进行讲授，建议安排1课时（40—45分钟）。如下课堂设计，仅供参考：

1. 课前计划

安排学生阅读案例及相关参考资料，熟悉整个案例流程，对案例中提出的问题进行思考。

2. 课中计划

介绍教学目的，明确讨论主题。

分组讨论问题及解决对策，告知发言要求。

小组代表发言，提出解决方案，并对其他小组提出的方案进行评述。

教师进行引导性分析，并作归纳总结。

3. 课后计划

请学生课后进一步细化了解证券、期货内幕交易的相关内容。

五、思考题

1. 光大证券利用先于市场知悉的信息跨市场获利，是否构成操纵市场？

2. 有学者认为，本案中证监会认定的内幕信息产生于光大证券本身，该信息属于光大证券的财产，光大证券没有进行信息披露的义务。对此观点，你怎么看？

第三节　保险业监管法律制度

案例二十八　黄榜秀与黄榜英、黄甲传诉中国保险监督管理委员会广东监管局、中国保险监督管理委员会案

【摘　要】　本案是一起行政诉讼案件，投保人向监管机构反映保险公司及其工作人员在销售保险过程中的违规行为，要求监管机构予以查处。后投保人对监管机构作出的处理决定不服，向其上级机关申请行政复议。投保人

对复议决定仍然不服,向法院提起行政诉讼。本案例围绕监管机构及其上级机关的处理决定是否合法这一问题展开,同时介绍《银行业保险业消费投诉处理管理办法》。

【关键词】　保险消费投诉　投诉处理　行政复议

一、基本案情

黄甲传、黄榜秀、黄榜英各以其本人作为投保人和被保险人,通过中国太平洋人寿保险股份有限公司广东分公司(以下简称"太保寿广分公司")业务员黄某英,分别于2010年3月16日、2010年4月22日、2010年5月20日投保了金泰人生(B款)终身寿险(分红型)保险产品,投保单号依次为160000900338738、160000900338741、160000900338791,保单生效日期分别为2010年3月17日、2010年4月25日、2010年5月21日。

2014年5月22日,黄榜秀、黄榜英分别签署犹豫期撤保申请书/退保申请书,向太保寿广分公司申请撤回了其所投保单。

2015年1月9日,中国保险监督管理委员会广东监管局(以下简称"广东保监局")收到黄榜秀提出的保险消费投诉,反映太保寿广分公司及其销售人员存在下列违法违规行为:未经授权代扣款、伪造投保人签名、投保人未抄写风险提示语、代填保单信息、回访不合规、承诺5年可取全款欺骗投保人等。黄榜秀要求广东保监局对上述违规行为予以查处。投诉调查处理过程中,黄榜秀补充反映"未收到红利通知书"事项。

2015年1月21日,广东保监局作出粤保监消费投诉(2015)第0048号《保险消费投诉告知书》,告知黄榜秀以下事项:其一,根据《保险消费投诉处理管理办法》第12条的规定,对您(即黄榜秀,下同)所主张的太保寿广分公司保险销售涉嫌违反有关保险监管的法律、行政法规和中国保险监督管理委员会(以下简称"中国保监会")规定,损害保险消费者合法权益的投诉事项,我局决定受理,并在受理之日起60日内作出处理决定(延期除外,将另行书面通知),作出决定后5个工作日告知您有关情况。其二,您提出的赔偿损失、支付利息等事项,属于相关权益人与太保寿广分公司的民事纠纷,依法应当通过双方协商、调解、民事诉讼或仲裁等途径解决。根据《保险消费投诉处理管理办法》第9条、第20条的规定,现将您的上述民事诉求转交太保寿广分公司处理。

2015年3月20日,广东保监局作出粤保监消费投诉(2015)第0048号《保险消费投诉处理决定告知书》,告知黄榜秀:对其反映的"未经授权代扣款""伪造投保人签名""代填保单信息""承诺5年可取全款欺骗投保人"事项,目前没有充分证据证明;对其反映的"回访不合规""投保人未抄写风险提示语""未寄送红利通知书"事项,经查属实,并将按照相关监管规定进行处理。

2015年3月31日,广东保监局向太保寿广分公司发送粤保监发(2015)37号《监管函》,指出本案保单存在未当面告知投保人(黄榜秀、黄榜英)合同重要内容、未抄录风险提示语句、回访不合规、未留存证据证明寄送了除2013年和2014年外的其他年份的分红报告等问题,针对上述问题提出监管要求,并要求限期整改,将整改情况专项报告广东保监局。

黄榜秀、黄榜英、黄甲传不服广东保监局作出的粤保监消费投诉(2015)第0048号《保险消费投诉处理决定告知书》,于2015年4月20日向中国保监会递交落款日期为2015年4月13日的《行政复议申请书》,上面列明:被申请人为广东保监局。复议请求为:(1)撤销广东保监局作出的粤保监消费投诉(2015)第0048号《保险消费投诉处理决定告知书》,并重新调查;(2)对保单签名、填写内容作笔迹鉴定;(3)公开广东保监局的调查笔录和答复资料;(4)对投诉的处理人员、分管领导的违法违规行为进行查处;(5)认定保险公司存在欺诈行为并给予行政处罚等。

2015年4月24日,中国保监会向黄榜秀、黄榜英、黄甲传发送《补正行政复议申请通知书》,要求其补正授权委托手续等材料。2015年5月12日,中国保监会收到黄榜秀、黄榜英、黄甲传的补正材料后,受理了复议申请。

2015年7月1日,中国保监会作出保监复议(2015)92-4号《行政复议决定书》,认为:其一,申请人(即黄榜秀、黄榜英、黄甲传,下同)在行政复议申请材料中,申请"对投诉的处理人员、分管领导的违法违规行为进行查处"的事项不属于行政复议范围;申请"对保单签名、填写内容作笔迹鉴定"的事项,因是否鉴定并不影响判断被复议的保险消费投诉处理行为是否合法合理,故不属于《中华人民共和国行政复议法实施条例》(以下简称《行政复议法实施条例》)第37条规定的需要鉴定的事项。其二,被申请人(即广东保监局,下同)收到申请人投诉事项后,准确区分了投诉履职事项与民事纠纷,在法定期限内作出受理决定，针对受理的投诉事项，进行了调查处理，作出了投诉处理决定并答复申请人，符合中国保监会《保险消费投诉处理管理办法》（已废止）规定。对于申请人黄榜秀在另案电话沟通时反映的本案保单销售时"业务员无证销售""保险产品未备案"两项投诉事项，被申请人告知申请人通过正式投诉途径向被申请人投诉反映，符合中国保监会《保险消费投诉处理管理办法》关于"保险消费投诉提出方式"的规定，且经申请人同意。被申请人已履行了法定监管职责，不存在行政不作为的情形。其三，被申请人调查获取的三份保单的个人人身保险投保单、投保提示书、保单签收回执、产品说明书、犹豫期撤保申请书/退保申请书、经办人员黄某英和刘某芝的调查询问笔录、与申请人及其委托代理人的电话录音等证据，不足以认定太保寿广分公司及其销售人员存在"未经授权代扣款""伪造投保人签名""代填保单信息""承诺 5 年可取全款欺骗投保人"等违法违规行为。其四，被申请人调查获取的三份保单的个人人身保险投保单、保单回访系统截屏及回访录音、红利通知书及寄送证明等证据，可据以认定太保寿广分公司存在"回访不合规""投保人未抄写风险提示语""未寄送部分红利通知书"等问题。对此，被申请人采取下发《监管函》要求整改的做法，并无不当。根据《中华人民共和国行政复议法》（以下简称《行政复议法》）① 第 28 条的规定，维持被申请人对申请人保险消费投诉事项的处理及由此作出的《保险消费投诉处理决定告知书》。

黄榜秀、黄榜英、黄甲传对中国保监会作出的复议决定仍然不服，共同向广州市中级人民法院提起诉讼，请求撤销粤保监消费投诉（2015）第 0048 号《保险消费投诉处理决定告知书》、保监复议（2015）92-4 号《行政复议决定书》，责令被告广东保监局履行法定职责。

二、法院的观点

（一）关于黄榜秀、黄榜英、黄甲传是否具有本案原告诉讼主体资格的问题

2014 年修正的《行政诉讼法》第 25 条第 1 款规定："行政行为的相对人以及其他与行政行为有利害关系的公民、法人或者其他组织，有权提起诉讼。"黄榜秀、黄榜英、黄甲传对被告广东保监局作出的粤保监消费投诉（2015）第

---

① 如无特别说明，以下均指本案所涉 2009 年《行政复议法》，该法于 2017 年第二次修正。

0048号《保险消费投诉处理决定告知书》及被告中国保监会作出的保监复议（2015）92-4号《行政复议决定书》不服，共同提起本案诉讼。黄榜秀、黄榜英、黄甲传因个人投保事项向广东保监局及中国保监会分别提出过投诉、行政复议申请，且黄甲传的保单仍然有效，上述告知书及决定书对其权利义务产生了实际影响，与上述告知书及决定书有利害关系，是本案诉讼的适格原告。

被告广东保监局认为黄榜秀、黄榜英、黄甲传所投诉的保单已经退回，处理结果不会对其产生影响，故其不具有原告主体资格的观点，缺乏理据，法院不予支持。

（二）关于被告广东保监局作出涉案告知书的合法性问题

《保险消费投诉处理管理办法》第2条第3款规定："保险消费者向中国保监会及其派出机构提出保险消费投诉，是指保险消费者认为在保险消费活动中，因保险机构、保险中介机构、保险从业人员存在违反有关保险监管的法律、行政法规和中国保监会规定的情形，使其合法权益受到损害，向中国保监会及其派出机构反映情况，申请其履行法定监管职责的行为。"第12条规定："中国保监会派出机构负责处理保险消费者提出的下列投诉：（一）辖区内保险公司分支机构、保险中介机构违反有关保险监管的法律、行政法规和中国保监会规定，损害保险消费者合法权益，依法应当由中国保监会派出机构负责处理的；（二）辖区内保险从业人员违反有关保险监管的法律、行政法规和中国保监会规定，损害保险消费者合法权益，依法应当由中国保监会派出机构负责处理的；（三）其他依法应当由中国保监会派出机构负责处理的情形。"第22条规定："保险消费投诉处理工作管理部门应当自收到完整投诉材料之日起10个工作日内，告知投诉人是否受理，不予受理的，应当说明理由。"第27条第1款规定："中国保监会及其派出机构对受理的保险消费投诉应当及时组织调查核实，自受理投诉之日起60日内作出处理决定；情况复杂的，经本单位负责人批准，可以延长处理期限，但延长期限不得超过30日，并告知投诉人延长期限的理由。法律、行政法规、规章另有规定的，依照其规定。"第28条规定："处理决定作出之日起5个工作日内，中国保监会及其派出机构应当告知投诉人。告知内容应当包括：（一）被投诉人是否违反或者涉嫌违反有关保险监管的法律、行政法规和中国保监会规定；（二）处理意见；（三）投诉人如果对处理决定有异议的，可以按照本办法第二十九条的规定申请核查。"

被告广东保监局作为中国保监会在广东省内的派出机构，有权负责处理保险消费者提出的保险相关投诉。本案中，广东保监局收到原告的投诉后，经调查涉案保单、保单回访系统截屏等材料以及对保单经办人黄某英和三原告本人等进行询问后，认定原告反映的"未经授权代扣款""伪造投保人签名""代填保单信息""承诺5年可取全款欺骗投保人"事项目前缺乏充分证据证明；原告反映的"回访不合规""投保人未抄写风险提示语""未寄送红利通知书"事项，经查属实，遂发出《监管函》，要求太保寿广分公司限期整改，并将上述调查处理情况通过涉案《保险消费投诉处理决定告知书》的形式告知原告，符合上述规定，被告广东保监局已经依法履行法定职责。原告认为被告广东保监局应当对投保单上签名进行鉴定以及未对其他违法违规行为进行查处的主张，缺乏事实和法律依据，法院不予支持。

（三）关于被告中国保监会作出涉案行政复议决定程序的合法性问题

《行政复议法》第17条规定："行政复议机关收到行政复议申请后，应当在五日内进行审查，对不符合本法规定的行政复议申请，决定不予受理，并书面告知申请人；对符合本法规定，但是不属于本机关受理的行政复议申请，应当告知申请人向有关行政复议机关提出。除前款规定外，行政复议申请自行政复议机关负责法制工作的机构收到之日起即为受理。"第28条规定，"行政复议机关负责法制工作的机构应当对被申请人作出的具体行政行为进行审查，提出意见，经行政复议机关的负责人同意或者集体讨论通过后"，"具体行政行为认定事实清楚，证据确凿，适用依据正确，程序合法，内容适当的，决定维持。"第31条第1款规定，"行政复议机关应当自受理申请之日起六十日内作出行政复议决定；但是法律规定的行政复议期限少于六十日的除外"。中国保监会2015年4月20日收到原告的复议申请后，于4月24日向原告发送《补正行政复议申请通知》，于5月12日在收到补正材料后决定予以受理，并于7月1日作出涉案决定书，认定被复议的粤保监消费投诉（2015）第0048号《保险消费投诉处理决定告知书》认定事实清楚，适用法律正确，程序合法，决定维持广东保监局对原告保险消费投诉事项的处理及由此作出的涉案告知书。该复议决定书于次日向原告邮寄送达，程序符合上述规定，法院予以支持。

三、教学内容（法律评析）

（一）争议焦点分析

表 6-2

序号	争议点	原告黄榜秀、黄榜英、黄甲传		被告广东保监局、中国保监会	
		主张	理由	主张	理由
1	广东保监局的答复是否合法	不合法	广东保监局故意不履行对涉案保险合同存在着假冒申请人签名等合同欺诈行为进行查处的法定职责，而以"因缺乏相关司法鉴定机构出具的鉴定证明"为由作出该处理决定。	合法	1. 被诉行政行为对原告的权利义务不产生实际影响，原告不是适格的行政诉讼主体。 2. 广东保监局已依法办理保险消费投诉，答复内容合法： （1）对原告投诉提出的投保人签名非本人所签的问题，广东保监局对投保人及销售人员进行了调查，依法履行了调查职责。广东保监局不具有笔迹鉴定的法定职责和权力，已经尽到审查的职责。 （2）关于"没有证据证明其已对查清部分违法行为进行处罚"的问题，由于保单销售时是 2010 年，距广东保监局 2015 年发现时已逾两年，依据 2009 年修正的《行政处罚法》第 29 条①的规定，广东保监局无权予以行政处罚。但是，广东保监局对于上述违法行为仍然采取监管措施，发函责令太保寿广分公司限期整改，严格履行了监管职责。 （3）对原告投诉中反映的其他问题，广东保监局均已依法受理，开展调查，按时答复，依法严格履行了监管职责。

---

① 2009 年《行政处罚法》第 29 条规定："违法行为在二年内未被发现的，不再给予行政处罚。法律另有规定的除外。前款规定的期限，从违法行为发生之日起计算；违法行为有连续或者继续状态的，从行为终了之日起计算。"

(续表)

序号	争议点	原告黄榜秀、黄榜英、黄甲传		被告广东保监局、中国保监会	
		主张	理由	主张	理由
2	中国保监会的复议决定是否合法	不合法	中国保监会在2015年7月1日对原告作出的《行政复议决定书》中对原告提出的"对投诉的处理人员、分管领导的违法违规行为进行查处"的诉求以不属于行政复议范围为由推脱；对原告依法提交的《笔迹鉴定申请书》以"因是否鉴定并不影响判断被复议的保险消费投诉处理行为是否合法合理，故不属于《中华人民共和国行政复议法实施条例》第三十七条规定的需要鉴定的事项"为由故意不履行其法定职责。	合法	1. 行政复议程序合法。 2. 行政复议决定证据充分，适用法律正确： (1) 原告在行政复议申请材料中，申请"对投诉的处理人员、分管领导的违法违规行为进行查处"的事项不属于行政复议范围； (2) 广东保监局对原告投诉事项后的处理符合中国保监会《保险消费投诉处理管理办法》的规定； (3) 广东保监局已履行了法定监管职责，不存在行政不作为的情形； (4) 原告调查获取的证据不足以认定太保寿广分公司及其销售人员存在违法违规行为； (5) 广东保监局根据其调查获取的证据认定太保寿广分公司存在违法违规行为，并采取下发《监管函》要求整改的做法，并无不当。

（二）相关法律知识介绍——《银行业保险业消费投诉处理管理办法》

中国银行保险监督管理委员会2019年第8次委务会议通过《银行业消费投诉处理管理办法》（以下简称《投诉办法》），自2020年3月1日起施行，原《保险消费投诉处理管理办法》同时废止。《投诉办法》包含总则、组织管理、投诉处理、工作制度、监督管理、附则等6大部分，共45条，主要体现了以下特点：

第一，明确消费投诉事项。《投诉办法》明确界定消费投诉为消费者因购买银行、保险产品或者接受银行、保险相关服务与银行保险机构或者其从业人员产生纠纷，并向银行保险机构主张其民事权益的行为。

第二，规定银行保险机构职责。《投诉办法》明确银行保险机构是处理消费投诉的责任主体，按照依法合规、便捷高效、标本兼治和多元化解原则，对消费投诉事项进行属地管理，落实分级责任，充分考虑和尊重消费者的合理诉求，公平合法作出处理结论。

第三，明确投诉处理程序。《投诉办法》明确了银行保险机构处理消费投诉的受理渠道、受理范围、处理时限等程序要求。为最大化满足消费者合理诉求，结合投诉处理工作实际，鼓励提高投诉处理效率，对于事实清楚、争议情况简单的消费投诉，银行保险机构应当在15日内办理完毕并告知投诉人，情况复杂的可延长至30日；情况特别复杂或者有其他特殊原因的，经过必要审批程序后，办理期限再延长30日。《投诉办法》增加了对于第三方机构合作业务投诉的处理要求。银行保险机构应当要求相关第三方机构配合处理消费投诉，对投诉事项进行核实，及时提供相关情况，促进消费投诉顺利解决。

第四，完善投诉处理制度机制。为改变投诉处理"头痛医头，脚痛医脚"的状况，《投诉办法》要求银行保险机构建立健全溯源整改、责任追究制度；综合运用正向激励和负面约束手段，要求银行保险机构健全信息披露和考核评价制度；为避免利益冲突，要求银行保险机构建立投诉处理回避制度，指定与被投诉事项无直接利益人员处理投诉。

第五，便民高效化解投诉。《投诉办法》从强化机构主体责任角度，要求最大限度方便消费者投诉。《投诉办法》简化受理程序，规定银行保险机构不得拒绝接受消费者合理投诉诉求，不得要求投诉人提供机构已经掌握或者通过查询内部信息档案可以获得的材料；为避免银行保险机构分支机构久拖不决、问题隐瞒不报等，规定了投诉核查程序，要求银行保险机构上级机构对下级机构投诉处理工作进行核查，并且在答复投诉处理意见时，应当告知消费者申请核查、调解、仲裁、诉讼等救济途径，充分保障消费者申诉权力。为保护消费者合法权益，银行保险机构在投诉处理中应当核实投诉人身份，保护投诉人信息安全；发现消费投诉不是由投诉人或者其法定代理人、受托人提出的，银行保险机构可不予办理。

第六，强化监管督查和对外披露。《投诉办法》明确监管部门负责对银行保险机构消费投诉处理情况进行监督检查，定期通报披露转送银行保险机构的消费投诉情况；将银行保险机构投诉处理工作情况纳入消费者权益保护监管评价；强化监管措施，对于未按照《投诉办法》规定处理消费投诉或者开展投诉处理管理工作的银行保险机构，依据《银行业监督管理法》和《中华人民共和国保险法》,视情形可采取责令改正以及监督管理谈话、暂停相关业务、行政处罚等监管措施。①

(三) 法律分析

1. 广东保监局的答复是否合法

(1) 程序方面

第一,受理。《保险消费投诉处理管理办法》第 22 条规定:"保险消费投诉处理工作管理部门应当自收到完整投诉材料之日起 10 个工作日内,告知投诉人是否受理,不予受理的,应当说明理由。"本案中,2015 年 1 月 9 日,黄榜秀向广东保监局提出保险消费投诉。广东保监局于 2015 年 1 月 21 日受理黄榜秀的投诉事项并予以书面告知。

第二,决定。《保险消费投诉处理管理办法》第 27 条规定,"中国保监会及其派出机构对受理的保险消费投诉应当及时组织调查核实,自受理投诉之日起 60 日内作出处理决定"。第 28 条规定,"处理决定作出之日起 5 个工作日内,中国保监会及其派出机构应当告知投诉人"。本案中,广东保监局收到原告的投诉后,经调查涉案保单、保单回访系统截屏等材料以及对保单经办人黄某英和三原告本人等进行询问后,作出处理决定。

(2) 内容方面

根据《保险消费投诉处理管理办法》第 28 条的规定,处理决定告知内容应当包括被投诉人是否违反或者涉嫌违反有关保险监管的法律、行政法规和中国保监会规定与处理意见。本案中,广东保监局在处理决定中认定原告反映的"未经授权代扣款""伪造投保人签名""代填保单信息""承诺 5 年可取全款欺骗投保人"事项,目前缺乏充分证据证明;原告反映的"回访不合规""投保人未抄写风险提示语""未寄送红利通知书"事项,经查属实,将按照相关规定进行处理。2015 年 3 月 31 日,广东保监局向太保寿广分公司发送《监管函》,指出本案保单存在未当面告知投保人(黄榜秀、黄榜英)合同重要内容、未抄录风险提示语句、回访不合规、未留存证据证明寄送了除 2013 年和 2014 年外的其他年份的分红报告等问题,针对上述问题提出监管要求,并要求限期整改,将整改情况专项报告广东保监局。

---

① 参见《中国银保监会发布〈银行业保险业消费投诉处理管理办法〉》,http://www.cbirc.gov.cn/cn/view/pages/ItemDetail.html?docId=886161&itemId=917&generaltype=0,2020 年 3 月 15 日访问。

2. 中国保监会的复议决定是否合法

（1）程序方面

第一，受理。《行政复议法》第 17 条第 1 款规定："行政复议机关收到行政复议申请后，应当在五日内进行审查，对不符合本法规定的行政复议申请，决定不予受理，并书面告知申请人；对符合本法规定，但是不属于本机关受理的行政复议申请，应当告知申请人向有关行政复议机关提出。"本案中，原告于 2015 年 4 月 20 日向被告中国保监会递交落款日期为 2015 年 4 月 13 日的《行政复议申请书》。2015 年 4 月 24 日，中国保监会向原告发送《补正行政复议申请通知书》，要求其补正授权委托手续等材料。2015 年 5 月 12 日，中国保监会收到原告的补正材料后，受理了原告的复议申请。

第二，决定。《行政复议法》第 31 条规定，"行政复议机关应当自受理申请之日起六十日内作出行政复议决定；但是法律规定的行政复议期限少于六十日的除外"。本案中，中国保监会于 2015 年 7 月 1 日作出保监复议（2015）92-4 号《行政复议决定书》，符合法律规定。

（2）内容方面

《行政复议法》第 28 条第 1 款第 1 项规定，"行政复议机关负责法制工作的机构应当对被申请人作出的具体行政行为进行审查"，"具体行政行为认定事实清楚，证据确凿，适用依据正确，程序合法，内容适当的，决定维持"。本案中，中国保监会经审查，认定广东保监局对原告的投诉所作出的决定认定事实清楚，适用法律正确，程序合法，决定维持。

四、案例研习安排

（一）教学对象及目标

本案例供法学专业本科生、硕士研究生及法律硕士研究生教学使用，其他专业本科生、硕士研究生也可参酌使用。

本案例需要解决的问题主要有：

（1）广东保监局的答复是否合法？

（2）中国保监会的复议决定是否合法？

（二）建议课堂计划

本案例可以作为专门的教学案例进行讲授，建议安排 1 课时（40—45 分钟）。

如下课堂设计，仅供参考：

1. 课前计划

安排学生阅读案例及相关参考资料，熟悉整个案例流程，对案例中提出的问题进行思考。

2. 课中计划

介绍教学目的，明确讨论主题。

分组讨论问题及解决对策，告知发言要求。

小组代表发言，提出解决方案，并对其他小组提出的方案进行评述。

教师进行引导性分析，并作归纳总结。

3. 课后计划

请学生课后进一步细化了解保险消费投诉及处理的相关内容。

五、思考题

1. 在保护金融消费者方面，中国银行保险监督管理委员会与中国消费者权益保护协会之间是什么关系？

2. 《银行业保险业消费投诉处理管理办法》主要体现了什么特点？

第七章 财政法律制度

第一节 政府采购法的适用范围

案例 二十九 北京现代沃尔经贸有限责任公司诉财政部行政不作为案

【摘　要】 本案是一起关于政府采购货物引起的行政诉讼案件，主要涉及政府采购类型对应的法律适用情形、法律冲突的起源与协调以及各部门在政府采购活动中的责任分配等问题。通过对案例的研习，我们可以更深层次了解不同部门法之间的适用问题、政府采购的法律适用和部门职责等问题。

【关键词】 政府采购法　招标投标法　部门职责

一、基本案情

2003年9月，国务院批准了国家发展和改革委员会、卫生部编制的《突发公共卫生事件医疗救治体系建设规划》。根据此规划，国家发展和改革委员会、卫生部作为政府采购人，委托采购代理机构中国远东国际贸易总公司（以下简称"远东国贸"）于2004年10月对上述医疗救治体系项目进行了公开招标，采购相关仪器设备，共计12个包（招标编号：0722-FECT-04285）。北京现代沃尔经贸有限责任公司（以下简称"北京现代沃尔公司"）参加了其中第七包的投标，该包为血气分析仪。2004年12月1日，第七包开标公示，原告未中标。

2004年12月，北京现代沃尔公司在法定时间内发出了质疑函，没有得到招标代理机构和采购人对评标方法、打分标准、计算公式、评标专家组成及利害关系回避、中标结果公示等质疑给出的明确解释和合理说明。2004年12月21日和2005年1月7日，北京现代沃尔公司两次向财政部提出投诉，要求其对违法事实和违法行为人进行查处。

2005年3月1日，财政部将上述两份投诉书转交国家发展和改革委员会稽查办处理，并要求对方处理后将结果抄送财政部。但是，财政部未将上述情况告知北京现代沃尔公司。

2005年3月23日，北京现代沃尔公司向法院提起对财政部的诉讼。3月28日，北京市第一中级人民法院受理了这起后来被媒体称为"政府采购第一案"的案件。

2005年5月20日，北京市第一中级人民法院开庭审理此案。2006年12月8日，北京市第一中级人民法院作出一审判决，财政部被认定为行政不作为。

2006年12月22日，财政部对一审判决不服，向北京市高级人民法院提出上诉，要求撤销一审判决。2007年6月7日，北京市高级人民法院开庭审理本案。2012年11月21日，北京市高级人民法院作出二审判决：驳回上诉，维持一审判决。

二、法院的观点

（一）一审法院的观点

《中华人民共和国政府采购法》（以下简称《政府采购法》）[①] 第2条第2款规定："本法所称政府采购，是指各级国家机关、事业单位和团体组织，使用财政性资金采购依法制定的集中采购目录以内的或者采购限额标准以上的货物、工程和服务的行为。"第13条第1款规定："各级人民政府财政部门是负责政府采购监督管理的部门，依法履行对政府采购活动的监督管理职责。"本案被告财政部2004年公布的《政府采购货物和服务招标投标管理办法》第10条规定："县级以上各级人民政府财政部门应当依法履行对货物服务招标投标活动的监督管理职责。"

《政府采购法》第2条对"货物""工程""服务"的含义作了界定。其中，该条第5款规定："本法所称货物，是指各种形态和种类的物品，包括原材料、燃料、设备、产品等。"本案涉及的招投标采购内容为突发公共卫生事件医疗救治体系项目中的血气分析仪，根据上述规定，应属于货物采购。原告向被告投诉的是采购代理机构在以招投标方式采购上述货物过程中，招投标的组织不合法问题。根据上述法律及相关规范性文件的规定，这属于被告的监督管理权限范围。被告未按《政府采购法》第56条的规定，在收到该投诉材料后30个

[①] 如无特别说明，以下均指本案所涉2002年《政府采购法》。

工作日内,对投诉事项予以回复,应属于未履行法定职责。被告关于其将原告的投诉转交国家发展和改革委员会处理,且已将该情况告知原告,已履行了法定职责的答辩理由,缺乏事实和法律根据,一审法院不予采纳。

据此,一审法院判决被告财政部对原告北京现代沃尔公司的投诉予以处理和答复。

(二)二审法院的观点

《政府采购法》第56条规定:"政府采购监督管理部门应当在收到投诉后三十个工作日内,对投诉事项作出处理决定,并以书面形式通知投诉人和与投诉事项有关的当事人。"2004年《政府采购供应商投诉处理办法》第20条规定:"财政部门应当自受理投诉之日起30个工作日内,对投诉事项作出处理决定,并以书面形式通知投诉人、被投诉人及其他与投诉处理结果有利害关系的政府采购当事人。"根据《政府采购法》并结合《政府采购供应商投诉处理办法》的规定,北京现代沃尔公司以相关招投标的组织不合法为由向财政部投诉。财政部受理后将投诉信及相关材料转交国家发展和改革委员会稽查办处理,并要求将结果抄送财政部。但是,财政部未将上述情况书面通知北京现代沃尔公司。上述事实表明,财政部就北京现代沃尔公司的投诉事项未履行相关的法定职责。因此,财政部关于对北京现代沃尔公司的投诉已履行了法定职责的诉讼主张,缺乏事实和法律根据,二审法院不予支持。

综上,二审法院认为,一审法院判决并无不当,应予维持。

三、教学内容(法律评析)

(一)争议焦点分析[①]

1. 本案究竟应适用《中华人民共和国招标投标法》(以下简称《招标投标法》)[②] 还是《政府采购法》

(1)《招标投标法》

《招标投标法》第2条、第3条、第10条对何种招标投标行为适用该法作出了规定。第2条是一个概括性的规定,第3条具体规定了符合特定条件的工程建设项目以及与工程建设有关的货物和服务,第10条规定了招标投标的方式限于公开招标和邀请招标。因此,法律规定的适用范围可以认定为:在中国

[①] 参见刘雅兰、李雯雯:《政府采购第一案的法律分析》,载《法制与社会》2008年第3期。
[②] 如无特别说明,以下均指本案所涉1999年《招标投标法》。

境内用公开招标或者邀请招标的方式，采购符合特定条件的工程建设项目以及与工程建设有关的货物和服务的招标投标行为。由于法律中没有限定主体的范围，因此政府采购和私人采购都可以成为主体。国家发展和改革委员会发布的《工程建设项目招标范围和规模标准规定》对《招标投标法》的适用范围作了详细规定。

(2)《政府采购法》

《政府采购法》在《招标投标法》之后出台，是由财政部动议的、从采购主体角度规制政府采购行为的法律。

《政府采购法》第2条也是一个概括性的规定，规定适用对象为符合特定条件的货物、工程和服务。同时，对于采购方式，该法也规定了招标方式（公开招标、邀请招标）和非招标方式（竞争性谈判、单一来源采购、询价、其他采购方式）两种。值得注意的是，该法第4条规定进行招标投标的工程适用《招标投标法》。《政府采购法》第27条至第31条明确指出采购对象为"货物或者服务"。即使是规范非招标投标行为的第30条、第31条、第32条，也没有规定工程。这样，就会产生一个问题：第三章规定采用招标投标方式采购的条文中没有包括工程，这与第4条是吻合的。但是，规定采用非招标投标方式采购的条文中也没有包括工程。那么，采用非招标投标方式采购的工程是否适用《政府采购法》的确是个疑问。在分则中没有规定的情况下，法律适用应该回归到总则中。因为第2条明确规定该法所称的政府采购包括货物、工程和服务，所以可以理解为采用非招投标方式采购的工程也应该适用《政府采购法》。

通过体系解释，可以得出如下结论：

第一，不适用《政府采购法》的情形包括：各级国家机关、事业单位和团体组织，使用财政性资金，采用招标投标方式采购依法制定的集中采购目录以内的或者采购限额标准以上的工程的行为。

第二，适用《政府采购法》的情形包括：（1）采用招标投标方式采购集中采购目录以内的或者采购限额标准以上的货物和服务；（2）采用非招标投标方式采购集中采购目录以内的或者采购限额标准以上的货物和服务；（3）采用非招标投标方式采购集中采购目录以内的或者采购限额标准以上的工程。

(3)厘清两法的适用范围

《招标投标法》虽没有对行为主体作出特定要求，但规范了招标投标行为。《政府采购法》的主体只能是政府以及使用财政性资金的主体，而采购方式则有两种：招标投标和非招标投标。两法的重叠规制对象为：各级国家机关、事业单位和团体组织，使用财政性资金，采用招标投标方式采购集中采购目录以内的或者采购限额标准以上的货物和服务。同时，该货物和服务又属于《招标投标法》中与符合特定条件的工程建设项目有关的货物和服务。那么，这种货物和服务的采购行为究竟应该归哪个法律进行规范？

《招标投标法》和《政府采购法》都是全国人大常委会制定的法律，并且《招标投标法》先于《政府采购法》颁布。因此，在涉及政府采用招标投标方式进行采购时，《政府采购法》是新法和特别法，应当优先于《招标投标法》适用。《政府采购法》在两法重叠规制对象上是应当优先适用的；当《政府采购法》没有规定时，可以适用《招标投标法》。

（4）结合本案进行分析

本案中，北京现代沃尔公司竞标的对象为属于国家医疗救治体系项目的血气分析仪，采购人分别是为国家发展和改革委员会、卫生部。

首先，从《招标投标法》的角度考察。依据《工程建设项目招标范围和规模标准规定》第3条，关系社会公共利益、公众安全的公用事业项目的范围包括"卫生、社会福利等项目"。因此，该国家医疗救治体系项目属于关系社会公共利益、公众安全的公用事业项目。根据《招标投标法》第3条第1款第1项的规定，采用公开招标方式采购的该国家医疗救治体系项目是该法规范的工程建设项目。北京现代沃尔公司竞标的血气分析仪则是与该项目有关的设备（货物）。所以，北京现代沃尔公司参加的招标投标活动应该适用《招标投标法》。

其次，从《政府采购法》的角度考察。国家发展和改革委员会、卫生部是中央国家机关，使用中央财政资金。如果在集中采购目录以内或者采购限额标准以上，则北京现代沃尔公司竞标的血气分析仪是《政府采购法》调整的货物，公开招标投标行为可以适用《政府采购法》。

最后，进行综合考察。北京现代沃尔公司竞标的血气分析仪是两法的重叠规制对象，根据上文的分析，《政府采购法》优先适用。只有当《政府采购法》对公开招标没有具体规定时，才适用《招标投标法》。

2. 监管部门是财政部还是国家发展和改革委员会

《政府采购法》对监管主体的相关规定有：

第一，《政府采购法》第13条规定："各级人民政府财政部门是负责政府采购监督管理的部门，依法履行对政府采购活动的监督管理职责。各级人民政府其他有关部门依法履行与政府采购活动有关的监督管理职责。"该条的表述不是很清楚，不能简单地理解为对所有适用《政府采购法》的行为进行监督的主体都是财政部，因为第2款规定"其他部门"也有监管职责。所以，要结合其他的规定才能全面准确地理解该条。

第二，《政府采购法》第87条规定："本法实施的具体步骤和办法由国务院规定。"《中央国家机关全面推行政府采购制度实施方案》第5条第1款对财政部的职责进行了详细的阐述，并重申其有监管职责。值得注意的是，该条第4款规定："采用招标方式采购的，对招投标活动的监督按照《国务院办公厅印发国务院有关部门实施招标投标活动行政监督的职责分工的意见》（国办发〔2000〕34号）的规定，由有关部门分工负责。政府采购工程进行招标投标的，适用《中华人民共和国招标投标法》。"

采用招标方式进行政府采购的，其监管依照《关于国务院有关部门实施招标投标活动行政监督的职责分工的意见》，由国家发展和改革委员会和经贸、水利、交通、铁道、民航、信息产业等行政主管部门负责。同时，国家发展和改革委员会负责组织国家重大建设项目稽查特派员，对国家重大建设项目建设过程中的工程招标投标进行监督检查。对于何为"国家重大建设项目"，《国家重大建设项目招标投标监督暂行办法》第3条作出了具体规定。可见，国家发展和改革委员会对招标投标活动进行管理有综合性的权力，对国家重大建设项目的招标投标有监督检查权。经贸、水利、交通、铁道、民航、信息产业等行政主管部门负责对相关领域内的招标投标行为的监督。

本案中的政府招标投标行为优先适用《政府采购法》。该法对监管主体的界定是：采用非招标方式采购时是财政部，采用招标方式采购时是国家发展和改革委员会及其他相关部门。又因为本案采购的货物属于国家医疗救治体系项目，而该项目是由国家发展和改革委员会审核并报国务院批准的，属于国家重大建设项目，所以可以进一步确定该项目的采购监督主体是国家发展和改革委员会。

（二）法律分析[①]

本案中，双方当事人的争议焦点在于法律适用问题。一审、二审法院均判

[①] 参见汪才华：《浅谈"政府采购第一案"的判决和投诉处理》，载《建筑市场与招标投标》2015年第2期。

处财政部败诉，至少从司法层面明确了两项内容：

1. 本案涉及的采购标的物属于政府采购货物，而非工程建设项目货物

《国务院办公厅关于转发发展和改革委卫生部突发公共卫生事件医疗救治体系建设规划的通知》（国办发〔2003〕82号）显示，该项目包括省市县三级传染病医院或后备医院新建或改扩建、必要的医疗设备配置、配套污水处理设施建设，紧急救援中心新建或改扩建、救护转运车、负压车配置、特大城市紧急救援中心卫星定位系统配置，医疗救治信息网络及职业中毒、核辐射应急救治基地建设，医疗救治专业技术队伍的全员培训工作等，可以简单归为七类：基地新建或改扩建、配套医疗设备、信息网络系统、车辆、污水处理设施、人员培训、卫星定位系统。本次采购的血气分析仪属于配套医疗设备中的一项。本案一审原告诉状、一审判决、投诉处理中均提到了采购标的物属于政府采购货物，其采购方式和采购程序均应依照《政府采购法》及《政府采购货物和服务招标投标管理办法》等相关法律法规执行；而财政部在一审答辩和二审诉状中均指出该项目属于国家重大建设项目，其招标投标活动应当适用《招标投标法》及其下位法的规定。

财政部认为，国家发展和改革委员会、卫生部根据《招标投标法》第3条第1款①第1项和《工程建设项目招标范围和规模标准规定》第3条②第4项的规定，将本案涉及的突发公共卫生事件医疗救治体系项目"对号入座"为关系社会公共利益、公众安全的公用事业项目范围中的卫生类工程建设项目，将本案涉及的血气分析仪列为与工程建设有关的重要设备。

综上，根据《政府采购法》第2条第2款③、第5款④的规定，撇开"工

---

① 《招标投标法》第3条第1款规定："在中华人民共和国境内进行下列工程建设项目包括项目的勘察、设计、施工、监理以及与工程建设有关的重要设备、材料等的采购，必须进行招标：（一）大型基础设施、公用事业等关系社会公共利益、公众安全的项目；（二）全部或者部分使用国有资金投资或者国家融资的项目；（三）使用国际组织或者外国政府贷款、援助资金的项目。"

② 《工程建设项目招标范围和规模标准规定》第3条规定："关系社会公共利益、公众安全的公用事业项目的范围包括：（一）供水、供电、供气、供热等市政工程项目；（二）科技、教育、文化等项目；（三）体育、旅游等项目；（四）卫生、社会福利等项目；（五）商品住宅，包括经济适用住房；（六）其他公用事业项目。"

③ 《政府采购法》第2条第2款规定："本法所称政府采购，是指各级国家机关、事业单位和团体组织，使用财政性资金采购依法制定的集中采购目录以内的或者采购限额标准以上的货物、工程和服务的行为。"

④ 《政府采购法》第2条第5款规定："本法所称货物，是指各种形态和种类的物品，包括原材料、燃料、设备、产品等。"

程建设项目"概念,应当将本案涉及的血气分析仪列为政府采购货物,适用《政府采购法》。

2. 财政部应当履行监督管理职责

财政部认为,北京现代沃尔公司参加的血气分析仪的政府招标采购属于国家重大建设项目招标投标活动,不属于《政府采购法》的适用范围。按照《招标投标法》以及《关于国务院有关部门实施招标投标活动行政监督的职责分工的意见》《国家重大建设项目招标投标监督暂行办法》的规定,对国家重大建设项目招标投标活动的投诉,由国家发展和改革委员会受理并作出处理决定,与财政部无关。财政部在上诉状中提出,每年数千亿元的采购资金均按上述模式分别管理,而一审判决否定了这一模式,将严重影响财政部的行政管理工作。

北京现代沃尔公司认为,自2000年1月1日起施行的《招标投标法》实行的是多部门对招标投标活动分散监督的监管模式,而2003年1月1日《政府采购法》实施后,统一了政府采购货物、工程和服务的主管部门和监督机关,即各级财政部门。根据"新法优于旧法"的原则,本案的监督机关为财政部,而非国家发展和改革委员会。

综上,关于财政部是否应当对本案进行监督管理,在法律层面也存在冲突。本案的判决要求财政部对北京现代沃尔公司的投诉进行答复并予以处理,明确了财政部应当履行监督管理职责。

四、案例研习安排

(一)教学对象及目标

本案例供法学专业本科生、硕士研究生及法律硕士研究生教学使用,其他专业本科生、硕士研究生也可参酌使用。

本案例需要解决的问题主要有:

(1)当《招标投标法》与《政府采购法》存在冲突时,法律应当如何适用?

(2)在政府采购过程中,应当如何划分部门之间的职责?

(二)建议课堂计划

本案例可以作为专门的教学案例进行讲授,建议安排1课时(40—45分钟)。

如下课堂设计,仅供参考:

1. 课前计划

安排学生阅读案例及相关参考资料,熟悉整个案例流程,对案例中提出的问题进行思考。

2. 课中计划

介绍教学目的,明确讨论主题。

分组讨论问题及解决对策,告知发言要求。

小组代表发言,提出解决方案,并对其他小组提出的方案进行评述。

教师进行引导性分析,并作归纳总结。

3. 课后计划

请学生课后进一步细化了解《政府采购法》的适用范围。

五、思考题

1. 《政府采购法》的适用范围包括哪些?
2. 应当如何协调《政府采购法》与《招投标法》在适用范围上的冲突?

第二节 政府采购的法律救济

案例 三十 上海辉慈医疗器械有限公司诉崇明县财政局行政决定案

【摘　要】　本案是一起关于政府采购违反公平竞争原则的案件,主要涉及政府采购公平竞争原则及非歧视待遇的概念和判断、采购本国货物的认定、招标前置程序等相关问题。通过对案例的学习,我们可以更深层次了解政府采购公平竞争原则在何种情形下运用以及现实中存在的问题。

【关键词】　政府采购　公平竞争原则　非歧视待遇　招标异议程序

一、基本案情

(一)招标前异议

崇明县政府采购中心(以下简称"崇明采购中心")受崇明县妇幼保健所

委托,于 2012 年 6 月 1 日发布关于对崇明县妇幼保健所高频 X 线摄片机设备采购项目竞争性谈判的公告。在公告规定时间内,上海辉慈医疗器械有限公司(以下简称"辉慈公司")、上海裕满实业有限公司(以下简称"裕满公司")等四家企业参与报名,并领取《高频 X 线摄片机设备采购项目招标文件》(以下简称"招标文件")。2012 年 6 月 13 日,辉慈公司致函崇明采购中心及崇明县妇幼保健所,提出"对招标文件中十二(10. 本项目不允许进口产品的报价)与技术规格中★四、欧美一线品牌,近 2 年发布最新机型,提供 SFDA、CE、3C 条件存在冲突",并建议修改。对此,崇明采购中心及崇明县妇幼保健所未予采纳。

(二) 遭遇废标

2012 年 7 月 11 日,采购项目经竞争性谈判,崇明采购中心根据评审专家的推荐发布公告,主要内容为:本采购项目的中标单位为辉慈公司,如对中标结果有异议,请于本中标公告公布之日起 7 个工作日内,以书面形式向崇明采购中心或崇明县妇幼保健所提出质疑。2012 年 7 月 16 日,参加投标的供应商裕满公司就中标结果向崇明采购中心提出质疑,认为辉慈公司投标所提供的设备为国产品牌,不属于标书中要求的欧美一线品牌。2012 年 7 月 20 日,辉慈公司向崇明采购中心作出质疑回复,认为产品符合技术要求,质疑方为恶意质疑。2012 年 7 月 25 日,崇明采购中心组织评审专家进行复评,并作出复评报告,认为中标人辉慈公司在投标文件中未对招标文件货物需求一览表及技术规格偏离表的第 1 至第 4 条款作全面响应。因此,全体专家组成员一致认为该投标文件未作实质性响应,作废标处置,同时建议此次投标作流标处置。2012 年 7 月 27 日,崇明采购中心将上述结果告知裕满公司及辉慈公司。2012 年 7 月 30 日,辉慈公司因不同意废标处理结果而向崇明采购中心提出异议。2012 年 8 月 6 日,崇明采购中心回复,仍作废标处置,并建议此次投标作流标处置。

(三) 行政复议

2012 年 8 月 13 日,辉慈公司向崇明县财政局提起投诉。崇明县财政局审查了投诉项目的采购程序和招标文件后,于 2012 年 9 月 10 日作出了崇财库〔2012〕9 号《关于上海辉慈医疗器械有限公司就"崇明县妇幼保健所高频 X 线摄片机设备采购项目"投诉的处理决定》,认为:招标文件中设定产品欧美品牌,且作为实质性条款加以限制,具有明显歧视性,对其他品牌产品、其他供应商有失公允。鉴于采购文件具有歧视性，可能损害相关供应商的合法权益，根据《政府采购供应商投诉处理办法》（以下简称《处理办法》）第18条①之规定，本局决定责令重新开展采购活动。辉慈公司不服，向上海市财政局提出行政复议，复议结论为维持。辉慈公司遂提起行政诉讼，要求撤销崇明县财政局所作的崇财库〔2012〕9号投诉处理决定。

（四）行政诉讼一审

辉慈公司诉称：崇明县财政局作为监督部门，没有对政府采购活动作全面核查，也没有就质疑方所质疑的具体问题以及辉慈公司所投诉的不应废标等具体事项作出处理。崇明县财政局的处理决定违背《政府采购法》②的相关规定，请求法院依法撤销崇明县财政局所作的投诉处理决定。

崇明县财政局辩称：崇明县财政局作为财政部门，有权受理投诉、作出处理决定。在审查投诉事项过程中，崇明县财政局查明涉诉项目的招标文件中设定欧美品牌，且作实质性条款加以限制，违反《政府采购法》的相关规定，依据《处理办法》第18条规定作出的处理决定事实认定清楚、程序合法、法律适用正确，请求法院依法维持该处理决定。

崇明采购中心述称：对崇明县财政局所作的投诉处理决定没有异议，请求法院予以维持。

一审法院驳回辉慈公司的诉讼请求。辉慈公司上诉至上海市第二中级人民法院。

（五）行政诉讼二审

上诉人辉慈公司上诉称：参加本次项目竞争性谈判的合格供应商有四家，表明竞争充分，且公平竞争，不存在被上诉人崇明县财政局所认为的具有明显歧视供应商的情形。上诉人曾对招标文件规定的内容提出过质疑，"本项目不允许进口产品的报价"与"技术规格中★四、欧美一线品牌"存在冲突。被上诉人未审查上诉人提出的该质疑。原审第三人在上诉人中标后又作出的废标决

---

① 《政府采购供应商投诉处理办法》第18条规定："财政部门经审查，认定采购文件具有明显倾向性或者歧视性等问题，给投诉人或者其他供应商合法权益造成或者可能造成损害的，按下列情况分别处理：（一）采购活动尚未完成的，责令修改采购文件，并按修改后的采购文件开展采购活动；（二）采购活动已经完成，但尚未签订政府采购合同的，决定采购活动违法，责令重新开展采购活动；（三）采购活动已经完成，并且已经签订政府采购合同的，决定采购活动违法，由被投诉人按照有关法律规定承担相应的赔偿责任。"

② 如无特别说明，以下均指本案所涉2002年《政府采购法》。

定,不符合《政府采购法》第 36 条①的规定。为此,上诉人提出质疑。但是,被上诉人也未审查该内容。为了保护政府采购当事人的合法权益,应当防止采购人滥用废标权。被上诉人片面地指出招标文件存在所谓歧视性条款,却未遵守《政府采购法》第 22 条第 2 款规定的"采购人可以根据采购项目的特殊要求,规定供应商的特定条件,但不得以不合理的条件对供应商实行差别待遇"。包括上诉人在内的所有参加投标的供应商均未对"欧美一线品牌"的要求提出异议,这是采购人对供应商提出的特定条件,被上诉人认为存在歧视性条款的理由不能成立。被上诉人作出的投诉处理决定,决定重新开展采购活动,存在滥用法律条款情形,原审判决缺乏法律依据。故上诉人请求依法撤销原审判决,改判支持上诉人一审的诉讼请求。

被上诉人崇明县财政局辩称:招标文件上规定"欧美一线品牌"的要求,歧视了非欧美品牌的供应商,排除了其他潜在供应商参加竞争的机会,违反《政府采购法》第 22 条第 2 款的规定。原审判决正确,请求驳回上诉,维持原判。

原审第三人崇明采购中心述称:采购文件中不应存在明显的歧视性,原审第三人制作招标文件时系根据采购人的需求,现意识到招标文件排除了潜在供应商,歧视性条款并不是只针对包括上诉人在内的四家供应商。被上诉人作出的投诉处理决定正确,原审判决正确,请求予以维持。

二审法院判决:驳回上诉,维持原判。

二、法院的观点

(一) 一审法院的观点

根据《政府采购法》第 13 条第 1 款②及《处理办法》第 3 条③之规定,崇

---

① 《政府采购法》第 36 条规定:"在招标采购中,出现下列情形之一的,应予废标:(一) 符合专业条件的供应商或者对招标文件作实质响应的供应商不足三家的;(二) 出现影响采购公正的违法、违规行为的;(三) 投标人的报价均超过了采购预算,采购人不能支付的;(四) 因重大变故,采购任务取消的。废标后,采购人应当将废标理由通知所有投标人。"

② 《政府采购法》第 13 条第 1 款规定:"各级人民政府财政部门是负责政府采购监督管理的部门,依法履行对政府采购活动的监督管理职责。"

③ 《处理办法》第 3 条规定:"县级以上各级人民政府财政部门负责依法受理和处理供应商投诉。财政部负责中央预算项目政府采购活动中的供应商投诉事宜。县级以上地方各级人民政府财政部门负责本级预算项目政府采购活动中的供应商投诉事宜。"

明县财政局对政府采购活动具有监督管理的职责,有权依法受理和处理供应商的投诉。崇明县财政局收到辉慈公司的投诉后,依法予以受理,对投诉所涉政府采购活动进行了全面审查,认定招标文件中将拟采购的物品设定为欧美品牌,且作实质性条款加以限制,具有明显歧视性,有违《政府采购法》第22条第2款之规定,故依据《处理办法》第18条之规定,于法定期限内作出责令重新开展采购活动的投诉处理决定,程序合法,事实清楚,适用法律正确,并无不当。故一审法院判决驳回辉慈公司的诉讼请求。

(二)二审法院的观点

被上诉人崇明县财政局是负责政府采购监督管理的部门,依法履行对政府采购活动的监管职责,其执法程序符合法律规定。政府采购应当遵循公开透明、公平竞争、公正和诚实信用的原则。《政府采购法》第22条第2款规定:"采购人可以根据采购项目的特殊要求,规定供应商的特定条件,但不得以不合理的条件对供应商实行差别待遇或者歧视待遇。"因此,采购方发布的采购招标文件,对所有供应商应当平等对待,不得带有明显的歧视性、倾向性。

本案中,招标文件中设定的品牌条件显然对本次政府采购产品的品牌作出限定,排斥了非欧美品牌产品的供应商,未平等地给予所有潜在供应商公平竞争的机会。故崇明县财政局认定招标文件条款存在歧视性。同时,根据《政府采购法》第10条的规定,政府采购应当优先采购本国货物、工程和服务。招标文件将采购产品的品牌限定为欧美品牌,亦不符合上述规定。崇明县财政局因招标文件具有歧视性,鉴于采购活动尚未完成,决定确认采购活动违法,责令崇明采购中心重新开展采购活动,适用法律并无不当。关于辉慈公司提出的崇明县财政局未审查其质疑的不应废标异议的问题,鉴于采购文件本身存在明显的倾向性或歧视性问题,可能对潜在供应商的合法权益造成损害,采购活动应重新开展,故对包括辉慈公司在内的供应商是否实质响应招标文件已无必要进行审查。

综上,二审法院判决:驳回上诉,维持原判。

三、教学内容（法律评析）

（一）争议焦点分析

表 7-1

序号	争议点	辉慈公司		崇明县财政局	
		主张	理由	主张	理由
1	崇明县财政局的处理决定是否违反《政府采购法》	崇明县财政局的处理决定违反《政府采购法》	崇明县财政局作为政府监督部门，没有对政府采购活动作全面核查，也没有就质疑方所质疑的具体问题以及辉慈公司所投诉的具体事项作出处理。崇明县财政局的处理决定违反《政府采购法》的相关规定，请求法院依法撤销崇明县财政局于2012年9月10日作出的崇财库〔2012〕9号投诉处理决定。	崇明县财政局的处理决定并未违反《政府采购法》	崇明县财政局作为财政部门，有权受理投诉、作出处理决定。崇明县财政局在审查原告投诉事项过程中，查明涉诉项目的招标文件中设定欧美品牌，且作实质性条款加以限制，违反《政府采购法》的相关规定，依据《处理办法》第18条规定作出的处理决定事实认定清楚、程序合法、法律适用正确。
2	招标文件规定的内容是否具有明显歧视供应商的情形	招标文件规定的内容不具有明显歧视供应商的情形	1. 参加本次项目竞争性谈判的合格供应商有四家，竞争充分，且公平竞争，均未对"欧美一线品牌"的要求提出异议。 2. 辉慈公司曾对招标文件规定的内容提出过质疑，崇明县财政局未审查辉慈公司提出的该质疑。 3. 崇明采购中心在辉慈公司中标后又作出的废标决定，不符合《政府采购法》第36条的规定。 4. 为了保护政府采购当事人的合法权益，应当防止采购人滥用废标权。	招标文件规定的内容具有明显歧视供应商的情形	招标文件上规定"欧美一线品牌"的要求，歧视了非欧美品牌的供应商，排除了其他潜在供应商参加竞争的机会，违反《政府采购法》第22条第2款的规定。

(二) 法律分析

政府采购,通常指国家机关、事业单位等使用财政性资金,按法定要求和标准采购货物、工程和服务的行为。最高人民法院认为,本案是涉及政府采购的典型案例。政府采购是受一定限制、底线清晰的市场交易活动,需要考虑公共资金的合理使用、采购产品或服务的质量以及供应商的合理收益等多重因素。如果不依法规制、精打细算,会造成成本浪费、质次价高甚至滋生腐败,损害公共利益,破坏政府形象。《政府采购法》第22条规定了不得以不合理的条件对供应商实行差别待遇或者歧视待遇原则;第10条规定了除特定例外情形外,应当优先采购本国货物、工程和服务原则。本案中,涉案医疗器械招标文件设定产品为"欧美一线品牌",排斥了非欧美品牌产品供应商,未平等地给予所有潜在供应商公平竞争的机会,带有明显的倾向性,违反了上述原则。法院据此支持崇明县财政局的被诉处理决定,判决驳回辉慈公司的诉讼请求,凸显了上述政府采购原则的实践价值,对今后类似案件的审理具有重要借鉴意义。

本案是一起涉及政府采购投诉处理的新类型行政诉讼案件。财政部门对投诉进行处理并作出行政决定的行为是一种具体行政行为,应该接受司法审查。本案中,当事人对崇明县财政局作出处理决定的职权依据、执法程序并无争议,争议焦点在于对由政府采购公平竞争原则衍生的非歧视待遇的判断,以及对优先采购本国货物规定的理解适用。政府采购应当遵循公开透明、公平竞争原则,采购人可以根据采购项目的特殊要求,规定供应商的特定条件,但不得以不合理的条件对供应商实行差别待遇或者歧视待遇。采购方发布的招标文件,不得带有明显的歧视性、倾向性。同时,政府采购也应遵循优先采购本国货物的规定,除非特定情形,不得在招标文件中设定排除本国货物的条款和要求。作为政府采购监督管理机关的财政部门,在处理涉及政府采购投诉时,必须对于采购程序是否遵循了非歧视待遇与采购本国货物之规定作出正确的认定和判断。[①]

(三) 延伸法律思考

第一,供应商合法权利的保护。《政府采购货物和服务招标投标管理办法》

---

① 参见黎娴:《政府判例入选2015年度十大经济行政典型案例》,http://www.caigou2003.com/cz/aldp/618768.html,2020年3月15日访问。

第62条规定："中标供应商确定后，中标结果应当在财政部门指定的政府采购信息发布媒体上公告。公告内容应当包括招标项目名称、中标供应商名单、评标委员会成员名单、招标采购单位的名称和电话。在发布公告的同时，招标采购单位应当向中标供应商发出中标通知书，中标通知书对采购人和中标供应商具有同等法律效力。中标通知书发出后，采购人改变中标结果，或者中标供应商放弃中标，应当承担相应的法律责任。"本案中，中标供应商确定后，崇明采购中心未在发布公告的同时向辉慈公司发出中标通知书。在保护中标人利益与公平竞争原则适用之权衡中，公平竞争原则应受到优先保护，不宜只考虑中标者的利益而无视政府采购活动中的公平竞争原则。在此前提下，中标供应商的利益也应受到适当保护。根据《政府采购法》第71条的规定，政府采购当事人有包括"以不合理的条件对供应商实行差别待遇或者歧视待遇"在内的违法行为，给他人造成损失的，应依照有关民事法律的规定承担民事责任，中标供应商可据此主张其合法权利。①

第二，招标文件审查前置。本案问题的根源是崇明采购中心发布的招标文件存在疏误，而且辉慈公司在招标期间曾向采购方提出，但是未引起重视和得到处理。在未中标供应商对中标人未响应招标文件提出质疑后，崇明采购中心作出了废标处理并告知辉慈公司。辉慈公司不服，向崇明县财政局提出投诉。崇明县财政局再作出招标文件违法，重新开展采购活动的投诉处理决定。整个程序流转下来，费时费力，也在一定程度上影响了政府采购诚信，给包括辉慈公司在内的所有参加投标的供应商造成损失，社会效果不佳。因此，可以考虑建议行使监督管理职责的财政部门提前介入招标程序，尤其是对招标文件进行招标前审查，避免因招标文件存在疏误而造成不必要的错误及损失。②

四、案例研习安排

（一）教学对象及目标

本案例供法学专业本科生、硕士研究生及法律硕士研究生教学使用，其他专业本科生、硕士研究生也可参酌使用。

本案例需要解决的问题主要有：

---

① 参见黎娴：《政采判例入选2015年度十大经济行政典型案例》，http://www.caigou2003.com/cz/aldp/618768.html，2020年3月15日访问。
② 同上。

(1) 对于政府采购公平竞争原则衍生的非歧视待遇，应当如何判断？

(2) 对于在政府采购中优先采购本国货物的规定，应当如何理解适用？

(二) 建议课堂计划

本案例可以作为专门的教学案例进行讲授，建议安排1课时（40—45分钟）。如下课堂设计，仅供参考：

1. 课前计划

安排学生阅读案例及相关参考资料，熟悉整个案例流程，对案例中提出的问题进行思考。

2. 课中计划

介绍教学目的，明确讨论主题。

分组讨论问题及解决对策，告知发言要求。

小组代表发言，提出解决方案，并对其他小组提出的方案进行评述。

教师进行引导性分析，并作归纳总结。

3. 课后计划

请学生课后进一步细化了解政府采购公平竞争原则及非歧视待遇在司法实践中的应用，以及此类原则在招标过程中如何适用等相关问题。

五、思考题

1. 适用政府采购公平竞争原则及非歧视待遇作出司法判决是否合适？如果不合适，应该如何改进？

2. 考察我国的招标文件审查前置程序，思考该程序是否有改进的空间。

第八章 税收法律制度

第一节 实质课税原则

案例 三十一 陈建伟诉福建省莆田市地方税务局稽查局税务纠纷案

【摘 要】 本案是一起民间借贷利息征税案件,主要涉及实质课税原则对民事法律关系的认定、民间借贷利息收入征税以及税收公平原则在民间借贷利息税收中的体现三个争议点。通过对案例的学习,我们可以更深层次了解实质课税原则在实践中对民事法律关系认定上存在的障碍、税务机关是否有权力对个人之间的民间借贷利息收入征收税款;同时,深入研究税收法律理论,明确税法及其适用的基本原则,对民间借贷税收案件的审理具有指导作用。

【关键词】 实质课税 民间借贷 税收公平

一、基本案情

2013年年初,福建省鑫隆古典工艺博览城建设有限公司(以下简称"鑫隆公司")因项目开发建设需要,与陈建伟和案外人林碧钦达成协议,以鑫隆公司部分房产作为抵押向陈建伟和林碧钦合计借款6000万元,月息5‰,利息按月支付,期限一年。

2013年3月20日,陈建伟、林碧钦与鑫隆公司签订合同时,发现鑫隆公司只能提供85坎店面,店面面积合计10008.73平方米,两人只同意借给鑫隆公司5500万元。双方签订一份《商品房买卖合同》,约定:

(1)陈建伟和林碧钦共同向鑫隆公司购买位于仙游县榜头镇泉山村中国古

典工艺博览城2号楼2—3层85坎商铺，建筑面积10008.73平方米，每平方米5500元，合同总价款5500万元。

（2）分期付款。买受人2013年3月31日前支付全部购房款的18.2%，计1000万元；2013年6月30日前支付全部购房款的31.8%，计1750万元；2013年12月31日前支付全部购房款的50%，计2750万元。

（3）违约责任。出卖人应在2013年12月30日前将符合合同约定的商品房交付给买受人，出卖人逾期交房不超过30日，出卖人按日向买受人支付已付款万分之0.5的违约金；超过30日，买受人有权解除合同，解除合同的，出卖人应自买受人解除合同书面通知到达之日起1日内退还全部已付款，并按买受人已付款的20%向买受人支付违约金。继续履行合同的，出卖人按实际逾期的天数计算每日向买受人支付已付款的万分之0.6。

（4）产权登记。出卖人应在商品房交付使用后60日内，向当地房屋权属登记部门办理房屋所有权初始登记，如因出卖人原因不能在商品房交付使用后90日内取得房屋权属证书，买受人退房的，出卖人应在30日内退还已付款并按已付款的20%赔偿买受人损失。

（5）争议处理。协商不成，依法向法院起诉等。

双方签订合同后，到仙游县房地产管理中心备案登记。同日，鑫隆公司将多余的500万元汇还给林碧钦。

2014年1月17日，林碧钦因资金周转需要从鑫隆公司抽回300万元。2014年3月19日，林碧钦、陈建伟和鑫隆公司通过泉州仲裁委员会仲裁，解除上述《商品房买卖合同》，鑫隆公司分别汇还给林碧钦、陈建伟2600万元，共计5200万元。2013年3月20日至2014年3月19日，陈建伟累计取得利息收入2140.5万元（其中，2013年度为1350万元，2014年度为790.5万元）。陈建伟2013年度和2014年度取得利息收入未申报缴纳营业税、个人所得税、城市维护建设税、教育费附加及地方教育附加。

2014年6月，中共莆田市纪律检查委员会（以下简称"莆田市纪委"）和福建省莆田市人民检察院（以下简称"莆田市检察院"）接到举报，对陈建伟、林碧钦与鑫隆公司的资金往来进行调查。陈建伟、林碧钦在莆田市纪委和莆田市检察院的谈话笔录中均承认"陈建伟和案外人林碧钦共借款人民币5500万元给鑫隆公司，月利率5‰，鑫隆公司以商品房作抵押，双方签订《商品房买卖合同》，一年内共收取利息人民币3328万元。解除《商品房买卖合同》时，陈建伟和林碧钦收回本金共计人民币 5200 万元。涉案借款给鑫隆公司的本金也是向其他人以不同的利率转借的"。2014 年 12 月 10 日，莆田市纪委向莆田市地方税务局发出莆纪函〔2014〕18 号《关于对林碧钦等人涉嫌偷漏税进行调查处理的函》，函告"我委在有关案件调查中发现仙游县乾元财务有限公司林碧钦等人于 2013 年 3 月至 2014 年 3 月，以月息 5‰向仙游县兴隆古典工艺博览城建设有限公司放贷人民币 5500 万元，共获利人民币 3328 万元，涉嫌偷漏税。经委领导同意，现将该问题移送你局进一步调查处理，请将处理结果于 2015 年 1 月 15 日反馈我委一室"。

莆田市地方税务局根据莆田市纪委上述函件，于 2015 年 3 月 26 日立案调查。2015 年 4 月 30 日，莆田市地方税务局稽查局（以下简称"莆田市地税稽查局"）作出被诉税务处理决定，由陈建伟就所取得的利息收入补缴纳税款：（1）营业税 1070250 元；（2）个人所得税 4281000 元；（3）城市维护建设税 53512.5 元；（4）教育费附加 32107.5 元；（5）地方教育费附加 21405 元；（6）加收滞纳金 171781.71 元。以上共计 5630056.71 元。

陈建伟不服，诉至法院，要求撤销相关行政决定。一审法院判决驳回诉讼请求。陈建伟不服，提起上诉。二审法院部分改判，但仍维持行政决定。陈建伟申请再审，但被驳回再审申请。

二、法院的观点

本案的争议焦点主要有以下三个方面：

（一）税务机关能否根据实质课税原则独立认定案涉民事法律关系

根据《中华人民共和国税收征收管理法》（以下简称《税收征收管理法》）及相关规定，税务机关是主管税收工作的行政主体，承担管辖权范围内的各项税收、非税收入征管等法定职责。因此，税务机关一般并不履行认定民事法律关系性质的职能；同时，税务机关对民事法律关系的认定一般还应尊重生效法律文书相关认定效力的羁束。

但是，税务机关依照法律、行政法规的规定征收税款系其法定职责，在征收税款过程中必然会涉及对相关应税行为性质的识别和判定，而这也是实质课税原则的基本要求。否定税务机关对名实不符的民事法律关系的认定权，不允许税务机关根据纳税人经营活动的实质内容依法征收税款，将不可避免地影响税收征收工作的正常开展，难以避免纳税义务人滥用私法自治以规避或减少依法纳税义务，从而造成国家法定税收收入流失，有违税收公平原则。同时，税法与民法系平等相邻之法域，前者体现量能课税与公平原则，后者强调契约自由。对同一法律关系的认定，税法与民法的规定可能并不完全一致：依民法有效之契约，依税法可能并不承认；而依民法无效之契约，依税法亦可能并不否认。因此，税务机关依据税收征收法律等对民事法律关系的认定，仅在税务行政管理、税额确定和税款征缴程序等专门领域有既决力，而当事人仍可依据民事法律规范，通过仲裁或民事诉讼等方式另行确认民事法律关系。因此，在坚持税务机关对实质民事交易关系认定负举证责任的前提下，允许税务机关基于确切让人信服之理由自行认定民事法律关系，对民事交易秩序的稳定性和当事人权益并不构成重大威胁。当然，税务机关对实质民事交易关系的认定应当符合事实与税收征收法律规范，税务机关认为其他机关对相应民事法律关系的认定与其认定明显抵触的，宜先考虑通过法定渠道解决，而不宜径行作出相冲突的认定。

本案的特殊性在于，虽然泉州仲裁委员会相关仲裁文书确认鑫隆公司与陈建伟、林碧钦之间的协议系《商品房买卖合同》并调解予以解除，但是该仲裁由鑫隆公司于2014年3月18日申请，次日即3月19日即以调解书结案，且未独立认定任何案件事实。税务机关已经就其系民间借贷关系的实质认定举证证明：陈建伟、林碧钦在《商品房买卖合同》签订之前，已经转账支付鑫隆公司6000万元，而鑫隆公司在签订合同当日又返还陈建伟500万元，即至签订《商品房买卖合同》之日，陈建伟、林碧钦共向鑫隆公司支付资金5500万元；合同双方签订《商品房买卖合同》后，陈建伟分别于2013年5月、7月、9月、10月、11月、12月和2014年1月、2月、3月，收到鑫隆公司转入资金共4740.5万元；林碧钦分别于2013年3月、4月、6月、8月、10月和2014年1月、3月，收到鑫隆公司转入资金共4587.5万元，即陈建伟、林碧钦合计收到鑫隆公司转入资金9328万元，扣除林碧钦于2013年10月10日支付给鑫隆公司的资金500万元，收支相抵后，较之《商品房买卖合同》价金5500万元还多出3328万元。上述陈建伟、林碧钦与鑫隆公司资金往来系客观真实发生，各方均不否认；陈建伟、林碧钦虽主张上述款项系鑫隆公司支付的"履约保证金"，但鑫隆公司在税务机关调查中并不承认存在所谓"履约保证金"，且出售商品房的房地产公司逐月按特定比例给购房人支付所谓"履约保证金"也不符合商品房买卖交易习惯，而更符合民间借贷交易习惯。同时，税务机关还提供了陈建伟、林碧钦在莆田市检察院等机关的谈话笔录,他们均承认借款5500万元给鑫隆公司,月利率5‰,鑫隆公司以商品房作抵押,双方签订《商品房买卖合同》,一年内共收取利息3328万元的事实;鑫隆公司出具的《关于林碧钦部分往来款说明》《情况说明》,以及林新富、张双培等证人证言,也均证明陈建伟、林碧钦共借款5500万元给鑫隆公司的事实。

因此,案涉《商品房买卖合同》仅仅是双方为了保证出借资金的安全而签订的,具有一定的让与担保属性。但是,该交易行为也符合《合同法》第196条规定的借贷合同法律关系。因此,税务机关依据实质课税原则,根据当事人民事交易的实质内容,自行、独立认定陈建伟、林碧钦与鑫隆公司之间实际形成民间借贷法律关系,将陈建伟收取的、鑫隆公司支付的除本金以外的2140.5万元认定为民间借贷利息收入,符合事实和法律,即依据纳税人民事交易活动的实质而非表面形式予以征税。

(二) 对案涉民间借贷利息收入应否征收营业税、个人所得税等税款

对于省级以下税务局稽查局的法定职权,法院在(2015)行提字第13号行政判决中已有明确阐述和认定,即根据《税收征收管理法》等相关规定的精神,在国家税务总局《关于进一步规范国家税务局系统机构设置明确职责分工的意见》等规定仍然有效的情况下,省级以下税务局稽查局依法具有行政主体资格,具有对税收违法行为、应缴未缴行为进行检查、调查、核定应纳税额职权。因此,本案中,莆田市地税稽查局作为莆田市地方税务局所属稽查局,具有独立的执法主体资格,陈建伟主张莆田市地税稽查局不具有独立的执法主体资格,无权行使应纳税额核定权,无权作出被诉税务处理决定的理由不能成立。

对于被诉税务处理决定所认定和征收的营业税、城市维护建设税、教育费附加和个人所得税的合法性与适当性问题,分述如下:

1. 关于公民个人将资金借与单位或者其他个人并取得利息收入是否属于应税劳务问题

《中华人民共和国营业税暂行条例》(以下简称《营业税暂行条例》,2017年废止)第1条规定:"在中华人民共和国境内提供本条例规定的劳务、转让无形资产或者销售不动产的单位和个人,为营业税的纳税人,应当依照本条例缴纳营业税。"《中华人民共和国营业税暂行条例实施细则》(以下简称《营业税暂行条例实施细则》,2017年废止)第2条第1款规定,"条例第一条所称条

例规定的劳务是指属于交通运输业、建筑业、金融保险业、邮电通信业、文化体育业、娱乐业、服务业税目征收范围的劳务"。

同时,根据《国家税务总局关于印发〈营业税税目注释(试行稿)〉的通知》(国税发〔1993〕149号)和《国家税务总局关于印发〈营业税问题解答(之一)〉的通知》(国税函发〔1995〕156号)的规定,贷款属于"金融保险业",是指将资金贷与他人使用的业务。因此,公民个人将资金借与单位或者其他个人并产生较大数额利息收入的,即属于上述规定的应税劳务。

2. 关于个人与单位以及个人之间的借贷并收取利息的营业税起征点或者免税额度问题

《营业税暂行条例》第10条①和《营业税暂行条例实施细则》第23条第1、2款②规定了纳税人的营业税起征点。同时,根据相关规定,自2014年10月1日起,营业税免税政策提高至月营业额30000元。因此,民间借贷利息收入的起征点应当适用营业税起征点的规定,即对月利息收入达到30000元(自2019年1月1日起,小规模增值税起征免税额提高到100000元)的,应当征收营业税。另外,《营业税改征增值税试点实施办法》第9条③规定了应税行为的具体范围,第15条第1项④规定了金融服务的税率。《销售服务、无形资产、不动产注释》⑤对金融服务作了规定。《中华人民共和国增值税暂行条例》(以下简称《增值税暂行条例》)第12条⑥规定了小规模纳税人增值税征收率为3%。因此,在营业税改为增值税后,单位或个人提供"贷款服务"取得利息收入且达到起征点的,也属于增值税应税劳务,应适用6%的税率征收增值

---

① 《营业税暂行条例》第10条规定:"纳税人营业额未达到国务院财政、税务主管部门规定的营业税起征点的,免征营业税;达到起征点的,依照本条例规定全额计算缴纳营业税。"

② 《营业税暂行条例实施细则》第23条第1、2款规定:"条例第十条所称营业税起征点,是指纳税人营业额合计达到起征点。营业税起征点的适用范围限于个人。"

③ 《营业税改征增值税试点实施办法》第9条规定:"应税行为的具体范围,按照本办法所附的《销售服务、无形资产、不动产注释》执行。"

④ 《营业税改征增值税试点实施办法》第15条第1项规定:"纳税人发生应税行为,除本条第(二)项、第(三)项、第(四)项规定外,税率为6%。"

⑤ 《销售服务、无形资产、不动产注释》对金融服务的规定:"金融服务,是指经营金融保险的业务活动。包括贷款服务、直接收费金融服务、保险服务和金融商品转让。……贷款,是指将资金贷与他人使用而取得利息收入的业务活动。各种占用、拆借资金取得的收入,包括金融商品持有期间(含到期)利息(保本收益、报酬、资金占用费、补偿金等)收入、信用卡透支利息收入、买入返售金融商品利息收入、融资融券收取的利息收入,以及融资性售后回租、押汇、罚息、票据贴现、转贷等业务取得的利息及利息性质的收入,按照贷款服务缴纳增值税。……"

⑥ 《增值税暂行条例》第12条规定:"小规模纳税人增值税征收率为3%,国务院另有规定的除外。"

税；对于小规模的纳税人，增值税征收率为3%。

3. 关于案涉营业税及城市维护建设税、教育费附加的应纳税额问题

《营业税暂行条例》第4条第1款规定，"纳税人提供应税劳务、转让无形资产或者销售不动产，按照营业额和规定的税率计算应纳税额"。第5条规定，"纳税人的营业额为纳税人提供应税劳务、转让无形资产或者销售不动产收取的全部价款和价外费用"。但是，"外汇、有价证券、期货等金融商品买卖业务，以卖出价减去买入价后的余额为营业额"。同时，根据《营业税税目税率表》的规定，金融保险业的营业税税率为5%。因此，被诉税务处理决定分别以陈建伟2013年度和2014年度因民间借贷产生的利息收入作为税基乘以税率5%确定应纳营业税额，符合法律规定。

《中华人民共和国城市维护建设税暂行条例》第2条规定："凡缴纳消费税、增值税、营业税的单位和个人，都是城市维护建设税的纳税义务人（以下简称纳税人），都应当依照本条例的规定缴纳城市维护建设税。"第3条规定："城市维护建设税，以纳税人实际缴纳的消费税、增值税、营业税税额为计税依据，分别与消费税、增值税、营业税同时缴纳。"第4条规定，"城市维护建设税税率如下：……纳税人所在地在县城、镇的，税率为5%"。本案中，被诉税务处理决定分别以陈建伟2013年度和2014年度应纳营业税额作为税基乘以税率5%，确定应纳城市维护建设税税额，符合法律规定。

《征收教育费附加的暂行规定》第2条规定："凡缴纳消费税、增值税、营业税的单位和个人，除按照《国务院关于筹措农村学校办学经费的通知》（国发〔1984〕174号文）的规定，缴纳农村教育事业费附加的单位外，都应当依照本规定缴纳教育费附加。"第3条第1款规定："教育费附加，以各单位和个人实际缴纳的增值税、营业税、消费税的税额为计征依据，教育费附加率为3%，分别与增值税、营业税、消费税同时缴纳。"本案中，被诉税务处理决定分别以陈建伟2013年度和2014年度应纳营业税额作为税基乘以3%税率，确定应征收教育费附加税额，符合法律规定。

《福建省地方教育附加征收管理暂行办法》第2条第1款规定："在我省境内从事生产经营活动的地方企事业单位和个人（以下简称纳费人），包括中央与地方合资企业、省内外合资企业和'三资'企业等，均应依照规定缴纳地方教育附加。"第3条规定："地方教育附加，以实际缴纳的增值税、营业税、消费税为计征依据，征收率为1%。"同时，《福建省人民政府关于调整地方教育

附加征收标准等有关问题的通知》第 2 条规定:"地方教育附加以上述单位和个人实际缴纳的增值税、营业税、消费税税额为计税依据,征收率从 1% 调整到 2%,与增值税、营业税、消费税同时申报缴纳。"本案中,被诉税务处理决定分别以陈建伟 2013 年度和 2014 年度应纳营业税额作为税基乘以税率 2%,确定应征收地方教育费附加税额,符合法律规定。

4. 关于已经征收营业税基础上是否还应当继续征收个人所得税问题

根据 2011 年修正的《中华人民共和国个人所得税法》(以下简称《个人所得税法》)第 2 条的规定,利息、股息、红利所得应当缴纳个人所得税。该法第 3 条第 5 项规定:"……利息、股息、红利所得,财产租赁所得,财产转让所得,偶然所得和其他所得,适用比例税率,税率为百分之二十。"第 6 条第 1 款第 6 项规定:"利息、股息、红利所得,偶然所得和其他所得,以每次收入额为应纳税所得额。"

《税收征收管理法》第 3 条第 1 款规定:"税收的开征、停征以及减税、免税、退税、补税,依照法律的规定执行;法律授权国务院规定的,依照国务院制定的行政法规的规定执行。"税收法定是税收征收的基本原则,营业税、增值税与个人所得税属于不同税种,在原理、税基、计算方法、调节重点等方面均不相同,对已经征收营业税或者增值税的收入再征收个人所得税,原则上并不存在重复征税问题。对民间借贷取得的利息收入,纳税人既需要依法缴纳营业税或者增值税,也应依法缴纳个人所得税。本案中,莆田市地税稽查局经依法认定陈建伟 2013 年度和 2014 年度取得的案涉利息收入未申报个人所得税,决定陈建伟补缴纳相应个人所得税额,不违反法律规定。

(三)对民间借贷产生较大金额利息收入征收税款如何体现税收公平原则

税收是国家调控经济的重要杠杆之一,依法纳税是每一个公民应尽的义务。税务机关在遵循税收法定原则的同时,还必须坚持税收公平和税收效率原则,既考虑税收征收的行政管理效率,避免税款收入与征收成本比例失衡,也考虑征收对经济、社会的综合影响,依法保障纳税人的基本权利,给社会以合理的预期和安全感。民间借贷行为一般具有人身和社会属性,在特殊情形下也具有一定资本属性。对民间借贷行为征缴税款,宜坚持税收公平原则并保持谦抑。税务机关宜结合借贷当事人之间的关系、借贷的性质和用途、借贷金额与利息金额的大小、出借资金的来源等因素,综合判断是否符合法定的纳税条件，并衡量税收的行政效率与经济效率，以发挥税收制度调节社会生产、交换、分配和消费与促进社会经济健康发展的功能。对于亲友之间偶发的、不以营利为目的的、月利息收入未达到起征点的民间借贷行为，不应征收税款。

根据依法行政的基本要求，没有法律、法规和规章的规定，行政机关不得作出影响行政相对人合法权益或者增加行政相对人义务的决定；在法律规定存在多种解释时，应当首先考虑选择适用有利于行政相对人的解释。依据纳税人经营活动的实质而非表面形式予以征税的情形样态复杂，脱法避税与违法逃税的法律评价和后果并不相同，且各地对民间借贷的利息收入征收相关税款的实践不一。税务机关有权基于实质课税原则核定、征缴税款，但加收滞纳金仍应严格依法进行。

根据《税收征收管理法》第 32 条、第 52 条的规定，加收滞纳金的条件为：纳税人未按照规定期限缴纳税款且自身存在计算错误等失误，或者故意偷税、抗税、骗税的。因此，对于经核定依法属于税收征收范围的民间借贷行为，只要不存在恶意逃税或者计算错误等失误，税务机关经调查也未发现纳税人存在偷税、抗税、骗税等情形，而仅系纳税义务人对相关法律关系的错误理解和认定的，税务机关按实质课税的同时不宜一律征缴滞纳金甚至处罚。本案中，莆田市地税稽查局依据实质课税原则认定案涉系民间借贷关系而非房屋买卖关系，并因此决定征缴相应税款并无不当，且决定加收相应滞纳金亦有一定法律依据。但是，考虑到有关民间借贷征税立法不具体，以及当地税务机关实施税收征收管理的实际情况，莆田市地税稽查局仍宜参考《税收征收管理法》第 52 条第 1 款有关"因税务机关的责任，致使纳税人、扣缴义务人未缴或者少缴税款的，税务机关在三年内可以要求纳税人、扣缴义务人补缴税款，但是不得加收滞纳金"的规定，在实际执行被诉税务处理决定时予以充分考虑，并在今后加大对税法相关规定的宣传和执行力度。

此外，行政审判对行政行为合法性的审查主要针对行政机关作出行政行为时所依据的证据、事实和法律规范。税务机关虽对实质课税原因以及应纳税所得额认定等事实负举证责任，但纳税义务人在税收调查、核定和征收等行政程序中，仍负有主动或应要求的协助义务，以厘清是非曲直，并主张对其有利的扣除、充抵、减免的情节；否则，将可能承担税务机关对其不利的认定或者推定。根据 2011 年《个人所得税法》第 2 条、第 3 条与《中华人民共和国个人所得税法实施条例》第 6 条、第 14 条第 3 项等规定，民间借贷利息收入所应缴纳的个人所得税，既非按实行超额累进税率的综合所得计算，也非按实行超额累进税率的经营所得计算，而系适用20%固定适用比例税率，以"支付利息……时取得的收入"为基准计算。相较于对惯常存款人无成本资金从金融机构取得无风险利息收入征缴个人所得税而言，对具有资金融通性质、需要缴纳营业税（增值税）等税赋且可能存在资金成本和市场风险的民间借贷的利息收入征缴个人所得税，原理与法律规定虽相同，但实际征缴时仍应考量名义利息所得是否为实际利息所得、是否为应纳税所得额以及是否存在同一笔利息扣除实际支出后内部二次分配问题，并避免重复计征，以体现税收公平。

本案中，陈建伟在被诉税务处理行政程序与一审、二审及申请再审程序中，均未对个人所得税应纳税所得额确定方式提出反驳理由或者证据，也未提出主张并提供证据证明其在名义利息扣除相关支出后实际取得的利息收入金额（应纳税所得额）。因此，依据《最高人民法院关于行政诉讼证据若干问题的规定》第2条、第7条的规定，法院在申请再审程序中不宜主动审查并确定陈建伟的实际应纳税所得额。但是，在实际执行被诉税务处理决定时，如陈建伟就其实际应纳税所得额提出确有理由的证据和依据，莆田市地税稽查局仍宜基于税收公平原则对陈建伟的实际应纳税所得额统筹认定；如确有计算错误之处，仍宜自行纠正，以体现税收公平。

三、教学内容（法律评析）

（一）争议焦点分析

表 8-1

序号	争议点	再审申请人陈建伟		再审被申请人莆田市地税稽查局	
		主张	理由	主张	理由
1	税务机关能否根据实质课税原则独立认定民事案件	税务机关不能根据实质课税原则独立认定民事案件	莆田市地税稽查局无权作出案涉税务处理决定。	税务机关能根据实质课税原则独立认定民事案件	被申请人是作出被诉税务处理决定的适格行政主体。

(续表)

序号	争议点	再审申请人陈建伟		再审被申请人莆田市地税稽查局	
		主张	理由	主张	理由
2	对案涉民间借贷利息收入应否征收营业税、个人所得税等税款	不应征收税款	即便认定本案属于民间借贷关系，也不能认定再审申请人案涉出借行为属于金融保险行业而征收相应税款。	应当征收税款	再审申请人因案涉民间借贷关系形成的利息收入，完全符合法定营业税、个人所得税等相应税目的纳税条件，被申请人依法予以课税符合法律规定。

(二) 法律分析

1. 实质课税原则在民事法律关系认定中的应用

(1) 实质课税原则的概念

实质课税原则，是指对于某种情况下不能仅根据其外观和形式确定是否应予课税，而应根据实际情况，尤其应注意根据其经济目的和经济生活的实质，判断是否符合课税要素，以求公平、合理、有效地进行课税。依据实质课税原则，课税的具体对象如果仅在名义上归属于某主体而在实质上归属于其他主体，则应以实质的归属人为纳税人并适用税法；同时，在计税标准上，也不应拘于税法上关于所得、财产、收益等各类课税对象名称或形式的规定，而应按其实质内容适用税法。

税法具有一定的外观性和形式性的特征，即着重于根据某种事实或法律关系的外观状况是否符合课税要件，以判定是否予以征税，从而形成了广泛适用的形式课税原则。这是税收法定原则的基本表现形式。若对税收法定原则作广义和深刻的理解，则由于税法要体现公平、正义的精神，因而在该原则中同样应包含实质课税原则。实质课税原则的适用有助于弥补僵化地理解税收法定原则所造成的损失，从而可以防止因对法律固定的、形式上的理解而给量能课税造成的损害。因此，实质课税原则能够在一定程度上对形式课税原则起到补充作用。但是，这种补充是非常有限的。在存在税收规避、虚伪行为等情况时，适用实质课税原则对于有效征税具有重要作用。

(2) 实质课税原则的应用[①]

税法中的实质课税原则具有公法性质,而能否将此应用于私法领域,则有值得商榷的余地。因为税收问题仍然是以私人的经济生活关系的产生和存在为前提的,通过合理的论证,税收征管部门在民事法律关系中对实质课税原则的应用可以得到支持。税务机关作为税收行政部门,主要是对各市场主体的商事行为依法征税,因此一般并不履行认定民事法律关系性质的职能。同时,在一般情形下,税务机关对民事法律关系的认定还应尊重生效法律文书相关认定效力的羁束。

但是,由于税收与由民事法律调整的商事活动紧密相关,因此在税收法定的前提下,税务机关的征税(稽查)行为必然要涉及对纳税人(商事活动中的当事人)的应税行为性质进行识别和判定,如依据相关税目注释对纳税人的商事行为进行对照,从而确定该行为是否属于各税种的应税项目(收入)以及应当按何种税目及税率征税。换言之,税务机关并非主动对商事活动主体的民事法律关系进行认定,而是依据行政法律的授权,对征税主体的应税行为依照税法及税收政策进行判别。在某种意义上,这可能改变纳税人的商事活动的性质。但是,这种改变只是在征税这一行政行为中(应税项目以及适用税目、税率)的改变,并不实质性改变商事活动当事人的民事法律关系。同时,这种判别并非税务机关的常态化工作,仅在遇有纳税义务人滥用私法自治以规避或减少依法纳税义务,从而造成国家法定税收收入流失,有违税收公平原则的特殊情形时,方可如此作为。

2. 民间借贷利息收入税收问题

(1) 民间借贷利息收入的营业税分析

税法与民法系平等相邻之法域,前者体现量能课税与公平原则,后者强调契约自由。对同一法律关系的认定,税法与民法的规定可能并不完全一致:依民法有效之契约,依税法可能并不承认;而依民法无效之契约,依税法亦可能并不否认。在增值税领域,《中华人民共和国增值税暂行条例实施细则》(以下简称《增值税暂行条例实施细则》)第5条第1、2款规定:"一项销售行为如果既涉及货物又涉及非增值税应税劳务,为混合销售行为。除本细则第六条的规定外,从事货物的生产、批发或者零售的企业、企业性单位和个体工商户的

---

① 参见税海涛声:《启示录:税务机关能否根据实质课税原则独立认定民事法律关系》,https://www.sohu.com/a/310171971_467122?sec=wd,2020年3月16日访问。

混合销售行为,视为销售货物,应当缴纳增值税;其他单位和个人的混合销售行为,视为销售非增值税应税劳务,不缴纳增值税。本条第一款所称非增值税应税劳务,是指属于应缴营业税的交通运输业、建筑业、金融保险业、邮电通信业、文化体育业、娱乐业、服务业税目征收范围的劳务。"

(2) 民间借贷利息收入的所得税分析

根据 2018 年修正的《个人所得税法》第 2 条第 1 款第 6 项的规定,利息、股息、红利所得应当缴纳个人所得税。该法第 3 条第 3 项规定:"利息、股息、红利所得,财产租赁所得,财产转让所得和偶然所得,适用比例税率,税率为百分之二十。"第 6 条第 1 款第 6 项规定:"利息、股息、红利所得和偶然所得,以每次收入额为应纳税所得额。"需要明确的是,税收法定原则是税收征收的基本原则,虽然对该笔收入已经征收营业税,但是营业税、增值税与个人所得税属于不同税种,在原理、税基、计算方法、调节重点等方面均不相同,对已经征收营业税或者增值税的收入再征收个人所得税,原则上并不存在重复征税问题。

3. 税收公平原则在较大数额民间借贷利息收入税款征收中的应用

税收公平原则是税法的基本原则,在税收的立法、执法和司法环节必须体现其基本精神。税收公平原则要求税收负担必须在依法负有纳税义务的主体之间进行公平分配。在各种税收法律关系中,纳税主体的地位必须平等。依据这一原则,必须普遍征税、平等征税、量能课税。

民间借贷行为的隐蔽性强,尤其是个人与个人之间的借贷,难以将其纳入税收征管。对这一具有资本属性的行为,应当采取谦抑的税收态度。因为民间借贷的数额往往较大,如果采取严格的税收手段,必然打击这一行为。同时,根据税收公平原则,在对纳税人征税时,应当量能课税。若对个人之间的民间借贷行为均以 20% 的税率征收个人所得税,则不利于促进国家税制的健康发展。因此,基于税收公平原则,对于一般亲戚朋友之间未达征税点的、偶发的、不以营利为目的的民间借贷行为,不应征收税款。

四、案例研习安排

(一) 教学对象及目标

本案例供法学专业本科生、硕士研究生及法律硕士研究生教学使用,其他专业本科生、硕士研究生也可参酌使用。

本案例需要解决的问题主要有：

（1）税务机关能否根据实质课税原则独立认定案涉民事法律关系？

（2）对案涉民间借贷利息收入应否征收营业税、个人所得税等税款？

（3）对民间借贷产生的较大数额利息收入征收税款，如何体现税收公平原则？

（二）建议课堂计划

本案例可以作为专门的教学案例进行讲授，建议安排1课时（40—45分钟）。

如下课堂设计，仅供参考：

1. 课前计划

安排学生阅读案例及相关参考资料，熟悉整个案例流程，对案例中提出的问题进行思考。

2. 课中计划

介绍教学目的，明确讨论主题。

分组讨论问题及解决对策，告知发言要求。

小组代表发言，提出解决方案，并对其他小组提出的方案进行评述。

教师进行引导性分析，并作最后归纳总结。

3. 课后计划

请学生课后进一步细化了解实质课税原则、税收公平原则的相关内容，包括税务机关在对民间借贷产生的利息收入征收税款时存在的问题等。

五、思考题

1. 实质课税原则在认定民事法律关系上的法理冲突表现在哪里？
2. 实质课税原则的内涵和外延分别是什么？
3. 对民间借贷利息收入在税法上的属性应当如何认定？
4. 实践中对民间借贷利息收入征收税款存在哪些问题？

第二节 税收征收管理制度

案例 三十二 刘玉秀诉国家税务总局北京市税务局等税务处理决定纠纷案

【摘　要】　本案是一起税务机关错误征收纳税人税款的案件。通过对案例的学习，我们可以更深层次了解税务机关在征税过程中应当遵循的税收依据和实施税收行为的法律要素；同时，深入研究法条以及相关细则的规定，明确税务机关在错误征收税款之后应当如何退税，对审理类似税收争议案件有重要的价值。

【关键词】　税收依据　课税要素　税收原则　退税制度

一、基本案情

2009年3月3日，刘玉秀与北京中信房地产有限公司签订《商品房预售合同》，约定刘玉秀购买涉案房屋，总价款1465156元。

2009年3月6日，刘玉秀（女方）与刘欣（男方）登记结婚。2010年1月26日，刘玉秀与刘欣协议离婚，并在离婚协议中约定涉案房屋归刘欣所有，刘玉秀协助办理过户，所欠贷款由刘欣偿还。

2010年4月1日，因刘玉秀与范旭东民间借贷纠纷，北京市海淀区人民法院（以下简称"海淀法院"）作出（2010）海民初字第9925号民事调解书，确定刘玉秀在约定时间内偿还范旭东85万元借款；如未按期还款，刘玉秀应将涉案房屋过户给范旭东或范旭东指定的第三人。同月，因刘玉秀未履行调解书确定的还款义务，海淀法院作出（2010）海民执字第4656号强制执行裁定书，将涉案房屋过户给范旭东指定的第三人沈恒。

2011年4月28日，刘欣向海淀法院起诉刘玉秀，要求确认涉案房屋归刘欣所有。2011年8月29日，海淀法院作出（2011）海民初字第17526号民事判决书，判决因涉案房屋尚未办理产权证书，无法确认涉案房屋产权人，离婚协议书约定的条件尚未成立，故驳回刘欣的诉讼请求。2011年10月30日，北京市第一中级人民法院（以下简称"一中院"）针对刘欣提出的上诉作出（2011）一中民终字第15498号民事判决书，驳回上诉，维持原判。

2011年9月5日，刘玉秀到国家税务总局北京市西城区税务局（以下简称"西城税务局"）第七税务所申报缴纳了涉案房屋过户给第三人沈恒产生的营业税42500元、城市维护建设税2975元、教育费附加1275元，共计46750元，同时代理沈恒申报缴纳了契税25500元。

2011年11月4日，一中院指令海淀法院对刘玉秀、范旭东民间借贷纠纷案件自行审查处理。海淀法院按照一中院的要求，对（2010）海民初字第9925号民事调解书进行再审。海淀法院于2012年4月20日作出（2012）海民再初字第37号民事判决书，判决撤销（2010）海民初字第9925号民事调解书，刘玉秀偿还范旭东85万元。

2012年3月20日，对于刘欣将刘玉秀诉至法院，要求法院判令将涉案房屋过户到刘欣名下，北京市西城区人民法院作出（2012）西民初字第4807号民事判决书，判决刘玉秀协助刘欣办理将涉案房屋所有权证登记于刘欣名下的手续。

2016年6月14日，刘玉秀向海淀法院起诉刘欣不当得利纠纷，请求法院判决刘欣返还其垫付的购房款及税费。后刘玉秀对返还税款22127.17元不再主张。海淀法院作出（2016）京0108民初20622号民事判决书，判决刘欣于本判决生效后十日内返还刘玉秀532470元，驳回刘玉秀其他诉讼请求。刘玉秀、刘欣不服，提起上诉。

2017年3月24日，一中院作出（2017）京01民终669号民事判决书，判决撤销（2016）京0108民初20622号民事判决书；刘欣于本判决生效后十日内返还刘玉秀532470元，并按中国人民银行公布的同期贷款利率给付2013年3月7日至实际返还之日止的利息；驳回刘玉秀的其他诉讼请求；驳回刘欣的上诉请求。至此，刘玉秀与刘欣的民事纠纷案件终结。

另外，2016年12月13日，刘玉秀向西城税务局第二税务所提出退税申请，请求退还其于2011年9月5日缴纳的营业税42500元、城市维护建设税2975元、教育费附加1275元，共计46750元。西城税务局经审查，于2016年12月26日作出被诉通知书并送达刘玉秀，后因被诉通知书中对退税申请提出时间描述错误，于2017年1月18日作出《更正通知书》，将错误日期更正并送达刘玉秀。

2017年1月9日,刘玉秀向国家税务总局北京市税务局(以下简称"市税务局")提出行政复议申请,复议请求为:责令西城税务局将刘玉秀缴纳的营业税、城市维护建设税、教育费附加退回。2017年7月31日,西城税务局作出被诉复议决定并邮寄送达刘玉秀及西城税务局,驳回刘玉秀的申请。

二、法院的观点

(一) 刘玉秀曾缴纳的税款是否应予退还

一审法院认为,刘玉秀曾缴纳的税款自其与沈恒基于以房抵债的行为不具备法律效力时,已不符合税的根本属性,不具备课税要素条件和税收依据,依法应予退还,否则将有违税法的立法精神和宗旨。

本案中,2011年9月5日,刘玉秀和沈恒分别缴纳营业税、城市维护建设税、教育费附加及契税,其缴税基础源于(2010)海民初字第9925号民事调解书所确定的刘玉秀基于对范旭东以房抵债行为而将涉案房屋过户给沈恒的民事义务。此时,依据税法理论和规定,因房屋权属发生移转变更的事实,应由承受房屋所有权的人即沈恒作为纳税主体缴纳契税,相对出让房屋所有权的人即刘玉秀作为纳税主体缴纳营业税、城市维护建设税、教育费附加,征税客体为涉案房屋,因具有财产收益性,故满足课税要素的基本构成要件。

海淀法院于2012年4月20日作出(2012)海民再初字第37号民事判决书,判决撤销(2010)海民初字第9925号民事调解书,刘玉秀偿还范旭东85万元。一中院于2012年9月18日二审予以维持。北京市西城区人民法院于2012年3月20日作出(2012)西民初字第4807号民事判决书,判决刘玉秀协助刘欣办理将涉案房屋所有权证登记于刘欣名下的手续。一中院于2012年11月9日二审予以维持。至此,刘玉秀与沈恒之间基于涉案房屋的以房抵债行为灭失,其缴纳的税款性质要结合课税要素、税收依据等因素加以综合判定。

税收依据,是指纳税人据以缴纳税款的原因和国家可以据以征收税款的理由。国家征税是否有法可依、有据可循是征收活动是否合法有效进行的基础性前提,如征税无据,则国家可能涉嫌侵权。《国家税务总局关于无效产权转移征收契税的批复》(国税函〔2008〕438号,以下简称"438号批复")中明确,按照现行契税政策规定,对经法院判决的无效产权转移行为不征收契税。法院判决撤销房屋所有权证后,已纳契税款应予退还。《财政部、国家税务总局关于购房人办理退房有关契税问题的通知》(财税〔2011〕32号,以下简称"32号通知")中明确,对已缴纳契税的购房单位和个人,在未办理房屋权属变更登记前退房的,退还已纳契税;在办理房屋权属变更登记后退房的,不予退还已纳契税。

结合本案事实,刘玉秀与沈恒之间基于以房抵债的行为失去法律效力后,从税收主体上看,刘玉秀不会基于涉案房屋过户而获取收益,沈恒亦不能取得涉案房屋所有权的实质利益,二者均已不具备纳税人的基本构成要件,国家不再具有征税的基础和理由,与纳税人之间已不具备特定的征纳关系;从税收客体上看,涉案房屋不再涉及以房抵债之客观条件且未发生房屋权属变更登记至沈恒名下的基础事实,税收客体亦不复存在。刘玉秀与沈恒曾缴纳的税款已不符合课税要素的必要条件,不具备税收依据的基础,不再符合税的根本属性。

(二) 西城税务局适用《税收征收管理法》第51条作出被诉通知书是否正确

税务机关针对纳税人提出的退税申请,应遵循税法的立法精神,秉承行政合法性原则为基础、行政合理性原则为补充的执法理念,正确行使税收管理职责,切实维护行政相对人的合法权益。

具体到本案中,主要涉及退税制度的法律适用问题。退税制度由纳税人退还请求权的实现和征税主体的退还义务两部分构成,主要解决纳税人因超出应纳税额缴税、误缴或不应缴纳税款等多种因素引发的税款是否应予退还等问题。目前,我国税收管理领域关于退税制度的法律规定主要是《税收征收管理法》第51条,即纳税人超过应纳税额缴纳的税款,税务机关发现后应当立即退还;纳税人自结算缴纳税款之日起三年内发现的,可以向税务机关要求退还多缴的税款并加算银行同期存款利息,税务机关及时查实后应当立即退还;涉及从国库中退库的,依照法律、行政法规有关国库管理的规定退还。此外,"438号批复"明确无效产权转移行为不征收契税;"32号通知"明确在未办理房屋权属变更登记前退房的,退还已纳契税。

关于如何理解和适用上述法律及相关规定,在学界以及税收行政管理执法实践中均存在较大争议,集中体现为在何种情况下适用以及如何适用《税收征收管理法》第51条中关于三年退税期限的规定。刘玉秀代表一方观点,即认为其曾缴纳的税款不再属于税款性质,不应受《税收征收管理法》第51条超过应纳税额缴纳的税款之前提条件,进而不应适用三年退税申请期限的限制;

西城税务局及市税务局代表另一方观点，即认为刘玉秀 2011 年 9 月 5 日结算缴纳税款，2016 年 12 月 13 日申请退税，已超过三年退税申请期限，故不应予以退还。对此，一审法院结合行政执法理念与司法审查标准，作如下分析：

第一，行政合法性原则的基本要求。行政合法性原则，是行政法上的基本原则，也是行政诉讼法上应当遵循的基本原则。合法行政既要保障行政相对人的合法权益，又要求行政机关及时、正确行使行政职权。《税收征收管理法》第 51 条是目前我国税收管理领域关于退税的法律依据，其中针对纳税人超过应纳税额缴纳的税款，主要分两种情况予以处理：一是税务机关发现后应当立即退还；二是纳税人自结算缴纳税款之日起三年内发现的，可以向税务机关要求退还多缴的税款，税务机关及时查实后应当立即退还。税务机关在行政执法过程中，应基于行政合法性原则，针对具体涉案事实所对应的法律适用情形，严格依法履职，不作当然的扩大解释或缩小解释。本案中，刘玉秀与沈恒曾缴纳的税款已不符合税的根本属性，不具备税收依据，国家作为征税主体依法应予退还。但是，《税收征收管理法》第 51 条中没有与此完全相对应的适用情形。在此情况下，需要行政机关运用行政合理性原则，正确行使自由裁量权。

第二，行政合理性原则的有益补充。行政合理性原则，主要体现在行政机关自由裁量权的行使过程中，不仅应当按照法律、法规规定的条件、种类和幅度范围实施行政管理，而且要符合法律的意图、精神和宗旨，符合公平正义等法的价值目标。随着行政法治的发展和我国依法治国方略的确立，行政诉讼司法审查不仅限于对行政行为合法性的审查，最终目标是实现行政争议的实质性解决。行政行为是否合理、适当亦成为目前我国行政诉讼司法审查的内容之一。

行政机关如何运用行政权解决行政争议，是对其执法水平和能力提出的更高要求。《税收征收管理法》第 51 条规定，"纳税人超过应纳税额缴纳的税款，税务机关发现后应当立即退还"，其主旨也是考虑本着税收公平、公正等基本原则，赋予税务机关针对客观上确应予以退税的情形，不以期限限制而运用行政自由裁量权加以甄别和判断，以确保依法及时退还多缴税款，最大限度保护纳税人及相关利害关系人的合法权益。本案中，西城税务局已明知刘玉秀就退税问题引发争议且应属退税情形，应遵循税法立法精神和税收法定、公平、公正等基本原则，综合考虑刘玉秀一直通过民事诉讼等途径主张纳税损失等具体情况,对其提出的退税申请予以全面、客观、正确的评价和考量并作出实质性判定,切实解决在房产交易经司法审查不能继续履行的情况下,如何最大限度保护行政相对人合法权益的问题,不宜对纳税人应在三年内就发现多缴的税款申请退税作形式理解,苛以更为严格的义务,使行政执法缺乏合理性和必要性,让行政相对人或公众质疑行政执法的可信度,降低执法公信力。

一审法院指出,目前我国公民总体法律意识仍然处于较低水平,法律意识体现着社会成员对国家法律制度的认知水平、价值取向、行为自觉性以及对法律制度的支持态度和心理接受能力。具体到本案,刘玉秀虽通过提起民事诉讼等方式向刘欣主张其缴纳税款的损失,但因对我国现行税收管理制度和相关法律规定不甚了解,致使其未能及时向税务主管部门主张退税的合法权利。这也从另一角度真实反映出我国公民普遍存在的对纳税知识、税收管理法律规定知之甚少的现状,究其原因,是多方面的。鉴于此,对公民个人而言,不能因不知法抗辩不守法,而要积极学习法律,践行法律,逐步提高全民法律素养,正确运用法律手段维护自身合法权益。对税务机关而言,根据我国公民对税收政策和法律规定知悉程度不高的现状,应更为广泛地宣传税收法律、行政法规,普及纳税知识,无偿地为纳税人提供咨询服务,制定更有针对性的纳税人基本权利保护制度,如完善纳税人在缴纳税款时对退税、复议诉讼等权利救济途径的释明和告知程序等,使公民对税法的认知水平逐步提高,以期进一步规范税收征管秩序,营造良好的执法环境。税收主管部门在行政执法过程中,应依法依规并结合个案具体情形,坚持服务与执法并重,在实事求是的基础上正确行使行政职权,让行政相对人得以信服,从而提升执法公信力,实现法的价值的内在要求,促进经济和社会良性、稳定、健康发展。

本案中,西城税务局过于严格要求刘玉秀对税收法律制度明确知悉,并适用《税收征收管理法》第 51 条规定的纳税人应自结算缴纳税款之日起三年内提出退税申请,缺乏行政合理性,适用法律错误。市税务局在行政复议程序中,就涉案事实进行核查,对所确认的事实部分,法院不持异议;它严格按照法律规定履行受理、审查、请示、延期、中止、恢复审理等事项,执法程序并无不当;它对西城税务局适用《税收征收管理法》第 51 条是否合法的问题已予以高度关注并报请国家税务总局,但依然未从税收的性质、课税要素以及税法宗旨等方面并结合涉案事实予以综合考量,将刘玉秀不应缴纳的营业税、城市维护建设税、教育费附加,适用《税收征收管理法》第 51 条加以退税期限三年的时限约束,有违合理行政原则。市税务局依据《行政复议法》第 28 条第 1 款第 1 项、《税务行政复议规则》第 75 条第 1 项的规定维持被诉通知书,适用法律错误。

三、教学内容(法律评析)

(一)争议焦点分析

表 8-2

序号	争议点	刘玉秀		西城税务局	
		主张	理由	主张	理由
1	刘玉秀曾缴纳的税款是否应予退还	应予退还	依照法律规定,营业税等税款是在房屋交易成功的情况下税务机关收取的,现刘玉秀与沈恒之间的房屋交易失败,西城税务局应予退回。	不应退还	《税收征收管理法》第 51 条规定"超过应纳税额缴纳的税款"的产生原因有多种,包括因法律原因、技术原因以及其他原因导致的多缴税款。该条还规定,应退还的纳税人多缴的税款有两类,一是由税务机关发现,二是由纳税人自己发现。由纳税人发现的多缴税款,无论什么原因造成,都应在结算缴纳税款之日起三年内申请退还;超过三年申请退税的,税务机关不能办理退税手续。本案中,刘玉秀缴纳营业税、城市维护建设税、教育费附加的时间是 2011 年 9 月 5 日,提出退税申请的时间是 2016 年 12 月 13 日,已超过法定的三年退税申请期限。
2	依据《税收征收管理法》第 51 条作出被诉通知书是否正确	不正确	刘玉秀一直在通过民事诉讼主张自己的合法权益,要求退还税款和尾款,并不存在三年内未申请退税的情形,对西城税务局适用《税收征收管理法》第 51 条不认可。	正确	被诉通知书认定事实清楚、证据确凿、适用法律正确、程序合法。

(二) 法律分析

1. 税收、税法构成要素、税收依据

税收是国家（政府）公共财政最主要的收入形式和来源。税收的本质是国家为满足社会公共需要，凭借公共权力，按照法律所规定的标准和程序，参与国民收入分配，强制无偿取得财政收入所形成的一种特殊分配关系。税收体现了一定社会制度下国家与纳税人在征税、纳税的利益分配上的一种特定分配关系。税收与其他分配方式相比，具有强制性、无偿性和固定性的特征。税收的强制性，是指税收是国家以社会管理者的身份，凭借政治权力，通过颁布法律或政令进行强制征收的。负有纳税义务的社会集团和社会成员都必须遵守国家强制性的税收法令。在国家税法规定的限度内，纳税人必须依法纳税，否则就要受到法律的制裁，这是税收具有法律地位的体现。税收的无偿性，是指通过征税，社会集团和社会成员的一部分收入转归国家所有，国家不向纳税人支付任何报酬或对价。税收的这种无偿性是与国家凭借政治权力进行收入分配的本质相联系的。无偿性体现在两个方面：一方面，政府获得税收收入后，无须向纳税人直接支付任何报酬；另一方面，政府征得的税收收入不再直接返还给纳税人。税收的固定性，是指税收是按照国家法令规定的标准征收的，即纳税人、课税对象、税目、税率、计价办法和期限等都是税收法律预先规定的，有一个比较稳定的适用期间，是一种固定的连续收入。

税收作为国家的一项公共职能，不同的税种也影响着纳税人的权利和义务。判断应缴纳税款的性质，应当结合课税要素和税收依据综合考量。课税要素指的是税法构成要素，是构成税法的基本因素，主要包括纳税义务人、征税对象、税目、税率、纳税环节、纳税期限、纳税地点、减税免税、罚则等。

针对本案中的情形，在税款缴纳环节，主要涉及的要素是纳税义务人和征税对象。纳税义务人，是指税法规定的直接负有纳税义务的自然人、法人或其他组织。我们应当对纳税人与负税人进行区分。"负税人"是经济学中的概念，即税收的实际负担者；而"纳税人"是法律用语，即依法缴纳税收的人。税法只规定纳税人，不规定负税人。二者有时可能相同，有时不尽相同。例如，个人所得税的纳税人与负税人是相同的，而增值税的纳税人与负税人就不一定一致。征税对象又称"征税客体"，是指税法规定对什么征税。征税对象是各个税种之间相互区别的根本标志。征税对象按性质的不同，通常被划分为流转额、所得额、财产、资源、行为五大类。税收征收是国家的一项公权力，需要强有力的法律予以保障。我国税收征收管理的依据主要是《税收征收管理办法》《中华人民共和国税收征收管理法实施细则》（以下简称《税收征收管理法实施细则》）等。只有在法律法规规定的范围之内，政府才能向公民征税。针对本案中的契税，"438号批复"明确作出规定，对"经法院判决的无效产权转移行为不征收契税"，也因此产生了本案中法院判决撤销税务局行政行为的结果。

2. 税收原则和退税制度

税收原则主要包括税收公平原则和税收效率原则。税收公平原则，是指国家征税应使各个纳税人的税负与其负担能力相适应，并使纳税人之间的负担保持平衡。税收公平原则要求税收必须普遍课征和平等课征，唯有如此，才能更好地实现税收的横向公平和纵向公平，解决收入分配不公等社会问题，促进经济与社会的稳定。正因如此，税收公平原则通常被认为是税制设计和实施的首要原则，并被视为当代税收的基本原则。税收效率原则，是指国家征税必须有利于资源的有效配置和经济机制的有效运行，必须有利于提高税务行政的效率。它包括税收的经济效率原则和税收的行政效率原则。税收的经济效率原则，指的是国家征税应有助于提高经济效益，保障经济的良性、有序运行，实现资源的有效配置。一般认为，税收是从私人经济部门向公共经济部门转移资源，必然会对经济产生影响。税务机关在征收税款过程中，应当避免增加税收之外的外部效应，避免对纳税人造成额外的负担。本案中，西城税务局本不应征收税款的契税，却对刘玉秀缴纳的税款不予退还，对纳税人造成了一定的困扰，并不符合税收的经济效率原则。税收的行政效率原则，是指国家征税应以最小的税收成本去获取最大的税收收入，以使税收的名义收入与实际收入的差额最小。本案中，税务机关为了税款的征收，对刘玉秀征收本应退还的税款，行政程序之间没有体现税收效率原则。

本案中，税务机关针对刘玉秀已经不需要缴纳税款的产权征收契税，违反了税收法定原则。为保护纳税人的利益，法院撤销税务机关的行政行为。退税制度是为了保证在国家强有力的税收执行制度下，纳税人得以对抗税务机关的无故征税行为。但是，仅有退税制度还不足以保障纳税人的权利、规范税务机关的行为。正如本案一审法院在判决书中说明的，目前我国公民总体法律意识仍然不强，而法律意识体现着社会成员对自身利益的重视程度，也反映出法律制度的完善程度。因此，纳税人应当积极学习税收法律知识。虽然刘玉秀通过民事诉讼的方式提起诉讼，要求税务机关退还税款，但是显然对纳税制度不够了解。因此，纳税人有必要加强对与自身生活相关的税收制度的学习，切实维护自身利益。税务机关应当严格遵守税收法定原则、税收效率原则，对于征税行为应当以严谨的法律态度处理，依法实施征税行为，在保证国家税收的同时，保障纳税人的合法权利，这也是退税制度所希望体现的内容。对于税务机关在征税过程中发生的错误，应当予以纠正。

四、案例研习安排

（一）教学对象及目标

本案例供法学专业本科生、硕士研究生及法律硕士研究生教学使用，其他专业本科生、硕士研究生也可参酌使用。

本案例需要解决的问题主要有：

（1）对刘玉秀缴纳的营业税、城市维护建设税、教育费附加的性质应当如何认定？是否应当予以退还？

（2）西城税务局适用《税收征收管理法》第51条作出被诉通知书是否正确？

（二）建议课堂计划

本案例可以作为专门的教学案例进行讲授，建议安排1课时（40—45分钟）。

如下课堂设计，仅供参考：

1. 课前计划

安排学生阅读案例及相关参考资料，熟悉整个案例流程，对案例中提出的问题进行思考。

2. 课中计划

介绍教学目的，明确讨论主题。

分组讨论问题及解决对策，告知发言要求。

小组代表发言，提出解决方案，并对其他小组提出的方案进行评述。

教师进行引导性分析，并作归纳总结。

3. 课后计划

请学生课后进一步细化了解税收概念的相关内容，包括课税要素、税收依据、税收原则、退税制度等。

五、思考题

1. 本案中，刘玉秀选择采用民事诉讼的方式是不是最正确的？

2. 税务机关在什么情况下应当退还纳税人缴纳的税款？

3. 税务机关在实施税收行为时应遵循哪些标准？

案例 三十三 国家税务总局济南市槐荫区税务局与山东省建材物资总公司破产债权确认纠纷案

【摘　要】　本案是一起破产债权确认纠纷案件，主要涉及破产债权确认之诉的受理、税款滞纳金的性质、税款滞纳金有无最高金额限制以及税款滞纳金能否优先受偿等问题。本案对其他滞纳金数额纠纷案件的审理具有参考意义。

【关键词】　税款滞纳金　行政强制执行　法律适用　破产债权确认

一、基本案情

2018年7月2日，济南市槐荫区人民法院作出（2018）鲁0104破申2号民事裁定书，裁定受理山东省建材物资总公司（以下简称"建材公司"）的破产清算申请，并指定济南某清算事务有限公司担任破产管理人。

2018年9月11日，国家税务总局济南市槐荫区税务局（以下简称"槐荫税务局"）向建材公司管理人申报债权。建材公司存在两笔欠缴税款：增值税呆账1298224.79元，税款所属期为1998年11月，缴款期限为1998年12月10日，自1998年12月10日起至2018年7月2日（即破产清算受理之日），滞纳金为6335336.98元；城市维护建设税81526.30元、教育费附加34939.84元，共计116466.14元，自1998年1月12日起计算至2018年7月2日，滞纳金为451818.75元。

2018年9月17日，建材公司管理人作出两份《债权审查结果通知书》，认为税款滞纳金不能超过税款本身，最终确认债权总额分别为增值税款2596449.58元（其中滞纳金为1298224.79元，列入普通债权参与分配）和城市建设维护税、教育费附加计232932.28元（其中滞纳金为116466.14元，列入普通债权参与分配）。

2018年，槐荫税务局向济南市槐荫区人民法院提起诉讼，请求确认槐荫税务局对建材公司享有的破产债权，即建材公司所欠税款对应的滞纳金

6787155.73 元（计算至破产申请受理之日即 2018 年 7 月 2 日）。槐荫税务局围绕诉讼请求依法提交了民事裁定书、通知书、债权申报表、申报债权金额计算说明、债权审查结果通知书等证据。

二、案件争议焦点

（一）加收税款滞纳金是否属于行政强制执行措施

1. 槐荫税务局诉称

"税款滞纳金"和"行政强制执行滞纳金"是两个不同的概念，两者在加收的法律依据、加收条件、加收的起止期限和加收程序上都有不同的规定（如表 8-3 所示），不能混为一谈。建材公司的破产管理人对于槐荫税务局申报的超出税款数额部分滞纳金的破产债权未予以确认，系其混淆了"税款滞纳金"和"行政强制执行滞纳金"两个不同的概念，并错误适用法律而成，造成了国家税款的流失，损害了国家利益。

表 8-3

序号	区别	税款滞纳金	行政强制执行滞纳金
1	加收的法律依据	《税收征收管理法》第 32 条规定："纳税人未按照规定期限缴纳税款的，扣缴义务人未按照规定期限解缴税款的，税务机关除责令限期缴纳外，从滞纳税款之日起，按日加收滞纳税款万分之五的滞纳金。"	《中华人民共和国行政强制法》（以下简称《行政强制法》）第 45 条规定，"行政机关依法作出金钱给付义务的行政决定，当事人逾期不履行的，行政机关可以依法加处罚款或者滞纳金"。
2	加收条件	纳税人发生纳税义务后，未按规定期限缴纳税款。纳税人未履行的是"法定义务"。	行政机关作出金钱给付义务决定后，义务人未按期履行。义务人未履行的是"行政决定规定的义务"。
3	加收的起止期限	《税收征收管理法实施细则》第 75 条规定："税收征管法第三十二条规定的加收滞纳金的起止时间，为法律、行政法规规定或者税务机关依照法律、行政法规的规定确定的税款缴纳期限届满次日起至纳税人、扣缴义务人实际缴纳或者解缴税款之日止。"	根据《行政强制法》第 45 条的规定，行政强制执行滞纳金是从行政机关作出金钱给付义务的行政决定要求履行的期限届满开始计算，到义务人实际履行完毕金钱给付义务为止，但滞纳金的数额不得超出金钱给付义务的数额。
4	加收程序	加收税款滞纳金并非行政强制执行措施，因为槐荫税务局并没有对建材公司采取作出行政决定、催告、陈述申辩等行政强制执行程序，也没有下达行政强制执行决定书。	根据《行政强制法》第 12 条、第 34 条、第 35 条、第 36 条、第 37 条的规定，滞纳金作为行政强制执行的方式之一，应经履行催告、陈述申辩、下达行政强制执行决定书等程序。

2. 建材公司辩称

国家对滞纳税款的纳税人、扣缴义务人征收滞纳金，目的是保证纳税人、扣缴义务人及时履行缴纳或者解缴税款的义务。税款滞纳金是国家对不及时履行缴纳或者解缴税款义务的纳税人、扣缴义务人施加的一种加重给付义务，具有行政强制执行中执行罚的性质。因此，税款滞纳金属于行政强制执行的一种。

(二) 税款滞纳金的金额能否超出税款本金

1. 槐荫税务局诉称

国家税务总局服务司于 2012 年 8 月 22 日就"征收税款加收的滞纳金金额能否超出税款本金"这一问题，明确回复："税收滞纳金的加收，按照征管法执行，不适用行政强制法，不存在是否超出税款本金的问题。如滞纳金加收数据超过本金，按征管法的规定进行加收。"建材公司的破产管理人对超出税款金额部分的滞纳金没有认定为破产债权是错误的，侵犯了槐荫税务局的合法权益，损害了国家利益。

2. 建材公司辩称

税款滞纳金不应超过税款本金。

第一，从法律规定来看，《税收征收管理法》第 32 条与《行政强制法》第 45 条第 2 款之间不存在冲突。税款滞纳金的数额的计算取决于三个要素：税款本金、比率（即日万分之五）、滞纳天数，用数学公式可表示为：税款滞纳金 = 税款本金 × 日万分之五 × 滞纳天数。《税收征收管理法》只规定了前两个要素，对滞纳天数只规定了起算时间，并未规定截止日期。因此，仅依据《税收征收管理法》是无法计算出税款滞纳金具体数额的。《行政强制法》规定税款滞纳金 ≤ 税款本金，这是对滞纳金最高限额的规定，与《税收征收管理法》的规定并不存在冲突。按照"新法优于旧法"的原则，《行政强制法》相较于《税收征收管理法》是新法，应当对税款滞纳金的数额进行限制。按照"上位法优于下位法"的原则，《税收征收管理法实施细则》《国家税务总局关于贯彻〈中华人民共和国税收征收管理法〉及其实施细则若干具体问题的通知》(国税发〔2003〕47 号)的效力等级低于《行政强制法》，当前两者的规定与后者的规定不一致时，应当优先适用《行政强制法》，对税款滞纳金的数额进行限制。

第二，从性质来看，税款滞纳金兼具损害赔偿性和行政强制执行中的执行罚的性质。从民法角度讲，滞纳金是纳税人、扣缴义务人因迟延缴纳国家税款所作的赔偿，需要考虑赔偿的适度。《税收征收管理法》经过三次修正，将滞纳金的比率从日千分之五调整到日千分之二，再调整到日万分之五。由此可见，滞纳金作为对未按时缴纳或解缴税款的赔偿，越来越趋于合理、公平。在民事法律关系中，违约方有请求对过高的违约金进行调整的权利。税款滞纳金的现行比率日万分之五，相当于年利率18%，远远高于现行最高银行贷款年利率。那么，作为税收法律关系中违约方的纳税企业，也有要求对滞纳金进行限制的权利，这样才能在维护国家税收公权力的同时，兼顾纳税人的利益。国家对滞纳税款的纳税人、扣缴义务人征收滞纳金，目的是保证纳税人、扣缴义务人及时履行缴纳或者解缴税款的义务。因此，从税款滞纳金的性质考虑，也应当对数额进行限制。

第三，本案中，槐荫税务局存在催缴过错，建材公司无欠缴税款的主观故意。税务机关未及时催缴或扣划税款，导致税款滞纳金的无限增加，其本身未尽相关催缴义务，应承担相应责任。建材公司作为已停止生产经营多年的企业，欠缴税款并非故意，从维护企业职工权益及企业发展的角度考虑，也应当对税款滞纳金进行限制。对于一些暂时出现生产经营困难的企业，如果不考虑企业的具体情况，只单纯计收税款滞纳金，可能导致部分能够继续生存的企业因税款滞纳金过高而无法继续经营，这对社会经济发展的不利影响是毋庸置疑的。同时，从企业破产债权人公平清偿的角度看，对税款滞纳金的数额进行限制，是《中华人民共和国破产法》（以下简称《破产法》）保障破产程序中全体债权人公平清偿原则的体现。本案中，建材公司已被法院裁定受理进行破产清算。按照《破产法》的相关规定，应当对债权人进行公平清偿。按照该法的规定，税款本金债权已经优先于其他普通债权，将在第二顺序得到清偿，若对税款滞纳金不加以限制，将更不利于其他普通债权人权利的实现与维护。

第四，即使税款滞纳金不以税款金额为限，也应当按照《税收征收管理法》的规定，以日万分之五为计算滞纳金的比率。本案中，槐荫税务局对2001年5月1日前的滞纳金按照日千分之二的比率进行计算，与《税收征收管理法》第92条"本法施行前颁布的税收法律与本法有不同规定的，适用本法规定"的规定不相符合。按照上述规定，应当适用《税收征收管理法》第32条规定的日万分之五的比率计算滞纳金。

三、教学内容（法律分析）

（一）税款滞纳金的性质

学界关于税款滞纳金的性质主要有以下几种观点：行政处罚说、附带税说、行政强制说、损害赔偿说、经济补偿和惩戒双重性质说。

表 8-4

序号	观点	内容	理由	不足
1	行政处罚说	税款滞纳金是税务机关对纳税人不按规定期限履行法定纳税义务施加的罚款。	税款滞纳金加收数额远远超过银行贷款利率。	不属于法律规定的行政处罚的种类,将滞纳金认定为行政处罚不符合处罚法定原则中处罚类型法定的要求。如果将滞纳金解读为罚款,那就没有单设税款滞纳金的必要。
2	附带税说	税款滞纳金是以本税为基础构造的公法上的金钱给付义务。	税款滞纳金附随于本税,兼具税收"三性"(强制性、无偿性、固定性),应被界定于税的范畴。	违反税收法定原则。
3	行政强制说	将税款滞纳金视为行政强制执行的一种,等同于《行政强制法》规定的执行罚。	《行政强制法》第12条将加收滞纳金列为行政强制执行的方式之一。	未考虑《税收征收管理法》规定的特殊性,不能完整反映税款滞纳金的功能与性质。
4	损害赔偿说	税款滞纳金是纳税人、扣缴义务人因迟延履行或者不履行纳税义务给国家造成经济损失而支付的损害赔偿金。	根据《税收征收管理法》第52条的规定,只有纳税人、扣缴义务人存在故意或者过失情况,才能加收滞纳金。根据民法的一般原理,损害赔偿一般以当事人的主观过错为前提。	当私人不履行义务时,只能加以公法上的制裁,而无请求赔偿损害之权。
5	经济补偿和惩戒双重性质说	税款滞纳金是为了弥补因纳税人、扣缴义务人未按照法律规定按期足额缴纳税款而造成的国家资金方面的损失,带有补偿性和惩戒性双重性质。	税收法律关系属于公法上的债权债务关系,当纳税人、扣缴义务人未按照法律规定履行纳税义务时,就应当弥补因无偿占用国家资金而给国家造成的损失。税款滞纳金的征收率远远高于银行同期贷款利率,是其惩戒性的体现。	我国法律中尚无"公债权"概念。

目前,学界关于行政处罚的性质没有形成较为统一的观点。本案中,一审法院济南市槐荫区人民法院和二审法院济南市中级人民法院均认为,加收滞纳金是对纳税人未在法律规定期限内完税的一种处罚举措,是行政强制执行的一

种方式。

(二) 税款滞纳金的金额能否超出税款本金

一审法院和二审法院均认为税款滞纳金的金额不能超出税款本金。

从《行政强制法》关于适用范围的规定来看，税收征管活动中的税务强制行为是受其规制的。《行政强制法》对其适用范围的规定采用的是"概括纳入＋列举排除"的方法，以尽可能地扩大适用范围。只要属于行政强制行为，原则上都适用该法。《行政强制法》第2条第3款规定："行政强制执行，是指行政机关或者行政机关申请人民法院，对不履行行政决定的公民、法人或者其他组织，依法强制履行义务的行为。"这是对该法适用范围的概括规定。在税收征管活动中，查封、扣押、罚款等行政行为属于行政强制执行在税收征管中的适用，自然应受该法规制。同时，税收强制行为不属于《行政强制法》第3条规定的排除适用情形。因此，税收征管受《行政强制法》调整是毫无疑问的。当《行政强制法》与《税收征收管理法》的规定不发生冲突时，税收强制行为应当适用《行政强制法》的规定。

《税收征收管理法》第32条规定的是税款滞纳金的起算时间，《行政强制法》第45条第1款规定的是滞纳金的金额限制，两者并不冲突。但是，《税收征收管理法实施细则》第75条关于"加收滞纳金的起止时间，为法律、行政法规规定或者税务机关依照法律、行政法规的规定确定的税款缴纳期限届满次日起至纳税人、扣缴义务人实际缴纳或者解缴税款之日止"的规定与《行政强制法》第45条第1款的规定存在冲突。根据"上位法优于下位法"的法律适用原则，《税收征收管理法实施细则》属于下位法，《行政强制法》属于上位法，应当适用《行政强制法》第45条第1款的规定。

加收滞纳金数额不得超过本金的规定，体现了滞纳金的本质属于行政强制而非行政处罚，因此不宜采用过高的标准，以免产生惩罚性的实际效果。这一规定在实践中也具有相当积极的意义。有一些经营困难的大型企业陈年积欠税款较多，这些滞纳税款被课处的滞纳金数额有时已经超过原欠缴税款，成为制约企业恢复正常经营的重要因素。《行政强制法》中有关滞纳金上限的规定，可以在法律框架内避免欠税企业负担过重，提高企业清理陈年欠税的积极性。

四、案例研习安排

(一) 教学对象及目标

本案例供法学专业本科生、硕士研究生及法律硕士研究生教学使用，其他

专业本科生、硕士研究生也可参酌使用。

本案例需要解决的问题主要有：

(1) 欠缴税款、滞纳金应当如何计算与追缴？

(2) 税收法律与行政法之间如何衔接？

(3) 企业破产债权的申报和受偿顺序是怎样的？

(二) 建议课堂计划

本案例可以作为专门的教学案例进行讲授，建议安排 1 课时（40—45 分钟）。

如下课堂设计，仅供参考：

1. 课前计划

安排学生阅读案例及相关参考资料，熟悉整个案例流程，对案例中提出的问题进行思考。

2. 课中计划

介绍教学目的，明确讨论主题。

分组讨论问题及解决对策，告知发言要求。

小组代表发言，提出解决方案，并对其他小组提出的方案进行评述。

教师进行引导性分析，并作归纳总结。

3. 课后计划

请学生课后进一步细化了解税款滞纳金、行政强制执行和破产债权确认等相关内容。

五、思考题

1. 为什么济南市槐荫区人民法院对建材公司破产申请享有管辖权？

2. 税款滞纳金是基于纳税义务人欠缴税款而产生的，既然税收债权优先于无担保的普通债权受偿，那么税款滞纳金能否优先受偿？

3. 本案中，税务机关基于公法原因收取税款滞纳金，能否通过民事诉讼程序主张债权？

4. 《国家税务总局关于贯彻〈中华人民共和国税收征收管理法〉及其实施细则若干具体问题的通知》属于什么效力等级？如果该通知不与上位法相冲突，那么能否作为法院定案的依据？

案例 三十四　广州德发房产建设有限公司与广州市地方税务局第一稽查局税务处理决定纠纷案

【摘　要】　本案是一起房地产拍卖涉税案件，主要涉及税务机关执法的主体资格、职权问题以及对拍卖价格的计税依据等问题。通过对案例的学习，我们可以更深层次了解房地产拍卖缴税依据、税务机关对拍卖品是否有核定征税的权力以及其具体职权问题；同时，深入研究法条以及相关细则的规定，明确税务机关税收执法地位及职责，对审理类似税收争议案件有重要的指导意义。

【关键词】　拍卖价格　核定征税　执法资格　执法权限

一、基本案情

2004 年 11 月 30 日，广州德发房产建设有限公司（以下简称"德发公司"）与广州穗和拍卖行有限公司（以下简称"穗和拍卖行"）签订委托拍卖合同，委托穗和拍卖行拍卖其自有的位于广州市人民中路 555 号"美国银行中心"的房产。委托拍卖的房产包括地下负一层至负四层的车库（199 个），面积 13022.4678 m²；首层至第三层的商铺，面积 7936.7478 m²；四至九层、十一至十三层、十六至十七层、二十至二十八层部分单位的写字楼，面积共计 42285.5788 m²。德发公司在拍卖合同中对上述总面积为 63244.7944 m² 的房产估值金额为 530769427.08 港元。

2004 年 12 月 2 日，穗和拍卖行在《信息时报》C16 版刊登拍卖公告，公布将于 2004 年 12 月 9 日举行拍卖会。穗和拍卖行根据委托合同的约定，在拍卖公告中明确竞投者须在拍卖前将拍卖保证金港币 6800 万元转到德发公司指定的银行账户内。2004 年 12 月 19 日，盛丰实业有限公司（香港公司）通过拍卖，以底价 1.3 亿港元（按当时的银行汇率，兑换人民币为 1.38255 亿元）竞买了上述部分房产，面积为 59907.0921m²。上述房产拍卖后，德发公司按 1.38255 亿元的拍卖成交价格，先后向税务部门缴付了营业税 6912750 元及堤围防护费 124429.5 元，并取得了相应的完税凭证。

2006 年，广东省广州市地方税务局第一稽查局（以下简称"广州税稽一局")在检查德发公司 2004 年至 2005 年地方税费的缴纳情况时，发现德发公司存在上述情况，展开调查。经向广州市国土资源和房屋管理局调取德发公司委托拍卖房产所在的周边房产的交易价格情况进行分析，广州税稽一局得出当时德发公司委托拍卖房产的周边房产的交易价格，其中写字楼为 5500—20001 元/m²，商铺为 10984—40205 元/m²，地下停车位为 89000—242159 元/个。因此，广州税稽一局认为德发公司以 1.38255 亿元出售上述房产，拍卖成交单价格仅为 2300 元/m²，不及市场价的一半，价格严重偏低。

2009 年 8 月 11 日，广州税稽一局根据《税收征收管理法》第 35 条①及《税收征收管理法实施细则》第 47 条②的规定，作出税务检查情况核对意见书，以停车位 85000 元/个、商场 10500 元/m²、写字楼 5000 元/m² 的价格计算，核定德发公司委托拍卖的房产的交易价格为 311678775 元（车位收入 85000 元/个×199 个＋商铺收入 10500 元/m²×7936.75 m²＋写字楼收入 5000 元/m²×42285.58 m²），并以 311678775 元为标准核定应缴纳营业税及堤围防护费。德发公司应缴纳营业税 15583938.75 元（311678775 元×5％的税率），扣除已缴纳的 6912750 元，应补缴 8671188.75 元（15583938.75 元－6912750 元）；应缴纳堤围防护费 280510.90 元，扣除已缴纳的 124429.50 元，应补缴 156081.40 元。该意见书同时载明了广州税稽一局将按规定加收滞纳金及罚款的情况。德发公司于 2009 年 8 月 12 日收到上述税务检查情况核对意见书后，于同月 17 日向广州税稽一局提交了复函，认为广州税稽一局对其委托拍卖的房产价值核准为 311678775 元缺乏依据。广州税稽一局没有采纳德发公司的陈述意见。

---

① 如无特别说明，以下均指本案所涉 2001 年《税收征收管理法》。《税收征收管理法》第 35 条规定："纳税人有下列情形之一的，税务机关有权核定其应纳税额：（一）依照法律、行政法规的规定可以不设置账簿的；（二）依照法律、行政法规的规定应当设置账簿但未设置的；（三）擅自销毁账簿或者拒不提供纳税资料的；（四）虽设置账簿，但账目混乱或者成本资料、收入凭证、费用凭证残缺不全，难以查账的；（五）发生纳税义务，未按照规定的期限办理纳税申报，经税务机关责令限期申报，逾期仍不申报的；（六）纳税人申报的计税依据明显偏低，又无正当理由的。税务机关核定应纳税额的具体程序和方法由国务院税务主管部门规定。"

② 如无特别说明，以下均指本案所涉 2002 年《税收征收管理法实施细则》。《税收征收管理法实施细则》第 47 条规定："纳税人有税收征管法第三十五条或者第三十七条所列情形之一的，税务机关有权采用下列任何一种方法核定其应纳税额：（一）参照当地同类行业或者类似行业中经营规模和收入水平相近的纳税人的税负水平核定；（二）按照营业收入或者成本加合理的费用和利润的方法核定；（三）按照耗用的原材料、燃料、动力等推算或者测算核定；（四）按照其他合理方法核定。采用前款所列一种方法不足以正确核定应纳税额时，可以同时采用两种以上的方法核定。纳税人对税务机关采取本条规定的方法核定的应纳税额有异议的，应当提供相关证据，经税务机关认定后，调整应纳税额。"

2009年9月14日，广州税稽一局作出穗地税稽一处〔2009〕66号税务处理决定，认为德发公司存在违法违章行为并决定：（1）根据《税收征收管理法》第35条，《税收征收管理法实施细则》第47条，《营业税暂行条例》第1条、第2条、第4条①的规定，核定德发公司于2004年12月取得的拍卖收入应申报缴纳营业税15583938.75元，已申报缴纳6912750元，少申报缴纳8671188.75元；决定追缴德发公司未缴纳的营业税8671188.75元，并根据《税收征收管理法》第32条②的规定，对德发公司应补缴的营业税加收滞纳金2805129.56元。（2）根据广州市人民政府《广州市市区防洪工程维护费征收、使用和管理试行办法》（穗府〔1990〕88号）第2条、第3条、第7条③，以及广州市财政局、广州市地方税务局、广州市水利局《关于征收广州市市区堤围防护费有关问题的补充通知》（财农〔1998〕413号）第1条④的规定，核定德发公司2004年12月取得的计费收入应缴纳堤围防护费280510.90元，已申报缴纳124429.50元，少申报缴纳156081.40元，决定追缴少申报的156081.40元，并加收滞纳金48619.36元。

德发公司不服广州税稽一局的处理决定，向广州市地方税务局申请行政复议。广州市地方税务局经复议后于2010年2月8日作出穗地税行复字〔2009〕8号行政复议决定，维持了广州税稽一局的处理决定。德发公司于是向广州市

---

① 《营业税暂行条例》第1条规定："在中华人民共和国境内提供本条例规定的劳务、转让无形资产或者销售不动产的单位和个人，为营业税的纳税人，应当依照本条例缴纳营业税。"第2条第1款规定："营业税的税目、税率，依照本条例所附的《营业税税目税率表》执行。"第4条规定："纳税人提供应税劳务、转让无形资产或者销售不动产，按照营业额和规定的税率计算应纳税额。……营业额以人民币计算。纳税人以人民币以外的货币结算营业额的，应当折合成人民币计算。"

② 《税收征收管理法》第32条规定："纳税人未按照规定期限缴纳税款的，扣缴义务人未按照规定期限解缴税款的，税务机关除责令限期缴纳外，从滞纳税款之日起，按日加收滞纳税款万分之五的滞纳金。"

③ 《广州市市区防洪工程维护费征收、使用和管理试行办法》第2条规定："防洪工程维护费的征收范围：凡在广州市市区范围内的中央、省、市、区街的生产、经营单位，包括机关、部队、行政事业单位举办的经营企业，以及中外合资、合作、外商独资经营企业，均属防洪工程维护费（以下简称维护费）的纳费人，并应按本办法规定交纳维护费。……"第3条规定："维护费的征收标准：……私营企业按年营业（销售）总额……"第7条规定："纳费人必须依照规定按期交纳维护费，逾期不交者，从逾期之日起，每天加收万分之五的滞纳金。逾期十天仍不缴交的，按国家和地方政府水利工程水费管理办法的有关规定处罚。"

④ 《关于征收广州市市区堤围防护费有关问题的补充通知》第1条规定："根据省政府粤府〔1993〕10号文的规定，我省用于建设和维护江海堤防等防洪工程设施，向受益范围内的中央、省、市、区街的生产、经营单位，包括……中外合资企业，中外合作企业，独资企业，外国企业……统称为堤围防护费，纳入省行政事业性收费管理范围。因此，广州市市区防洪工程维护费改称为广州市市区堤围防护费，其《广东省行政事业性收费许可证》的编号为：'粤行费穗字SD-07号'。以往我市有关征收广州市市区防洪工程维护费的政策规定，仍然适用于征收广州市市区堤围防护费。"

天河区人民法院起诉。广州市天河区人民法院判决驳回德发公司的诉讼请求。德发公司不服,向广州市中级人民法院提起上诉。广州市中级人民法院判决驳回上诉,维持原判。德发公司不服,向广东省高级人民法院申请再审,遭驳回。最终,德发公司向最高人民法院申请再审。

二、法院的观点

(一)关于广州税稽一局是否具有独立的执法主体资格的问题

2001 年修订前的《税收征收管理法》未明确规定各级税务局所属稽查局的法律地位。根据 2001 年修订后的《税收征收管理法》第 14 条、2002 年施行的《税收征收管理法实施细则》第 9 条,广州税稽一局作为广州市地方税务局所属的稽查局,具有独立的执法主体资格。《最高人民法院对福建省高级人民法院〈关于福建省地方税务局稽查分局是否具有行政主体资格的请示报告〉的答复意见》(行他〔1999〕25 号)是对 2001 年修订前的《税收征收管理法》的理解和适用。2001 年《税收征收管理法》修订后,该答复对审判实践不再具有指导性。

(二)关于广州税稽一局行使《税收征收管理法》第 35 条规定的应纳税额核定权是否超越职权的问题

此问题涉及对《税收征收管理法实施细则》第 9 条关于税务局和所属稽查局的职权范围划分原则的理解和适用。《税收征收管理法实施细则》第 9 条除明确税务局所属稽查局的法律地位外,还对稽查局的职权范围作出了原则规定,同时授权国家税务总局明确划分税务局和稽查局的职责,避免职责交叉。国家税务总局据此于 2003 年 2 月 18 日作出的《国家税务总局关于稽查局职责问题的通知》(国税函〔2003〕140 号)进一步规定:"稽查局的现行职责是指:稽查业务管理、税务检查和税收违法案件查处;凡需要对纳税人、扣缴义务人进行账证检查或者调查取证,并对其税收违法行为进行税务行政处理(处罚)的执法活动,仍由各级稽查局负责。"因此,税稽局的职责还包括与查处税务违法行为密切关联的稽查管理、税务检查、调查和处理等延伸性职权。虽然国家税务总局没有明确各级稽查局是否具有《税收征收管理法》第 35 条规定的核定应纳税额的具体职权,但是稽查局查处涉嫌违法行为不可避免地需要对纳税行为进行检查和调查。因此,本案中,广州税稽一局行使应纳税额核定权并未超越职权。

(三) 关于德发公司以涉案房产的拍卖成交价格作为计税依据申报纳税是否存在"计税依据明显偏低，又无正当理由"情形的问题

根据《税收征收管理法》第 35 条第 1 款第 6 项的规定，税务机关不认可纳税义务人自行申报的纳税额，重新核定应纳税额的条件有两个：一是计税依据明显偏低，二是无正当理由。德发公司委托拍卖的涉案房产的实际成交价格明显低于德发公司委托拍卖时的估值，也明显低于周边类似房产的最低交易价格标准，更低于德发公司委托的广州市东方会计师事务所有限公司对涉案房产项目审计后确认的成本价。因此，广州税稽一局认定涉案房产的拍卖价格明显偏低并无不当。

拍卖价格的形成机制较为复杂，影响因素较多。依照法定程序进行的拍卖活动经过公开、公平竞价，是充分竞争的结果。如果没有法定机构依法认定拍卖行为无效或者违反《中华人民共和国拍卖法》（以下简称《拍卖法》）的禁止性规定，原则上，税务机关应当尊重作为计税依据的拍卖成交价格。广州市地方税务局 2013 年修订后的《存量房交易计税价格异议处理办法》就明确规定，通过具有合法资质的拍卖机构依法公开拍卖的房屋权属转移，以拍卖对价为计税价格的，可以作为税务机关认定的正当理由。该规范性文件虽然在本案税收征管行为发生后施行，但是其中关于拍卖价格本身即构成正当理由的规定，本案可以参考。因此，对于一个通过拍卖形成的明显偏低的计税依据，税务机关一般应予认可和尊重。

但是，拍卖行为的效力与应纳税额核定权分别受民事法律规范和行政法律规范调整，拍卖行为的效力与税务机关行使应纳税额核定权的行为并不互相影响。有效的拍卖行为不能绝对排除税务机关的应纳税额核定权。但是，税务机关行使核定权时仍应有严格限定。

本案中，涉案房产价格确实偏低，在拍卖行为未违反《拍卖法》的禁止性规定，也没有法定机构认定涉案拍卖行为无效的情况下，税务机关能否以涉案拍卖行为只有一个竞买人为由否认拍卖形成的价格可以作为计税依据，直接核定应纳税额？根据《拍卖法》，一人竞拍行为并不违法。但是，在一人竞拍导致拍卖成交价格明显偏低的情况下，即使拍卖当事人对拍卖效力不持异议，因涉及国家税收利益，该拍卖成交价格作为计税依据也应当受到质疑。本案中，德发公司对拍卖成交价格虽没有异议，但税务机关基于国家税收利益的考虑，也可以不以拍卖价格作为计税依据，另行核定应纳税额。同时，计税依据是否

明显偏低和有无正当理由的问题具有较强的裁量性，法院一般应尊重税务机关基于法定调查程序作出的专业认定，除非这种认定明显不合理或者滥用职权。广州税稽一局在被诉处理决定中认定涉案拍卖行为存在一人竞拍、保留底价偏低的情形，广州市地方税务局经复议补充认为，涉案拍卖行为的保证金设置过高、一人竞拍导致拍卖活动缺乏竞争，以较低的保留底价成交。综合判断该次拍卖，成交价格不能反映正常的市场价格，且德发公司未能合理说明上述情形未对拍卖活动的竞价产生影响。在这种情况下，广州税稽一局行使核定权，依法核定德发公司的应纳税款，并未违反法律规定。

（四）关于广州税稽一局核定应纳税款后追征税款和加征滞纳金是否合法的问题

《税收征收管理法》对税务机关在纳税人已经缴纳税款后重新核定应纳税款并追征税款的期限虽没有明确规定，但税务机关应当在统筹兼顾保障国家税收、纳税人的信赖利益和税收征管法律关系的稳定等因素的基础上，在合理期限内核定和追征。在纳税人不存在违反税法和税收征管过错的情况下，税务机关可以参照《税收征收管理法》第 52 条第 1 款规定的税款追征期限，原则上在三年内追征税款。本案核定应纳税款之前的纳税义务发生在 2005 年 1 月，广州税稽一局自 2006 年起对涉案纳税行为进行检查，虽经三年多调查后，未查出德发公司存在偷税、骗税、抗税等违法行为，但依法启动的调查程序期间应当予以扣除。因此，广州税稽一局 2009 年 9 月重新核定应纳税款并作出被诉税务处理决定，并不违反上述有关追征期限的规定。

根据依法行政的基本要求，没有法律、法规和规章的规定，行政机关不得作出影响行政相对人合法权益或者增加行政相对人义务的决定；在法律规定存在多种解释时，应当首先考虑选择适用有利于行政相对人的解释。有权核定并追缴税款与加收滞纳金属于两个不同问题。根据《税收征收管理法》第 32 条、第 52 条第 2 款和第 3 款的规定，加收税款滞纳金应当符合以下条件之一：（1）纳税人未按照规定期限缴纳税款；（2）纳税人、扣缴义务人存在计算错误等失误；（3）纳税人、扣缴义务人故意偷税、抗税、骗税的。本案中，德发公司在拍卖成交后依法缴纳了税款，不存在计算错误等失误；税务机关经过长期调查，也未发现德发公司存在偷税、抗税、骗税情形。因此，德发公司不存在缴纳滞纳金的法定情形。被诉税务处理决定认定的拍卖底价成交和一人竞拍行为虽能证明税务机关对成交价格未形成充分竞价的合理怀疑具有正当理由，但拍卖活动和拍卖价格并非德发公司所能控制和决定的，广州税稽一局在依法进行的调查程序中也未能证明德发公司在拍卖活动中存在恶意串通等违法行为。同时，本案还应考虑德发公司基于对拍卖行为以及地方税务局完税凭证的合理信赖而形成的信赖利益保护问题。在税务机关无法证明纳税人存在责任的情况下，可以参考《税收征收管理法》第52条第1款关于"因税务机关的责任，致使纳税人、扣缴义务人未缴或者少缴税款的，税务机关在三年内可以要求纳税人、扣缴义务人补缴税款，但是不得加收滞纳金"的规定，作为对行政相对人有利的处理方式。因此，广州税稽一局重新核定德发公司拍卖涉案房产的计税价格后确定的应纳税额，纳税义务应当自核定之日起发生，对德发公司征收该税款确定之前的滞纳金，没有法律依据。此外，被诉税务处理决定没有明确具体的滞纳金起算时间和截止时间，也属认定事实不清。

综上，广州税稽一局追缴税款和堤围防护费符合法律法规的规定，而追缴相关税费产生的滞纳金属于认定事实不清且无法律依据。

三、教学内容（法律评析）

（一）争议焦点分析

表 8-5

序号	争议点	再审申请人德发公司		再审被申请人广州税稽一局	
		主张	理由	主张	理由
1	被申请人的独立执法资格	被申请人不是适格行政主体	1999年10月21日发布的《最高人民法院对福建省高级人民法院〈关于福建省地方税务局稽查分局是否具有行政主体资格的请示报告〉的答复意见》原则同意"地方税务局稽查分局以自己的名义对外作出行政处理决定缺乏法律依据"。	被申请人具有独立执法资格	根据《税收征收管理法》第14条[①]以及《税收征收管理法实施细则》第9条[②]的规定，被申请人具有独立执法资格。

---

① 《税收征收管理法》第14条规定："本法所称税务机关是指各级税务局、税务分局、税务所和按照国务院规定设立的并向社会公告的税务机构。"

② 《税收征收管理法实施细则》第9条规定："税收征管法第十四条所称按照国务院规定设立的并向社会公告的税务机构，是指省以下税务局的稽查局。稽查局专司偷税、逃避追缴欠税、骗税、抗税案件的查处。国家税务总局应当明确划分税务局和稽查局的职责，避免职责交叉。"

(续表)

序号	争议点	再审申请人德发公司		再审被申请人广州税稽一局	
		主张	理由	主张	理由
2	被申请人的职权范围	被申请人超越职权，无权核定纳税人的应纳税额	《税收征收管理法实施细则》第9条第1款规定，"稽查局专司偷税、逃避追缴欠税、骗税、抗税案件的查处"。本案不属于"偷税、逃避追缴欠税、骗税、抗税"的情形，不属于稽查局的职权范围，被申请人无权对再审申请人拍卖收入核定应纳税额。	被申请人不存在越权执法问题	1. 根据《税收征收管理法实施细则》第9条第2款，《国家税务总局关于稽查局职责问题的通知》(国税函〔2003〕140号)、《转发广东省机构编制委员会办公室、广东省地方税务局关于重新印发广州等市区地方税务局职能配置、内设机构和人员编制规定的通知》(穗地税发〔2004〕89号)等文件规定，稽查局的现行主要职责是指：稽查业务管理、税务检查和税收违法案件查处；凡需要对纳税人、扣缴义务人进行账证检查或者调查取证，并对其税务违法行为进行税务行政处理（处罚）的执法活动，仍由各级稽查局负责。 2. 根据《税收征收管理法》第35条的规定，税款核定的主体是税务机关，而该法所称的"税务机关"包括省以下税务局的稽查局。
3	被诉决定的证据充足性	被诉税务处理决定认定德发公司申报纳税存在"申报的计税依据明显偏低"和"无正当理由"的证据明显不足	1. 拍卖过程依法进行，成交价格1.3亿港元亦未低于拍卖保留价。 2. 拍卖价格是市场需求与拍卖物本身价值互相作用的结果，遵循的是市场规律。 3. 拍卖前，申请人银行债务1.3亿港元已全部到期，银行已多次发出律师函追收，本案拍卖是再审申请人为挽救公司而不得已采取的措施。	被诉决定证据充足	1. 计税依据明显偏低：拍卖价格与历史成交价相比悬殊；本次拍卖成交价格明显偏低，明显偏离同期、同类、同档次物业的市场成交价格；拍卖成交价格远低于再审申请人自行提供的评估价和成本价。 2. 偏低计税依据无正当理由：只有唯一竞买人；拍卖保证金门槛设置过高；拍卖保留价设置过低；拍卖的房产已办抵押，拍卖未征询全部抵押权人银行的同意；竞买人拍卖前知道拍卖底价，交易双方有诚信问题。

(续表)

序号	争议点	再审申请人德发公司		再审被申请人广州税稽一局	
		主张	理由	主张	理由
4	重新核定应纳税额的权力	被申请人无权重新核定应纳税额	再审申请人已经按照拍卖成交价足额申报纳税并取得主管税务机关出具的完税凭证。申请人纳税过程中，主管税务机关从未提出核定应纳税额，申请人不可能知晓税务机关会对拍卖价进行何种调整，只能也只应按照全部拍卖成交价纳税，没有任何违法违章行为。	被申请人有权对应纳税额进行核定	二审法院根据答辩人提供的相关举证材料，对核定程序是否合法、核定价格是否合理进行审核和审查，并有结论。
5	税款和滞纳金追征期限	被申请人追征税收的行为超过了税款和滞纳金追征期限	被申请人也应当依照《税收征收管理法》第52条行使职权，其在再审申请人申报纳税四年多后追征税款和滞纳金，超过了该条关于税款和滞纳金追征期限的规定。税务机关追征税款和滞纳金，除法定的其他前提条件外，需受到三年追征期限的限制。	被申请人追征税收的行为未超过税款和滞纳金追征期限	答辩人于2006年9月18日依法对再审申请人送达《税务检查通知书》，于2009年9月16日依法作出税务处理决定，系依法履行职责。

(二) 法律分析

1. 税务局稽查局的法律地位

税务稽查是依法查处税收违法行为的活动，具有保障税收收入、维护税收秩序、促进依法纳税的作用。履行税务稽查职能的税务局稽查局是我国税收征收管理制度不断发展的结果。1997年9月3日发布的《国家税务总局关于印发〈关于修订省、自治区、直辖市国家税务局职能配置、内设机构和人员编制方案的意见〉的通知》(国税发〔1997〕144号) 规定："省、自治区、直辖市国家税务局统一设置稽查局，为直属机构。负责税务稽查工作的组织、管理和指导，协调和指导案件查处工作，办理重大案件稽查的具体事项。"1998年5月19日发布的《国家税务总局印发〈关于进一步加强税务稽查工作的意见〉

的通知》(国税发〔1998〕75号)强调:"各级税务机关,凡未成立税务稽查机构的,应当根据深化税收征管改革方案的要求,尽快成立税务稽查机构。"但是,税务局稽查局独立执法仍没有法律依据,这也是最高人民法院在《最高人民法院对福建省高级人民法院〈关于福建省地方税务局稽查分局是否具有行政主体资格的请示报告〉的答复意见》中原则同意"地方税务局稽查分局以自己的名义对外作出行政处理决定缺乏法律依据"的原因。直到2001年《税收征收管理法》的修订以及2002年《税收征收管理法实施细则》的实施,《税收征收管理法》第14条指出税务机关包括"按照国务院规定设立的并向社会公告的税务机构",而《税收征收管理法实施细则》第9条补充规定前述法条所称税务机构是指"省以下税务局的稽查局",税务局稽查局的独立执法地位才在法律上得到确认。

2. 税务局稽查局的职权

(1) 相关法律规定

表 8-6

序号	文件名称	效力级别	发布日期	相关内容
1	《税收征收管理法实施细则》	行政法规	2002年9月7日(后于2012年、2013年和2016年三次修正,但是相关条文未作变动)	第9条规定:"……稽查局专司偷税、逃避追缴欠税、骗税、抗税案件的查处。国家税务总局应当明确划分税务局和稽查局的职责,避免职责交叉。"
2	《国家税务总局关于进一步加强税收征管基础工作若干问题的意见》	部门规范性文件	2003年10月22日	征收管理部门与稽查部门在税务检查上的职责范围要按照以下三个原则划分:一是在征管过程中,对纳税人、扣缴义务人履行纳税义务的日常性检查及处理由基层征收管理机构负责;二是税收违法案件的查处(包括选案、检查、审理、执行)由稽查局负责;三是专项检查部署由稽查局负责牵头统一组织。

(续表)

序号	文件名称	效力级别	发布日期	相关内容
3	《国家税务总局关于稽查局职责问题的通知》	部门工作文件	2003年2月18日	在国家税务总局统一明确之前，各级稽查局现行职责不变。稽查局的现行职责是指：稽查业务管理、税务检查和税收违法案件查处；凡需要对纳税人、扣缴义务人进行账证检查或者调查取证，并对其税收违法行为进行税务行政处理（处罚）的执法活动，仍由各级稽查局负责。
4	《税务稽查工作规程》	部门规范性文件	2009年12月24日	该规程从管辖、选案、检查、审理等方面具体规范了税务局稽查局依法查处税收违法行为的工作。
5	《税收违法案件发票协查管理办法（试行）》	部门规范性文件	2013年6月19日	第4条规定："税务局稽查局负责实施税收违法案件发票的协查。"

（2）税务局稽查局的具体职权

关于税务局稽查局的职权究竟为何，理论界和实务界一直存在着争议。毋庸置疑，税务局稽查局有权查处《税收征收管理法实施细则》第9条规定的由稽查局专司的"偷、逃、骗、抗"案件。但是，对于稽查局是否有权在专司的四类案件之外对其他税务违法行为进行处理，观点不尽相同。综合表8-6可发现，根据国家税务总局的相关规定，税务局稽查局的执法权限并不仅限于"偷、逃、骗、抗"案件，还包括对其他税务违法案件的查处以及与查处相关的延伸性职权。

即便如此，在本案之前，司法实践中对于税务局稽查局对"专司"外事务是否有管辖权仍有不同的见解。例如，在2015年安徽省长丰县地方税务局稽查局与合肥晨阳橡塑有限公司（以下简称"晨阳公司"）行政处罚案中，长丰县地方税务局基于晨阳公司多项税务违法行为对其进行处罚，其中有些违法行为便是"偷、逃、骗、抗"之外的行为。晨阳公司认为税务局稽查局无权对"偷、逃、骗、抗"之外的税务违法行为进行查处，因此起诉。一审法院认为税务局稽查局可以对税收违法案件进行查处，因此判决驳回晨阳公司的诉讼请求。晨阳公司不服一审判决，上诉至合肥市中级人民法院。合肥市中级人民法院所持观点与一审法院截然不同，判决撤销一审判决，同时撤销长丰县地方税务局稽查局的处罚决定书。长丰县地方税务局稽查局不服,向合肥市中级人民法院申请再审。再审法庭支持一审判决,同时撤销了二审判决,从而最终肯定了长丰县地方税务局稽查局对"专司"外税务违法行为进行查处的权力,可谓一波三折。随着时间的推移,各地法院在这一问题上的观点逐渐趋于统一,尤其在最高人民法院对本案作出判决后,将对下级法院就此问题的判决具有指导作用。同时,综观以上相关规定,可发现目前我国税务局稽查局职能的相关规定散见于各个法律、行政文件之中,缺乏统一、完整的规定。建议在下次《税收征收管理法》及其实施细则修改时,对税务局稽查局的职能进行系统性规定,从根本上解决其职能纠纷。

3."计税依据明显偏低,又无正当理由"的认定

根据《税收征收管理法》第 35 条的规定,当纳税人申报的计税依据明显偏低,又无正当理由时,税务机关有权核定其应纳税额。但是,尚未有任何官方文件对"计税依据明显偏低,又无正当理由"的判断标准进行界定。近年来,随着税务局稽查局根据该条对纳税人进行查处的案件增多,理论上,围绕该条的解释问题展开的讨论越来越激烈;实务中,不同法院、法官对该条的不同理解也导致了适用上的不一致。

(1)"计税依据"

计税依据,又称"税基",是计算应纳税额的依据和基础,是税收客体在量方面的具体化,可以是税收客体的价格或数量。根据计量单位的不同,计税依据可分为从价计征和从量计征。从价计征是指以课税对象的自然数量与单位价格的乘积为计税依据,而从量计征是指以征税对象的重量、件数、容量、面积等为计税依据。各税种的计税方法不同,计税依据的内涵也不同。

(2)"明显"

在《税收征收管理法》第 35 条中,"明显"用以修饰"偏低"。但是,对于究竟达到什么程度方可被视为"明显",尚没有统一确定的标准。在实践中,为了便于操作,税务机关和纳税人会以 30% 作为"明显"的临界点。但是,简单地将 30% 作为临界点的做法合适与否有待商榷。在社会发展的不同阶段、同一阶段的不同地区,对"明显"的判断都可能不同。法律规定采用"明显"这一主观性较强的表述,而不规定确切的数值划定标准,想必也是考虑到目前我国经济发展迅速且地区之间发展差异较大,留给法官一定的自由裁量权,能够更好地发挥该条的作用,实现立法目的。

(3)"偏低"

"偏低"的结论只有通过比较才能得出。因此,要认定计税依据"偏低",首先应确定一个具有可比性的比较对象。这个比较对象通常为市场价格或评估价格,前者如《契税暂行条例》第 4 条①之规定,后者如《土地增值税暂行条例》第 9 条②之规定。

两个商品价格的可比性,是指在公开竞争的市场上可能影响两个商品价格的一切方面都是相当的,或者虽然不具有相当性,但是可以通过合理的方法排除该非相当性对商品价格的影响。③ 影响商品价格或评估价格的因素多种多样,包括交易时间、交易空间、商品质量、其他交易因素等。税务机关在选取比较对象时,均需将以上因素考虑在内。

① 交易时间

在市场经济中,部分商品的价格趋于稳定,而其他商品的价格则会随着时间不断发生改变。由于供求关系等市场因素的影响,即使是具有相同质量的同种商品,交易时间的不同也可能导致其交易价格的不同。同时,也应注意,并非一旦出现变化就不具有可比性,变化应当在合理的范围之内。

② 交易空间

交易空间对商品价格的影响也是十分巨大的。尤其是在区域发展不平衡的状况下,在不同地区之间,同一件商品的价格也可能不同。因此,税务机关在确定可比价格时,需充分考虑纳税人所在地的空间特征。

③ 商品质量

商品的质量优劣,直接影响其市场价格的高低。有些商品质量的鉴别,其专业性较强。对于这些商品,税务机关在没有足够的能力对其进行全面、准确、专业的评判的情况下,应交由专业机构进行认定。

---

① 《契税暂行条例》第 4 条规定:"契税的计税依据:(一)国有土地使用权出让、土地使用权出售、房屋买卖,为成交价格;(二)土地使用权赠与、房屋赠与,由征收机关参照土地使用权出售、房屋买卖的市场价格核定;(三)土地使用权交换、房屋交换,为所交换的土地使用权、房屋的价格的差额。前款成交价格明显低于市场价格并且无正当理由的,或者所交换土地使用权、房屋的价格的差额明显不合理并且无正当理由的,由征收机关参照市场价格核定。"
② 《土地增值税暂行条例》第 9 条规定:"纳税人有下列情形之一的,按照房地产评估价格计算征收:(一)隐瞒、虚报房地产成交价格的;(二)提供扣除项目金额不实的;(三)转让房地产的成交价格低于房地产评估价格,又无正当理由的。"
③ 参见翟继光:《论"计税依据明显偏低又无正当理由"的判断标准》,载《税务研究》2016 年第 8 期。

④ 其他交易因素

其他交易因素如交易数量、营销策略、商品品牌以及消费者心理等，也会对商品价格产生不可忽视的影响。

总之，市场价格和评估价格的确定是复杂且技术性较强的工作，甚至同一税务机关的不同税务工作者认定的结果也会不同。可比价格应是一个可接受的价格范围，而非某一确定的具体价格。在判断一项计税依据是否偏低时，只能从正面进行比较，得出结论，而不可反向认为只有当其符合某一具体价格时才可排除偏低的可能性。

(4) "正当理由"

《税收征收管理法》第 35 条中的"正当理由"是对计税依据明显偏低构成税务违法行为的阻却。对于"正当理由"的界定，除《股权转让所得个人所得税管理办法（试行）》(国家税务总局公告 2014 年第 67 号) 第 13 条[①]针对个人所得税股权转让业务规定了四种"视为有正当理由"的情形外，没有其他官方文件对个人所得税其他项目或其他税种中"正当理由"的认定进行规定。有观点认为，由于正当理由主要来自纳税人自身的主观因素，因而只要是不违法、不触犯道德底线的理由都是正当理由。也有观点认为，不以税收利益为目的，方能被认为具有"正当理由"；同时，近年税收立法表现出以"合理商业目的"替代"正当理由"的趋势。《税收征收管理法》第 35 条的规定意在规制避税行为，因而"正当理由"存在与否的判断也应立足于纳税人是否有获取税收利益的意图。若将所有不违法、不触犯道德底线的理由都认定为正当理由，势必损害国家的税收利益。同时，"正当理由"与"计税依据明显偏低"应符合比例原则，保证计税依据降低的幅度能够完全为"正当理由"所涵盖。

例如，在新疆维吾尔自治区地方税务局稽查局与新疆瑞成房地产开发有限公司（以下简称"瑞成房地产"）税务行政处罚纠纷案中，新疆维吾尔自治区地方税务局稽查局以瑞成房地产在 2010 年按照当时市场销售价下浮 20% 的价

---

① 《股权转让所得个人所得税管理办法（试行）》第 13 条规定："符合下列条件之一的股权转让收入明显偏低，视为有正当理由：（一）能出具有效文件，证明被投资企业因国家政策调整，生产经营受到重大影响，导致低价转让股权；（二）继承或将股权转让给其能提供具有法律效力身份关系证明的配偶、父母、子女、祖父母、外祖父母、孙子女、外孙子女、兄弟姐妹以及对转让人承担直接抚养或者赡养义务的抚养人或者赡养人；（三）相关法律、政府文件或企业章程规定，并有相关资料充分证明转让价格合理且真实的本企业员工持有的不能对外转让股权的内部转让；（四）股权转让双方能够提供有效证据证明其合理性的其他合理情形。"

格,将商品房销售给某投资发展有限公司离退休职工住宅为由,直接以同期市场价格对瑞成房地产调整补缴营业税,并据此认定瑞成房地产少缴营业税。瑞成房地产则辩称其与某投资发展有限公司均为新疆某集团有限公司下属控股公司。某投资发展有限公司在进行企业改制后,离退休职工收入低,住房条件差,且集体上访,造成了不良的社会影响。瑞成房地产是根据上级主管单位及领导的要求,从大局出发,决定降价20%出售房屋。终审法院新疆维吾尔自治区乌鲁木齐市中级人民法院认可了瑞成房地产的观点,认为其举动应视为解决职工住房困难、防止群体事件发生、化解社会矛盾的善意之举,构成"正当理由"。在该案中,瑞成房地产的计税依据与市场价格相比确实偏低,但是该偏低计税依据非出于躲避税负考虑,不是为了获得税收利益,具有正当理由,且20%的降低幅度与该理由能够相匹配,因此不适用《税收征收管理法》第35条之规定。

4. 税务行政诉讼中司法权与行政权的平衡

税务行政诉讼是公民、法人或其他组织认为税务行政机关和税务行政机关工作人员的行政行为侵犯其合法权益时,向法院提起的诉讼。与民事诉讼和刑事诉讼不同,行政诉讼涉及法院与政府之间的权力关系。因此,在税务行政诉讼中,如何处理好法院司法权与税务机关行政权之间的关系,达到二者之间的平衡,显得尤为重要。

法院拥有司法权,能够发挥其司法能动性,对税务机关的行政权进行监督和制约,促进政府依法行政。目前,法院对税务机关行政行为的监督较弱,未完全发挥其作用,集中表现为税务行政诉讼案件的数量少、高撤诉率以及低胜诉率。根据《2016年度中国税务行政诉讼案件研究报告》,2016年,全国实质性税务行政诉讼案件(排除税务行政登记、政府信息公开、社保费征缴等实质上不属于税务争议的案件)仅335件。其中,纳税人胜诉的案件比率仅为10.75%,而税务机关胜诉的案件比率则高达30.45%。同样高的还有纳税人撤诉的案件比率,为37.31%。值得肯定的是,随着法治的发展和司法改革的推进,法院居中裁判的地位不断得到强化,独立审判的权力也愈加得到保障,司法权对行政权的监督和制约作用在未来将得到更加充分的发挥。

但是,法院在发挥其司法能动性,对行政机关进行监督和制约时,也应有合理的限度,为行政权的行使保留一定的空间。法院作为司法机关,能够熟练、专业地运用法律;而税务机关作为主管税务的行政机关,对税务工作驾轻就熟。尤其是在实践中,税务机关的部分职责给予其较强的自由裁量权。对此,法院一般应尊重行政机关在长期执法活动中形成的行政惯例或者基于法定调查程序作出的专业判断,除非这种惯例或者判断明显不合理或者属于滥用职权。

5. 纳税人权益保护

在税收征收管理关系中,税务机关作为行政主体,代表国家,处于管理者一方;而纳税人作为行政相对人,处于被管理者一方。较税务机关而言,在税收征收管理过程中,纳税人的利益更容易受到侵害。尤其是自然人纳税主体,相对于权力机关而言,处于弱势一方。因此,在税务关系中对纳税人的权益进行保护十分必要。

首先,对纳税人信赖利益的保护。1976年,德国将"信赖利益保护"概念引入税法领域,并首次将纳税人信赖利益保护以法律的形式予以规定。此后,美国也规定了纳税人的信赖权。纳税人信赖利益,是指纳税人对征税机关行为正当性的信任,并因此信任而为相关行为作准备,由此产生利益,即依法纳税和安排合法的经济行为,由此获得利益。① 之所以对纳税人信赖利益进行保护,原因有二:其一,在税务实践中,由于税务机关滥用职权、工作疏忽等缘故,纳税人的信赖利益确有可能受到损害;其二,纳税人基于合理信赖进行商事活动,税务机关对纳税人信赖利益的损害将牵一发而动全身,可能同时动摇多重社会关系,产生对社会秩序的损害,因此对纳税人信赖利益进行保护是稳定社会秩序、平衡公共利益与纳税人个人利益的要求。在我国目前的税收法律中,能够最直接体现对纳税人信赖利益保护的应是《中华人民共和国企业所得税法》(以下简称《企业所得税法》)第57条第1款②。另外,《税收征收管理法》第52条第1款③也在一定程度上体现了对纳税人信赖利益的保护。除了这两部法律之外,尚未有其他法律就纳税人信赖利益保护作出规定,有待立法进一步完善。在司法方面,如上所述,目前税务行政诉讼的状况不够理想,部

---

① 参见赵惠敏、陈楠、孙静:《对纳税人信赖利益保护问题的分析》,载《国际税收》2015年第11期。

② 《企业所得税法》第57条第1款规定:"本法公布前已经批准设立的企业,依照当时的税收法律、行政法规规定,享受低税率优惠的,按照国务院规定,可以在本法施行后五年内,逐步过渡到本法规定的税率;享受定期减免税优惠的,按照国务院规定,可以在本法施行后继续享受到期满为止,但因未获利而尚未享受优惠的,优惠期限从本法施行年度起计算。"

③ 《税收征收管理法》第52条第1款规定:"因税务机关的责任,致使纳税人、扣缴义务人未缴或者少缴税款的,税务机关在三年内可以要求纳税人、扣缴义务人补缴税款,但是不得加收滞纳金。"

分纳税人无法通过司法途径维护其作为纳税人的合法权益。

其次，对于行政机关而言，法无明文规定即不可为。为了确保当事人合法权益不被剥夺，在法律没有明确规定的情况下，税务机关不得作出影响纳税人合法权益或者增加纳税人义务的决定。这也符合税收法定原则，该原则要求立法者决定全部税收问题的税法基本原则，即如果没有相应的法律作为前提，则行政机关不能征税，公民也没有纳税的义务。随着依法行政理念的逐步深入，我们有理由相信税务机关在未来的税收征收管理活动中将更加重视法律的作用，做到有法必依。

四、案例研习安排

（一）教学对象及目标

本案例供法学专业本科生、硕士研究生及法律硕士研究生教学使用，其他专业本科生、硕士研究生也可参酌使用。

本案例需要解决的问题主要有：

（1）广州税稽一局是否具有独立的执法主体资格？

（2）广州税稽一局行使《税收征收管理法》第35条规定的应纳税额核定权是否超越职权？

（3）德发公司以涉案房产的拍卖成交价格作为计税依据申报纳税是否存在"计税依据明显偏低，又无正当理由"的情形？

（4）广州税稽一局核定应纳税款后追征税款和加征滞纳金是否合法？

（二）建议课堂计划

本案例可以作为专门的教学案例进行讲授，建议安排1课时（40—45分钟）。

如下课堂设计，仅供参考：

1. 课前计划

安排学生阅读案例及相关参考资料，熟悉整个案例流程，对案例中提出的问题进行思考。

2. 课中计划

介绍教学目的，明确讨论主题。

分组讨论问题及解决对策，告知发言要求。

小组代表发言，提出解决方案，并对其他小组提出的方案进行评述。

教师进行引导性分析，并作归纳总结。

3. 课后计划

请学生课后进一步细化了解核定征税的相关内容,包括税务机关法律主体地位及其具体职权、计税依据的判定方法等。

五、思考题

1. 如何认定税务局稽查局的法律地位?
2. 在行政自由裁量权与司法审查发生冲突时,应当如何解决?

第三节　避税与反避税制度

案例 三十五　儿童投资主基金与杭州市西湖区国家税务局税务征收纠纷案

【摘　要】　本案是一起非居民企业间接股权转让诉讼案,主要涉及公司是否具有经济实质、股权转让交易是否具有合理商业目的以及股权转让交易是否应在中国境内征收企业所得税等问题。通过对案例的研习,我们可以深入了解税务机关对穿透原则的运用;同时,通过对相关法条和规范性文件的研读,明晰非居民企业间接股权转让的定性,避免税源流失,保证国家税收主权,对审理同类型股权转让企业所得税争议案件具有重要价值。

【关键词】　间接股权转让　合理商业目的　穿透原则　经济实质

一、基本案情

2003 年 11 月 4 日,儿童投资主基金(The Children's Investment Master Fund)在开曼群岛注册成立。

2004 年 3 月 31 日,香港国汇有限公司(以下简称"香港国汇公司")与中国浙江国叶实业发展有限公司(以下简称"浙江国叶公司")签订合同,设立杭州国益路桥经营管理有限公司(以下简称"杭州国益路桥公司")。其中,香港国汇公司占杭州国益路桥公司 95% 的股份,浙江国叶公司的持股比例为 5%。

2005 年 10 月 12 日,Chinese Future Corporation 公司(以下简称"CFC

公司")在开曼群岛注册成立。CFC 公司持有香港国汇公司 100% 股权。杭州国益路桥公司成立后,被批准受让杭州绕城高速公路收费经营权。2005 年 11 月 10 日,儿童投资主基金通过股权转让和认购新股的方式取得了 CFC 公司 26.32% 的股权。

2011 年 9 月 9 日,儿童投资主基金将其持有的 CFC 公司 26.32% 的股权转让给新创建集团有限公司(在香港联合交易所挂牌的上市公司,以下简称"新创建集团")的附属公司 Moscan Developments Limited(以下简称"MDL 公司")。双方在股权转让协议中约定,转让价格为 2.8 亿美元,儿童投资主基金同时向 MDL 公司收取约合 380 万美元的利息。CFC 公司的股权原先分别由儿童投资主基金持有 26.32%,Widefaith Group Limited(以下简称"W 公司")持有 73.68%。W 公司为 Kaiming Holdings Limited(以下简称"K 公司")的全资子公司。W 公司后也将其持有的 CFC 公司 73.68% 股权中的 22.68% 转让给 MDL 公司,另 51% 的股权由 K 公司通过转让 W 公司 100% 股权的方式间接转让给 MDL 公司。2011 年 9 月底,杭州市西湖区国家税务局(以下简称"西湖区国税局")收到儿童投资主基金委托国外某律师事务所发来的律师函件,询问儿童投资主基金向 MDL 公司转让其所持有的 CFC 公司 26.32% 股权是否需要在中国境内完税。之后,西湖区国税局与儿童投资主基金进行多次沟通调查,并按照规定层报国家税务总局审核。

2013 年 7 月,国家税务总局明确批复,认定儿童投资主基金转让 CFC 公司和香港国汇公司股权,从而间接转让杭州国益路桥公司股权的交易不具有合理商业目的,应对其取得的股权转让所得征收企业所得税。2013 年 11 月 12 日,西湖区国税局根据国家税务总局的批复,向儿童投资主基金发出《税务事项通知书》。通知书送达后,儿童投资主基金按照要求向税务机关缴纳了相应税款,共计 1.05 亿元。

2014 年 1 月 17 日,儿童投资主基金向杭州市国家税务局就涉案《税务事项通知书》提起行政复议。2014 年 4 月 10 日,杭州市国家税务局维持了这一决定。2014 年 5 月,儿童投资主基金对行政复议决定不服,以西湖区国税局为被告提起行政诉讼,请求法院撤销被告作出的上述《税务事项通知书》。

2015 年 7 月 9 日,杭州市中级人民法院作出一审判决,判定西湖区国税局作出的《税务事项通知书》在职权、管辖、事实认定、法律适用、行政程序上均符合法律法规、规范性文件的规定,驳回儿童投资主基金的诉讼请求。

一审后，儿童投资主基金不服，提起上诉。2015年12月15日，浙江省高级人民法院作出二审判决，判定原审判决认定事实清楚，适用法律正确，驳回上诉，维持原判。

终审后，儿童投资主基金于2016年再次向最高人民法院申请再审。同年，最高人民法院维持原审生效裁判的效力，驳回儿童投资主基金的再审申请。本次股权交易前后的结构如下图所示：

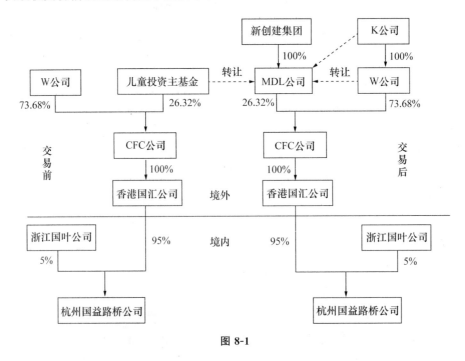

图 8-1

二、法院的观点

（一）关于CFC公司和香港国汇公司是否具有经济实质

儿童投资主基金诉称，CFC公司和香港国汇公司均具有经济实质，从事实质性经营活动。CFC公司具有自己的经营管理活动，实施了债券发行、维持债券上市、债券评级、审计、抵押品托管、支付债息等管理活动，除发行债务外，一直致力于境外首次公开股票发行、寻找投资项目、降低运营成本等工作，且配备相应的人员、办公场所、设备。同时，CFC公司对外签署了很多境外合同，对合同的相对方承担了相应的义务。CFC公司每年均出具审计报告，并非一家空壳公司。儿童投资主基金无法直接投资于杭州国益路桥公司，香港国汇公司的存在具有实质意义。香港国汇公司在 2004 年以前主要从事房地产投资业务，也配备相应的人员、办公场所、设备。香港国汇公司持股杭州国益路桥公司的架构是由当时的国内政策法律决定的，国家发展和改革委员会、交通部、商务部的批复均由香港国汇公司作为收购主体，且不得转让。可见，香港国汇公司也是一家行使管理职能的公司。

法院认为，CFC 公司和香港国汇公司均不具有经济实质，两者除了对杭州国益路桥公司投资控股之外，并不从事其他实质性经营活动。法院肯定税务机关认定的事实，即境外被转让的 CFC 公司和香港国汇公司仅在避税地或低税率地区注册，不从事制造、经销、管理等实质性经营活动，故而进一步认定两者为导管公司，否定被用作税收安排的 CFC 公司和香港国汇公司的存在。

(二) 关于本次股权转让交易是否具有合理商业目的

儿童投资主基金诉称，本次股权转让交易具有合理商业目的，没有规划任何滥用组织形式等安排，从而间接转让杭州国益路桥公司股权。香港国汇公司转让杭州国益路桥公司的股份，需要取得小股东浙江国叶公司的同意，且需经交通部等部门的审批。因此，若由香港国汇公司直接转让杭州国益路桥公司股权，需要额外付出巨大的商业成本，不具有商业合理性。CFC 公司之下的全部资产已质押给债权人，在法律上，未经债权人同意不得转让。如果由 CFC 公司对债权人全部清偿后，再由香港国汇公司转让杭州国益路桥公司股权，将额外付出巨大的商业成本，也不具有商业合理性。故儿童投资主基金主张其转让持有的 CFC 公司股权的目的在于剥离其海外基础设施类业务，是理性的市场主体在权衡经济活动的商业成本后作出的合法选择，而非意在避税。

儿童投资主基金在上诉时主张，新创建集团在香港联合交易所披露的公告中，没有任何地方明确说明股权转让价主要取决于对中国居民企业杭州国益路桥公司的估值，只是将此作为其中之一的估值因素；同时，一直表述该集团收购的是 CFC 公司的股权，而不是杭州国益路桥公司的股权。因此，儿童投资主基金虽在客观上通过转让股权获得了税收利益，但转让股权并不是为了获取税收利益，而是为了实现股权转让收益做出的在法律上唯一允许且商业合理的行为。

法院认为，本次股权转让交易不具有合理商业目的，是以减少我国企业所得税为主要目的的税收安排。根据股权受让方在交易所披露的信息和股权转让协议的具体内容，股权转让价主要取决于对中国居民企业杭州国益路桥公司的估值；同时，股权受让方对外披露收购的实际标的为杭州国益路桥公司股权。法院支持税务机关对本次股权转让交易重新定性，认为从形式上看，儿童投资主基金转让的是其所持有的 CFC 公司股权，而实质上是直接转让了杭州国益路桥公司的相应股权，规避了直接转让中国应税财产应缴纳的企业所得税，并以避税为主要目的，故不具有合理商业目的。

（三）关于本次股权转让交易是否应在中国境内征收企业所得税

儿童投资主基金认为，本次股权转让交易不应在中国境内征收企业所得税。CFC 公司、香港国汇公司的设立早于 2004 年，儿童投资主基金对 CFC 公司的出资到位是在 2005 年，而《国家税务总局关于加强非居民企业股权转让所得企业所得税管理的通知》（国税函〔2009〕698 号，以下简称"698 号文"）颁布于 2009 年。故儿童投资主基金在设立时不可能预见"698 号文"的颁布和适用，因而不存在故意避税的意图。同时，CFC 公司和香港国汇公司均具有经济实质，从事实质性经营活动。故儿童投资主基金在转让 CFC 公司股权的交易中不存在滥用组织形式规避中国税收的意图或手段。儿童投资主基金主张出售 CFC 公司股权所获得的股权投资所得完全来源于中国境外，依照中国税法规定，不能也不应该被征收中国企业所得税。

法院认为，应当对本次股权转让交易征收中国企业所得税。法院支持税务机关对儿童投资主基金间接转让杭州国益路桥公司股权的交易重新定性，否定被用作税收安排的 CFC 公司和香港国汇公司的存在，认为两者不具有经济实质。同时，该交易以减少我国企业所得税为主要目的，不具有合理商业目的。故本次交易中股权转让的所得从形式上看似乎来源于中国境外，实质上却是来源于中国境内杭州国益路桥公司对杭州绕城高速公路的收费经营所得。儿童投资主基金作为非居民企业，转让股权所得来源于中国境内，应当按照法律规定向税务机关申报缴纳企业所得税。

最高人民法院在再审裁定书中重申，税务机关的被诉行政行为是对"698 号文"规定精神和国家税务总局批复内容的具体贯彻落实。再审被申请人在本案中履行职责到位，法律适用正确，被诉行政行为程序合法。最高人民法院认定原审法院的判决理由和结果于法有据，并无不当。再审被申请人的涉案操作流程与对股权转让交易的定性，符合我国税收管理政策，具有正当性和必要性。儿童投资主基金转让 CFC 公司股权所得属于来源于境内所得，依照有关法律规定，负有申报缴纳中国企业所得税的义务。

三、教学内容（法律评析）

（一）争议焦点分析

表 8-7

序号	争议点	再审申请人儿童投资主基金		再审被申请人西湖区国税局	
		主张	理由	主张	理由
1	案涉公司是否从事实质性经营活动	CFC 公司和香港国汇公司从事实质性经营活动	香港国汇公司在 2004 年以前主要从事房地产投资业务，CFC 公司一直从事投资股权、发行债券、管理股权、债权的业务活动，从事上述经营行为均属于实质性经营活动。	CFC 公司和香港国汇公司没有从事实质性经营活动	境外被转让的 CFC 公司和香港国汇公司仅在避税地或低税率地区注册，不从事制造、经销、管理等实质性经营活动。
2	股权转让交易的目的	股权转让交易具有合理商业目的	原审判决对再审申请人实施了"不具有合理商业目的，以减少我国企业所得税为目的"的行为之认定，无相关证据支持。	股权转让交易不具有合理商业目的	儿童投资主基金等境外转让方转让 CFC 公司和香港国汇公司，从而间接转让杭州国益路桥公司股权的交易不具有合理商业目的，属于以减少我国企业所得税为主要目的的安排。这一认定符合《企业所得税法》第 47 条、《中华人民共和国企业所得税法实施条例》（以下简称《企业所得税法实施条例》）第 120 条、"698 号文"第 6 条的规定。

(续表)

序号	争议点	再审申请人儿童投资主基金		再审被申请人西湖区国税局	
		主张	理由	主张	理由
3	股权转让交易是否应在中国境内征收企业所得税	股权转让交易不应在中国境内征收企业所得税	1. 再审申请人既未实施滥用组织形式的安排，也不是为了获取税收利益而转让CFC公司股权。 2. 从"698号文"的规定来看，滥用组织形式是适用"698号文"的充分条件，而非必要条件。但是，原审判决是从既有的事实状态反推出再审申请人实施了滥用组织形式的安排，这是明显违反法律逻辑和"698号文"相关规定的。 3. 根据《企业所得税法实施条例》第7条第3款的规定，再审申请人转让CFC公司股权所得属于来源于境外所得，不负有申报缴纳中国企业所得税的义务。	股权转让交易应在中国境内征收企业所得税	1. 税务机关对儿童投资主基金间接转让杭州国益路桥公司股权的交易重新定性，否定被用作税收安排的CFC公司和香港国汇公司的存在，对儿童投资主基金取得的股权转让所得征收企业所得税，符合"698号文"第6条的规定。 2. 被诉《税务事项通知书》对股权转让所得数额的计算、税率的确定等事项符合法律法规的规定。

（二）法律分析

本案 2017 年被列入最高人民法院行政审判十大典型案例（第一批），是税务机关合理适用穿透原则，对非居民企业间接股权转让重新定性、避免税源流失、维护国家税收主权的成功案例，具有极高的借鉴意义。案件本身涉及若干重要的法律理论问题，颇具探讨价值。

1. 穿透原则概述

（1）穿透原则的词源与概念

穿透原则的词源应追溯至"穿透式监管"这一概念，是监管主体对市场主体的一种监管理念的体现。"穿透式监管"理论的提出源自功能监管理论和行为监管理论。功能监管理论由美国哈佛大学商学院教授默顿于 1993 年提出，主要针对分业监管体制下机构监管的缺陷，认为金融体系的基本功能是保持不变的，只要按照金融产品的功能和金融业务的性质，就可以明确划分监管主体，确定监管规则。行为监管理论由英国经济学家泰勒于 1995 年提出，主要针对金融机构审慎性风险和机会主义行为，由此形成了包含审慎监管和行为监管的"双峰"设想。在行为监管理论看来，银行、证券、保险的行业区分已无关紧要，应重点关注和规范金融机构的行为性质。若过度强调金融机构的行业属性，则会导致不同管辖权下金融机构之间的非公平竞争。[①] 然而，随着国际金融市场的不断发展和资管产品的不断创新，当一种特定的金融业务或金融行为具有跨行业、跨市场的交叉性特征时，功能监管理论和行为监管理论都无法对其功能类型或行为性质作出精准的判断，从而无法实现有效监管。针对功能监管理论和行为监管理论的实践缺陷，"穿透式监管"理论应运而生。它提出转变机构监管理念，按业务属性确定行为规则和监管主体，强化监管的统筹协调，实施穿透式监管和宏观审慎管理。

穿透式监管为解决国际金融市场中混业经营带来的监管难题提供了新思路，这种创新监管理念也为我国金融监管机构所吸收。在我国传统的分业监管体制下，不同类型机构开展同类业务的行为规则和监管标准不一致，且在机构监管理念下很难实现对资产管理业务的全流程监控和全覆盖监管。为防控系统性金融风险，针对我国金融行业混业经营的状况，国务院于 2016 年发布《互联网金融风险专项整治工作实施方案》，正式提出"穿透式"监管方法和监管原则。该方案明确指出，要对互联网金融实施穿透式监管，透过表面判定业务本质属性、监管职责和监管要求。

（2）穿透原则在税法中的理论基础

这主要体现在以下两个原则之中：

第一，实质重于形式原则。在我国，一般意义上的实质重于形式原则可追溯至《企业会计准则——基本准则》中对会计信息提出的质量要求。《企业会计准则——基本准则》第 16 条规定："企业应当按照交易或者事项的经济实质进行会计确认、计量和报告，不仅应以交易或者事项的法律形式为依据。"在法律监管层面，实质重于形式原则是指在经济交易过程中，当企业发生的交易事项或者经营业务的经济属性与法律形式不符时，应当按照其经济实质进行认定和处理。这通常表现为认定金融资产时遵循的实质重于形式原则、公司法上防止股东滥用公司独立人格而进行的"刺破公司面纱"以及"公司法人人格否

---

① 参见苟文均：《穿透式监管与资产管理》，载《中国金融》2017 年第 8 期。

认"等。在我国现有的税收法律体系中，虽缺乏对实质重于形式原则的解释，但税务部门基于对税法的认知和业务实质的判断，认为只要纳税人的交易行为、税收利益的最终结果与其业务形式的目的最终是相背离的，就会偏离实质重于形式原则。同时，依据该原则，否定交易的法律形式在税收上的合法性、合规性，进一步作出特别纳税调整。例如，《特别纳税调整实施办法（试行）》第93条将实质重于形式原则作为税务机关审核企业是否存在避税安排的标准，《一般反避税管理办法（试行）》第5条也将实质重于形式原则作为实施特别纳税调整的标准。

第二，实质课税原则。这一原则是根据税收公平原则推导而出的，是指对于某种情况不能仅根据其外观和形式确定是否应予课税，而应根据实际情况，尤其应当注意根据其经济目的和经济生活的实质，判断是否符合课税要素，以求公平、合理和有效地进行课税。① 实质课税原则不仅体现了税法的"实质正义"要求，也体现了税收法定主义的要求。在税收法规中，《特别纳税调整实施办法（试行）》第94条规定，税务机关应按照经济实质对企业的避税安排重新定性，取消企业从避税安排获得的税收利益。该条强调以"经济实质"作为判断企业避税安排合法性的标准。

(3) 穿透原则在税务稽查中的实践意义

在我国，与"穿透"理念相关的探索和实践在管理学、会计学、法学等领域早已存在，如管理学中的"管理穿透分析法"、会计学中的实质大于形式原则等。穿透原则不仅可在税法中找到其理论基础，在税务稽查实践中也具有极高的价值，与税务稽查相结合，形成"穿透式税务稽查"这一税收征收管理新思路。

穿透式税务稽查，是指税务机关在税务稽查过程中，灵活运用穿透原则，甄别那些表面上符合税法字面规定，实际上却违背立法本意的行为，按照其税收实质依法征税。它通常发生在对逃税避税案件的稽查过程中。穿透式税务稽查在我国税收征管实践中已经有所应用，但是还未形成成熟的理论体系，相关立法和执法制度不够完善。不过，可以预见，在市场经济形式愈加多变、避税行为愈加隐蔽、税务稽查行为调查愈加困难的情况下，穿透式税务稽查将成为我国税务稽查的新思路。

---

① 参见刘剑文：《财税法专题研究（第三版）》，北京大学出版社2015年版，第201页。

穿透原则在税务稽查中的实践意义不容忽视：

第一，有利于有效打击隐蔽的逃税、避税行为，维护税收主权。当下，市场经济形势千变万化，避税手段更加复杂和隐蔽，如间接股权多重转让、滥用税收协定、滥用非居民企业身份、虚拟业务以虚增成本费用等，以规避中国境内的纳税义务。互联网经济的飞速发展伴随着新生的市场经济组织和经济行为，其隐蔽的避税工具和手段都给税务稽查等税务征管工作带来了巨大挑战。在税务稽查过程中，税务机关运用穿透原则，可依据主体的税法本质认定其是否为纳税人主体以及属于何种纳税人主体，依据交易行为的税法实质判断其是否为应税行为以及属于何种应税行为等，有利于有效打击愈加隐蔽的逃税、避税行为，规范企业依法纳税，防止税基受到侵蚀，维护国家税收主权。

第二，有利于体现税收征管的公平性。根据穿透原则的概念，不论企业还是个人，不论境外企业还是境内企业，只要其在本质上被认定发生应税交易，且相关税收征管的政策取向、征税规则和标准相同，就不应该因其手段、途径等中介不同而在结果上存在差异。穿透原则在税务稽查过程中的应用可以避免同种纳税主体的监管标准宽严不一，打击逃税、避税行为，在保证税基不受侵蚀的情况下，不挫伤境外投资者的积极性，有利于实现税收公平。

第三，有利于稽查手段的创新。传统的税务稽查手段往往较为被动，不能有力地打击日益隐蔽、多样化和国际化的避税行为，从而更有效地维护国家税收主权，给税收征管带来了难题。在穿透式理念下，税务稽查的手段更为主动。比如，税务机关要求相关企业对其税务信息进行穿透式披露，可以创新纳税主体的税收申报制度，使企业税务信息更加透明，方便税收征管工作的开展。此外，税务机关综合运用互联网等技术对相关企业进行穿透式税务稽查，有利于提高税务稽查的效率，为税务稽查开拓新思路，使税务机关快速甄别交易实质，避免税源流失，维护国家税收主权。

2. 穿透原则在本案中的适用——"三步法"穿透式税务稽查

在本案的审理过程中，一审、二审法院和最高人民法院均判定税务机关对非居民企业间接股权转让的交易事项进行穿透式税务稽查具有正当性和合理性。在国家税务总局对西湖区国税局的批复中，也详细论证了穿透原则在本案非居民企业间接股权转让交易中的适用思路。该批复指出，间接转让杭州国益路桥公司股权的交易中，存在以下事实：一是境外被转让的CFC公司和香港国汇公司仅在避税地或低税率地区注册，不从事制造、经销、管理等实质性经营活动；二是股权转让价主要取决于对中国居民企业杭州国益路桥公司的估值；三是股权受让方对外披露收购的实际标的为杭州国益路桥公司股权。基于上述事实，税务机关有较充分的理由认定儿童投资主基金等境外转让方转让CFC公司和香港国汇公司，从而间接转让杭州国益路桥公司股权的交易不具有合理商业目的，属于以减少我国企业所得税为主要目的的安排。国家税务总局同意对该交易重新定性，否定被用作税收安排的CFC公司和香港国汇公司的存在，对儿童投资主基金等取得的股权转让所得征收企业所得税。

剖析上述批复的内容，结合一审、二审判决书和再审裁定书可知，税务机关依次通过以下三个步骤灵活适用穿透原则，对非居民企业间接股权转让展开税务稽查：

(1)"经济实质"的识别——"穿透"中间控股公司

本案中，税务机关的第一步是，依据经济实质的标准适用穿透原则，否定被用作税收安排的境外中间控股公司——CFC公司和香港国汇公司的存在，认定两者均为导管公司，不从事实质性经营活动，不具备经济实质。

第一，何为"导管公司"？国家税务总局于2009年发布《国家税务总局关于如何理解和认定税收协定中"受益所有人"的通知》（国税函〔2009〕601号，以下简称"601号文"），该通知第1条第2款对导管公司的概念作了界定："导管公司是指通常以逃避或减少税收、转移或累积利润等为目的而设立的公司。这类公司仅在所在国登记注册，以满足法律所要求的组织形式，而不从事制造、经销、管理等实质性经营活动。"税务机关借鉴"601号文"中导管公司的概念，对本案中的中间层公司——CFC公司和香港国汇公司进行经济实质的审查，判断其是否满足上述条件，即是否从事制造、经销、管理等实质性经营活动，是不是仅在避税地或低税率地区注册的空壳公司。

第二，如何界定中间控股公司是否具有经济实质？税务稽查实践中，税务机关在判定中间控股公司的经济实质时，通常也会借鉴"601号文"中有关受益所有人经济实质的规定。"601号文"第1条第1款规定："'受益所有人'是指对所得或所得据以产生的权利或财产具有所有权和支配权的人。'受益所有人'一般从事实质性的经营活动，可以是个人、公司或其他任何团体。代理人、导管公司等不属于'受益所有人'。"由此可见，受益所有人的认定标准是"经济实体＋实质性经营活动＋经济权归属＋经济权匹配"。在非居民企业间接股权转让交易中，中间控股公司的经济实质的界定标准也可部分借鉴上述标准,即"经济实体+实质性经营活动+功能风险匹配":经济实体,即公司应具备可供公司正常运作的场所、资金、人员、管理层等;实质性经营活动,即公司应当从事制造、经销、管理等实质性经营活动;功能风险匹配,即公司在集团内部实际履行的功能和风险是否与其实施的经营活动相匹配。① 中间控股公司需满足上述三个标准,才能被认定具备税法上的"经济实质"。但是,若中间控股公司仅仅从事单一的经营活动,即除持有涉案股权以外,没有或几乎没有其他经营活动,即使已同时满足上述三个标准,仍然不利于判定其是否具有经济实质。

本案中,儿童投资主基金提供大量证据资料以证明CFC公司和香港国汇公司均具有经济实质,但是并未得到税务机关的认可。儿童投资主基金诉称,CFC公司和香港国汇公司均从事实质性经营活动,且皆配备相应的人员、办公场所、设备,并非导管公司。然而,法院支持西湖区国税局否定CFC公司和香港国汇公司的经济实质,并对其进行详细论证。法院在判断两个中间层公司的经济实质时,借鉴了"601号文"的界定标准。根据法院查明的事实,CFC公司和香港国汇公司除了对杭州国益路桥公司投资控股之外,并不从事其他实质性经营活动,且两者基本上所有的投资管理活动都是围绕其在中国的这个投资项目展开的。被转让股权的CFC公司和香港国汇公司都仅在避税地或低税率地区注册,不从事制造、经销、管理等实质性经营活动,故而进一步被界定为导管公司。法院否定被用作税收安排的CFC公司和香港国汇公司的存在,认定两者不具有经济实质。

(2)"合理商业目的"的界定——还原交易实质

第二步,税务机关按照实质重于形式原则,对儿童投资主基金间接转让股权的交易事项重新定性,还原其交易实质为直接转让杭州国益路桥公司的股权,以避税为主要目的,认定该项交易不具有合理商业目的。

第一,何为"合理商业目的"?我国对"合理商业目的"概念的表述主要规定在《企业所得税法》《企业所得税法实施条例》《一般反避税管理办法(试行)》和"698号文"中。《企业所得税法》第47条规定:"企业实施其他不具有合理商业目的的安排而减少其应纳税收入或者所得额的,税务机关有权按照合理方法调整。"《企业所得税法实施条例》第120条从反向的视角作了进一步

---

① 参见王开智、李国庆:《从"儿童投资主基金"案看我国非居民企业间接股权转让所得税处理》,载《税务研究》2017年第11期。

解读:"企业所得税法第四十七条所称不具有合理商业目的,是指以减少、免除或者推迟缴纳税款为主要目的。"《一般反避税管理办法(试行)》第 5 条也将实质重于形式原则作为实施特别纳税调整的标准,规定:"税务机关应当以具有合理商业目的和经济实质的类似安排为基准,按照实质重于形式的原则实施特别纳税调整。调整方法包括:(一)对安排的全部或者部分交易重新定性;(二)在税收上否定交易方的存在,或者将该交易方与其他交易方视为同一实体;(三)对相关所得、扣除、税收优惠、境外税收抵免等重新定性或者在交易各方间重新分配;(四)其他合理方法。"据此,法律法规已授权税务机关对企业的避税行为作出判断并予以合理调整。对"合理商业目的"概念,可从其对立面——不具有合理商业目的即"以减少、免除或者推迟缴纳税款为主要目的"进行解读。税务机关在税务稽查中,对合理商业目的的评估需适用实质重于形式原则,"穿透"交易行为形式,还原交易实质。"698 号文"第 6 条规定:"境外投资方(实际控制方)通过滥用组织形式等安排间接转让中国居民企业股权,且不具有合理的商业目的,规避企业所得税纳税义务的,主管税务机关层报税务总局审核后可以按照经济实质对该股权转让交易重新定性,否定被用作税收安排的境外控股公司的存在。"该条规定是国家税务总局为执行《企业所得税法》及其实施条例而对税务机关如何认定"不具有合理商业目的"以及如何"按照合理方法调整"作出的技术性、程序性规定。本案中,税务机关查明,本次股权转让价主要取决于对中国居民企业杭州国益路桥公司的估值,且税务机关在香港联合交易所查找到股权受让方——新创建集团对外披露的收购公告,其股权转让的实际标的为杭州国益路桥公司股权。税务机关根据这两项事实,对儿童投资主基金间接转让 CFC 公司的交易行为进行"穿透",依据实质重于形式原则,认定本次交易中形式上转让的是境外 CFC 公司的股权,实质上转让的是境内杭州国益路桥公司的股权,属于以减少我国企业所得税为主要目的的税收安排,不具有合理商业目的。税务机关在适用《企业所得税法》第 47 条和《企业所得税法实施条例》第 120 条的同时,适用"698 号文"第 6 条,具有正当性和必要性。

第二,如何界定合理商业目的?需综合考虑哪些因素?为进一步规范和加强非居民企业间接转让中国居民企业股权等财产的企业所得税管理,国家税务总局于 2015 年发布《国家税务总局关于非居民企业间接转让财产企业所得税若干问题的公告》(国家税务总局公告 2015 年第 7 号,以下简称"7 号文")。

间接股权转让交易之合理商业目的的具体界定标准被规定在"7号文"第3条和第4条中。"7号文"第3条从正面角度列举了税务机关在判断非居民企业间接转让中国应税财产交易是否具有合理商业目的时需要综合分析的因素:"(一)境外企业股权主要价值是否直接或间接来自于中国应税财产;(二)境外企业资产是否主要由直接或间接在中国境内的投资构成,或其取得的收入是否主要直接或间接来源于中国境内;(三)境外企业及直接或间接持有中国应税财产的下属企业实际履行的功能和承担的风险是否能够证实企业架构具有经济实质;(四)境外企业股东、业务模式及相关组织架构的存续时间;(五)间接转让中国应税财产交易在境外应缴纳所得税情况;(六)股权转让方间接投资、间接转让中国应税财产交易与直接投资、直接转让中国应税财产交易的可替代性;(七)间接转让中国应税财产所得在中国可适用的税收协定或安排情况;(八)其他相关因素。"

"7号文"第4条从反面角度明示了不具有合理商业目的的界定标准:"除本公告第五条和第六条规定情形外,与间接转让中国应税财产相关的整体安排同时符合以下情形的,无须按本公告第三条进行分析和判断,应直接认定为不具有合理商业目的:(一)境外企业股权75%以上价值直接或间接来自于中国应税财产;(二)间接转让中国应税财产交易发生前一年内任一时点,境外企业资产总额(不含现金)的90%以上直接或间接由在中国境内的投资构成,或间接转让中国应税财产交易发生前一年内,境外企业取得收入的90%以上直接或间接来源于中国境内;(三)境外企业及直接或间接持有中国应税财产的下属企业虽在所在国家(地区)登记注册,以满足法律所要求的组织形式,但实际履行的功能及承担的风险有限,不足以证实其具有经济实质;(四)间接转让中国应税财产交易在境外应缴所得税税负低于直接转让中国应税财产交易在中国的可能税负。"

本案中,股权受让方在交易所披露的信息即其收购CFC公司股权交易的估值报告中,明确说明本次股权收购价款以中国居民企业杭州国益路桥公司的营运能力为估值基准。由此可见,CFC公司股权的主要价值直接来源于杭州国益路桥公司,符合"7号文"第3条第2款第1项的界定标准。股权受让方对外披露收购的实际标的为杭州国益路桥公司股权,就此及以上事实认定直接转让CFC公司股权与直接转让杭州国益路桥公司股权具有可替代性,符合"7号文"第3条第2款第6项的界定标准。因此,在儿童投资主基金通过设立中间控股公司进行的间接股权转让交易中，被转让的境外企业股权的主要价值直接来自中国应税财产，且股权转让方间接转让中国应税财产交易与直接转让中国应税财产交易具有可替代性。税务机关判定本次股权转让交易不具有合理商业目的，符合"7号文"的规定。

3．"实际所得来源于中国境内"的认定——维护国家税收主权

第三步，税务机关认定非居民企业实际所得来源于中国境内，肯定中国对本次非居民企业间接转让股权所得享有征税权。

一审、二审法院和最高人民法院均支持税务机关的认定，并在判决书中详述法理基础。一审法院援引了《企业所得税法》第2条第3款的规定，即"本法所称非居民企业，是指依照外国（地区）法律成立且实际管理机构不在中国境内，但在中国境内设立机构、场所的，或者在中国境内未设立机构、场所，但有来源于中国境内所得的企业"；《企业所得税法》第3条第3款的规定，即"非居民企业在中国境内未设立机构、场所的，或者虽设立机构、场所但取得的所得与其所设机构、场所没有实际联系的，应当就其来源于中国境内的所得缴纳企业所得税"；《企业所得税法实施条例》第7条的规定，即"企业所得税法第三条所称来源于中国境内、境外的所得，按照以下原则确定：……（三）转让财产所得，不动产转让所得按照不动产所在地确定，动产转让所得按照转让动产的企业或者机构、场所所在地确定，权益性投资资产转让所得按照被投资企业所在地确定；……"由此推断，上述法律法规认定了来源国税收管辖权，即非居民企业须就其来源于中国境内的所得缴纳企业所得税，并规定了确定所得发生地的规则。

税务机关通过以上三个步骤，灵活适用穿透原则，对非居民企业间接股权转让完成税务稽查，避免税源流失，强有力地维护了国家税收主权。税务机关在向儿童投资主基金送达《税务事项通知书》之前，与征税对象多次沟通，并进行了充分的税务稽查。最高人民法院在再审裁定书中指出，西湖区国税局履行职责到位，法律适用正确，其涉案操作流程与对股权转让交易的定性符合我国税收管理政策，具有正当性和必要性。

最高人民法院在再审裁定书中再次强调了维护国家税收主权的重要性，指出儿童投资主基金通过"儿童投资主基金—CFC公司—香港国汇公司—国益路桥公司"的股权层级安排，间接转让了杭州国益路桥公司股权，而杭州国益路桥公司拥有杭州绕城高速公路长达25年的特许经营权，利润巨大。即儿童

投资主基金的经济活动发生地和价值创造地均在中国,中国理应对这部分股权转让所得享有征税权,否则将严重损害国家税收主权。

(三) 案件的启示

1. 主动、灵活适用穿透原则

以股权转让的形式募集资金或退出投资本来是市场资源优化配置的重要手段,但是一些境外企业往往通过不具有合理商业目的的税收安排,将直接转让中国财产的交易人为转化为间接转让中国财产的交易,规避直接转让中国应税财产应缴纳的企业所得税,给税收征管工作带来一定的困难。[①]

本案中,税务机关通过合理适用穿透原则,还原了非居民企业间接股权转让的交易实质,避免了巨额税源流失,防止了税基受到侵蚀,有效维护了国家税收主权,具有极高的借鉴意义。税务机关在日常税务稽查工作中,应对此类典型的股权交易模式保持较高的职业敏感度,主动、灵活适用穿透原则,对中间控股公司的经济实质、交易的合理商业目的进行甄别。针对愈来愈隐蔽、跨境化、多样化的逃税、避税行为,税务稽查人员要善于总结各地税务机关打击间接转让股权案例的实务经验,在税务稽查中识别公司的经济实质,辨别交易实质,从而有效地打击逃税、避税行为,维护国家税收主权。

2. 善于利用大数据网络资源

随着经济全球化的不断发展,跨境税源的隐蔽性、避税手段的多样性和第三方涉税信息的获取难度都给税务稽查带来许多难题。税务稽查工作关乎国家税收安全,税务机关在面临监管难题时不仅不能放松警惕,还要对税务稽查手段进行创新。最高人民法院在本案的再审裁定书中明确指出"本案事关税收法律法规和政策的把握,事关如何看待中华人民共和国税务机关处理类似问题的基本规则和标准,事关中国政府涉外经贸管理声誉和外国公司与中国公司合法权益的平等保护",以三个"事关"再次强调了税务稽查工作任重而道远。税务稽查人员在日常税源管理中,可以通过对互联网公开信息的及时收集和对税收风险的准确判断,创新税务稽查手段,利用互联网大数据资源做好税务稽查工作,维护国家税收主权。

---

① 参见王开智、李国庆:《从"儿童投资主基金"案看我国非居民企业间接股权转让所得税处理》,载《税务研究》2017年第11期。

3. 加强国际税收情报交换

随着经济全球化的深入发展，一些跨国企业通过在低税地或免税地注册成立多个公司等税收安排，利用各国税制差异和征管漏洞，对我国居民企业直接或间接投资控股，然后间接转让居民企业的股权，在获取暴利后逃避纳税义务。这类案件往往涉税金额巨大，案情较复杂，且事关国家税收主权。现实中，由于信息不对称，税收征管机关监测企业的跨国交易具有相当大的难度，有的直到事情过去很久才察觉，甚至超过追缴期限，导致税源流失。因此，为避免税基受到侵蚀，实现对非居民企业间接股权转让的税收征管，需要完善信息共享，突破信息屏障，实现全面披露。国家与国家之间的信息交换与共享将会使穿透原则的应用更为普遍，国际税收情报交换在税务稽查工作中的重要性不容忽视。

四、案例研习安排

（一）教学对象及目标

本案例供法学专业本科生、硕士研究生及法律硕士研究生教学使用，其他专业本科生、硕士研究生也可参酌使用。

本案例需要解决的问题主要有：

（1）CFC 公司和香港国汇公司是否具有经济实质？

（2）本次股权转让交易是否具有合理商业目的？

（3）本次股权转让交易是否应在中国境内征收企业所得税？

（二）建议课堂计划

本案例可以作为专门的教学案例进行讲授，建议安排 1 课时（40—45 分钟）。

如下课堂设计，仅供参考：

1. 课前计划

安排学生阅读案例及相关参考资料，熟悉整个案例流程，对案例中提出的问题进行思考。

2. 课中计划

介绍教学目的，明确讨论主题。

分组讨论问题及解决对策，告知发言要求。

小组代表发言，提出解决方案，并对其他小组提出的方案进行评述。

教师进行引导性分析，并作归纳总结。

3. 课后计划

请学生课后进一步细化了解穿透原则在税收中的应用,包括穿透原则在税法中的理论基础以及在其他案件中的应用情形。

五、思考题

1. 经济实质这一要素对征收企业所得税有何影响?
2. 在实践中,如何判断股权转让是否具有合理商业目的?
3. 本案中,税务机关在适用穿透原则的思路上有何特点?

案例 三十六 法兰西水泥(中国)有限公司与陕西省蒲城县国家税务局税务征收纠纷案

【摘　要】　本案是一起税务行政征收案件,主要涉及税务机关的税收管辖权、企业所得的认定等问题。通过对案例的研习,我们可以更深层次了解税务机关的管辖权限、企业之间因借贷合同产生的损失追偿所得是否属于价外费用或企业其他收益等问题;同时,深入研究相关法条及细则的规定,明确税务机关管辖范围、企业之间担保责任与反担保责任的法律关系,有助于为此类案件的审理提供理论分析指导。

【关键词】　或有负债　价外费用　征税管辖权

一、基本案情

2012 年 4 月 27 日,陕西富平水泥有限公司(以下简称"富平水泥")从意大利裕信银行上海分行取得了一笔贷款,贷款方的总公司意大利裕信银行是借款方富平水泥的担保人;同时,借款方的母公司法兰西水泥(中国)有限公司(以下简称"法兰西水泥(中国)")给担保人意大利裕信银行提供了反担保。该股权转让协议同时约定,买方及买方保证人(也是买方母公司)中国西部水泥有限公司(以下简称"西部水泥")承诺在股权交割后三个月内免除和解除反担保人在该反担保中承担的任何责任及全部义务,否则买方及买方保证人应赔偿反担保人因承担反担保义务所产生的或与之相关的任何及全部损失。

2012 年 5 月 3 日,法兰西水泥(中国)作为卖方、法兰西水泥公司作为卖方保证人与买方香港集诚有限公司（以下简称"集诚公司"）、买方保证人西部水泥签署了转让富平水泥100%股权的股权转让协议和关于西部水泥发行284200000股股份的认购协议。协议主要条款约定：（1）股权的购买价格为5.04亿元人民币，由买方根据港元对人民币汇率计算所得港元向卖方支付。（2）买方确认，卖方保证人应根据日期为2012年4月27日的贷款确认函向意大利裕信银行提供反担保，该反担保就意大利裕信银行为富平水泥取得意大利裕信银行上海分行贷款而提供的保证作出。买方及买方保证人应采取任何及所有适当措施，以使卖方保证人在不迟于交割后三个月内妥善地免除和解除其在前述反担保项下的任何及全部义务。在卖方保证人被完全免除和解除其在前述反担保项下的任何及全部义务之前，如果富平水泥违反其在2012年4月27日的贷款确认函项下的义务且卖方保证人被要求履行其在反担保项下的义务，买方应赔偿卖方保证人因履行其反担保项下的义务所产生或与之相关的任何及全部损失，并且买方保证人不可撤销并无条件地保证买方适当且按时履行该等义务。（3）认购协议约定，根据富平水泥股权转让协议，西部水泥同意配售和发行新股份，且法兰西水泥（中国）同意认购该等新股份。买方在本协议项下支付认购价款的义务应与集诚公司在富平水泥转让协议项下为购买股权向买方支付买价的义务相抵消。协议签署后，按照该协议约定，集诚公司通过其母公司西部水泥向法兰西水泥（中国）增发股票支付了5.04亿元的股权对价。尧柏集团（西部水泥和集诚公司在中国境内的主要资产、经营和管理控制机构）于2012年9月7日至9月26日分6次将2.931亿元资金转入富平水泥。富平水泥于9月27日用此笔资金偿还了转让协议中提及的2012年4月27日贷款确认函下的贷款本金及利息296053624.8元。

2012年6月18日，富平水泥办理了股权变更手续，成为买方的全资子公司。涉案股权转让后，法兰西水泥（中国）未在法定期限内主动向税务机关进行纳税申报。2012年9月24日，尧柏集团向税务机关出具书面意见，将涉税资料提交和税款征缴事宜交由渭南蒲城尧柏水泥有限公司（以下简称"蒲城尧柏"）履行。2012年10月24日，陕西省蒲城县国家税务局（以下简称"蒲城县国税局"）向蒲城尧柏作出了蒲城国税通（2012）01号《税务事项通知书》，通知其履行相关税款的代扣代缴义务。同时，蒲城县国税局向法兰西水泥（中国）作出了蒲城国税通（2012）02号《税务事项通知书》，告知其应就股权转让所得 226811137.6 元缴纳企业所得税，纳税义务时间为 2012 年 6 月 18 日，并于 2012 年 6 月 26 日起加收滞纳金；税务机关已通知有关支付人代扣代缴税款。随后，蒲城尧柏主动进行了代扣代缴税款申报。2012 年 12 月 14 日，税款缴入国库。

法兰西水泥（中国）认为蒲城县国税局作出的蒲城国税通（2012）02 号《税务事项通知书》侵犯了自己的合法权益，遂于 2012 年 12 月 26 日向渭南市国税局申请行政复议。2013 年 3 月 21 日，渭南市国税局作出渭国税复决字（2013）1 号《行政复议决定书》，维持了蒲城县国税局作出的蒲城国税通（2012）02 号《税务事项通知书》及相关征税行为。法兰西水泥（中国）仍不服，遂向法院提起行政诉讼。

二、法院的观点

一审法院认为，《企业所得税法》[①] 第 3 条第 3 款规定："非居民企业在中国境内未设立机构、场所的，或者虽设立机构、场所但取得的所得与其所设机构、场所没有实际联系的，应当就其来源于中国境内的所得缴纳企业所得税。"买方集团在收购富平水泥前并不对富平水泥向意大利裕信银行上海分行的贷款承担任何责任。但是，为了获得富平水泥股权，集诚公司与法兰西水泥（中国）签订了以免除和解除法兰西水泥公司反担保义务为条件的股权转让协议，该约定属附条件的民事法律行为。被告蒲城县国税局认定尧柏集团用于消除反担保义务而支付的 2.9 亿元为实现合同目的而支付的价外费用并无不当。西部水泥以配售和发行股份支付股权对价 5.04 亿元以及尧柏集团向富平水泥转入资金清偿贷款本息，共同完成了股权转让价格的支付。依据《国家税务总局关于加强非居民企业股权转让所得企业所得税管理的通知》（国税函〔2009〕698 号，以下简称"698 号文"）之规定，股权转让所得是指股权转让价减除股权成本价后的差额，原告法兰西水泥（中国）在此次股权转让交易中存在股权转让所得，原告诉称无股权转让所得的主张，法院不予支持。

原告法兰西水泥（中国）就此次股权转让所得有向税务机关主动申报纳税的义务，其纳税义务发生时间为股权转让之日，自股权转让之日起七日内未申

[①] 如无特别说明，以下均指本案所涉 2007 年《企业所得税法》。

报缴纳税款的,逾期将加收滞纳金。由于原告法兰西水泥(中国)未主动向税务机关进行纳税申报,税务机关即采用源泉扣缴的方式进行税务征收。尧柏集团作为扣缴义务人,委托其子公司蒲城尧柏代为支付代扣代缴税款。被告蒲城县国税局作为蒲城尧柏的主管税务机关,有权向蒲城尧柏及原告法兰西水泥(中国)作出税务事项通知。被告对原告在此次股权转让交易中应缴纳的企业所得税计算准确,法院予以支持。蒲城尧柏依照蒲城国税通〔2012〕01号《税务事项通知书》履行了税款缴纳义务,原告已无须履行蒲城国税通〔2012〕02号《税务事项通知书》所确定的税款及滞纳金缴纳义务。综上,一审法院认为被告蒲城县国税局对原告法兰西水泥(中国)作出的蒲城国税通〔2012〕02号《税务事项通知书》及相关征税行为,认定事实清楚,证据充分,适用法律准确,驳回原告的诉讼请求。

二审法院认为,富平水泥是法兰西水泥(中国)在中国境内的投资控股企业,法兰西水泥(中国)在转让富平水泥过程中应就其所得依法向中国税务机关履行相应的纳税义务。就双方争议的蒲城县国税局是否应为本案适格的征税主体问题,依照《企业所得税法》的规定,上诉人法兰西水泥(中国)就此次股权转让所得有向税务机关主动申报纳税的义务,其纳税义务发生时间为股权转让之日,自股权转让之日起七日内未申报缴纳税款的,逾期将加收滞纳金。根据《企业所得税法》第37条的规定,非居民企业在中国境内未设立机构、场所,对其所得应缴纳的所得税,实行源泉扣缴,以支付人为扣缴义务人。由于上诉人法兰西水泥(中国)作为非居民企业未主动向税务机关进行纳税申报,税务机关依法实行源泉扣缴,以支付人为扣缴义务人,在中国境内与本次股权转让交易有关的支付人就应当履行代扣代缴义务。尧柏集团作为支付人理应向税务机关履行代扣代缴义务。对此,尧柏集团函告由其子公司蒲城尧柏履行代扣代缴事宜,蒲城尧柏向蒲城县国税局申报并代缴了应纳税款。蒲城尧柏申报支付代扣代缴税款,配合国家税务机关工作,并无不当。蒲城县国税局作为蒲城尧柏的主管税务机关向蒲城尧柏征收该笔税款,不违反相关法律规定。被上诉人蒲城县国税局作为蒲城尧柏的主管税务机关,有权向蒲城尧柏及原告法兰西水泥(中国)作出税务事项通知。二审法院认为一审判决认定事实清楚,适用法律、法规正确,故驳回上诉,维持原判。

三、教学内容（法律评析）

（一）争议焦点分析

表 8-8

序号	争议点	上诉人法兰西（中国）		被上诉人蒲城县国税局	
		主张	理由	主张	理由
1	蒲城县国税局是否有税收征管权	蒲城县国税局没有税收征管权	根据国家税务总局制定的《非居民企业所得税源泉扣缴管理暂行办法》第15条第2款、第17条，如果非居民企业未履行申报纳税义务，也应由申报纳税所在地主管税务机关进行税款追征工作。因此，本案中，富平水泥的主管税务机关富平县国家税务局才是有权作出涉案具体行政行为的行政机关。	蒲城县国税局有税收征管权	依照《非居民企业所得税源泉扣缴管理暂行办法》第5条的规定，法兰西水泥（中国）未按照规定向富平水泥所在地主管税务机关富平县国家税务局申报纳税。根据《企业所得税法》第37条的规定，如果在中国境内存在和本次股权转让交易相关的支付人，相关支付人就应当履行代扣代缴义务。
2	蒲城尧柏转入富平水泥的钱是否属于价外费用	蒲城尧柏转入富平水泥的钱不属于价外费用	上诉人事实上并未取得应税股权转让所得，一审认定毫无依据。根据股权转让协议第2.2条，在涉案股权转让协议交易中，上诉人转让富平水泥股权的对价为5.04亿元，因此涉案股权转让交易的股权转让价为5.04亿元。该转让价低于股权成本价，无股权转让所得。被上诉人没有证据证明偿还的贷款以任何方式流向了上诉人。一审判决将2.96亿余元认定为价外费用违反了我国税法的规定。	蒲城尧柏转入富平水泥的钱属于价外费用	1. 双方签订的股权转让协议第2.2条约定，股权转让的购买价格为5.04亿元；第6.4.1条约定了收购方的义务。为了全面履行合同义务，集诚公司通过其母公司西部水泥向法兰西水泥（中国）增发股票5.04亿元的股权转让款，通过其子公司尧柏集团支付2.931亿元用于履行消除法兰西水泥的反担保责任。 2. 此次股权转让的收购方总支出是5.04亿元加2.96亿元，这也是法兰西水泥（中国）的收入全额。其中，5.04亿元是股权转让款，2.96亿元是为确保实现合同目的所支付的价外费用。

(二) 法律分析[①]

1. 税务机关的税收管辖权问题

(1) 法院认定的享有本案税收管辖权的机关——蒲城县国税局

蒲城尧柏支付给富平水泥2.931亿元并不是股权转让款，卖方和反担保人并没有因此而取得2.931亿元的收入。因此，蒲城尧柏在支付2.931亿元给富平水泥时，不管这笔钱算借款还是投资，都没有法定的代扣代缴企业所得税义务。

尧柏集团本为扣缴义务人，但是它委托其子公司蒲城尧柏代为支付代扣代缴税款，所以蒲城县国税局作为蒲城尧柏的主管税务机关而取得税收征管权。

(2) 实际上享有税收管辖权的机关——富平县国家税务局

代扣代缴义务是法定义务，税收法定原则是税法的基本原则，法定的代扣代缴义务人不能因为民事委托行为而发生变化。蒲城尧柏即使实施了代扣代缴行为，也不是法定的代扣代缴义务人。因此，蒲城尧柏所在地的税务机关不能因为该民事委托行为而取得税收征管权。

尧柏集团向富平水泥支付的贷款偿还金不属于法兰西水泥（中国）的股权转让对价，尧柏集团不构成境内的支付人，所以蒲城县国税局没有税收征管权。《非居民企业所得税源泉扣缴管理暂行办法》第15条第2款规定："股权转让交易双方为非居民企业且在境外交易的，由取得所得的非居民企业自行或委托代理人向被转让股权的境内企业所在地主管税务机关申报纳税。被转让股权的境内企业应协助税务机关非居民企业征缴税款。"因此，本案中，股权的转让方是非居民企业法兰西水泥（中国）；股权的被转让方是居民企业富平水泥；股权的支付方是买方集诚集团的母公司西部水泥，该企业也是非居民企业，它以向法兰西水泥（中国）定向增发境外上市公司股票的方式在境外完成支付。

综上，由于股权转让交易双方以及股权的支付方都是非居民企业，因此基于税收法定原则以及法律的明确规定，只有被转让股权的境内企业富平水泥所在地主管税务机关富平县国家税务局才有事实上的税收管辖权。

2. 免除反担保责任是否构成价外费用

本案的核心问题是：柏尧集团向富平水泥支付的2.931亿元的贷款偿还金

[①] 参见廖仕梅：《评法兰西水泥补缴税款案》，http://www.360doc.com/content/16/1208/00/52870_612875541.shtml，2020年3月9日访问。

是否构成法兰西水泥（中国）股权转让的价外费用或是其他收益？

《企业所得税法》及相关税收政策对"价外费用"并没有统一的定义，只有《增值税暂行条例实施细则》第12条对其予以规定，即"价外费用，包括价外向购买方收取的手续费、补贴、基金、集资费、返还利润、奖励费、违约金、滞纳金、延期付款利息、赔偿金、代收款项、代垫款项、包装费、包装物租金、储备费、优质费、运输装卸费以及其他各种性质的价外收费"。但是，该规定的列举并不完备，兜底条款的规定也过于笼统。在《企业所得税法》及其实施条例对非居民企业境内所得的征税规定中，关于"价外费用"，可以从以下三个层面予以理解：其一，预提所得税的征收范围，在中国境内未设立机构、场所的，或者虽设立机构、场所但取得的所得与其所设机构、场所没有实际联系的非居民企业，应当就其来源于中国境内的所得缴纳所得税。其二，预提所得税的计税依据，股息、红利等权益性投资收益和利息、租金、特许权使用所得，以收入全额为应纳税所得额；转让财产所得，以收入全额减除财产净值后的余额为应纳税所得额。其三，对"收入全额"作扩大解释，即非居民企业向支付人收取的全部价款和价外费用。根据收入确认的一般原理，价外费用作为收入核算的基本前提，应归属于权利的提供方或财产的转让方。股权转让收入包含两个部分：其一，收取的全部股权转让价款；其二，股权转让价款以外的价外费用。其中，股权转让价款是指合同约定的股权转让价格，包括现金、非货币性资产、权益等形式的金额。不论基于何种理由或者目的，凡与股权转让合同事项相关的收入，均应并入所得进行纳税。

3. 关于价外费用的进一步理解

（1）本案法律关系分析

基于法律关系发生的时间先后顺序，本案涉及的交易行为主要如下：

①富平水泥向银行贷款 ②股权转让方母公司法兰西水泥为此借贷交易进行反担保	③法兰西水泥（中国）转让富平水泥100%股权，转让对价是5.04亿元 ④股权转让协议约定受让方有义务解除法兰西水泥的反担保责任	⑤股权受让方委托其子公司蒲城尧柏向富平水泥支付2.931亿元 ⑥富平水泥向银行偿还贷款
股权转让前	股权转让协议	股权转让后

图 8-2

第一，股权转让关系。法兰西水泥（中国）将其持有的富平水泥100%的股权转让给集诚公司。该交易中，出让方是法兰西水泥（中国），受让方是集诚公司，标的资产是富平水泥 100% 的股权，该股权评估价格为 5.04 亿元。此处问题的关键是股权如何作价。富平水泥欠意大利裕信银行上海分行 2.931 亿元贷款本身就包含在股权作价的 5.04 亿元中。该价格是由专门机构作出评估的，至于是否公允，应当由税务机关进行核实。也就是说，股权转让的价格就是 5.04 亿元。收购结束后，股权转让关系消灭，富平水泥偿还意大利裕信银行上海分行 2.931 亿元贷款属于典型的借贷法律关系消亡。本案中，2.931 亿元是集诚公司的子公司蒲城尧柏借给富平水泥的，与股权转让本身没有直接的关联，属于另外一种法律关系。

第二，借贷关系以及担保与反担保关系。在收购前，富平水泥从意大利裕信银行上海分行借款 2.931 亿，这属于单纯的民事法律关系上的借贷关系，是债法上的债权债务关系。其中，富平水泥是债务人，意大利裕信银行上海分行是债权人。该借款合同是主合同，此外还存在一个从合同——担保合同。因此，此处存在着担保法律关系，意大利裕信银行为意大利裕信银行上海分行的贷款提供担保。同时，法兰西水泥（中国）为意大利裕信银行提供反担保。也就是说，如果未来富平水泥不按期偿还贷款本息，意大利裕信银行将承担连带担保责任，意大利裕信银行上海分行可以要求意大利裕信银行偿还贷款；意大利裕信银行在偿还贷款之后，可基于反担保关系，要求法兰西水泥（中国）偿还贷款。从担保法律来看，意大利裕信银行的担保合同以及法兰西水泥（中国）的反担保合同属于富平水泥借款合同的从合同，它们本身不能独立存续。如果主合同消灭，那么从合同义务自然消亡。

第三，尧柏集团与富平水泥的借贷关系。股权收购完成后，为履行股权转让合同约定的义务，尧柏集团向富平水泥支付 2.931 亿元，并以后者的名义偿还贷款。该交易实质上属于关联集团公司内部关联方之间的借贷，或者属于借款偿还贷款，应该属于富平水泥对尧柏集团的往来欠款。尧柏集团的净资产减少 2.931 亿元，富平水泥的净资产增加 2.931 亿元，买方集团的净资产总量并未发生变化。

综上所述，蒲城尧柏转入富平水泥的 2.931 亿元的贷款偿还金不属于股权转让的价外费用。

（2）或有负债分析

卖方作为反担保人的反担保责任是或有负债。或有负债，是指过去的交易或者事项形成的潜在义务，其存在须通过未来不确定事项的发生或不发生予以证实；或过去的交易或者事项形成的现时义务，履行该义务很可能导致经济利益流出企业或该义务的金额不能可靠计量。或有负债是过去形成的，其结果只能由未来发生的事项确定，因而是不确定的。这种不确定主要表现在两个方面：一方面，或有负债的结果是否发生不确定；另一方面，或有负债即使已预料发生，具体发生的时间或者金额也具有不确定性。反担保责任是典型的或有负债，因为签订反担保合同时，当事人并不能准确预测反担保人是否需要承担反担保责任，也不能精确计量将承担多大的反担保责任。

本案中，在既无法事先确定富平水泥无法偿还全部债务，也无法确定富平水泥未能完全履行清偿义务时，反担保人因此而承担的担保人意大利裕信银行所受损失也无法确定。由此可以认为，反担保责任属于或有负债，而不是一般负债。

此外，还应明确贷款偿还金对股权交易价格的影响。本案中，在股权交易完成后，无论在《税务事项通知书》还是行政判决书中，都未明确2.931亿元对于富平水泥的性质。2.931亿元既不能构成富平水泥的收入，也不能构成法兰西水泥（中国）的股权转让收入。买方集团的净资产总量并未发生变化。富平水泥以该项无偿划转的资金还贷后，现金资产减少，负债也相应减少，其净资产总量同样没有发生变化。2.931亿元不能流入法兰西水泥（中国）。

综上，无论对还贷款项的来源性质作何种认定，2.931亿元的还贷资金都未导致法兰西水泥（中国）的收益增加，不能将其归为法兰西水泥（中国）股权转让的价外费用。

四、案例研习安排

（一）教学对象及目标

本案例供法学专业本科生、硕士研究生及法律硕士研究生教学使用，其他专业本科生、硕士研究生也可参酌使用。

本案例需要解决的问题主要有：

（1）蒲城县国税局对本案是否有税收征管权？

（2）蒲城尧柏转入富平水泥的钱是否构成反担保人因反担保责任被免除而取得的收入（价外费用）？

（3）蒲城尧柏转入富平水泥的钱是否构成反担保人取得的其他收益？

(二) 建议课堂计划

本案例可以作为专门的教学案例进行讲授,建议安排 1 课时 (40—45 分钟)。如下课堂设计,仅供参考:

1. 课前计划

安排学生阅读案例及相关参考资料,熟悉整个案例流程,对案例中提出的问题进行思考。

2. 课中计划

介绍教学目的,明确讨论主题。

分组讨论问题及解决对策,告知发言要求。

小组代表发言,提出解决方案,并对其他小组提出的方案进行评述。

教师进行引导性分析,并作归纳总结。

3. 课后计划

请学生课后进一步细化了解税务机关的税收管辖权和股权转让的价外费用等相关内容。

五、思考题

1. 本案的争议焦点之一在于蒲城县国税局是否具有税收管辖权,那么税务机关在哪些情况下具有税收管辖权?

2. 反担保责任具体是指什么?

3. 企业所得的"有关权益"包括哪些?

第九章 外商投资法律制度

第一节 外商投资的管制制度

案例 三十七 黄明崧与深圳市富业达实业发展有限公司、朱怀照股东资格确认纠纷案

【摘　要】　本案是一起关于外商投资企业中外商作为隐名股东的股东资格确认案件，主要涉及外商隐名股东是否已经向公司实际投资、外商自然人成为公司股东是否符合相关法律法规、外商隐名股东申请办理变更股东登记是否需要相关部门审批等问题。通过对案例的研习，我们可以更深层次了解外商隐名股东的资格确认问题，以及自2020年1月1日起施行的《中华人民共和国外商投资法》（以下简称《外商投资法》）对于解决这类问题有何意义。

【关键词】　外资隐名股东　股东资格确认　外商投资　负面清单

一、基本案情

1998年1月25日，深圳市富业达实业发展有限公司（以下简称"富业达公司"）注册成立，工商登记注册资本为300万元，股东为阳庆莉，出资105万元，持股35%；朱怀照出资195万元，持股65%。

2001年7月15日，经郑国书、黄明崧和朱怀照讨论通过，形成《深圳市富业达实业发展有限公司章程》。该章程第6条规定，公司股东共三个：郑国书、黄明崧、朱怀照。第10条规定，公司注册资本总额为500万元，各股东出资及所占比例如下：郑国书出资200万元，出资比例40%，出资形式现金；黄明崧出资200万元，出资比例40%，出资形式资产；朱怀照出资100万元，出资比例20%，出资形式资产。第4条规定，公司的经营范围是：生产销售电脑滑鼠、电脑键盘；兴办实业（具体专案另报）；国内商业、物资供销业（不含专营、专控、专卖商品）。该章程有三个股东签名和富业达公司签章。该章程并未到工商行政部门备案。

2014年7月7日，朱怀照、黄明崧、郑国书签订《退股协议书》，载明三方合股注册成立富业达公司（在本协议中简称"新贵公司"，即东莞市新贵电子科技有限公司），约定黄明崧、郑国书各占35%股份，黄明崧、郑国书决定退出并将新贵公司股权转让给朱怀照。协议如下：（1）三方确认至本协定签订之日前新贵公司［含富业达公司与东莞市合联实业投资有限公司（以下简称"合联公司"）］股东所有权益议价为1.07亿元（已减负债部分）；（2）协议签订之日起，黄明崧、郑国书对新贵公司债权债务不再承担责任；（3）朱怀照确认黄明崧、郑国书退股转让应获得3750万元，朱怀照应将该退股转让款于2014年7月底前退还给黄明崧、郑国书（协议2014年7月15日前汇给黄明崧、郑国书两方各1500万元，余数7月底前付清）；（4）不是归咎于黄明崧、郑国书的原因，超过2014年8月15日仍未收到转让款3750万元时，本协议自动终止，黄明崧、郑国书仍占有新贵公司各35%的股份。

2015年3月11日，黄明崧与朱怀照签订《股权转让协议》，约定黄明崧将其占有的新贵公司35%的股份以3750万元的价格转让给朱怀照。

2016年8月1日，朱怀照出具《声明》载明，朱怀照为新贵公司、合联公司、富业达公司法定代表人、股东，就新贵公司、合联公司、富业达公司三个公司的股权问题、公司的关系作出如下声明：（1）合联公司投资的所有土地、厂房由富业达公司出资而取得，各实际股东在合联公司所持有的股份，按照其在原富业达公司所持有的份额进行分配；（2）新贵公司、合联公司的全部资金均由富业达公司投资；（3）新贵公司、合联公司、富业达公司于2014年7月7日前由朱怀照作为名义股东持有100%的股份，其中70%的股份，郑国书、黄明崧为实际出资人（郑国书、黄明崧各占35%的股份）；（4）朱怀照承诺在郑国书、黄明崧股权关系未理清前，朱怀照不会擅自转让本人在新贵公司、合联公司、富业达公司所持有的股份，也不会同意其他股东转让在前述三间公司所持有的股份。声明人（法定代表人）朱怀照签名，新贵公司盖章，合联公司、富业达公司未盖章。

2017年3月23日，朱怀照在深圳市某刑警大队的询问笔录中称其未按退股协议付清退股款项，差黄明崧1750万元，差郑国书550万元。

2017年8月18日，深圳前海合作区人民法院在审理（2017）粤0391民初271号案件，原告黄明崧与被告富业达公司、朱怀照及第三人阳庆莉股东资格确认纠纷一案时，被告朱怀照自认在履行2014年7月7日朱怀照、黄明崧、郑国书三方签订《退股协议书》时，向黄明崧、郑国书支付5000多万元。该案因起诉不符合法律规定，被裁定驳回起诉。

在案件审理过程中，经询问，朱怀照不同意黄明崧取代朱怀照名义股东，成为富业达公司持有35%股份的股东。第三人确认其代持郑国书股份，阳庆莉认可原告黄明崧为富业达公司的实际股东，同意黄明崧成为富业达公司持有35%股份的显名股东。

2018年1月23日，深圳前海合作区人民法院就两个问题向深圳市经济贸易和信息化委员会致函："一、已注册成立的内资公司，台湾地区的自然人能否和大陆自然人并列成为该公司股东？有何依据？二、如果台湾地区自然人可以成为涉案公司股东，是否需要进行审批？有何依据？"该委员会函复："一、根据《关于外国投资者并购境内企业的规定》（商务部令2009年第6号）第2条和第57条规定，台湾地区自然人可以通过并购方式与原境内自然人股东设立中外合资企业。二、外国投资者并购境内企业不涉及特别管理措施和关联并购的，适用备案管理。"

2018年8月6日，深圳前海合作区人民法院就三个问题向深圳市市场和质量监督管理委员会致函："一、中外合资企业成立时，国内自然人可否成为股东？二、内资企业变更为外资企业，需要履行哪些手续？三、境外自然人投资者与国内自然人签订股权代持协议，成立国内企业，现实际投资人要求显名并办理工商变更登记，法院如判决协议有效，支持该诉讼请求，贵单位是否会依判决进行变更？"该委员会函复："一、办理企业设立登记时，中外合资经营企业的中方出资人不能是自然人。二、内资企业变更为外资企业，企业在商事登记机关办理的是股权变更登记，即企业将部分股权转让给境外出资人。企业的经营范围涉及外商投资准入特别管理措施的，股权变更须先经商务主管部门审批后，凭批准文件及股权变更登记所需提交的材料办理变更登记；不涉及特别管理措施的，可直接向商事登记机关申请变更登记，需提交的具体材料我委官方网站办事指南中已详细列明。三、公司股东变化需办理股权变更登记，按照我委官网公布的股权变更登记材料清单提交申请材料，采取齐全、符合法定形式的，我委予以核准登记。贵院亦可采取强制过户的方式办理股权变更登记。"

二、法院的观点

首先，本案为股东资格确认纠纷，原告黄明崧为我国台湾地区居民。根据《最高人民法院关于适用〈中华人民共和国民事诉讼法〉的解释》第551条[①]的规定，本案为涉台商事案件。根据《中华人民共和国涉外民事关系法律适用法》（以下简称《涉外民事关系法律适用法》）第14条[②]的规定，本案所涉富业达公司注册地在深圳市，关于富业达公司股东权利义务应适用登记地法律，即应适用中华人民共和国大陆法律为准据法。

其次，原告黄明崧作为我国台湾地区居民，在已经履行出资义务、富业达公司股东阳庆莉认可其变更为显名股东和富业达公司经营范围不涉及特别准入管理措施行业的情况下，对原告黄明崧诉请确认其为富业达公司股东、要求将朱怀照名下其持有的35%股权登记在其名下并要求被告富业达公司及朱怀照为其办理股权变更登记手续，法院予以支持。

再次，原告黄明崧要求被告朱怀照将其代持的富业达公司35%的股权返还给原告，被告及第三人配合办理相应的公司股东名册变更、公司章程变更、工商登记变更、向相关机构办理外商投资企业变更备案等手续的诉讼请求，符合《最高人民法院关于适用〈中华人民共和国公司法〉若干问题的规定（三）》第24条第3款的规定，法院予以支持。

最后，原告黄明崧要求第三人阳庆莉配合办理相关手续，因第三人阳庆莉同意原告黄明崧登记为实际股东，第三人阳庆莉作为公司股东应予以配合。对原告该诉讼请求，法院予以支持。

[①] 《最高人民法院关于适用〈中华人民共和国民事诉讼法〉的解释》第551条规定："人民法院审理涉及香港、澳门特别行政区和台湾地区的民事诉讼案件，可以参照适用涉外民事诉讼程序的特别规定。"

[②] 《涉外民事关系法律适用法》第14条规定："法人及其分支机构的民事权利能力、民事行为能力、组织机构、股东权利义务等事项，适用登记地法律。法人的主营业地与登记地不一致的，可以适用主营业地法律。法人的经常居所地，为其主营业地。"

三、教学内容（法律评析）

（一）争议焦点分析

1. 关于原告黄明崧是否已经向被告富业达公司实际投资问题

（1）原告黄明崧未提供出资证明，可否认定其为富业达公司实际股东

原告黄明崧虽未提供出资证明，但其提供的证据足以证明其为富业达公司实际股东。

第一，富业达公司章程确定黄明崧占股40%、郑国书占股40%、朱怀照占股20%，黄明崧、郑国书、朱怀照为公司实际投资人；

第二，在《退股协议书》中，朱怀照、黄明崧及案外人郑国书均确认，黄明崧、郑国书、朱怀照合股注资成立了富业达公司，富业达公司实际股东为黄明崧、郑国书、朱怀照，其中黄明崧占股35%、郑国书占股35%、朱怀照占股30%；

第三，朱怀照作为富业达公司法定代表人、股东出具的《声明》中确认富业达公司实际投资人为黄明崧、郑国书、朱怀照，其中黄明崧占35%股份，其股份由朱怀照代持，郑国书股份由阳庆莉代持；

第四，第三人阳庆莉作为富业达公司工商部门登记股东也确认黄明崧为富业达公司实际股东；

第五，在庭审过程中，被告朱怀照认可黄明崧2014年7月前系富业达公司股东，但在签订《退股协议书》后，不再是富业达公司股东，证明朱怀照认可黄明崧在签订《退股协议书》时系富业达公司实际股东。

综上所述，原告黄明崧虽未提交出资证据证明其已向富业达公司实际投资，但在公司章程、《退股协议书》《声明》中均确认其出资人、实际股东身份，只是其股份由朱怀照代持。

（2）原告黄明崧与被告朱怀照签订《退股协议书》后，原告黄明崧是否仍具有富业达公司股东资格

被告朱怀照辩称，黄明崧、朱怀照、郑国书签订的《退股协议书》约定，黄明崧将其持有的公司35%的股权转让给朱怀照。该协议股权包含富业达公司股权，至今未解除。黄明崧已经不再享有股东资格，他仅能依照协议享有股权转让剩余款和利息的追偿权。

原告黄明崧称，《退股协议书》签订后，朱怀照并未按照约定支付股份转

让款,该协议已经自动终止,原告仍持有公司股份。《退股协议书》第 7 条约定,"不是归咎于黄明崧、郑国书的原因,超过 2014 年 8 月 15 日仍未收到转让款 3750 万元时,本协议自动终止,黄明崧、郑国书仍占有新贵公司各 35% 的股份"。

对于《退股协议书》签订后,黄明崧是否仍是富业达公司股东问题,法院分析判定如下:

第一,双方约定的股权支付对价金额问题。首先,从案涉《退股协议书》条款字面表述来看,该协议第 7 条约定,"不是归咎于黄明崧、郑国书的原因,超过 2014 年 8 月 15 日仍未收到转让款 3750 万元时,本协议自动终止";第 3 条约定,"黄明崧、郑国书两方退股转让应获得 3750 万元";第 4 条约定,"退股款应支付至黄明崧、郑国书账户"。上述约定清晰可见,黄明崧、郑国书系作为两方,应各自分别收到 3750 万元,共计 7500 万元股权转让款,该款项应分别支付至黄明崧、郑国书账户。其次,结合协议第 1 条,"新贵公司(含富业达公司与合联公司)股东所有权益议价为 1.07 亿元",按黄明崧、郑国书各占 35% 的比例折算价值,折算结果也与 7500 万元大致对应。最后,从朱怀照履行情况来看,朱怀照确认实际支付的股权转让款已超过 5000 万元,但在公安机关讯问笔录中仍称"差黄明崧 1750 万元,差郑国书 550 万元",即朱怀照也认可应向黄明崧、郑国书支付 7500 万元转让款。因此,法院确认,《退股协议书》约定股权转让对价为 7500 万元,其中需向黄明崧支付股权转让款 3750 万元,需向郑国书支付股权转让款 3750 万元。

第二,退股协议终止后,双方约定的恢复股权对象问题,即《退股协议书》第 7 条约定"本协议自动终止,黄明崧、郑国书仍占有新贵公司各 35% 的股份"中的"新贵公司"是否包括富业达公司。一方面,庭审中,原、被告确认,该协议约定的退股包括新贵公司、富业达公司、合联公司三家公司的股权。另一方面,在协议首部表述为朱怀照、黄明崧、郑国书"合资成立了深圳市富业达实业发展有限公司(以下简称'新贵公司'——东莞市新贵电子科技有限公司)"。同时,协议第 1 条约定,"新贵公司含富业达公司与合联公司股东所有权益议价为 1.07 亿元"。即协议已经明确,就有关股权转让对价事宜中关于"新贵公司"的表述,已包含富业达公司与合联公司。因此,法院确认,《退股协议书》约定的恢复股权对象包括富业达公司。被告朱怀照辩称即使未足额支付股权转让款,也仅恢复新贵公司股权,与事实不符,法院不予采信。

综上，因朱怀照未按照退股协议履行对黄明崧、郑国书的付款义务，根据退股协议关于退股的约定，由于黄明崧、郑国书未能各自收到股权转让款3750万元，《股权转让协议》终止履行，黄明崧、郑国书各自占有富业达公司35%的股份；对于朱怀照已支付的款项，朱怀照可另寻途径解决。

被告朱怀照辩称，原告黄明崧与朱怀照于2015年3月签订的《股权转让协议》约定，黄明崧将其持有的公司35%的股权转让给朱怀照。该协议股权包含富业达公司股权。该协议至今未解除。黄明崧已经不再享有股东资格，他仅能依照协议享有股权转让剩余款和利息的追偿权。黄明崧称，《股权转让协议》约定的股权转让为新贵公司股权，与本案无关。法院认为，《股权转让协议》明确转让的系新贵公司股权，并未注明该股权包括富业达公司股权。在签订《退股协议书》《股权转让协议》后，朱怀照以新贵公司、合联公司、富业达公司法定代表人、股东的身份出具《声明》，承诺在郑国书、黄明崧股权关系未理清前，朱怀照不会擅自转让本人在新贵公司、合联公司、富业达公司所持有的股份，也不会同意其他股东转让在前述三间公司所持有的股份。因此，黄明崧与朱怀照虽签订了《退股协议书》《股权转让协议》，但其股权并未实际转让，黄明崧仍然是富业达公司实际股东。

2. 关于富业达公司的其他股东是否同意黄明崧成为该公司股东问题

依照《最高人民法院关于适用〈中华人民共和国公司法〉若干问题的规定（三）》第24条第3款①、《民法典》第1259条②的规定，本案中，富业达公司工商登记股东为朱怀照、阳庆莉。在庭审中，阳庆莉同意黄明崧为公司股东，同意股东占50%，已达到富业达公司半数以上股东同意的条件。

根据《最高人民法院关于审理外商投资企业纠纷案件若干问题的规定（一）》第14条第2项的规定，实际股东要求显名的，需要名义股东以外的其他股东认可实际投资者的股东身份。本案中，黄明崧要求从公司外部进入公司内部，成为公司的成员，对于公司其他股东而言，相当于发生了股权的对外转让，接纳新的股东入股公司，因此需要名义股东外的其他股东认可实际投资者的股东身份。富业达公司工商登记股东为朱怀照、阳庆莉，朱怀照为名义股

---

① 《最高人民法院关于适用〈中华人民共和国公司法〉若干问题的规定（三）》第24条第3款规定："实际出资人未经公司其他股东半数以上同意，请求公司变更股东、签发出资证明书、记载于股东名册、记载于公司章程并办理公司登记机关登记的，人民法院不予支持。"

② 《民法典》第1259条规定："民法所称的'以上'、'以下'、'以内'、'届满'，包括本数；所称的'不满'、'超过'、'以外'，不包括本数。"

东,名义股东以外的股东仅为阳庆莉,现股东阳庆莉表示同意黄明崧成为富业达公司股东,即黄明崧取得了名义股东以外的其他股东的认可。

3. 关于原告黄明崧成为富业达公司股东是否符合相关法律、法规的问题

(1) 台湾地区居民能否成为有大陆自然人为股东的境内企业股东

我国现行法律允许台湾地区自然人成为中外合资企业股东,在企业设立时,亦未明确禁止境内自然人投资参与外商投资企业。2016 年修正的《中华人民共和国中外合资经营企业法》①(以下简称《中外合资经营企业法》)第 1 条规定:"中华人民共和国为了扩大国际经济合作和技术交流,允许外国公司、企业和其他经济组织或个人(以下简称外国合营者),按照平等互利的原则,经中国政府批准,在中华人民共和国境内,同中国的公司、企业或其他经济组织(以下简称中国合营者)共同举办合营企业。"2017 年修订的《中华人民共和国中外合作经营企业法实施细则》第 57 条规定:"香港、澳门、台湾地区的公司、企业和其他经济组织或者个人以及在国外居住的中国公民举办合作企业,参照本实施细则办理。"我国明确了台湾地区自然人可以作为中外合作经营企业的投资者,并以列举方式规定了中国大陆的公司、企业或其他经济组织可以与境外个人合资成立公司,但并未明文禁止中国大陆自然人投资参与外商投资企业。

此外,《外商投资法》第 2 条②、《中华人民共和国外商投资法实施条例》(以下简称《外商投资法实施条例》)第 48 条第 2 款③的规定更加明确了台湾地区自然人可以在大陆作为企业的投资者。

法院认为,黄明崧作为台湾地区居民,投资大陆企业,依照相关法律,享有外商法律地位,大陆自然人与其共同出资设立企业并无法律禁止性规定。该投资模式已被我国诸多省市认可,符合我国日益深化的扩大开放大趋势。

(2) 关于黄明崧申请办理变更股东登记是否需要相关部门审批的问题

原告黄明崧申请办理变更股东登记,即将朱怀照为其代持的富业达公司 35% 股份变更到黄明崧名下,变更登记后,富业达公司的企业性质将由内资企

---

① 《外商投资法》自 2020 年 1 月 1 日起施行。《中外合资经营企业法》同时废止。

② 《外商投资法》第 2 条规定:"……本法所称外商投资,是指外国的自然人、企业或者其他组织(以下称外国投资者)直接或者间接在中国境内进行的投资活动……"

③ 《外商投资法实施条例》第 48 条第 2 款规定:"台湾地区投资者在大陆投资,适用《中华人民共和国台湾同胞投资保护法》(以下简称台湾同胞投资保护法)及其实施细则的规定;台湾同胞投资保护法及其实施细则未规定的事项,参照外商投资法和本条例执行。"

业变更为中外合资企业。关于该股东变更登记是否需要相关部门审批，法院分析判定如下：

第一，我国根据经济领域的产业类别，针对外商投资准入，设立了审批制和备案制两类准入模式。2017年7月30日，商务部发布《关于修改〈外商投资企业设立及变更备案管理暂行办法〉的决定》。该决定规定，为推进外商投资管理体制改革，体现简政放权、放管结合、优化服务的改革方向，对于外国投资者并购境内非外商投资企业以及对上市公司实施战略投资，不涉及特别管理措施和关联并购的，适用备案管理。同日，商务部发布实施《外商投资企业设立及变更备案管理暂行办法（修订）》。该办法第2条规定："外商投资企业的设立及变更，不涉及国家规定实施准入特别管理措施的，适用本办法。"第5条第2款规定："由于并购、吸收合并等方式，非外商投资企业转变为外商投资企业，属于本办法规定的备案范围的，按照本条第一款办理设立备案手续，填报《设立申报表》。"第34条规定："香港特别行政区、澳门特别行政区、台湾地区投资者投资不涉及国家规定实施准入特别管理措施的，参照本办法办理。"

第二，富业达公司经营的产业类型不属于特别管理措施项下的产业类型。所谓特别管理措施，即我国对产业类别进行明确规定及划分后需要国家准入才能允许外商投资该类别产业的准入机制。富业达公司经营所涉项目均非外商投资准入特别管理措施（外商投资准入负面清单）中的措施，其审批事项适用备案制。

第三，在案件审理过程中，法院向深圳市市场和质量监督管理委员会致函，该委员会向法院确认：公司股东变化需要办理股权变更登记，不涉及特别管理措施的，可直接向商事登记机关申请变更登记。按照该委员会官网公布的股权变更登记材料清单提交申请材料，采取齐全，符合法定形式的，该委员会予以核准登记。富业达公司经营所涉项目均非外商投资准入特别管理措施，其办理股权变更登记，只需按规定提交相应材料报有关部门登记，不再需要另行审批。

（二）法律分析

1. 外商隐名投资概述

（1）外商隐名投资的定义

随着市场经济的不断发展以及对外的不断开放，外商隐名投资在我国大量出现。虽然外商隐名投资纠纷案件出现得比较早,但是学界对"外商隐名投资"这一概念并没达成共识。从符合我国国情和现实发展的角度出发,下述定义较为符合:我国港、澳、台地区或者国外的投资者在我国大陆(内地)进行投资,并对该外资企业已实际出资,外商隐名投资者出于各种目的,在公司登记公示的书面材料上记载的是显名股东的法律现象。

(2) 外商隐名投资的特征

第一,从实际履行出资义务者的角度看,显名股东通过登记在册的方式对外显示自己在外资企业享有的权利,但是并非实际出资人。外资企业实际出资人以外籍华人居多,他们通过在华的一些便利条件,以互信为基础,找到可以合作的大陆(内地)人进行合作。根据我国法律的规定,商事活动公信力的取得以书面登记事项为准。由上可知,显名股东以书面登记为取得公信力的方式进行登记公示,获得股东资格,实际出资人却是隐名股东。

第二,外商隐名投资中的"隐名"是相对于显名投资中的"显名"而言的,只是企业登记的一种公示状态。根据合同的相对性原则,隐名投资者只与外资企业中签有协议的显名股东有关系,但是其他显名股东也可能影响该隐名投资者在该企业中所享有的权利义务。

第三,通过隐名投资的方式进行的外商隐名投资是规避我国法律、法规的行为,与商法中的公示主义原则相违背,可能对第三人的合法利益造成损害。因此,我国法律对隐名股东的权利进行了一定的限制。这类情况一旦被诉至法院,外商隐名投资者股东资格确权的诉讼负担会增大,不利于纠纷的解决和商业秩序的维护。

2. 外商隐名投资者股东资格确认

(1) 实质要件说

实质要件说认为,隐名投资者已经对外资企业实际履行出资义务,是认定具有该外资企业股东资格的标准。外商隐名投资者如果获得该外资企业的股东资格,不仅要实际出资,还要参考隐名投资者在该企业运作的过程中行使股东权利和履行股东义务的情况。如果隐名投资者不仅实际出资,还行使了股东权利、履行了股东义务,则该隐名投资者就是该外资企业的股东。根据我国法律和相关司法解释的规定,内资企业隐名股东的股东资格确认就是判断投资者是否实际向该企业履行了出资义务。确认外资企业隐名股东资格的实质要件也是一样的,需要满足以上条件。

(2) 形式要件说

形式要件说的实质就是股东资格的取得要以对外公示的书面登记文件为构成要件,从而维护公示的公信力。从保障外资企业的结构稳定、符合商业交往和对外观公示的需要以及对外关系的明确角度出发,应承认显名出资人的股东地位,而不应承认隐名投资者在该外资企业的股东地位。因此,应充分尊重和维护商法中的公示原则对外的公信力。

自2020年1月1日起,《外商投资法》正式实施,全面实行外资准入负面清单和外商投资信息报告制度。我国对于外商投资企业设立由最初的逐案审批制到备案制,再到信息报告制,外资企业的新设或变更无须再通过商务部门审批或备案,而是直接通过企业登记系统以及企业信用信息公示系统向商务主管部门报送外资信息。此外,《外商投资法》允许外国的自然人、企业或者其他组织单独或者与其他投资者在中国境内设立外商投资企业,其实施条例进一步明确了"其他投资者"包括中国自然人。

3.《外商投资法》与外商投资准入特别管理措施目录的衔接

外商投资特别管理措施包括不符合国民待遇原则的外商投资准入特别管理措施和其他针对外商投资的特别管理措施,后者包括不符合国民待遇原则的与国家安全、公共秩序、文化、金融审慎、政府采购、补贴、特殊手续、非营利组织和税收相关的特别管理措施。外商投资准入特别管理措施目录在一般被称为"负面清单",负面清单之内的禁止投资领域,境外投资者不得实施投资;负面清单之内的限制投资领域,境外投资者须进行外资准入许可申请。

外商投资准入特别管理措施目录在一定程度上反映了外商投资产业政策的内容,实际上起到了执行外商投资产业政策的作用。外商投资准入特别管理措施目录与《外商投资法》共同构成了我国与外商投资准入管理有关的规则和措施。《外商投资法》相对稳定,而外商投资准入特别管理措施目录随形势和政策调整。

《外商投资法》第4条对负面清单进行了定义,即"国家规定在特定领域对外商投资实施的准入特别管理措施"。该条同时规定,"国家对负面清单之外的外商投资,给予国民待遇。负面清单由国务院发布或者批准发布"。该法第28条对负面清单制度的具体含义予以明确:"外商投资准入负面清单规定禁止投资的领域，外国投资者不得投资。外商投资准入负面清单规定限制投资的领域，外国投资者进行投资应当符合负面清单规定的条件。外商投资准入负面清单以外的领域，按照内外资一致的原则实施管理。"

外商投资负面清单制度是外商在华投资的重要制度，《外商投资法》首次从法律层面对实行准入前国民待遇加负面清单管理制度作出明确规定，进一步推动形成全面开放的新格局。

四、案例研习安排

（一）教学对象及目标

本案例供法学专业本科生、硕士研究生及法律硕士研究生教学使用，其他专业本科生、硕士研究生也可参酌使用。

本案例需要解决的问题主要有：

（1）对我国台湾地区自然人成为境内公司股东，如何进行资格认定？

（2）外商隐名投资者股东资格案件是否需要征询审批机关的意见？申请办理股东变更登记是否需要相关部门审批？

（二）建议课堂计划

本案例可以作为专门的教学案例进行讲授，建议安排1课时（40—45分钟）。

如下课堂设计，仅供参考：

1. 课前计划

安排学生阅读案例及相关参考资料，熟悉整个案例流程，对案例中提出的问题进行思考。

2. 课中计划

介绍教学目的，明确讨论主题。

分组讨论问题及解决对策，告知发言要求。

小组代表发言，提出解决方案，并对其他小组提出的方案进行评述。

教师进行引导性分析，并作归纳总结。

3. 课后计划

请学生课后进一步细化了解负面清单制度等相关内容。

五、思考题

1. 本案的争议焦点之一是我国台湾地区自然人成为境内公司股东的资格

认定，结合《外商投资法》，深入思考相关规定及其对于本案的意义。

2.《外商投资法》在总则中明确规定了准入前国民待遇加负面清单的外商投资管理制度，其具体内容有哪些？

第二节 外商投资企业组织形式

案例 三十八 青岛银都投资控股有限公司、鼎辉湖畔有限公司与上海青晨置业有限公司、上海金源盛世控股有限公司公司解散决议撤销纠纷案

【摘 要】 本案是一起关于中外合营企业公司决议撤销的案件，主要涉及中外合营企业应适用我国相关法律法规之特别法规定还是适用公司法之一般法规定的法律适用问题、股东会决议的内容是否违反公司章程、股东会会议的召集程序和表决方式是否违反法律等问题。通过对案例的研习，我们可以更深层次了解我国相关法律法规对股东会、董事会等组织机构设置的不同规定、中外合营企业股东之间发生争议应如何适用法律、中外合营企业股东会及其决议的法律效力认定等问题。

【关键词】 中外合营企业 外商投资法 股东会决议

一、基本案情

上海青晨置业有限公司（以下简称"青晨公司"）于 2013 年 1 月 8 日设立，注册资本为人民币 2 亿元，公司类型为有限责任公司（中外合资），邬国邦担任法定代表人及董事长，股东为青岛银都投资控股有限公司（以下简称"银都公司"）、鼎辉湖畔有限公司（以下简称"鼎辉公司"）及上海金源盛世控股有限公司（以下简称"金源公司"）。银都公司持有青晨公司 12.25% 股权，鼎辉公司持有青晨公司 12.75% 股权，金源公司持有青晨公司 75% 股权。2013年 3 月 24 日，银都公司、鼎辉公司与金源公司签订《增资合同》。

2013 年 5 月 3 日，银都公司、鼎辉公司与青晨公司、金源公司、上海青晨房地产开发有限公司签订了《增资合同之补充协议》。《增资合同》第 7 条与《增资合同之补充协议》第 6 条的名称为"股东会、董事会和经营管理组织的组建"，但并无设立股东会、董事会的内容。《增资合同之补充协议》第 6 条约

定：金源公司为了银都公司、鼎辉公司与金源公司共同利益或青晨公司利益对列举的重大事项提出意见与建议，银都公司、鼎辉公司同意予以配合，否则按公司法的规定即按照出资比例行使表决权。2013年5月20日签订的青晨公司章程第13条约定：公司设董事会。董事会是公司的最高权力机构，按公司法的规定行使职权。第14条约定：董事会由5名董事组成，其中银都公司委派1名，鼎辉公司委派1名，金源公司委派3名。第16条约定：董事会会议应有2/3以上董事出席方能举行。第17条约定：公司章程的修改由出席董事会会议的董事一致通过方可作出决议。第42条约定：合营各方承诺各方签署的其他商务协议与本章程不存在冲突，符合中华人民共和国法律、法规及相关规定，并承担相应法律责任。

2017年5月2日，上海市第二中级人民法院立案受理了银都公司与青晨公司、金源公司、鼎辉公司公司解散纠纷一案，起诉状载明的鼎辉公司的国内联系地址是北京市朝阳区新源南路某号某号楼某层某室。

2017年8月28日，金源公司向青晨公司提出《关于召开上海青晨置业有限公司2017年第一次临时股东会会议的提议》，鉴于银都公司、鼎辉公司未缴纳出资的行为，按照公司法的规定提议青晨公司召开2017年度第一次临时股东会。

2017年9月1日和6日，青晨公司两次向银都公司以EMS方式邮寄《上海青晨置业有限公司2017年第一次临时股东会会议的通知》，邮寄地址为青岛市市南区彰化路某号。邮件均未妥投，原因分别为收件人不在指定地址及拒收。2017年9月5日，青晨公司以电子邮件的方式向银都公司发送通知。同时，青晨公司向鼎辉公司以EMS方式邮寄上述通知，邮寄地址为北京市朝阳区新源南路某号某号楼某层某室。通知主要内容为：鉴于金源公司向青晨公司提议召开临时股东会，青晨公司定于2017年9月22日上午9：30于上海市长宁区虹桥路某号上海古北湾大酒店贵宾厅2召开2017年度第一次临时股东会，审议事项为解除银都公司、鼎辉公司股东资格及涵壁湾二期战略定位和开发时间安排。

2017年9月，银都公司向青晨公司发出《关于上海青晨置业有限公司临时股东大会相关事宜的函》，表示近期了解到青晨公司拟定于2017年9月22日召开股东会，而青晨公司以董事会名义发起召集股东，银都公司委派的董事未参加董事会，也未收到召开股东会的函，询问青晨公司是否召开过董事会。

银都公司认为，邬国邦涉多起民商事纠纷案件，不再具有担任公司法定代表人的资格；金源公司擅自将公司资产对外担保，严重损害公司利益，公司解散诉讼正在进行中。银都公司要求青晨公司回复相关事宜如何处理以及是否属于会议内容。银都公司于2017年9月15日以电子邮件的形式将函件发送至青晨公司处。青晨公司于2017年9月18日签收了以EMS方式寄送的书面函件。

2017年9月18日，金源公司委派到青晨公司的董事邬国邦、钟洪亮、杨亦行共同推举杨亦行主持临时股东会，杨亦行于2017年8月8日被金源公司任命为青晨公司董事。

2017年9月22日，青晨公司召开2017年第一次临时股东会，出席股东会的股东仅有金源公司。会议通过决议，解除银都公司、鼎辉公司的股东资格，并通过《关于涵壁湾二期合作开发的议案》。同日，银都公司以电子邮件的形式向青晨公司发出《关于青晨公司治理结构相关事项的致函》。内容为：银都公司截至2017年9月21日，未收到任何要召开股东会、董事会会议的通知和信函，也未派员参与过此类性质的会议。青晨公司系中外合资企业，根据章程，董事会是公司最高权力机构。青晨公司召开股东会会议，没有章程的载明依据。青晨公司对责任大股东恶意取消银都公司股东资格等行为，未予有效制止。青晨公司召开的股东会、董事会，召开程序严重违法，缺乏章程依据，且银都公司未收到开会通知。之后，银都公司以EMS方式向青晨公司、鼎辉公司、金源公司分别邮寄了函件。

银都公司和鼎辉公司起诉至上海市青浦区人民法院，要求确认《上海青晨置业有限公司2017年第一次临时股东会决议》无效。一审法院驳回原告的诉讼请求。银都公司和鼎辉公司不服判决，提起上诉。2019年7月29日，上海市第二中级人民法院二审判决，撤销一审判决，改判确认《上海青晨置业有限公司2017年第一次临时股东会决议》无效。

二、法院的观点

（一）一审法院的观点

本案系中外合资经营企业（以下简称"合营企业"）中外股东之间的争议，属涉外法律关系，青晨公司作为在中华人民共和国境内设立的中外合营企业，一切活动应遵守中华人民共和国法律、法规的规定，故本案的处理应适用中华人民共和国法律。

根据青晨公司章程的规定，被告选聘律师事务所须至少4位董事出席会议并一致通过，而银都公司、鼎辉公司与第三人之间的矛盾导致董事会无法形成一致决议，势必造成青晨公司无法在本案中聘任律师事务所提供法律服务。本案系公司内部纠纷，在银都公司和鼎辉公司作为原告向被告起诉的情形下，由被告的另一股东，即本案第三人为被告委托代理人应诉并无不当，有利于维护被告作为案件当事人的诉讼利益，故对于被告委托出庭的代理人的代理资格予以认可。

青晨公司作为中外合营企业，其形式为有限责任公司。依据《公司法》的规定，在金源公司的要求下召开股东会并无不当，系争股东会决议的内容不违反青晨公司章程。

青晨公司在系争股东会的召集、表决过程中，不具有排除银都公司、鼎辉公司参加股东会并行使股东权利的恶意，即使在召集、表决过程中存在轻微瑕疵，对决议未产生实质影响。

（二）二审法院的观点

本案系中外合营企业股东之间发生的争议，一审根据我国冲突法规范适用中华人民共和国法律进行审理，应予以确认。

青晨公司系中外合营企业，本案应优先适用《中外合资经营企业法》及《中华人民共和国中外合资经营企业法实施条例》（以下简称《中外合资经营企业法实施条例》）之特别法规定。

青晨公司未经营各方协商一致，经一方股东召集，召开股东会，并以股东会决议的形式解除两上诉人的股东资格，既违反公司章程，也违反上述法律规定，在法律规定的最高权力机构之上再设立股东会也违背了我国外商投资法律对中外合营企业的特别立法目的，故该股东会决议应认定为无效。

综上，二审法院判决如下：（1）撤销上海市青浦区人民法院（2018）沪0118民初352号民事判决；（2）确认青晨公司于2017年9月22日作出的《上海青晨置业有限公司2017年第一次临时股东会决议》无效。

三、教学内容（法律评析）

（一）争议焦点分析

1. 本案争议是否适用《公司法》

（1）银都公司和鼎辉公司的观点

青晨公司作为一家中外合营企业，应当适用《中外合资经营企业法》及

《中外合资经营企业法实施条例》的规定。根据《中外合资经营企业法》第6条及《中外合资经营企业法实施条例》第30条的规定，董事会是合营企业的最高权力机构，决定合营企业的一切重大问题。青晨公司章程亦规定董事会是公司的最高权力机构，公司从未设立股东会这一机构。根据上述法律法规及青晨公司章程的相关规定，董事会是其最高权力机构，决定公司所有重大事项，不存在能够超越董事会职权的组织机构。对于以上规定，《中外合资经营企业法》已与《公司法》作出不一样的规定，不应再适用《公司法》规定。

(2) 青晨公司和金源公司的观点

青晨公司虽然系中外合营企业，但是亦属于有限责任公司，同样应受《公司法》的调整。《公司法》规定股东会是公司的权力机构，资本多数决是最基本的公司立法原则。青晨公司章程在董事会职权中并未规定有关股东资格问题，故该事项的决定只能按照《公司法》规定，由股东会行使职权。同时，根据《外商投资法》的规定，原有的《中外合资经营企业法》在2020年1月1日被废止，统一适用《公司法》规定。一审判决结果符合《外商投资法》的立法精神和方向。

2. 青晨公司股东会及其决议的法律效力认定

(1) 银都公司和鼎辉公司的观点

第一，2017年9月22日召开的所谓"股东会"，无论在内容还是形式上均不符合法律及公司章程规定。青晨公司实际并未召开会议，并在收到银都公司的函告时不予理睬，继续召开所谓的"股东会"，不但不属于轻微瑕疵，而且实际构成对股东委派之董事参与管理权的严重侵权。青晨公司章程对董事及董事会职权的规定，属于公司自治范畴，实为平衡各方股东之间的利益关系。青晨公司在金源公司的操控下，直接违反公司章程约定，在未召开董事会的情况下，未经合法召集，径行召开"股东会"，滥用表决权并解除银都公司股东资格，是对银都公司财产权益、股东身份的恶意剥夺和故意侵权。

第二，青晨公司系由上海青晨房地产开发有限公司分立而成，银都公司和鼎辉公司是青晨公司的发起人股东，早在分立前就已经履行了出资义务。分立协议、验资报告等一系列证据足以证明银都公司和鼎辉公司对青晨公司按期、足额履行了出资义务，并不存在青晨公司需要对未出资股东进行制裁的问题。

第三，青晨公司各合营方之间矛盾冲突严重，如果任由合营一方金源公司解除银都公司股东资格,将造成极其严重的社会后果。金源公司利用优势控股地位以及掌握公司公章、合同章的便利,不进行项目开发,而是将案涉项目作为资金杠杆,以青晨公司的名义违规对外提供担保,致使青晨公司陷入近30亿元的巨额债务纠纷,公司名下土地已被法院查封,公司经营陷入停滞。青晨公司股东之间已存在严重矛盾,无法协商共事,且银都公司、鼎辉公司已于2017年提起公司解散诉讼。如果任由金源公司剥夺银都公司股东资格,将导致青晨公司名下土地被司法拍卖,涵壁湾项目第二、三、四期项目停滞,会影响整体周边业态,严重影响青浦区人民政府土地规划,社会后果严重。因此,青晨公司"股东会决议"同时符合法律规定的不成立、可撤销及无效情形。

(2) 青晨公司和金源公司的观点

第一,青晨公司事实上存在股东会这一组织机构。一审法院查明,青晨公司在各股东约定的相关增资协议、增资框架协议中有关于股东会的表述和约定,且该增资协议在工商管理部门进行了备案。在实际运营中,青晨公司也存在通过股东会会议解决公司一些重大决策经营及纠纷的情况。

第二,系争股东会在董事召集及送达程序上均未违反法定程序。根据《公司法》第39条的规定,持有公司1/10以上表决权的股东提议召开股东会的,股东会就应当召开。一审法院查明,邬国邦至今仍担任青晨公司的董事长,钟洪亮系工商机关登记备案的董事之一,杨亦行是在原先一名董事辞职之后由持股75%的股东金源公司指派的董事,系争会议召集不存在违反法定程序之处。同时,青晨公司在会议召集前至少20日已通过EMS方式向银都公司、鼎辉公司邮寄了通知函件。在会议召集前15日,青晨公司还通过公证送达的方式进行了送达。因此,青晨公司及金源公司已尽到善意的通知义务,不存在召集程序违法而应予撤销的情形。

(二) 法律分析①

1. 《中外合资经营企业法》与《公司法》下的公司治理结构双轨制度

《外商投资法》正式出台以前,中国市场的外资利用主要依据的是三部法

---

① 参见王嫣:《〈外商投资法〉下中外合资企业公司治理结构的调整和并轨化》,http://www.guantao.com/sv_view.aspx?typeid=213&id=1563&fid=t8;213;8,2020年3月10日访问。

律——《中外合资经营企业法》《中华人民共和国外资企业法》(以下简称《外资企业法》)和《中华人民共和国中外合作经营企业法》(以下简称《中外合作经营企业法》),即俗称的"三资法"或"外资三法"。"三资法"与《公司法》属于同位法。《公司法》第217条规定:"外商投资的有限责任公司和股份有限公司适用本法;有关外商投资的法律另有规定的,适用其规定。"这一规定确认了《公司法》为一般法、"三资法"为特殊法的定位。

国家工商行政管理总局、商务部、海关总署、国家外汇管理局2006年4月24日印发的《关于外商投资的公司审批登记管理法律适用若干问题的执行意见》第3条规定:"中外合资、中外合作的有限责任公司的董事会是公司的权力机构,其组织机构由公司根据《中外合资经营企业法》、《中外合作经营企业法》和《公司法》通过公司章程规定。外商合资、外商独资的有限责任公司以及外商投资的股份有限公司的组织机构应当符合《公司法》和公司章程的规定。"国家工商行政管理总局同年5月26日发布的《关于实施〈关于外商投资的公司审批登记管理法律适用若干问题的执行意见〉的通知》第2条规定,"关于外商投资的公司的组织机构,《执行意见》根据《公司法》和有关外商投资的法律,对不同类型的外商投资的公司做了更为明确的区分:中外合资、中外合作的有限责任公司需按照有关规定设立董事会作为权力机构,公司的其他组织机构按照公司自治原则由公司章程依法规定;外商合资、外商独资的有限责任公司和外商投资的股份有限公司的组织机构应当符合《公司法》的规定,建立健全公司的组织机构"。

2.《中外合资经营企业法》及《中外合资经营企业法实施条例》与《公司法》下公司治理结构的对比

表 9-1

序号	公司治理事项	《中外合资经营企业法》及《中外合资经营企业法实施条例》	《公司法》
1	权力机关	董事会是合营企业的最高权力机构,决定合营企业的一切重大问题。(《中外合资经营企业法实施条例》第30条)	股东会是公司的权力机构。(第36条)

（续表）

序号	公司治理事项	《中外合资经营企业法》及《中外合资经营企业法实施条例》	《公司法》
2	董事会的组成人数	董事会成员不得少于3人。董事名额的分配由合营各方参照出资比例协商确定。（《中外合资经营企业法实施条例》第31条）	有限责任公司设立董事会，其成员为三人至十三人。（第44条）股东人数较少或者规模较小的有限责任公司，可以设一名执行董事，不设董事会。（第50条）
3	董事的产生	董事由合营各方委派。（《中外合资经营企业法》第6条）	非由职工代表担任的董事由股东会选举产生。（第37条）
4	董事长、副董事长的产生	董事长和副董事长由合营各方协商确定或董事会选举产生。中外合营者的一方担任董事长的，由他方担任副董事长。（《中外合资经营企业法》第6条）	董事会设董事长一人，可以设副董事长。董事长、副董事长的产生办法由公司章程规定。（第44条）
5	董事的任期	董事的任期为4年，经合营各方继续委派可以连任。（《中外合资经营企业法实施条例》第31条）	董事任期由公司章程规定，但每届任期不得超过三年。董事任期届满，连选可以连任。（第45条）
6	董事会会议的召集和召开	董事会会议每年至少召开1次，由董事长负责召集并主持。董事长不能召集时，由董事长委托副董事长或者其他董事负责召集并主持董事会会议。经1/3以上董事提议，可以由董事长召开董事会临时会议。（《中外合资经营企业法实施条例》第32条）	董事会会议由董事长召集和主持；董事长不能履行职务或者不履行职务的，由副董事长召集和主持；副董事长不能履行职务或者不履行职务的，由半数以上董事共同推举一名董事召集和主持。（第47条）没有明确规定董事会会议每年召开次数和临时董事会的召开程序。
7	董事会会议召开的最低人数	董事会会议应当有2/3以上董事出席方能举行。董事不能出席的，可以出具委托书委托他人代表其出席和表决。（《中外合资经营企业法实施条例》第32条）	无明确规定，由公司章程自行规定。
8	董事会决议方式	除重大事项由出席董事会会议的董事一致通过方可作出决议外，其他事项，根据合营企业章程载明的议事规则作出决议。（《中外合资经营企业法实施条例》第33条）	董事会的议事方式和表决程序，除本法有规定的外，由公司章程规定。董事会决议的表决，实行一人一票。（第48条）

(续表)

序号	公司治理事项	《中外合资经营企业法》及《中外合资经营企业法实施条例》	《公司法》
9	法定代表人	董事长是合营企业的法定代表人。(《中外合资经营企业法实施条例》第34条) 经营管理机构设总经理1人,副总经理若干人。总经理、副总经理由合营企业由董事会聘请。(《中外合资经营企业法实施条例》第35条、第37条)	公司法定代表人依照公司章程的规定,由董事长、执行董事或者经理担任。(第13条)
10	高级管理人员的产生	经董事会聘请,董事长、副董事长、董事可以兼任总经理、副总经理或者其他高级管理人员。(《中外合资经营企业法实施条例》第37条) 正副总经理(或正副厂长)由合营各方分别担任。(《中外合资经营企业法》第6条)	有限责任公司可以设经理,由董事会决定聘任。(第49条)
11	监事会	无明确规定。	有限责任公司设监事会,其成员不得少于三人。股东人数较少或者规模较小的有限责任公司,可以设一至二名监事,不设监事会。(第51条)

(三)《外商投资法》对中外合营企业公司治理结构的规定以及与相关法律法规的衔接

《外商投资法》第31条规定:"外商投资企业的组织形式、组织机构及其活动准则,适用《中华人民共和国公司法》、《中华人民共和国合伙企业法》等法律的规定。"第42条第2款规定:"本法施行前依照《中华人民共和国中外合资经营企业法》、《中华人民共和国外资企业法》、《中华人民共和国中外合作经营企业法》设立的外商投资企业,在本法施行后五年内可以继续保留原企业组织形式等。具体实施办法由国务院规定。"因此,在五年过渡期内,已依照《中外合资经营企业法》设立的中外合资有限责任公司的治理结构将依照《公司法》的规定进行调整。

根据《中外合资经营企业法实施条例》第7条的规定,中外合营企业的初始章程是申请设立合营企业时，由中外合营者共同向审批机构报送的，且由合营各方授权代表签署。该条例第10条规定，"合营企业章程，是指按照合营企业合同规定的原则，经合营各方一致同意，规定合营企业的宗旨、组织原则和经营管理方法等事项的文件"。第33条规定，"合营企业章程的修改"，"由出席董事会会议的董事一致通过方可作出决议"。

根据《公司法》第23条的规定，设立有限责任公司，应当具备的条件包括股东共同制定公司章程。根据该法第25条的规定，有限责任公司章程应当载明除基本条款外，股东会会议认为需要规定的其他事项。股东应当在公司章程上签名、盖章。根据该法第37条的规定，股东会行使修改公司章程的职权。根据该法第43条的规定，股东会会议作出修改公司章程的决议，必须经代表2/3以上表决权的股东通过。

《外商投资法》是一部外商投资领域的基本法。接下来，政府行政管理层面将以法规、部门规章等多种形式落实具体实施细节，完成既有法律法规及其他规范的对应清理和调整；同时，司法层面也会适时出台解释，对过渡阶段出现的新型争议进行实务指导。①

四、案例研习安排

（一）教学对象及目标

本案例供法学专业本科生、硕士研究生及法律硕士研究生教学使用，其他专业本科生、硕士研究生也可参酌使用。

本案例需要解决的问题主要有：

（1）在中外合营企业股东对于我国《公司法》与外商投资企业法律就股东会、董事会等组织机构设置所作的不同规定产生争议时，应当如何适用法律？

（2）应当如何认定中外合营企业股东会决议的法律效力？

（3）青晨公司股东会决议的内容是否违反公司章程？股东会会议的召集程序、表决方式是否违反法律规定，以致应予撤销？

（二）建议课堂计划

本案例可以作为专门的教学案例进行讲授，建议安排1课时（40—45分钟）。

---

① 参见王嫣：《〈外商投资法〉下中外合资企业公司治理结构的调整和并轨化》，http://www.guantao.com/sv_view.aspx?typeid=213&id=1563&fid=t8；213；8，2020年3月10日访问。

如下课堂设计,仅供参考:

1. 课前计划

安排学生阅读案例及相关参考资料,熟悉整个案例流程,对案例中提出的问题进行思考。

2. 课中计划

介绍教学目的,明确讨论主题。

分组讨论问题及解决对策,告知发言要求。

小组代表发言,提出解决方案,并对其他小组提出的方案进行评述。

教师进行引导性分析,并作归纳总结。

3. 课后计划

请学生课后进一步细化了解中外合营企业适用法律的相关规定,以及《外商投资法》对中外合营企业股东会及其决议的规定等相关内容。

五、思考题

1.《公司法》和"三资法"的立法目的有何不同?针对中外合营企业的不同规定,应当如何适用?

2.《外商投资法》应当如何与"三资法"进行衔接?又应当如何与《公司法》进行衔接?

第十章 房地产管理法律制度

第一节 政府房地产管理的职责

案例 三十九 福建省长乐市坤元房地产开发有限公司诉福州市长乐区人民政府不履行法定职责案

【摘 要】 本案是一起不履行法定职责行政诉讼案。通过对案例的学习，我们可以更深层次了解行政诉讼中不履行法定职责的审判流程、审判重点、审判标准，并对政府在房地产开发建设过程中不履行针对开发商的承诺及协议是否属于行政诉讼范围等进行判断。本案的判决理由和判决结果对类似的行政机关不履行承诺等行政允诺、行政协议案件的审理，以及法院如何在优化营商环境政策中发挥作用具有明确的指导意义。

【关键词】 营商环境 法定职责 行政允诺

一、基本案情

位于福州市长乐区金峰镇胪峰大道北侧尚未竣工的宾顺花园2♯、3♯、4♯、9♯、10♯、12♯六幢商品房及规划中的原1♯、11♯楼地块（以下简称"涉案房地产"）是长乐区宾顺房地产开发有限公司开发的半成品商住楼。长乐区人民法院在执行案件中查封了涉案房地产，并曾于2000年1月组织对其进行公开拍卖，但未拍卖成功。

2003年5月16日，福州市长乐区人民政府（以下简称"长乐区政府"）召开宾顺花园资产处置有关问题协调会，并形成〔2003〕174号《金峰宾顺花园资产处置有关问题协调会议纪要》（以下简称《会议纪要》）。《会议纪要》提出"四个允许"：(1) 允许补办立项、建设、征地、消防等有关审批手续；(2) 允许按照现状规划指标续建（除 12♯楼需保持现状，完善建设外）；(3) 两块未建空地共 7.4 亩允许适度放宽规划指标建设；(4) 允许竞得者更改生活小区名称。

2004 年 12 月 21 日，在长乐区人民法院委托拍卖行举行的公开拍卖会上，福建省长乐市坤元房地产开发有限公司（以下简称"坤元公司"）以 1379.6 万元中标买受涉案房地产并交足价款。长乐区人民法院裁定涉案房地产由坤元公司买受并限期办理房屋产权及土地使用权变更登记手续。随后，坤元公司将涉案房地产项目名称改为"鑫光花园"。坤元公司在履行拍卖买受人所尽的义务后，向长乐区国土资源局申请办理上述地块的土地使用权变更登记手续。

2005 年 9 月 9 日，长乐区国土资源局出具《否定报备单》，以原开发商未缴清土地出让金、须先办理房产变更登记、12♯楼属于违法建筑不能转让等理由，对坤元公司的申请件予以退回。坤元公司认为根据拍卖时拍卖行提供的材料（长补）榕房许字第 200014 号《商品房预售许可证》批准预售楼号 12♯楼为商住楼以及《会议纪要》的"四个允许"，长乐区政府应当为坤元公司的 12♯楼办理登记手续。2005 年 10 月 19 日、2006 年 3 月 4 日和 2006 年 4 月 5 日，长乐区政府分别召开三次专题会议，协调处理坤元公司续建原宾顺花园问题和鑫光花园规划建设问题。

2009 年 5 月 8 日，坤元公司向长乐区城乡规划局提交报告，请求对该项目规划指标予以调整。长乐区城乡规划局经 2009 年 8 月至 11 月对坤元公司提出的鑫光花园规划条件变更申请进行公示、征求项目利益关系人意见、主持召开论证会后，于当年 11 月 13 日向长乐区政府提交《关于金峰鑫光花园变更容积率等规划条件的请示》。

2014 年 10 月 11 日，长乐区政府召开 2014 年第五次市长办公会议，决定：一是将现状续建规划指标作为该项目规划指标，具体由区法院和规划局负责出具认定文件予以明确；二是同意调整规划指标。2014 年 10 月 29 日，坤元公司向长乐区城乡规划局提交《关于办理规划指标的申请报告》。2014 年 12 月 26 日，长乐区城乡规划局和长乐区人民法院作出认定书，认定项目拍卖用地面积和现状规划指标。

2015 年 5 月 14 日，长乐区城乡规划局向长乐区政府提交《关于金峰鑫光花园变更容积率等规划条件的请示》。2015 年 5 月 28 日，长乐区政府针对长乐区城乡规划局的请示作出同意项目规划条件变更的批复。2015 年 6 月 3 日，长乐区城乡规划局向坤元公司作出复函，通知坤元公司调整的指标，并通知持该函向国土资源局等有关部门按规定办理相关手续。

坤元公司多次向有关部门申请变更有关手续未果，遂于 2016 年 1 月 13 日向莆田市中级人民法院提起诉讼，要求判决确认坤元公司买受长乐区政府委托法院拍卖的项目地块后，长乐区政府未履行拍卖附件中《会议纪要》的法定职责的行为违法，并确认长乐区政府不履行坤元公司长年来申请明确鑫光花园项目规划指标认定的行为违法。

2016 年 8 月 15 日，莆田市中级人民法院作出（2016）闽 03 行初 33 号行政判决，驳回坤元公司的诉讼请求。坤元公司不服，提起上诉。福建省高级人民法院于 2017 年 2 月 28 日作出（2016）闽行终 695 号行政判决，驳回上诉，维持原判。

坤元公司仍不服，向最高人民法院申请再审。2018 年 12 月 20 日，最高人民法院作出（2017）最高法行申 8917 号行政裁定，提审本案。2018 年 12 月 29 日，最高人民法院作出行政判决，撤销原一审、二审判决，确认长乐区政府未全面履行《会议纪要》确定职责的行为违法；责令长乐区政府在判决生效之日起 90 日之内根据判决依法履行《会议纪要》等所确定的职责。

二、法院的观点

（一）一审法院的观点

坤元公司通过竞买以最高价竞得金峰宾顺花园的商品房地块，并已经按照拍卖的约定支付了相关价款。坤元公司已经取得该房屋及土地的有关权利，故坤元公司作为本案的原告主体适格。

坤元公司在取得相关权利后依法向长乐区政府的下属单位长乐区国土资源局、长乐区城乡规划局等申请办理相关土地的规划指标变更、土地权属变更登记等行为并无不当。虽然长乐区政府对隶属的下级职能部门负有领导、组织、协调等职责，但无论是办理土地权属变更还是规划指标变更等具体业务均系职能部门的职责所在，长乐区政府均不能越权予以办理。故坤元公司的诉求明显不符合法律的规定，一审法院不予支持。

（二）二审法院的观点

公民、法人或者其他组织起诉行政机关不履行法定职责，其诉讼请求的成立应当以该行政机关具有相应法定职责为前提。行政机关的法定职责应当具有法律规范依据，即应当是法律、法规、规章及其他规范性文件规定的职责。坤元公司的第一项诉讼请求是确认长乐区政府未履行《会议纪要》的法定职责违法。从本案事实方面看，长乐区政府通过召集多次专题协调会议等形式协调处理坤元公司遇到的问题，实际履行《会议纪要》的承诺。从法定职责方面看，坤元公司诉请长乐区政府履行法定职责的依据是《会议纪要》，但《会议纪要》不属于长乐区政府履行法定职责的法律规范依据，坤元公司认为履行《会议纪要》属于长乐区政府的法定职责，理由不能成立。

本案中，坤元公司的第二项诉讼请求是确认长乐区政府不履行明确项目规划指标认定的法定职责违法。2015年修正的《中华人民共和国城乡规划法》第11条第2款规定："县级以上地方人民政府城乡规划主管部门负责本行政区域内的城乡规划管理工作。"可见，城乡规划管理并非一级政府的法定职责，而属于政府规划主管部门的法定职责。坤元公司认为项目规划指标认定属于作为一级政府的长乐区政府的法定职责，没有法律依据，理由不能成立。

(三) 再审法院的观点

本案的焦点问题为长乐区政府是否存在不履行职责的行为。具体分述之：

1. 关于政府会议纪要议定的事项是否属于法定职责的问题

《行政诉讼法》第12条规定，"人民法院受理公民、法人或者其他组织提起的下列诉讼……(六)申请行政机关履行保护人身权、财产权等合法权益的法定职责，行政机关拒绝履行或者不予答复的"。第72条规定："人民法院经过审理，查明被告不履行法定职责的，判决被告在一定期限内履行。"显然，此处的"法定职责"的渊源甚广，既包括法律、法规、规章规定的行政机关职责，也包括上级和本级规范性文件以及"三定方案"确定的职责，还包括行政机关本不具有的但基于行政机关的先行行为、行政允诺、行政协议而形成的职责。

会议纪要是行政机关常用的公文格式。《国家行政机关公文处理办法》(已废止)第2条规定："行政机关的公文(包括电报，下同)，是行政机关在行政管理过程中形成的具有法定效力和规范体式的文书，是依法行政和进行公务活动的重要工具。"根据该办法第9条第13项的规定，会议纪要适用于记载、传达会议情况和议定事项。根据《党政机关公文处理工作条例》第8条第15项的规定，纪要适用于记载会议主要情况和议定事项。可见，会议纪要已经议定的事项具有法定效力，非依法定程序不得否定其效力，无论是行政机关还是相对人均应遵照执行。会议纪要议定的行政机关职责亦因此而转化为该行政机关的法定职责。

对本案而言，《会议纪要》议定的"四个允许"，是长乐区政府就涉案房地产后期开发的行政允诺，也即成为长乐区政府及其职责部门相应的法定职责。一、二审法院认为《会议纪要》所议定的"四个允许"职责，不属于长乐区政府的法定职责，系对法定职责的错误理解，依法应予纠正。

2. 关于长乐区政府是否负有保证《会议纪要》内容得以实现的职责问题

根据《中华人民共和国地方各级人民代表大会和地方各级人民政府组织法》（以下简称《地方各级人民代表大会和地方各级人民政府组织法》）等法律的规定，市、县人民政府与其工作部门的关系，系领导与被领导关系。基于职权法定原则，依法属于工作部门的行政管理职权，市、县人民政府并不宜直接行使，也不因此即负有直接履行工作部门职责的义务。当事人因规划、土地出让等工作部门未依据相应的实体法规定及时履行其作为工作部门依法履行的职责，应当直接诉请该工作部门，而不能诉请市、县人民政府依法履职。

本案的特殊性在于，《会议纪要》确定的"四个允许"所涉及的规划调整、土地出让与管理等内容，虽然是长乐区政府规划与土地管理等工作部门的法定职责，但是长乐区政府以《会议纪要》作出"四个允许"承诺的方式，已经将监督所属工作部门依法履职转化成为自身依法应当履行的承诺、义务与职责。在未依法定程序否定《会议纪要》等文件的效力之前，长乐区政府应秉持诚实守信的原则，确保《会议纪要》的贯彻落实。因此，监督并督促相关工作部门依法、正确、全面履行"四个允许"，成为长乐区政府依法必须履行的法定职责。坤元公司认为长乐区政府及其工作部门未全面履行《会议纪要》议定的"四个允许"职责的，既可以选择以《会议纪要》为依据直接起诉相应的工作部门，也可以直接以长乐区政府为被告要求其与相关工作部门共同履行《会议纪要》所议定事项。长乐区政府认为其工作部门不履行相应职责的，可以依据《地方各级人民代表大会和地方各级人民政府组织法》第 59 条第 3 项的规定，改变或者撤销该工作部门不适当的命令、指示等。一、二审法院均认为项目规划指标认定、土地管理等"四个允许"方面的约定，不属于人民政府职责而属于相应工作部门职责的认定，未充分考虑到相关职责系政府纪要所确定，构成认定事实不清、适用法律错误。

3. 关于长乐区政府应当如何履行《会议纪要》所确定职责的问题

《会议纪要》作出后，直到再审法院审查时，坤元公司在长达 15 年时间内，未能得以开展任何建设，涉案争议房地产仍处于 2003 年拍卖前的状态。坤元公司巨资竞得项目，长期未得以推进，经济损失不可谓不大。原因虽是多重的，但长乐区政府及其工作部门未依法、及时、全面履行相关纪要内容，不依法履职甚至互相推诿，显然是重要原因之一。

诚实守信是依法行政的基本要求，是社会主义核心价值观的重要内容。政务诚信是社会信用体系建设的关键，各类政务行为主体的诚信水平，对其他社会主体诚信建设有着重要的表率和导向作用。只有政府诚信施政，带头履行即使是对其不利的行政允诺、行政契约和会议纪要，才能取得"城门立木"的效果，才能更快带动全社会诚信意识的树立和诚信水平的提高。法院应当监督政府及相关工作部门兑现向行政相对人依法作出的政策承诺，不支持地方以政府换届、领导人员更替等理由违约毁约。政府违反承诺导致相对人经济损失的，要承担法律和经济责任。因此，长乐区政府应当在收到判决书后，严格按照《会议纪要》的内容及时组织、督促和协助相关工作部门履行相应的法定职责。

三、教学内容（法律评析）

（一）争议焦点分析

表 10-1

争议点	再审申请人		再审被申请人	
	主张	理由	主张	理由
长乐区政府是否存在不作为	存在	1. 长乐区政府所作《会议纪要》具有规范指引作用，无论是立项、征地还是建设等有关手续，均需要以《会议纪要》作为依据，各部门才可办理。退一步讲，政府对申请人作出了允许办理有关手续的行政允诺，下属部门不作为，政府应负有相应的职责兑现该允诺。 2.《会议纪要》明确允许再审申请人适度放宽规划指标，且该项目是在2005年9月福州市招拍挂规划容积率管理规定允许容积率超限0.2幅度之前拍卖竞得，当时容积率没有禁限幅度，只要符合规划技术要求即可。 3. 根据《住房和城乡建设部、监察部关于加强建设用地容积率管理和监督检查的通知》（建规〔2008〕227号）之"严格容积率指标的调整程序"的规定，"经城市、县人民政府批准后，城乡规划主管部门方可办理后续的规划审批，并及时将依法变更后的规划条件抄告土地主管部门备案"。由此可见，规划指标（包括容积率）的变更认定的职责在于政府。	不存在	案涉《会议纪要》的"四个允许"是政府对待涉案事宜行政许可的态度，并不构成直接办理相关事宜的法定职责。从提交的其他几个会议纪要内容来看，被申请人对再审申请人的问题也都积极地开会协调予以解决，且多数问题基本得到解决。因此，被申请人不存在不履行或者拖延履行法定职责的行为。本案争议的实质，是坤元公司不补交容积率调整后依法应当补交的出让金，导致相关职能部门对项目的有关审批手续无法进一步实施。

（二）法律分析

1. 不履行法定职责诉讼的法定起诉条件

所谓不履行法定职责诉讼，诉讼标的应为当事人基于一个具体的事实状态向行政机关提出主张，其权利由于所请求的行政行为被拒绝或未作出而受到了侵害。对于当事人起诉行政机关不履行法定职责的案件是否符合法定起诉条件，法院除了审查原告资格、被告是否适格、是否属于受诉法院管辖等条件外，还要依顺序着重审查以下三个方面：其一，当事人是否依法提出过申请，即如果行政相对人未曾向行政机关提出过请求，行政机关不知道行政相对人的权利请求，则行政机关未履行法定职责无从说起；其二，当事人所申请的事项是否具有实体法上的请求权基础，即行政机关是否具有相应的法定职责，如果被请求的行政机关没有当事人请求所为事项之职权，则要求行政机关履行职责相当于要求其越权行政，当事人诉行政机关未履行法定职责于法无据，自然不能成立；其三，行政机关是否已经履行了法定职责，即行政机关对于当事人所提出的申请是否存在拒绝或不履行的情形。

在实践中，对上述第一点，多无争议，行政相对人一般能提供其曾向行政机关提出过申请的证据。上述第二点和第三点通常是争议焦点所在。本案中，坤元公司曾多次与长乐区政府沟通交流，要求其进行处理，足以证明坤元公司已经履行了提出请求的义务。但是，长乐区政府认为，首先，无论是办理土地权属变更还是规划指标变更等具体业务，均是职能部门职责所在，并不属于长乐区政府的法定职责；其次，坤元公司诉请所依据《会议纪要》不属于长乐区政府履行法定职责的法律规范依据，《会议纪要》内容自然不能成为长乐区政府的法定职责。因此，上述第二点，即确定《会议纪要》内容是否可转化为行政机关的法定职责，是本案当事人双方的诉讼焦点问题。

2. 会议纪要内容是否可构成行政机关的法定职责

（1）会议纪要的性质

根据《党政机关公文处理工作条例》第 8 条的规定，纪要适用于记载会议主要情况和议定事项。作为法定公文种类的会议纪要根据政府会议记录、会议文件及其他有关材料概括、整理而成，是主要用于记载、传达会议情况和议定事项的行政公文，是反映会议基本情况和精神的纪实性公文。会议纪要主要具有综合性、纪实性、概括性、备查性等特点。一般情况下，与《党政机关公文处理工作条例》规定的命令、决定、公告、通告、通知、通报、议案、报告、请示、批复、决议、公报、意见、函等其他文种相比，会议纪要的作用对象主要是行政机关，具有在行政机关内部流通、备查的作用，不具有对外行政的效力。其他公文以对外公布并对特定或者不特定行政相对人发生效力为主，具有显著的对外性。如果会议纪要所记载的事项需要对外发生效力，那么相关部门应以会议纪要所记载的内容为依据，制作相应的公文对外公布。

但是，在司法实践中，若只是一味地按照公文的性质这一单一标准判定会议纪要之行为性质，则未免有失公允。实际上，部分行政机关在相关操作及行文上确实也存在诸多不规范之处。判断行政机关的会议纪要是否属于行政行为，是否具有对外行政效力，不应仅按其文书类型进行形式判断，还应根据会议纪要的内容作实质性的审查和判断。虽然行政机关使用的是会议纪要，但是如果该会议纪要的内容中有对某一具体事项的具体行政决定，或者对某一具体事项达成了具体的实施意见和措施，而该会议纪要的内容也被送达行政相对人或已为行政相对人所知，能够实际上影响到行政相对人的具体权益，那么该会议纪要就已经属于具体的行政决定或行政行为。

根据《党政机关公文处理工作条例》第8条第15项的规定以及最高人民法院的观点，会议纪要所议定事项具有法定效力，非依法定程序不得否定之。尤其是当会议纪要涉及行政相对人的权利义务时，无论是行政机关还是行政相对人，均应遵照执行。本案中，坤元公司所依据的《会议纪要》议定的"四个允许"本就是长乐区政府就案涉房地产后期开发所作的行政允诺，并非只供行政机关内部流通和备案，同时具有明显的外部性，而不是严格意义上的内部行政行为，因此属于一种具体行政行为。

(2) 会议纪要内容是否可转化为法定职责

我国法律中并没有"法定职责"的完整定义。从字面意义上而言，法定职责中的"法定"应当是指法律、行政法规、地方性法规、自治条例、单行条例以及规章和规范性文件等。法定职责是行政主体依据上述文件的规定或授权进行与其职权范围一致的某些行政管理活动，实现其具体行政管理职能所应承担的法定职业内容和责任义务。在实践中，为明确行政职责，细化工作内容，行政机关多存在依据上述文件作出会议纪要、行政协议、行政承诺，并据以开展工作的情况。在这种情况下，上述行为是否属于行政机关应当履行的法定职责存在争议，针对不同案例也存在不同判决。本案中，最高人民法院将"法定职责"的范围作了极大扩张，认定《行政诉讼法》第12条、第72条所指"法定职责"，既包括法律、法规、规章规定的行政机关职责，也包括上级和本级规范性文件以及"三定方案"确定的职责，还包括行政机关本不具有的但基于行政机关的先行行为、行政允诺、行政协议而形成的职责。在此基础上，最高人民法院认定本案《会议纪要》所涉行政机关职责自然转化为该行政机关的法定职责；同时，判定在《会议纪要》的效力未被依法否定之前，政府应秉持诚实守信的原则，确保《会议纪要》的贯彻落实。

可以看出，最高人民法院在本案中对法定职责以及行政允诺、行政协议性质的认定与近年来要求优化营商环境，推进政府合法、合理行政关系密切。房地产行业在开发建设过程中涉及的审核和批准环节众多，在推进的过程中不免要与政府部门签订协议，更有多种招商引资条款、项目合作协议等。因此，优化营商环境，保证政府诚信，是推进房地产行业高质量发展的必然选择。本案中最高人民法院的判决为政府机关作出行政行为拉起了"警戒线"，对政府诚信施政，带头履行行政允诺、行政契约和会议纪要等起到了促进作用。

3. 行政机关不履行法定职责的情形

根据《行政诉讼法》第12条第6项的规定，申请行政机关履行保护人身权、财产权的法定职责，行政机关拒绝履行或者不予答复的，属于行政诉讼的受案范围。行政机关不履行法定职责的情形可以分为以下三种：拒绝履行、不予答复、不当履行。

拒绝履行是一种明示的作为行为，即行政机关以程序上的行为明确拒绝行政相对人的请求。拒绝履行实际上是一种否定性的行政行为，行政相对人如不服，可直接提起撤销之诉。不予答复是一种在形式上和实质上都不作为的情形。在形式上，行政机关并未对行政相对人作出任何有意思表示的行为。在实质上，行政机关没有作出任何具有法律约束力的行政行为。行政机关不予答复的情形主要表现为，行政机关对行政相对人的申请完全置之不理（超过法定期限而没有任何意思表示）、不完全答复（只对部分申请作答复）、推延答复（超过法定期限作答复）和推脱答复（以各种借口不予实质性答复）。本案中，长乐区国土资源局出具《否定报备单》以及不予受理的行为属于不予履行的情形，而长乐区政府不配合处理的行为则属于不予答复的情形。

不当履行主要表现为未按要求履行或履行不到位。此类情形最常出现在行政相对人要求行政机关履行某项监督、管理职责无果而起诉的案件中。对于行政相对人要求履行某项监督、管理职责的请求，行政机关极少完全不回复，较为常见的表现方式大致可分为两种：第一，以发出复函的方式，答复行政相对人，称已将行政相对人投诉、反映的事项转由某机关（通常是被诉行政机关的下级机关）处理，但不表明其态度，也不告知"某机关"的处理结果；第二，同样以发出复函的方式，对行政相对人反映的情况和行政机关查明的事实描述一番，但不作结论，也不表态。两种方式都是不正面回应行政相对人的问题，不作实质性的答复。由于没有明确结论，没有具体涉及行政相对人的权利义务，因此即使行政相对人不服，也难以对此类复函提起撤销之诉。

在不当履行的案件中，行政机关往往会提供一些可证明其已履行法定职责的"证据"，如复函、信访复函等。事实上，被诉行政机关对行政相对人提出的要求保护人身权、财产权的请求是否进行了回复，并不是此类案件中司法审查的重点。行政机关对行政相对人的申请事项进行回复的行为，或行政机关从事相关调查、协调工作的行为可否被认定为行政机关履行法定职责的行为，才是法院应当审查的重点。应当确认的是，行政机关形式上的答复行为不等同于履行法定职责的行为。行政机关形式上对行政相对人要求保护人身权、财产权的请求作出了答复，但对被投诉的事项未予查明并作实质认定，对行政相对人的请求未作实体调处的，实际上与拒绝履行和不予答复的情形并无差别，不能实现满足行政相对人的行政请求得到回复与解决的目的。在这种情况下，法院应当认定该被诉行政机关未履行法定职责。[①]

四、案例研习安排

（一）教学对象及目标

本案例供法学专业本科生、硕士研究生及法律硕士研究生教学使用，其他专业本科生、硕士研究生也可参酌使用。

本案例需要解决的问题主要有：

（1）提起不履行法定职责诉讼的前提是什么？

（2）不履行法定职责有哪些表现？

（3）会议纪要内容是否可转化为法定职责？

---

① 参见郭小玲、叶洁靖、汪毅：《对行政机关不履行法定职责的情形如何进行司法审查》，https://www.sohu.com/a/138999989_649586，2020年3月18日访问。

（二）建议课堂计划

本案例可以作为专门的教学案例进行讲授，建议安排1课时（40—45分钟）。如下课堂设计，仅供参考：

1. 课前计划

安排学生阅读案例及相关参考资料，熟悉整个案例流程，对案例中提出的问题进行思考。

2. 课中计划

介绍教学目的，明确讨论主题。

分组讨论问题及解决对策，告知发言要求。

小组代表发言，提出解决方案，并对其他小组提出的方案进行评述。

教师进行引导性分析，并作归纳总结。

3. 课后计划

请学生课后进一步细化了解不履行法定职责诉讼的流程、会议纪要的性质和可诉性、不履行法定职责的表现等相关内容。

五、思考题

1. 简述法定职能的概念和范围。
2. 对会议纪要应当如何定性？
3. 不履行法定职责诉讼需要经过哪些流程？有哪些审查要点？

案例 四十　泰安明智置业有限公司与山东省人民政府行政诉讼案

【摘　要】　本案是一起股东、监事代表公司起诉政府未履行行政允诺案件，主要涉及诉讼资格、具体行政行为的认定以及行政允诺的性质等问题。通过对案例的研习，我们可以更深层次了解具体行政行为的辨别以及行政允诺如何保证优化营商环境等问题。

【关键词】　行政允诺　具体行政行为　股东代表诉讼　监视代表诉讼

一、基本案情

2013年12月1日，泰安明智置业有限公司（以下简称"明智置业"）与泰安市泰山区财源街道办事处签订《招商引资合同》，合同约定的主要事项有：由明智置业建设明智时代广场项目；明智置业在合同签订之日起十日内须与泰安市粮库和泰山面粉有限公司签订合作协议，预付部分拆迁款项；明智置业享受泰政发（2008）31号文与泰政发（2012）31号文规定的优惠政策；泰山区财源街道办事处协助明智置业办理本项目的批准文件和相关手续；泰山区财源街道办事处协助明智置业在国土部门完成用地出让程序并办理好建设用地批准书；泰山区财源街道办事处协调处理好项目建设过程中所涉民事纠纷及其他相关问题；泰山区财源街道办事处提供良好的投资环境和服务，并落实好泰安市关于片区改造相关规定的各项优惠政策。

2013年12月2日，明智置业分别与泰安面粉有限公司和泰安市粮库签订了《合作开发协议》，约定：泰安面粉有限公司和泰安市粮库分别以其所占土地向政府部门申请收储，作为双方合作开发的首要条件，且要为明智置业通过招拍挂等程序取得该宗土地房地产开发使用权提供唯一的商业机会和前提条件；明智置业向政府及相关部门争取"定向摘牌"优惠政策。双方还约定了利益分配、职工住房回迁安置面积比例、违约责任等，约定于2017年6月30日前完成回迁安置。至2014年7月，泰安市粮库老库区102户职工搬迁工作已基本完成。但是，明智置业没有争取到"定向摘牌"优惠政策，明智时代广场项目也没有进展。

2014年7月17日，泰安市泰山区人民政府向泰安市人民政府呈报《关于泰安市粮库和泰山面粉有限公司地块片区改造有关土地手续问题的请示》，称泰山区人民政府拟对涉案地块进行招商，按照小片区改造进行建设，请泰安市人民政府同意该地块的片区改造引入社会资本参与储备。同年9月，泰安市人民政府同意泰山区人民政府的请示，并由市政府副秘书长组织财政、国土部门和泰山区人民政府等开会研究，形成一致意见，由泰山区人民政府负责该地块居民回迁安置及企业厂房等设施补偿，所需费用列入土地储备成本，土地储备出让手续由泰山区人民政府组织实施。

2015年6月17日，泰安市粮食局以2015第5号呈阅件请示泰安市人民政府相关负责人,该请示载明:至 2014 年 7 月,102 户职工搬迁工作已基本完成,库区租赁门店已全部腾空,明智置业已支付保证金 2080 万元。但是,由于形势变化和政策调整等因素,至 2014 年年底,明智置业没有争取到承诺的优惠政策。目前已搬出在外租住的 100 余户职工人心浮动、情绪不稳,上访苗头明显,开发陷入极度困难境地。建议涉案地块按照片区改造政策引入社会资本参与建设,开发执行《泰安市人民政府关于实施城市片区开发建设的意见》,并成立指挥部。泰安市人民政府相关负责人批示:"该项目涉及老企业一百多户职工安置问题,不宜久拖。请粮食局负责做好项目的牵头协调,特别融资与职工工作。国土、规划、财政等相关部门配合做好相关工作。请秘书长督导。"2015 年 9 月 23 日,明智置业与泰山面粉有限公司和泰安市粮库签订了《合作开发补充协议》,约定了职工回迁安置及开发用地相关的溢价等内容。

2018 年 5 月 11 日,明智置业认为泰山区人民政府和泰安市人民政府一直没有组织实施涉案项目,故以泰山区人民政府和泰安市人民政府为被申请人,向山东省人民政府申请行政复议,请求山东省人民政府责令泰安两级人民政府组织实施前述项目,并赔偿损失 8656341.6 元。

2018 年 7 月 26 日,山东省人民政府以泰安市人民政府有自由裁量权,申请人和被申请人主体不适格,以及不是《行政复议法》所规定的具体行政行为等理由,驳回了明智置业的复议请求。

2018 年 8 月 14 日,明智置业不服,向济南市中级人民法院(以下简称"济南中院")提起行政诉讼,请求撤销山东省人民政府的复议决定,判令其重新作出行政复议决定。

2018 年 9 月 18 日,济南中院公开开庭审理该案。2018 年 10 月 30 日,济南中院一审撤销了山东省人民政府作出的驳回明智置业行政复议申请的决定,责令其在 60 日内重新作出行政复议决定。山东省人民政府没有提出上诉,判决生效。

济南中院认为,本案行政复议主体并无不适格的问题。复议决定遗漏复议被申请人,同时泰安市人民政府作为行政复议申请人、被申请人适格。在明智置业已支付了 2080 万元合作保证金、涉案地块职工搬迁工作已基本完成的情况下,有理由认为当地政府已经作出允许作为外来投资企业的明智置业在约定区域内实施片区开发建设的行政承诺。泰安市人民政府虽不是合同当事人,但仅凭借泰山区财源街道办事处一己之力无法完成《招商引资合同》的约定内容。在该合同履行期间，泰安市人民政府的相关负责人也作出过批示并召集会议。涉案项目迟迟没有实际进展，无论是基于对开发公司信赖利益的保护，还是对已搬迁职工权益的保障，都需要泰安市人民政府予以行政推动。

2018年12月27日，山东省人民政府重新作出行政复议决定，再次驳回了明智置业的复议申请。在法院生效判决已经明确泰安市人民政府是适格的行政复议申请人的情况下，山东省人民政府坚持认为，涉案项目改造实施主体是泰山区人民政府，泰安市人民政府不是适格主体。明智置业不服，再次向济南中院提起行政诉讼。

2019年5月31日，济南中院再次下达判决，认定山东省人民政府第二次作出的行政复议决定违反了《行政诉讼法》第71条的规定，即"人民法院判决被告重新作出行政行为的，被告不得以同一的事实和理由作出与原行政行为基本相同的行政行为"。据此，济南中院判决撤销山东省人民政府针对本案的第二份行政复议决定，责令其在该判决生效之日起60日内重新作出决定。

2019年11月，因山东省人民政府迟迟不履行生效判决，未重新作出复议决定，明智置业向济南中院申请强制执行，要求山东省人民政府履行法院判决，获得法院支持。

2019年12月23日，济南中院下达行政裁定书，支持明智置业的强制执行申请，要求山东省人民政府重新作出行政复议决定。

二、法院的观点

（一）关于明智置业的股东和监事徐熙萍是否具有代表公司提起行政复议的资格和权利问题

《行政复议法》第2条规定："公民、法人或者其他组织认为具体行政行为侵犯其合法权益，向行政机关提出行政复议申请，行政机关受理行政复议申请、作出行政复议决定，适用本法。"《公司法》第151条规定："董事、高级管理人员有本法第一百四十九条规定的情形的，有限责任公司的股东、股份有限公司连续一百八十日以上单独或者合计持有公司百分之一以上股份的股东，可以书面请求监事会或者不设监事会的有限责任公司的监事向人民法院提起诉讼；监事有本法第一百四十九条规定的情形的，前述股东可以书面请求董事会或者不设董事会的有限责任公司的执行董事向人民法院提起诉讼。监事会、不设监事会的有限责任公司的监事，或者董事会、执行董事收到前款规定的股东书面请求后拒绝提起诉讼，或者自收到请求之日起三十日内未提起诉讼，或者情况紧急、不立即提起诉讼将会使公司利益受到难以弥补的损害的，前款规定的股东有权为了公司的利益以自己的名义直接向人民法院提起诉讼。他人侵犯公司合法权益，给公司造成损失的，本条第一款规定的股东可以依照前两款的规定向人民法院提起诉讼。"明智置业的法定代表人不同意提起本案行政复议申请，徐熙萍作为明智置业的股东兼监事认为他人侵犯公司合法权益，给公司造成损失，以明智置业的名义提起行政复议符合上述规定，即徐熙萍有以公司的名义提起行政复议的资格和权利。山东省人民政府的复议决定对此问题认定正确。

（二）关于山东省人民政府的复议决定是否遗漏复议被申请人问题

明智置业在行政复议申请书中所列被申请人有两个，即泰安市人民政府和泰山区人民政府。从明智置业的行政复议申请书的内容看，明智置业认为复议事项系明智置业和泰安市人民政府、泰山区人民政府之间共同的行政争议。但是，山东省人民政府的复议决定只列了一个被申请人即泰安市人民政府，对被申请人泰山区人民政府既未作出程序性处理，也未作出实体性决定，属于遗漏复议被申请人，行政程序不当。

（三）关于明智置业、泰安市人民政府作为行政复议申请人、被申请人是否适格问题

公民、法人或者其他组织要求行政机关履行职责和义务，应以行政机关负有相应的职责和义务为前提。该职责和义务可以来自法律、法规、规章的规定，也可以来自行政机关的承诺，还可以来自工作的合理需要。本案中，明智置业根据泰安市人民政府的招商引资政策，自筹资金对泰安市粮库和泰山面粉有限公司地块连片开发改造，与泰山区财源街道办事处签订了《招商引资合同》。由此可见，明智置业作为街道办事处招商引资邀请的外来投资企业，本着为当地城市建设做贡献、互利共赢的目的而来，在其与当地街道办事处签订合同并已支付2080万元保证金、涉案地块职工搬迁工作已基本完成的情况下，有理由认为当地政府已经允诺其可以在约定区域内实施片区开发建设行为。这

是明智置业基于法的安定性原则，信赖行政行为不会变动，而对自己的经营作出安排和对财产进行处分，是信赖行政行为的表现。行政机关破坏这种信赖，就是对政府公信力的损害，就是对营造良好法治投资环境的破坏。因此，山东省人民政府在行政复议过程中，应当从维护政府公信力角度，充分考虑明智置业的合理诉求，维护其正当的信赖利益。

本案中，明智置业虽是与泰山区财源街道办事处签订的《招商引资合同》、与泰山面粉有限公司和泰安市粮库签订的《合作开发协议》《合作开发补充协议》，泰安市人民政府不是订立上述合同和协议的一方当事人，但正如泰安市人民政府作出的《泰安市人民政府关于实施城市片区开发建设的意见》所言："城市片区开发建设是一项涉及面广、政策性强、情况复杂的社会系统工程，市城市建设招商引资和重点项目建设指挥部要切实加强领导，强化行政推动、指挥、调度、推进片区开发和重点项目建设。"仅凭借泰山区财源街道办事处一己之力无法完成《招商引资合同》的约定内容。在该合同履行期间，泰山区人民政府、泰安市粮食局为推动项目的实施，分别向泰安市人民政府提出请示；泰安市人民政府相关负责人也作出批示并为此召开会议。尽管如此，自2015年10月至明智置业2018年5月提起行政复议，涉案项目未有实质进展。泰安市粮食局早在2015第5号呈阅件中就已报告"目前已搬出在外租住的100余户职工人心浮动、情绪不稳，上访苗头明显，开发陷入极度困难境地"。无论基于对明智置业信赖利益的保护，还是对已搬迁职工权益的保障，都需要泰安市人民政府予以行政推动。因此，明智置业、泰安市人民政府作为行政复议申请人、被申请人适格。山东省人民政府的复议决定认定明智置业、泰安市人民政府作为行政复议申请人、被申请人均不适格欠当。

（四）关于明智置业提出的行政复议请求是否具体问题

任何一个行政复议，都应当有明确的复议请求。这不仅是复议的具体内容，是申请人的权利主张，同时也构成复议机关审查的对象。有具体的复议请求和理由是申请人提起复议应当符合的条件之一。

本案中，明智置业的复议请求为责令泰安市人民政府、泰山区人民政府限期按片区改造相关规定组织实施泰安市粮库和泰山面粉有限公司地块片区改造项目，并赔偿损失8656341.6元。一般而言，该请求中提到的组织实施片区改造项目可能涉及的行政行为复杂，既可能涉及集体土地征收，也可能有国有土地上的房屋征收、房屋拆迁、土地收回（收储）、土地出让以及环评、消防、交通等专项审查。但是，结合本案情况，涉案地块土地性质明确，职工搬迁工作已基本完成，库区租赁门店已全部腾空，只是由于形势变化和政策调整等因素，明智置业没有争取到承诺的优惠政策。明智置业的复议请求，其实质就是请求泰安市人民政府和泰山区人民政府履行《泰安市人民政府关于实施城市片区开发建设的意见》所规定的具体职责和义务，其复议请求明确、具体，应属于行政复议范围。

另外，济南中院建议，行政复议作为准司法程序，在作出决定时，可根据实际情况灵活地作出责令被申请人采取补救措施等决定，既为明智置业的合法权益提供保障，也为被申请人留出灵活处理纠纷的空间，为双方的继续合作创造有利条件。

三、教学内容（法律评析）

（一）争议焦点分析

表 10-2

序号	争议点	明智置业		山东省人民政府	
		主张	理由	主张	理由
1	明智置业的股东和监事徐熙萍是否能代表公司提起行政复议	有资格	徐熙萍是泰安明智置业的股东兼董事。	有资格和权利，对此无异议	明智置业的法定代表人虽不同意提起本案行政复议申请（行政复议申请书未加盖明智置业的公章），但徐熙萍作为明智置业的股东兼监事认为他人（执行职务行为时的董事、监事、高级管理人员除外）侵犯公司合法权益，给公司造成损失，以明智置业的名义提起行政复议符合规定，即徐熙萍有以公司的名义提起行政复议的资格和权利。

(续表)

序号	争议点	明智置业		山东省人民政府	
		主张	理由	主张	理由
2	泰安市人民政府是不是适格的被申请人	泰安市人民政府是适格的被申请人	1. 行政一体化原则是依法行政的最基本原则，所有的政府机关都是代表国家行使职权，相互之间是一体而非各自分立的。泰山区财源街道办事处与明智置业签订的《招商引资合同》，是为了贯彻落实泰安市人民政府的招商引资政策，只要合同内容符合泰安市人民政府的招商引资政策和规定，明智置业又履行了相应的义务，泰安市人民政府和泰山区人民政府就应该批准并组织实施。 2. 明智置业已经履行了相应的义务，泰山区人民政府、泰安市人民政府都经过了审查，泰安市人民政府相关负责人也作出了批示。同时，结合本案的实际情况，泰山政发〔2014〕55号请示件、泰安市粮食局2015第5号呈阅件实际上都明确了合作开发主体是明智置业。 3. 《山东省泰安市人民政府关于加快泰城城中村改造的补充意见》和《泰安市人民政府关于实施城市片区开发建设的意见》都明确规定，城市片区开发建设实施主体是泰山区人民政府，但必须经过泰安市人民政府批准。结合本案实际，泰山区人民政府和泰安市人民政府批准已经没有自由裁量的余地，依法必须组织实施涉案项目。	泰安市人民政府作为本案被申请人不适格	1. 明智置业是与泰山区财源街道办事处签订的《招商引资合同》、与泰山面粉有限公司和泰安市粮库签订的《合作开发协议》《合作开发补充协议》，泰安市人民政府不是订立上述合同和协议的一方当事人。 2. 泰山政发〔2014〕55号请示件、泰安市粮食局的呈阅件以及泰安市人民政府分管负责人的批示，属于行政机关内部之间的行文，其效力没有外化及于行政机关之外的其他人，当然也不是对行政机关之外其他人的行政承诺。 3. 涉及是否进行片区改造、何时进行片区改造以及片区改造的主体是谁等问题，泰安市人民政府作为一级政府有根据本市实际情况作出决定的自由裁量权，且法律法规对此也无强制性规定。没有证据证明泰安市人民政府的某一具体行政行为或不作为侵害了明智置业的合法权益。

(续表)

序号	争议点	明智置业		山东省人民政府	
		主张	理由	主张	理由
3	复议请求是否符合复议范围	复议请求是具体的行政行为，属于行政复议范围	1.《行政复议法》和《中华人民共和国行政复议法实施条例》都没有规定当事人只能申请复议机关责令其作出一个行政行为，也没有规定复议机关只能责令被申请人作出一个行政行为。履行法定职责是单独一个机关实施一个行政行为可以完成，还是几个行政行为才能完成，或者是否需要职能部门共同完成，应根据法律规定和案件情况来决定。相应地，对于当事人的行政复议请求如何确定，也应根据法律规定和案件情况来决定。 2. 本案中，泰山区人民政府和泰安市粮食局的请示、泰安市人民政府相关负责人的批示，给明智置业形成了信赖利益，明智置业据此对自己的行为和财产作出了相应的安排，批示就成了政府必须履行的职责，怎样批示的就应该怎么履行。明智置业有权按照批示内容提出行政复议申请，请求山东省人民政府责令其履行。 3. 事实上，人民政府承担的法定职责，大部分必须由其职能部门履行。	没有具体的行政复议请求和理由，不属于行政复议范围	该请求中提到的组织实施片区改造项目可能涉及的行政行为复杂，根据土地的性质，既可能涉及集体土地征收，也可能有国有土地上的房屋征收，房屋拆迁、土地收回（收储），土地出让以及环评、消防、交通等专项审查。因此，组织实施片区改造项目并不是《行政复议法》所规定的具体行政行为。

（二）法律分析

1. 公司监事（会）和股东的代表诉讼资格分析

本案中，虽然山东省人民政府在行政复议决定中对作为监事和股东的徐熙萍以明智置业的名义提起行政复议以及行政诉讼不持异议，但是监事和股东满足什么条件可以提起诉讼、以何种名义提起诉讼以及提起诉讼的范围等是公司法下监事和股东的重要职能，需要在实务中和理论上予以明确，也是教学过程和学习过程中的重点。

(1) 监事（会）代表诉讼的前提条件

监事（会）代表诉讼，是指当公司权利受到公司董事、高级管理人员或者他人的侵害，而公司怠于起诉或者因受侵权董事、高级管理人员等控制而无法自行提起诉讼时，公司监事（会）可在收到持有法定股权比例的股东书面请求后，以公司的名义提起代表诉讼。从上述法条规定可以看出，监事（会）代表诉讼应当满足一定的前提条件：

第一，监事（会）代表诉讼的原因是公司董事、高级管理人员侵害公司利益，在某些情况下可扩及第三人。根据《公司法》第53条的规定，监事（会）代表诉讼是侵权之诉，且只限于公司董事、高级管理人员损害公司利益的行为，而不包括除此之外的第三人。至于监事（会）是否能以公司的名义向他人（除公司董事和高级管理人员外）提起诉讼，存在争议。首先，无论是《公司法》第53条，还是《最高人民法院关于适用〈中华人民共和国公司法〉若干问题的规定（四）》，都明确规定监事（会）代表诉讼的对象是董事和高级管理人员。原因在于，监事（会）的职能是监督公司内部运作，即监督董事、高级管理人员是否履行了忠实、勤勉义务，不包括第三人。其次，《公司法》第151条第3款对上述规定作了扩充，即当他人侵犯公司合法权益时，公司股东有权请求公司监事（会）向法院提起诉讼。在这种情况下，监事（会）代表诉讼权益可以扩展到股东和公司成员外的第三人。

第二，监事（会）代表诉讼应股东的书面请求而提起，作为股东代表诉讼的前置程序而出现。《公司法》规定，当公司董事、高级管理人员等损害公司利益，监事（会）无权直接提起诉讼，必须等持有法定比例股权的股东提出书面请求后才能起诉。显然，《公司法》并没有赋予监事（会）代表诉讼一个独立的地位，而是将其作为股东代表诉讼的前置程序。

此外，监事（会）代表诉讼是监事（会）以公司名义提起的代表诉讼，即原告是公司。在《最高人民法院关于适用〈中华人民共和国公司法〉若干问题的规定（四）》未出台之前，有关监事（会）代表诉讼是以监事（会）的名义提起诉讼，还是以公司的名义提起诉讼，在实践中存在争议，也存在不同案例表明原告并未以公司名义而是直接以监事（会）名义起诉。在《最高人民法院关于适用〈中华人民共和国公司法〉若干问题的规定（四）》出台之后，上述问题得到了解决，明确规定监事（会）提起诉讼应当以公司的名义。这主要有以下几点考虑：第一，在监事（会）代表诉讼中，监事（会）行使的是公司的请求权，公司才是直接的利害关系人和诉讼结果的承担者。第二，从民事诉讼当事人主体资格来看，《民事诉讼法》第48条规定，"公民、法人和其他组织可以作为民事诉讼的当事人"。监事或监事会是公司内设机关，依据公司法和公司章程的规定行使职权，不具有对外独立承担民事责任的能力。再者，从董事、高级管理人员实施的行为性质判断，损害公司利益责任纠纷的本质属于侵权纠纷，公司为被侵权人，故原告理应为公司。第三，从职权的行使来看，监事（会）代表公司履行职务。因此，《最高人民法院关于适用〈中华人民共和国公司法〉若干问题的规定（四）》的上述规定完全符合立法精神和公司内部治理机制。

（2）股东代表诉讼的前提条件

监事（会）代表诉讼与股东代表诉讼都是针对公司董事、高级管理人员以及其他人侵害公司利益的行为而提起的诉讼，而且诉讼利益都归公司享有。但是，两者在具体应用中存在以下不同之处：

首先，前置程序不同。监事（会）代表诉讼的前置程序是，符合法定持股比例的股东书面请求监事（会）起诉侵权人，并且应自收到股东书面请求之日起30日内提起。股东代表诉讼的前置程序是，股东书面请求监事（会）起诉，而监事（会）拒绝或自其提出书面请求之日起30日内没有提起诉讼的。在司法实践中，有的公司监事往往同时具有股东的身份。由于存在身份竞合的情况，因此不设监事会的有限责任公司股东提起股东代表诉讼时，通常不需要对前置程序作特别要求。

其次，原告主体不同。这是监事（会）代表诉讼与股东代表诉讼在形式上最显著的区别。监事（会）代表诉讼是监事（会）以公司的名义提起的直接诉讼，因此原告是公司，代表人是监事（会）。股东代表诉讼是股东提起的代位诉讼，因此原告是股东个人，公司作为无独立请求权的第三人参加诉讼。

从本案的情况来看，徐熙萍作为公司的监事兼股东，又以公司的名义起诉，因此本质上是由徐熙萍作为监事提起的监事代表诉讼。但是，本案在认定上的缺陷在于，直接以徐熙萍为公司股东和监事为由认定其具有提起行政复议和诉讼的权利，并没有审查或者在复议决定书和判决书中明确徐熙萍作为股东时的持股比例以及是否有书面的诉讼请求这一前置要件。

2. 具体行政行为分析

根据《行政复议法》第2条的规定，提起行政复议的前提条件为，存在侵害合法权益的具体行政行为。行政机关所作行为是否属于具体行政行为，是行政复议和行政诉讼案件的审理关键。《行政复议法》第6条规定了11种申请行政复议的情形。但是，经仔细对比可以发现，本案与《行政复议法》规定的具体行政行为并非一一对应的关系。

首先，本案中，政府所涉行为并非《行政复议法》上的法定职责。明智置业申请行政复议的理由为，泰山区人民政府、泰安市人民政府不履行法定职责。不履行法定职责即所谓的"行政不作为"。《行政复议法》第6条第8—10项对"法定职责"有明确的范围限制。即对申请颁发许可证、执照等证书，申请保护人身权利、财产权利、受教育权利等，行政机关拒绝履行或不予答复的，属于行政复议的受案范围。然而，在广义上，行政机关的法定职责来源并不仅限于《行政复议法》的规定，各种法律、行政法规、规章和规范性条文等都可以成为行政机关的法定职责来源。本案中，泰安市人民政府、泰安区人民政府与明智置业之间是根据《招商引资合同》《合作开发协议》《合作开发补充协议》《会议纪要》等产生的约定责任，并非条文规定的法定责任。

其次，本案中所涉协议并非严格的行政协议。《最高人民法院关于审理行政协议案件若干问题的规定》第1条和第2条对行政协议的概念和范围作出明确规定。行政协议，是指行政机关为了实现行政管理或者公共服务目标，与公民、法人或者其他组织协商订立的具有行政法上权利义务内容的协议。行政协议包含四个要素：一是主体要素，即一方当事人必须为行政机关；二是目的要素，即必须是为了实现行政管理或者公共服务目标；三是内容要素，即协议必须具有行政法上权利义务内容；四是意思要素，即协议双方当事人必须协商一致。只有满足这四个要素，才属于行政协议，并作为与民事合同相区别的依据。结合本案的实际情况，明智置业签订合同的相对人为泰山区财源街道办事处、泰山面粉有限公司、泰安市粮库。即使项目的实际推动需要泰安市人民政府以及泰山区人民政府的共同努力，但是它们并非严格意义上的合同相对人。即使本案所涉协议是为了完成旧城区改造，实现行政管理或者公共服务目标，且协议双方协商一致，但是并不满足行政协议的主体要素，也不属于行政协议。一方面，《行政复议法》并未将行政协议纳入行政复议范围。另一方面，即使类推适用《行政诉讼法》有关行政协议的规定,本案所涉协议也不属于行政协议。因此,法院判决并未将本案性质确定为行政协议纠纷。

最后,本案涉及行政允诺的具体行政行为。行政承诺,一般是指行政主体为实现行政管理目标,在其职权范围内,通过一定形式向特定或不特定的人作出单方意思表示,承诺在一定期限到来或一定条件具备之时作出一定行为的行政行为。行政承诺虽在实践中被行政机关广泛运用,但其法律概念和法律性质在我国并没有明确规定,对于其是否可以被纳入行政复议和行政诉讼的受案范围,无论是在实践中还是学理上都有很大争议。本案中,法院在判决书中明确指出,公民、法人或者其他组织要求行政机关履行职责和义务,应以行政机关负有相应的职责和义务为前提。该职责和义务可以来自法律、法规、规章的规定,也可以来自行政机关的承诺,还可以来自工作的合理需要。行政机关的职责不再仅限于"法定职责",还包括行政机关的承诺。虽然尚未有定论,但是《行政复议法》第6条第11项的兜底条款,即"认为行政机关的其他具体行政行为侵犯其合法权益的",留给法院自由裁量的空间,也给将行政允诺或承诺纳入具体行政行为设立了留存空间。因此,行政允诺行为虽非严格的法定职责,但在一定情况下可转化为行政机关的"法定职责"。

3. 行政允诺的理论与实践解析

对于行政允诺的性质,学界虽有较多的探讨,但尚未达成共识,主要观点有三种:(1)行政主体与行政相对人在行政法关系上达成了协议,该行为实质上是行政合同;(2)行政允诺属于行政行为,且在不同情形下既有可能是具体行政行为,又有可能是抽象行政行为;(3)行政允诺是行政主体自我设立义务的意思表示,不属于行政行为。尽管如此,对于行政允诺相对人权利的救济,最高人民法院早就从司法救济的角度作了明确表态。2004年《最高人民法院关于规范行政案件案由的通知》明确将行政允诺作为可以被起诉的行政行为之一,列入法院受理行政诉讼案件的范围。2009年《最高人民法院关于依法保护行政诉讼当事人诉权的意见》要求各级法院依法积极受理行政给付、行政监管、行政允诺、行政不作为等新类型案件。

在司法实践中,有大量的行政允诺类案件。通过案例总结可以看出,行政允诺既可能包括实体性的承诺,也可能包括程序性的承诺。行政允诺的司法救济主要由两种情况引发:一是行政允诺合法有效,行政机关在应当履行允诺义务时却不履行,即行政不作为;二是行政允诺本身在效力上存在问题,因允诺的不合法而导致无效或者被撤销,由此也可能引发行政诉讼。

对行政允诺进行司法审查和司法救济的基础在于行政允诺相对人基于信赖产生的期待利益和先期投入,这种信赖可能因行政允诺行为而受到侵害。对个人就公权力行使结果所产生的合理信赖以及由此衍生的信赖利益,法律制度应为之提供保障,而不应使个人遭受不可预期的损失。[①]

如果运用得当,行政允诺将有利于充分调动公众参与社会管理和公共事务的积极性,提升行政机关的形象。行政允诺是政府诚信的一面镜子,如果政府随意允诺而不履行,则会失信于民,损害政府形象。

近年来,我国在优化营商环境方面作出了许多努力。2019年《最高人民法院关于审理行政协议案件若干问题的规定》在承认行政协议的特殊性之外,正本清源,申明了行政协议的契约法属性,使行政协议得到了合同法精神的指引。该规定还明确了两大违约责任原则,即合法补偿原则与充分赔偿原则。

《优化营商环境条例》第69条明确规定,政府和有关部门及其工作人员不履行向市场主体依法作出的政策承诺以及依法订立的各类合同,或者违约拖欠市场主体的货物、工程、服务等账款的,应当依法依规追究责任。招商引资是促进地方经济和民营经济发展的重要引擎。在招商引资过程中,政府通常会作出承诺,可能是税收优惠、手续简化等内容。在很多情况下,相关承诺对招商引资能否成功起到了决定性作用。

本案中,法院从对明智置业信赖利益的保护角度出发,判令泰安市人民政府在房屋开发建设过程中予以行政推动,要求其重新作出复议决定,充分发挥了司法权的监督性和行政权的专业性,对妥善处理争议、优化营商环境具有积极的促进作用。

四、案例研习安排

(一) 教学对象及目标

本案例供法学专业本科生、硕士研究生及法律硕士研究生教学使用,其他专业本科生、硕士研究生也可参酌使用。

本案例需要解决的问题主要有:

---

① 参见陈国栋:《作为社会权的受教育权——以高等教育领域为论域》,载《苏州大学学报(哲学社会科学版)》2015年第3期。

(1) 股东或监事（会）是否可以公司的名义提起行政复议和行政诉讼？

(2) 泰安市人民政府是否为行政复议的适格被申请人？

(3) 明智置业提出组织实施片区改造项目是否明确具体？是否属于复议范围？

(4) 如何确保在行政协议履行过程中政府信守承诺，保障企业权利？

（二）建议课堂计划

本案例可以作为专门的教学案例进行讲授，建议安排1课时（40—45分钟）。如下课堂设计，仅供参考：

1. 课前计划

安排学生阅读案例及相关参考资料，熟悉整个案例流程，对案例中提出的问题进行思考。

2. 课中计划

介绍教学目的，明确讨论主题。

分组讨论问题及解决对策，告知发言要求。

小组代表发言，提出争议焦点，并对争议焦点涉及的相关法律法规进行评述。

教师进行引导性分析，并作归纳总结。

3. 课后计划

请学生课后进一步细化了解"董监高"及股东代表诉讼的前提条件及过程、具体行政行为的分类及判断方式、行政允诺的性质及可诉性等相关内容。

五、思考题

1. 对行政允诺的性质应当如何界定？有哪些理论争议？

2. 行政允诺行为是否具有可诉性？

第二节 房地产开发法律制度

案例 四十一 巨龙房地产开发有限公司与萍乡市人民防空办公室、萍乡市人民政府行政诉讼案

【摘 要】 本案是一起房地产建设工程申请使用权证的行政诉讼案件，

主要涉及行政行为的认定、建设用地规划许可证的性质与作用等问题,并延伸至目前理论界依旧存在争议的人防工程使用权归属问题。通过对案例的研习,我们可以更深层次了解房地产开发建设过程中应当注意的法律事项;同时,深入研究法条以及相关细则的规定,更加明确房地产开发建设过程中出现争议时的行政诉讼问题。

【关键词】 人防工程 使用权归属 建设用地规划许可证

一、基本案情

2006年3月,萍乡市巨龙房地产开发有限公司(以下简称"巨龙公司")与萍乡市人民防空办公室(以下简称"市人防办")签订《萍乡市绿茵广场地下人防工程招商引资协议书》。此后,巨龙公司积极筹措资金,将所有建设手续办理齐全后开发建设。2007年8月28日,国家人民防空办公室批复同意兴建该地下人防工程。

2009年6月4日,巨龙公司取得萍乡市规划局颁发的建设工程规划许可证,规划建设规模为"建设面积24183平方米,地下两层"。经巨龙公司提出关于更改该人防工程建筑面积项目总投资的请示后,萍乡市发展和改革委员会于2009年8月4日对该人防工程项目调整的主要内容核准(萍发改投资字〔2009〕539号)为:建设地下人防工程(二层),总建筑面积为24183平方米(地下一层为11043平方米,地下二层为13140平方米),总投资额为1600万元。

2009年9月14日,江西省人民防空办公室对该人防工程初步设计文件作出原则同意的批复(赣人防办字〔2009〕43号)。2009年12月,为了保证绿茵广场人防工程项目的顺利进行,经市人防办与巨龙公司协商,巨龙公司向市人防办交纳押金2000万元,由市人防办对项目建设进行监管。2009年12月11日,市人防办取得萍乡市国土资源局颁发的建设用地批准书,即取得人防工程国有划拨土地"地下空间临时用地权"(萍乡市〔2009〕萍国土资用字第20号,有效期自2010年6月至2012年6月)。2009年12月14日,江西省人民防空办公室批复(赣人防办字〔2009〕58号)同意该人防工程开工。

2010年6月9日,该人防工程开工建设。2010年11月29日,萍乡市人民政府(以下简称"市政府")向萍乡市规划局作出批复(萍府字〔2010〕54

号）：根据 2010 年 11 月 17 日规划专题会议精神，原则同意绿茵广场地面规划设计效果图，原则同意绿茵广场地下人防工程地下一层建筑红线调整至与地下二层一致。2010 年 12 月 7 日，巨龙公司取得建设工程规划许可证（建筑占地面积 12812.1 平方米，建筑面积：地上 2980.6 平方米，地下 25624.2 平方米）。

2011 年 4 月 25 日，市政府主要领导主持召开了绿茵广场地面景观建设现场办公会议。萍乡市规划局萍规纪要〔2011〕4 号第 4 点明确指出："广场喷泉水景底部除地下商场卸货区以外的其他空间，定义为市民公共休闲场所。" 2011 年 12 月 29 日，该人防工程竣工验收，工程竣工验收总面积为 28561.87 平方米，人防工程建设面积为 22547.57 平方米。

2012 年 3 月 23 日，市人防办为地下人防工程备案。2012 年 5 月，市人防办为巨龙公司地下人防工程负一层大部分商铺办理了《萍乡市人民防空工程使用权证》，但是未颁发地上一层的使用权证，致使地上一层无法出租、销售。

2016 年 2 月 18 日，巨龙公司向市政府申请行政复议，请求为：（1）市人防办为巨龙公司办理地上一层建筑的人防工程使用权证，或者按 1.19 亿元收购地上一层人防工程使用权；（2）市人防办赔偿因延发人防工程使用权证造成的损失 1.14 亿元；（2）市人防办返还尚未返还的押金 200 万元及利息。

2016 年 12 月 15 日，市政府作出行政复议决定：（1）责令市人防办在 20 日内对巨龙公司的颁证申请作出准予或者不准予的决定；（2）驳回巨龙公司的其他行政复议请求。

2017 年 1 月 5 日，市人防办作出《不予行政许可决定书》，决定对巨龙公司的颁证申请不予许可。随后，巨龙公司不服《不予行政许可决定书》，向萍乡市中级人民法院起诉市政府和市人防办。

2017 年 11 月 1 日，萍乡市中级人民法院分别作出行政裁定和判决，裁定驳回巨龙公司要求退回押金 200 万元的行政起诉，判决驳回巨龙公司要求颁发地上一层 2980.6 平方米建筑人防工程使用权证的诉讼请求。

巨龙公司不服，就返还工程押金一事提起上诉。江西省高级人民法院于 2018 年 2 月 9 日作出行政裁定，驳回上诉，维持原判。

巨龙公司仍不服，向最高人民法院申请再审。2018 年 12 月 27 日，最高人民法院作出裁定，驳回巨龙公司的再审申请。

二、法院的观点

(一) 一审法院的观点

关于原告提出要市人防办退回 200 万元押金的问题,属于民事法律关系,不属于行政诉讼受案范围。其余观点分述如下:

1. 市人防办是否应当为巨龙公司颁发绿茵广场地上一层 2980.6 平方米的人防工程使用权证

《中华人民共和国人民防空法》(以下简称《人民防空法》)第 18 条规定:"人民防空工程包括为保障战时人员与物资掩蔽、人民防空指挥、医疗救护等而单独修建的地下防护建筑,以及结合地面建筑修建的战时可用于防空的地下室。"据此,人民防空工程是对地下空间的开发利用。本案所涉的地面建筑是对地表的利用,既不是地下防护建筑,也不是用于防空的地下室,因此不属于人民防空工程。

另外,巨龙公司 2009 年 6 月 4 日取得的建设工程规划许可证载明规划建设规模为"建设面积 24183 平方米,地下两层",并未含地面建筑。2009 年 9 月 14 日,江西省人民防空办公室对该人防工程初步设计文件作出原则同意的批复。巨龙公司于 2010 年 12 月 7 日取得的建设工程规划许可证中增加了 2980.6 平方米的地面建筑物面积。根据《江西省人民防空工程管理办法》第 11 条的规定,单建人防工程项目建议书、可行性研究报告、初步设计文件和施工图设计文件,应由省级人民政府防空主管部门和国家人民防空主管部门审批或备案。该 2980.6 平方米的地面建筑虽取得萍乡市规划局的规划许可,但它是在江西省人民防空办公室对人防工程审批后增建的地面建设项目,未经江西省人民防空办公室审批。这也进一步证实了该 2980.6 平方米的地面建筑不能被认定为人民防空工程。故市人防办未就涉案 2980.6 平方米的地面建筑颁发人防工程使用权证,合法有据。

2. 市政府作出的行政复议决定是否合法

如前所述,市人防办未就涉案 2980.6 平方米的地面建筑颁发人防工程使用权证,合法有据。因此,市政府作出行政复议决定,驳回巨龙公司提出的颁证请求及相关赔偿请求并无不当,具有事实依据和法律依据。

关于巨龙公司在行政复议申请中提出要求市人防办返还 200 万元的问题,

因巨龙公司指向的是返还押金,法院认为该诉求属于民事法律关系,不属于行政复议范围。市政府作出的复议决定认定该诉求为民事法律关系,对该复议申请予以驳回并无不当。在复议程序方面,市政府在行政复议过程中,经过了受理、告知、文书送达等法定程序,巨龙公司就复议程序问题亦未持异议,应认定其程序合法。故市政府作出的行政复议决定是合法的。

(二)二审法院的观点

《人民防空工程建设管理规定》第2条规定:"本规定所称人民防空工程,是指为保障战时人员与物资掩蔽、人民防空指挥、医疗救护而单独修建的地下防护建筑,以及结合地面建筑修建的战时可用于防空的地下室(以下简称防空地下室)。"第22条规定:"新建和加固改造工程的项目建议书、可行性研究报告、初步设计文件、施工图设计文件按照下列权限审批:(一)大型项目由国家人民防空主管部门审批;……"第23条规定:"人民防空工程建设项目前期工作完成后,建设单位按照国家有关规定申请领取建设工程规划许可证、施工许可证或者提出开工报告,并附有'人民防空工程施工图设计文件审查批准书'。大、中型项目的开工报告,由省、自治区、直辖市人民政府人民防空主管部门审批。……"《江西省人民防空工程管理办法》第11条规定:"单建人防工程的项目建议书、可行性研究报告、初步设计文件,按照下列权限审批:(一)投资规模在1000万元(含)以上的各级人防指挥工程和2000万元(含)以上的其他工程,由省人民政府人民防空主管部门受理后,按照国家有关规定办理审批手续……"依据上述规定,萍乡市绿茵广场地下人防工程的项目设计、建设等文件应由省人民政府人民防空主管部门受理后,按照国家有关规定办理审批手续。

本案中,江西省人民防空办公室对绿茵广场人防工程的审批内容中,不包括该人防工程地上的2980.6平方米建筑面积,即该地面建筑未经审批,不能视为已被审批的萍乡市绿茵广场地下人防工程的一部分。萍乡市规划局于2010年12月7日颁发给上诉人的建设工程规划许可证(包含地上2980.6平方米),不能作为该新增面积已被审批的合法依据。上诉人上诉要求发放2980.6平方米的人防工程使用权证的理由不能成立,法院不予采纳。市政府复议程序合法。综上,原审判决认定事实清楚,适用法律正确,审判程序合法。

（三）再审法院的观点

本案的争议焦点是：再审申请人巨龙公司的诉讼请求是否属于法院行政诉讼受案范围？市政府2009年11月5日的常务会议记录摘要载明，为了保证涉案项目顺利进行，经协商，建设方巨龙公司交押金2000万元，由萍乡市人防办进行监管。后因萍乡市人防办只退回1800万元，巨龙公司遂提起诉讼，要求返还押金200万元。由此可知，涉案纠纷系因巨龙公司与市人防办之间协商确定的项目押金问题引发。因该工程在施工过程中，对人民群众生活娱乐带来不便，对周围环境、交通产生不利影响，对部分道路等市政设施造成不同程度的损坏，故巨龙公司承诺在地下一层销售50%后支付现金200万元作为对以上不利因素的补偿。因此，再审申请人要求返还200万元不属于行政收费的范畴，可通过民事诉讼寻求救济。一审裁定驳回起诉，二审裁定驳回上诉，维持一审裁定，符合法律规定。

三、教学内容（法律评析）

（一）争议焦点分析

表 10-3

序号	争议点	巨龙公司		市人防办、市政府	
		主张	理由	主张	理由
1	巨龙公司请求市人防办退还200万元押金是否属于行政诉讼受案范围	属于	本案争议的200万元应属于市人防办、市政府依行政职权而违规要求巨龙公司提供的资金，其本质属于行政收费或行政行为的一种，依行政职权而存在，依行政职权而收取，不属于民事诉讼的范畴。巨龙公司与市人防办、市政府之间没有民事法律关系存在的基础，巨龙公司一直处于被管理者的地位，双方也没有形成民事法律关系。	不属于	巨龙公司于2012年向市人防办交纳了200万元补偿金，该补偿金是2009年11月11日萍乡市常委会研究同意的，而且巨龙公司也向市人防办作了书面承诺，因此不存在返还问题。巨龙公司要求退回200万元的主张不能成立。

(续表)

序号	争议点	巨龙公司		市人防办、市政府	
		主张	理由	主张	理由
2	市人防办是否应当为巨龙公司颁发绿茵广场地上一层的人防工程使用权证	应该	绿茵广场人防工程是市政府规划的工程，属于单建人防工程，包括地下两层及地上的洞口房、伪装建筑，巨龙公司完全是按市政府的规划施工。建设审批文件中也包括地下、地上全部建筑。《人民防空法》第18条不是禁止性规定，它对人防工程的定义作出解释，并没有规定人防工程只能是地下部分，依地下人防工程而存在的地面部分不属于人防工程，何况本案所涉的人防工程是单建人防工程。人防工程地面部分（口部房、伪装房等）均属于人防工程的一部分，应当发放人防工程使用权证，单建人防工程更加没有人防工程以外的任何部位。萍乡市绿茵广场人防工程与附建人防工程商业综合体不同，全部工程均属于单独为人民防空服务的人防工程，所有权归国家，投资人只有收益权。这类工程不可避免地会有地面部分，从来不会有仅仅是地下工程而没有地面部分的单体人防工程。萍乡市绿茵广场人防工程（包括）地面部分签约、规划、图审、审批、建设、验收都是按照主管部门的要求完成的。萍乡市绿茵广场人防工程是不可拆分的整体。市人防办部分发证、部分不发证的行为拆解了人防工程，从事实上否定了单体人防工程的完整性。	不应该	巨龙公司要求发证的地上工程未经国家和省人防部门审批，不能颁发人防工程使用权证。答辩人认为该人防工程只是地下两层，并且巨龙公司向市人防办所呈《关于绿茵广场人防工程项目建设用地的申请报告》中也明确指出"人防工程建设后恢复广场功能，地面无建筑物，仅是人防工程所需要的用于疏散人流的7个人员出入口和一个卸货平台，属于人防工程配套设施"。萍乡市国土资源局《建设用地批准书》（〔2009〕萍国土字第20号）批准的土地用途是地下空间权。萍乡市规划局《建设工程规划许可证》（2009-83号）批准的建设规模也是地下两层。地面建筑是市政府综合考虑景观效果和便于市民休闲，经过多次变更，由市政府以萍府字（2010）54号文件批复的。地面建筑并未得到国家人民防空办公室和江西省人民防空办公室的批复。所以，地面建筑除洞口管理房外不属于人防工程范畴。巨龙公司要求答辩人颁发地面建筑人防工程使用权证没有依据。

(二) 法律分析

1. 市人防办收取押金 2000 万元是否属于行政行为

(1) 行政行为

行政行为，又称"行政法律行为"，与民事法律行为相对应，是指行政主体行使职权，在行政管理过程中能够产生行政法律效力的行为。行政机关因行政行为与行政相对人之间产生行政法律关系。要成为行政行为，需要具备以下要件，缺一不可：

第一，在主体上，必须是行政机关以及法律法规授权的组织。行政主体，是指能够以自己的名义行使国家行政权力，并能独立承受法律后果的国家机关、法律法规授权的社会组织和受行政主体委托的组织或个人。并不是所有的组织都能成为行政主体，只有行使国家行政权力的组织才能成为行政主体。虽然行政机关是最重要的行政主体，但是并非所有的行政机关都能以自己的名义独立进行行政管理活动。比如，被委托的组织或个人虽在委托范围内也可以行使国家行政权力，实施某些行政行为，但不是以自己的名义实施的，而是以委托其的行政机关的名义实施的，因此不属于行政主体。

第二，行为的作出必须以职权的行使为前提。行政行为是行政主体为了实现国家行政职能，运用行政权力对公共事务实施的管理行为。在此过程中，行政相对人是否应当分担某种公共负担，能否利用某种公共资源，其行为是否侵犯公共利益以及应否受到行政制裁，均取决于行政主体而不是行政相对人的意志。即在作出行政行为的过程中，行政主体始终应当处于支配的、主导的地位，行政主体与行政相对人在行政法律关系中始终处于不平等的地位。行政主体是否行使行政权力作出行为，是区分行政行为与民事行为的关键。

第三，行政行为是能产生一定法律后果的行为，而且对行政相对人的合法权益产生一定的影响。行政行为的内容是，行政主体为行政相对人设定、变更、消灭或确认权利义务，一般涉及公共利益。例如，行政处罚、行政许可、行政奖励、行政给付等引起行政相对人权利义务的增减。单纯的建议、劝告等行政活动虽是行政主体的行为，但一般不可能对行政相对人产生权利义务影响。

(2) 行政行为与民事行为的区别

"民事行为"是中性概念，是指民事主体以意思表示为基础而实施的旨在设立、变更或消灭民事权利义务关系的行为。这是一种平等主体之间以平等、资源、等价有偿、诚实信用为原则实施的行为。

首先，民事行为的主体具有独立性、平等性、合法性。主体之间的相互关系是民事行为与行政行为最大的区别。民事主体参与民事法律关系的资格是平等的，其权利能力具有普遍性和平等性的特点，不因民族、年龄、宗教信仰、文化程度等的不同而有差异。行为人要改变相互之间的法律关系，只能通过平等协商，而不能采取强制的方式。行政行为的行为人与相对人之间则是不平等的关系，行政行为具有强制性。

其次，民事行为以双方意思表示一致为前提，行为内容是行为人欲设立、变更、终止民事权利和民事义务的内心意思和外在表现。行政行为是行政主体为了实现国家行政职能，运用行政权力对公共事务实施的管理行为。实施行政行为的行政主体只能按照法律赋予的职权和法定的程序，依法行政，依法办事。

最后，行政机关作出的行为不一定是行政行为。行政机关作出的行为一般可以分为行政行为（又可以分为具体行政行为和抽象行政行为）、内部行为（或称"内部行政行为"，如行政机关对违反纪律的公务员的处分，一般不可诉，只能通过内部程序或者信访程序解决）、民事行为（行政机关以平等主体身份作出的行为，如购买文具、租用办公用房等）。

（3）行政行为的判断方式

界定行政机关行为的性质，要看是否有强制性和基于不平等的法律关系，是否以行政职权的行使为前提。如果没有这一前提，当事人维权只能通过其他途径，而不能通过行政诉讼。判断行政机关的行为是否属于行政诉讼的可诉范围，关键不在于主体，而在于是否以行政职权的行使为前提。

本案中，巨龙公司交纳给市人防办监管的2000万元为建筑项目建设合同中双方约定保证项目圆满完成的保证金。

从主体上判断，当事人一方为市人防办，属于行政法律中规定的行政机关。但是，不能仅以主体一方为行政机关就认定双方之间形成的是行政法律关系，进而认定市人防办收取押金的行为是行政行为。

从双方关系是否平等来看，市人防办收取押金是由巨龙公司与市人防办协商确定的，该款项涉及的建筑项目建设合同是双方协商确定的民事合同。在项目结束后，市人防办扣除200万元是由于在项目建设过程中，对周围环境、交通产生不利影响，对部分道路等市政设施造成不同程度的损坏，巨龙公司承诺支付 200 万元作为对以上不利因素的补偿。双方在补偿协商过程中处于平等关系，市人防办并非基于行政管理活动中的行政职权而收取该笔费用，因此并不属于行政行为，双方之间没有产生行政法律关系。

巨龙公司如果认为该笔费用不合理，可以通过民事诉讼主张相关权益。因此，一审法院、二审法院以及再审法院驳回该项请求并无不当。

2. 人防工程所有权的理论争议

人防工程是"人民防空工程"的简称，是指国家为应对战争，提高城市整体防护能力，保护人民的生命和财产安全，修建的地下防护建筑及其设备设施。它包括为保障战时人员与物资掩蔽、人民防空指挥、医疗救助等而单独修建的地下防护建筑（单建人防工程），以及结合地面建筑修建的战时可用于防空的地下室（结建人防工程）。

本案所涉人防工程为单建人防工程，即单独修建的地下防护建筑，它与结建人防工程的区别之一在于上部是否有坚固性地面建筑物。巨龙公司所承建的地上建筑部分不属于单建人防工程的应有部分，加之巨龙公司在建造地上部分时未按照法定程序和要求进行审批，地面建筑并不属于人防工程，因此法院判决不能由市人防办就涉案 2980.6 平方米的地面建筑颁发人防工程使用权证合法合理。萍乡市绿茵广场人防工程的全部工程均属于单独为人民防空服务的人防工程，因此所有权归国家，投资人只有收益权。

《人民防空工程平时开发利用管理办法》第 3 条规定："人民防空工程平时开发利用应当坚持有偿使用、用管结合的原则，平时由投资者使用管理，收益归投资者所有。"《人民防空法》第 5 条规定，"人民防空工程平时由投资者使用管理，收益归投资者所有"。上述规定对人防工程的使用权、管理权、收益权有清晰界定。但是，"谁投资，谁使用，谁收益，谁管理"也回避了人防工程的所有权归属问题。相对来说，政府出资、人防主管部门统一建设管理的人防工程的所有权是清晰的，即归国家所有。有学者指出，在市场经济条件下，国家鼓励人防空间的多元主体建设和平战结合利用。但是，因制度建设相对滞后和权利边界不清，围绕结建人防工程的权利冲突和利益矛盾时有发生，尤其是与地上商品房结合的地下车库人防工程。①

对于社会主体投资建设的结建人防工程，有学者归纳指出，其所有权等权

---

① 参见程遥、赵民：《论城市"结建"人防工程的权利关系及制度建设》，载《同济大学学报（社会科学版）》2018 年第 6 期。

利关系的界定由于相关法律法规的界定不清，一直存在着不同的理解：一是认为人防工程属于国防建设的重要部分，其功能的特殊性决定了所有权只能由国家行使；而在平时，应将人防工程的使用权与所有权分离。即所有人防工程都归国家所有，平时使用权、收益权归投资者所有。二是认为依据《民法典》第352条的规定，建设用地使用权人建造的建筑物、构筑物及其附属设施的所有权属于建设用地使用权人。人防工程的投资者因合法建造的事实行为而取得人防工程的所有权，即"谁投资，谁所有"。例如，2003年开始施行的《上海市人防工程建设和使用管理办法》第20条第1款规定："民防工程的投资者可以按照房地产管理的有关规定取得民防工程的所有权。"根据2014年开始施行的《广州市人民防空管理规定》第25条的规定，人防工程所有权归属的确定依据《物权法》和有关法律、法规的规定，适用与建设用地使用权相一致的原则。人防工程可以依照有关规定办理产权登记。[①]

在我国全面建设社会主义市场经济的当下，涉及人防工程开发利用的民事主体趋于多元化，所涉及的权利关系也变得日益复杂。实践中，存在行政主体（人防办）、企业（开发商、物业公司）、公民（业主）和社会组织（业委会）等多元主体，所涉及的关系也已在原本单纯的行政主体与行政相对人之间的单向行政关系的基础上，增加了企业、公民和社会组织之间的民事约定的范畴。

按照《人民防空国有资产管理规定》第2条的规定，"人防国有资产是国防资产组成部分"。按照《中华人民共和国国防法》第37条的规定，"国防资产归国家所有"。如果将此意涵扩展，即将《人民防空法》规定的"国家鼓励、支持企业事业组织、社会团体和个人，通过多种途径，投资进行人民防空工程建设"看成国防建设行为，由此形成的国防资产由国家拥有所有权，则该法中"人民防空工程平时由投资者使用管理，收益归投资者所有"之规定实际上是为投资者创设了平时用益物权（包括占有、使用和收益的权利），这是实质性的财产权利。有学者由此指出，无论（民间）投资者拥有还是不拥有人防工程的所有权，只要能被赋予以及能获得实质性的平时使用权——拥有完整的占有、使用和收益权利，就是实质享有这项不动产的物权——无论是基于自物还

---

① 参见徐辰：《地下空间开发制度，由"建设"到"开发"》，载《城市规划》2014年第1期。

是他物。[1]

四、案例研习安排

（一）教学对象及目标

本案例供法学专业本科生、硕士研究生及法律硕士研究生教学使用，其他专业本科生、硕士研究生也可参酌使用。

本案例需要解决的问题主要有：

（1）如何区分民事法律关系与行政法律关系？

（2）应当如何看待人防工程使用权的理论争议？

（二）建议课堂计划

本案例可以作为专门的教学案例进行讲授，建议安排1课时（40—45分钟）。如下课堂设计，仅供参考：

1. 课前计划

安排学生阅读案例及相关参考资料，熟悉整个案例流程，对案例中提出的问题进行思考。

2. 课中计划

介绍教学目的，明确讨论主题。

分组讨论问题及解决对策，告知发言要求。

小组代表发言，提出争议焦点，并对争议焦点涉及的相关法律法规进行评述。

教师进行引导性分析，并作归纳总结。

3. 课后计划

请学生课后进一步细化了解行政行为与民事行为的区别、房地产开发建设过程中人防工程审批以及所有权归属认定的相关内容。

五、思考题

1. 行政行为与行政法律行为有哪些特征？
2. 单建人防工程与结建人防工程有什么区别？
3. 在房地产开发建设过程中，需要经过哪些审批环节？
4. 单建人防工程与结建人防工程的所有权分别归属于哪一方？

---

[1] 参见程遥、赵民：《论城市"结建"人防工程的权利关系及制度建设》，载《同济大学学报（社会科学版）》2018年第6期。

后　　记

本书选取了经济法领域四十多个典型案例，包括司法案件和行政执法案件，均为近年来我国理论界和实务界讨论的热点案例。这些案例被安排在经济法基础理论、反垄断法、反不正当竞争法、消费者权益保护法、产品质量法、金融调控与监管法律制度、财政法律制度、税收法律制度、外商投资法律制度、房地产管理法律制度等十章中。

本书中的案例按照基本案情、法院（或执法机关）的观点、教学内容（法律分析）、案例研习安排、思考题等顺序编排。学生研习相关案例，在课前应当了解基本案情和法院（或执法机关）的观点；在课中可以就相关观点进行讨论，尤其是对所涉及法律法规的适用问题进行分析；在课后应当结合思考题，继续学习法律分析部分的内容，从而巩固课堂讨论的成果。

本书以新时代中国特色社会主义思想为指导，将经济法学理论与新时代社会主义市场经济法治实践紧密联系起来，力图全面反映经济法前沿理论研究成果和典型、热门案件的法律适用经验。同时，本书兼顾专业教材的系统性、基础性、规范性和实践性。本书既可以作为法学专业本科生"经济法案例研习"课程的教材，也可以作为法学专业硕士研究生及法律硕士研究生专业实践课程的教材，还可以作为相关学者研究市场经济法治化理论和实务的参考读物。

本书的撰写分工如下：

第一章，任超、韩晔；

第二章，孙云帆、桂云、沈佳佳；

第三章，王洪宇、陆超、桂云；

第四章，王佳颖、陈佳、沈佳佳；

第五章，杨明秀；

第六章，任超、虞琪琪；

第七章，郑健丰；

第八章，任超、赖芸池；

第九章，寇韵楳；

第十章，骆树楠。

任超负责全书的统稿工作。

由于时间仓促，编者水平有限，书中难免存在疏漏和不当之处，敬请读者批评指正，不吝赐教。

任 超

2020 年 5 月 28 日